西洋史

欧洲文明二十讲

陈衡哲 著

北方文艺出版社

图书在版编目（CIP）数据

西洋史：欧洲文明二十讲 / 陈衡哲著 . -- 哈尔滨：北方文艺出版社，2023.6
ISBN 978-7-5317-5876-1

Ⅰ . ①西… Ⅱ . ①陈… Ⅲ . ①文化史 – 欧洲 Ⅳ . ① K500.3

中国国家版本馆 CIP 数据核字 (2023) 第 059586 号

西洋史：欧洲文明二十讲
XIYANGSHI OUZHOU WENMING ERSHIJIANG

作　者 / 陈衡哲

责任编辑 / 富翔强
装帧设计 / 东合社 · 安宁

出版发行 / 北方文艺出版社
发行电话 /（0451）86825533
地　址 / 哈尔滨市南岗区宣庆小区 1 号楼
邮　编 / 150008
经　销 / 新华书店
网　址 / www.bfwy.com

印　刷 / 河北朗祥印刷有限公司
字　数 / 334 千
版　次 / 2023 年 6 月第 1 版
开　本 / 880 × 1230　1/32
印　张 / 15
印　次 / 2023 年 6 月第 1 次印刷

书　号 / ISBN 978-7-5317-5876-1
审图号 / GS（2023）2102 号
定价 / 138.00 元

出版说明

历史学家、文学家陈衡哲先生原名陈鹂，字乙睇，笔名莎菲。她早年留学美国，获瓦萨学院文学学士、芝加哥大学历史学硕士学位。期间，她创作了中国第一篇白话小说《一日》，被美籍华裔学者夏志清誉为“新文化运动的健将”。1920 年，陈衡哲受北京大学校长蔡元培之邀担任北大教授，讲授西洋史和英文课，曾被学者杨绛誉为“才子佳人兼在一身”。1922 年起，陈衡哲应商务印书馆之邀开始写作《西洋史》。该书本是为新学制高级中学撰写的教材，但作者并未限于教材体例，而是致力为普通读者提供“历史的常识”。因作者历史素养深厚、文笔酣畅、脉络简明、语言平易，使本书于 1924 年一经出版，即成为当时颇受欢迎的历史学普及读物，三年之内再版六次。学者胡适评价其为“一部开山的作品”，当代人则认为本书为陈衡哲史学代表作，是“民国时代最有才气的外国历史教科书”。

因种种原因，《西洋史》一度被湮没，进入 21 世纪后，其价值被史学界重新发掘，逐渐回归其应有的地位，影响力日增。本版以商务印书馆版《西洋史》为底本，最大限度呈现作品原貌，并依据当下出版规范适当调整，说明如下：

一、原文部分译名与当下通用译名有差异，为方便阅读，本版以当下通用译名为准，在该译名首次出现处以脚注形式标注原译名，并在文后附译名对照表，方便读者对照。

二、字词方面，除繁体字、异体字外，不进行过多修改；如“俾”“智识”“的”“限止”等用法，均予保留，但原文中出现的“发见”和“发现”为同一意思，则统一改为“发现”；语言风格方面，按作者行文习惯予以保留，以忠实还原当时写作年代的语言风貌。

本版尽管结合各版本进行了全面勘误和校订，因编者学力所限、参考不周，如有讹谬，敬请读者指正，以期再版更正。

推荐序

中国社会科学院欧洲研究所前所长
欧洲学会前会长 陈乐民

2002年，我在北京大学国际关系学院给本科生开了一门“欧洲文明史论”的课。在第一堂课开始时给学生开的参考书目中就有这本陈衡哲著的《西洋史》。我对学生们说：“到现在为止，中国人写的《西洋史》当中，我还没有见到比这本书写得更好的。陈衡哲（1890—1976）是谁呢，她是‘五四’前后的一位新文化女战士，文学、历史、哲学兼通。”

现在我郑重地向读者，特别是年轻的读者们，推荐这本别开生面的《西洋史》；我相信，看了这本书，一定会满怀兴味地、在欣赏她的文笔的同时，获得许多历史知识。

陈衡哲其人

陈衡哲写这本书是在20世纪20年代初，“五四”新文化运动还在感染着她和她同时代的才俊们。那个时代，出现了许多笃学深思、思想活跃的青年学者，国家民族的命运和世界的大潮一起涌进他们的头脑里。他们抱着崇高的情怀从事文化教育工作，在了解和介绍国外的各种知识和思想时，没有什么功利之心。我初见辽宁教育出版社重印的这本书的小开本时已是1998年；那一年我已经68岁了。在读这本书时，我大喜过望，慨叹以前我竟一点儿也不知道有这样一本好书！

陈衡哲早年留学美国，读世界史，回国后，曾先后执教于北京大学、北京女子师范大学、东南大学、四川大学。比较出名的著作有《小雨点》《文艺复兴小史》《衡哲散文集》等。《西洋史》初版印于20世纪20年代初，到1927年已印了6版，流传之广，可以想见。

她在书中谈到写这本书的目的时这样说："历史不是叫我们哭的，也不是叫我们笑的，乃是要求我们明白它的。"整本书就是要叫人"明白的"。

《西洋史》不纯然是"战争史"，但作者是抱着上述的良知来动笔的。

亦文亦史

这本书最突出的特点，也是优点，就在于它的"写法"。文学和历史，现在分为两科，陈衡哲则是文学家写历史，所以是"史中有文，文中有史"。胡适说："陈女士是喜欢文艺的，所以她作历史叙述的文字也很有文学的意味。叙述夹议论的文字，在白话文里还不多见。陈女士在这一方面的努力，很可以给我们开一个新方向。"下面顺手引一些原话，以征胡适的评语。

如讲古希腊城邦时殖民地的形成：

> （希腊因城邦的发展，社会发生了重大的变化）此时国中的农民，因被贵族的欺凌，日益贫苦。有饭吃的变为穷人，穷人就卖田卖身，成为贵族的奴隶。但这个情形岂容长久？希

> 腊的地势，本来是港湾罗布，交通便利，现在却成为那些农民的唯一生路了。于是走！走！走！他们有向东走的，有向南走的，也有向西走的。他们无论走到什么地方，都可以遇见他们同乡人的商站；他们便住了下来，把那些希腊商场变为希腊殖民地。国内贵族的压力愈大，农民离国的也愈多，而希腊的殖民地，因此也就布满了小亚细亚的东南岸、黑海的各岸、以及地中海的北岸；而爱琴海及克里特[①]岛就更不消说了。意大利的文化也是在此时下的种子；而那个在小亚细亚沿岸的爱奥尼亚（Ionia）[②]，又是与后来希腊的文化极有关系的。

古希腊殖民地的地图，随着人员的到处流动就这样展开了。作者分层次地摆出了一个立体的希腊文化：因宜分不宜合的地理而产生无数小城邦；因无数互相竞争的自立小城邦而一方面产生了一群爱自由的小民主国，另一方面得到政治上的破产，却产生了一个“空前绝后的优美文化”。

又如罗马文明盛极而衰，但又影响深远，这是人人都知道的，但是作者不满足于平铺直叙，更不简单化地评说。她写道：

> （罗马衰落了）但是诗人说得好，“落红不是无情物，化作春泥更护花”。上古的末年，西罗马的文化，却并不曾以此忘其天职，结果是中古末年古文化的大复活。意大利的文艺复兴，

①原文译为克利地。

②原文译为伊奥尼亚。

> 又何尝是无情之物呢？……（它）走入了西欧各土，后来便在那里发芽展叶起来，为近代产生了一个灿烂的文化。

陈衡哲由此抒怀：“武力的胜利在一时，文化的胜利在永久。意大利所受的委屈，不过数百年，而它在文化史上的功绩，却真是千古不朽的了。”作者广阔的文化史观跃然纸上，她的视野不囿于一时一事，而是动态的、跨时空的。她写文艺复兴时期的人文主义者彼特拉克时，说他常常心往神驰地将身移置到古文人的社会中去（所谓“复兴”），长怀着那“怅望千秋一洒泪，萧条异代不同时”的感慨。

这类亦史亦文的例子，书中甚多；在我这类年纪的人，读来颇觉有滋味。习惯于当前时文的青年可能觉得有些异样，但相信反会有新鲜感。书中佳句如行山阴道上，目不暇接，任读者自去采拾。

英国革命与法国革命

在欧洲近代史中，英国革命和法国革命的比较至今仍是一个时髦话题。有些论者往往不究国情，不问革命的起源和复杂的过程，直统统地直奔革命的爆发点和某些后果，在加以有倾向性的“比较”时，每每感情用事或以偏概全，以致好就一切都好，糟便从头糟到底。近几年来，此间以英国革命批评法国革命的声音越来越多，大体上是认为法国革命是以暴力（攻打巴士底狱）起，以暴力（白色恐怖）终。我以前也是这样认为的，并说过英国革命是“文火炖”，法国革命是“猛火炒”那样的比喻；其实是多少缺少了史识。法国的情况与英国不同，那时想走英国的道路也走不了。

英国革命在书中没有用“革命”二字，而是从“大宪章”起写它的源起，国王与贵族怎样经过若干次较量的反复，怎样发生了好几年的内战，才最后从荷兰迎来了新国君。其间历史翻过了三四百年。英国的“光荣革命”当然没有流血，但前此国王与议会的内战已流了不少血，国王查理一世比法国的路易十六先一步被送上了断头台。法国自古以来便有王权专政的传统，法国的贵族不像英国的贵族，他们的权势阶层是附着于王权的臣子，他们没有独立到足以限制国王权限的能力，以致社会的各种矛盾冲突终于汇成迅猛的冲击力，打开了革命的口子。这种冲击力造成了革命者的分派和内讧，不仅互相残杀，而且被殃及者无数。“温和派”的罗兰夫人沉痛道：“自由，自由，多少罪恶假汝以行！”“革命”在猛火之中燃起，后遗症却长期延续下来，最倒霉的还是被“革命派”口口声声所代表的人民，他们受到的折腾和折磨，文字难以表达。在尔后几十年的反复中，资产阶级才逐渐成熟起来。

历史是叫人明白的。陈衡哲在英法两种革命上着墨甚多，而且是在历史进程中把两个革命的异同客观地交代清楚。她说，法国革命的结果是：“（一）旧制度的毁灭；（二）平民的失望；（三）中等阶层的大交鸿运。第一项是收束已往的史迹，第二第三项，却是此后百年间欧洲社会上的一个大问题的开端。法国革命在欧洲历史上的位置，如是如是。”作者略带调侃地说，法国革命虽不免流了许多血，闯了许多祸，委屈了许多人士，做了许多可笑的改革，但对于它所举的“三个标鹄（自由、平等和博爱）”，“大致终算是达到了”。

陈衡哲这些评论是否公允，专家们可以评说。我理解她的意思，如果没有法国革命这样的“大地震”，自由、平等、博爱这类口号可能不会很快就在旧大陆传播开来；这些法国革命时期的口号，在法国以及其他欧陆民族，无论谁当政，真心也好，假意也罢，都不能避而不谈。小拿破仑在竞选时的“招贴”，用通栏大字写着这三个口号；这表示，这些口号已经深入人心了。就像我们今天，民主自由已没有人能公开否定了。

史观与史识

写历史是很难的。难处之一在于历史材料是“死”的，时代愈久远，材料愈是“死”的；你可以搜集之、挖掘之，但你绝不能凭空“制造”之。然而，如何认识和处理这些“死”材料，使其“活”起来，那就要靠史家的想象力、认识力以及文采风华了。古人说，治史需要有史德、史识和史才。陈衡哲可说具备这三者了。

历史是复杂的，由于“国际的混乱”，《西洋史》更是复杂的，所以不能只拘泥于某一种史观，我十分赞同陈衡哲在给胡适的信中所说的：

> 你说我反对唯物史观，这是不然的；你但看我的那本《西洋史》，便可以明白，我也是深受这个史观影响的一个人。但我确（实）不承认，历史的解释是 unitary（一元的）的；我承认唯物史观为解释历史的良好的工具之一，但不是它的唯一工具。（《胡适来往书信选》，中华书局，1979 年，页 252）

我认为这段话至少对我有指导意义；以“多元”代“一元”，无疑是破除各种“八股”，也是解放思想的重要“法门”。我前些时候曾想过，写“学术”文章为什么一定要有既定的格式和语言呢？为什么一定要依从某一种“理论框架”那样起承转合呢？为什么不能把“散文”写进学术，使学术论文展现作者的“个性”呢？我一直努力这样做，只是才疏学浅，难有显著成效。因此当我第一次读到这本书的时候，我即暗想：这正是我想做的。

这本书，依作者“例言”，其范围以“文化的欧洲”及“纯粹欧化的美洲为限”。也就是从希腊罗马到1914年。后来由于想把美洲另出一册，所以现在的《西洋史》没有包括美洲。遗憾的是，拟另出一册的美洲，作者似乎终于没有腾出手来。

小国的魅力

最后几章里有两处引起了我特别的注意。

第一是对欧洲小国的关注。北欧三国以及西班牙、葡萄牙、荷兰、比利时、瑞士等都在历史进程中有它们的位置和影响。自从央视《大国崛起》“热播”以来，“大国”和“崛起”成为舆论热点，人们的眼光都放在“大”国上了。我不禁想到：为什么很少有人看“小国的魅力”呢？要讲“市民社会”等时髦名词，小国可能比大国更有资格。《西洋史》中有这么几句话：

> 这三国（指前述的瑞典、挪威和丹麦）在近世欧洲政治上的地位，是很不足轻重的，但他们在文学上的贡献，却可

以算是第一等的。他们的文学，不但大大地影响了欧洲的思想及人生观，并且已经超山越海地侵入我们的青年界了。挪威的易卜生（Ibsen），已成为我们的老朋友，不用说了；此外如瑞典的童话大家安徒生（Andersen）[①]、戏剧家斯特林堡（Strindberg）[②]、挪威戏剧家比昂松（Björnson）[③]、丹麦的批评家布兰代斯（Brandes）[④]，都是不单属于一国一洲的人士，他们是应为全世界所公有的。

满脑子只有“政治”的人可能要说：“文学算什么？”但是他们不知道，一个没有文学的民族很可能是弱智的。

全球化的前景

第二是《西洋史》的最后一章《欧洲与世界》，已经不自觉地透露出“全球化”的前景。陈衡哲写道：

自19世纪下半叶以后，欧洲历史的重心点，已由欧洲本土渐渐移向世界，所以我们对于这时期中欧洲历史的注意点，也就侧重在它与世界关系了……19世纪的欧洲历史，便成为世界化，而世界的历史，也就不得不以欧洲为中心点了……19

①原文译为安得生。
②原文译为斯得林堡格。
③原文译为边生。
④原文译为白兰得斯。

世纪欧洲的文化，如民治主义等，也就无限止地输入到世界各国了，这也是助成欧史世界化的又一原因。（前面提到“世界化”的第一原因是“工业革命”）

作者是太重视精神、文化了，大量的史材终是要托出时代的精神。这种关怀时时在夹叙夹议中自然流动出来。如她读到中世纪和近代的区别时，把“中古”比作“戴着面罩，关在小屋子里”的僧侣，近世却是一个享受“现在”和“此地”之美的“强健少年”。像这类写法，读到此处，能够就此放手么？

顺便提一下，书中有一处错误，是作者弄错了，即宗教改革期间的伊拉斯谟的生年，两处误植为1304年。他的生卒年应分别为1469[①]和1536年。

①此处有误，伊拉斯谟生年为约1466年。

六版序

本书上册与下册一样，都是在枪声炮影中得来的——前者作于内战的四川，后者作于齐卢战争时的南京。初不料到在那样情形之下所作成的书，尚能得到如许的读者，以致在三年之内，使它有印至六版的荣宠，这是作者应该对于本书的读者表示谢忱的。

为求答谢一般读者起见，作者遂以数月的工夫，将上册全书重行校改。其中最重要的，一是章目的重排，一是近事的加入。

本书章目的长短，在原版中太不一致了，所以现在一律重新排过。这事初看上去，似乎仅是一个属于机械的问题，但在实际上却大大不然。因为一书的章节，是各有各的意义，各有各的个性的；我们决不能为求整齐的缘故，去把史迹的个性牺牲，或把史流的衔续截断。所以在我将本书的章目重排之前，我曾将其中史迹的价值，重新估过，并曾以一个更为适当的解释，给予那些史迹间的相互关系。这件工作在中古史中，尤为明显。读者但须将本版和原版相较一下，便能明白了。

在上古和中古史中，近事的变迁，似乎是不会发生什么影响的了；但在实际上却也不尽然。比如一九二一年“北京人”的发现，一九二二年埃及的成为独立国，都是不容我们古代史的作者和读者不注意的。我虽不敢说，本书中所述的，都是一九二七年中最新的学说，最近的发现；但它却曾以最近的眼光，在本版中加上了一些材料与解释。

曾经以批评给予此书的朋友们，在地质学方面，则有丁在君先生及葛拉普教授，在史实及艺术方面，则有何柏丞先生及胡适之先生。我对于这几位的帮助，是十分感谢的；而尤以后两位所作的两个书评，为能鼓励我的奋进之心。但给我帮助最多的，自然是任君叔永，因为不但这书的原稿，都承他替我仔细读过；并且假使没有他的赞助与信心，这两书或将因为我的多病及历年时局的不靖，至今尚不曾出现。

陈衡哲

一九二七年五月　北京

原序

我的编辑《西洋史》，有两个动机。其一，是因为近年来读史的结果，深悟到战争是一件反文化的事。但同时，我又信战争是一件可以避免的事。避免的方法虽不止一端，然揭穿武人政客的黑幕，揭穿他们愚弄人民的黑幕，却是重要方法中的一个。运用这个方法的工具，当以历史为最有功效了。我们研究西洋历史的人，对于这一件事业，尤觉得负有重大的责任；因为我们至少应该使人们知道，国际的混乱状态，不但不是西洋文明的精神，并且是它的一个大缺点。但是把这个状态当作西洋文明的要素的，正大有人在。我们眼见西洋历史受这个委曲，真不能袖手不管了，真不能不起来尽一点解释的责任了。

第二个动机，是我三年前在北京大学教授《西洋史》时所得到的。我是最反对注入式教育的一个人。在史学界中，这个方法尤为无益有害。所以我曾特别注意学生的自己搜求材料，作为辅助或是证明我的演讲之用。但这个努力的结果，不过使我感到中文参考书籍的缺乏。于是我便决意辞去教职，专门编书。我的入手的方法，是先用独力编一部《西洋史大纲》，作为基础；然后再藉教书及自己研究的机会，去续编以下的几种书——有的独力可成，有的非合作不行——《西洋文明史》《西洋近代史》《欧亚交通史》及《白种人势力扩张史》。

当我方欲着手为《西洋史大纲》搜集材料的时候，商务印书馆的编辑所所长，王云五先生，忽以编辑高级中学用的《西洋史》教科书相嘱。此书的性质，虽与我所欲编的《西洋史大纲》相似，然我起初仍未敢答应。一则因为教科书的范围太狭，一则因为教科书是要按期出版的，而我的搜集材料，至少亦需时三四年。后承商务印书馆许以范围及格式上的通融，而我自己也同时感到教科书在教育上的位置的重要，所以就把这件事承诺了。

我编辑此书时，有一个重要的标鹄，便是要使真理与兴趣，同时实现于读书人的心中。我既不敢将活的历史，灰埋尘封起来，把它变为死物，复不敢让幻想之神，将历史引诱到它的域内，去做它的恭顺奴隶。或者因此之故，我将不能见好于许多的专门历史家及专门文学家，但我若能藉此引起少年姐妹兄弟们对于历史的一点兴味，若能帮助我们了解一点历史的真意义，那我的目的也就达到了。

但取材及格式的限止，虽大部分已经除去，时间的限止却仍旧存在。我不能以一年之力——尚须除去半年的旅行——尽获我所欲得的材料，尽作我所欲作的结论。因此，此书殊不能使我自己十分满意。比如关于战争是反文化的一件事，我又何尝有时间去找到充分的材料，来给我自己的主张一个满意的辩护呢？这个缺憾，只有待他日另编《西洋文明史》时，再补了。

但教科书减去了教师，便是一本白纸黑字的死书。我深望采用此书的教师们，能了解我编书的原旨，能给我以一点精神上的赞助。我尤希望他们能帮助青年们，去发达他们的国际观念，俾人类误解的机会可以减少，人类的谅解和同情，也可以日增一日。这个巨大的责任，历史的著者不过能尽百分之一，其余的九十九分，却都在一班引导青年们的教师身上。我现在谨以十二分的热忱和希望，把此书贡献于我们学界的引路者。

目　录
Contents

上

下

上

例言

本书的范围以“文化的欧洲”（见第一编第二章），及纯粹欧化的美洲为限，故定名曰《西洋史》。

本书虽为高级中学教科书，但著者的目的，兼在以西洋历史的常识，供给一般人士，故并未为教科书的体例所限，亦未尝以其为教科书之故，置入一点不曾消化的意见。

自人类学明，而西洋历史不从埃及始；自生物学明，而人类的历史不从造物抟土为人始。本书原本此意，共分为上下二册。上册为古代史，又分为《上古史》及《中古史》二编。上古史起于先史时代，终于第五世纪，西罗马帝国的灭亡。中古史上承上古史，下逮十三世纪的文艺复兴。下册为近代史，起于文艺复兴，终于一九一四年的欧洲大战。

本书所注重的，一为说明各种史迹的背景，一为史迹的因果，及彼此的相互影响，以求培养读者分析现代社会上各种现象的能力。若不求因果，但缕述某国某人，于某年征服某地，或其他类此的事实，那有什么意思呢？因此，凡是账目式的胪举事实，或是献典式的颂扬战绩，本书一概屏弃。即于人名地名，本书亦力求少用，俾免枉费学生的脑力。

表和地图，是历史的两只眼目。本书插图甚多，俾养成学生看图读书的习惯。至于所附之表，却非帝王年表，乃系著者自己所作的各种历史表。此类历史表最能帮助读者得到明确的历史观念。教师们若能本此意思，更进一步，时令学生用图表来达出自己的意见，那就更好了。

书中用五号字印的各节[①]，虽非注释而略具注释的性质。教者若觉得时间不够，可从省略。

①原文中的五号字，即本版正文中小字部分。——编者注

导言

一、研究历史的目的

历史是人类全体的传记。人类还在生长的时期，所以它的传记也正如半开之花。我们现在所要研究的，便是：人类何以能从那个无尽无边的空间里，无始无终的时间里，发育生长，以至于达到现在的地位。换一句话说，我们所要研究的，不是某某皇帝的家谱，也不是武人政客的行述，乃是我们人类何以能从一个吃生肉的两足动物，变为一个代表现代文明的人。因为我们要研究这个人，所以不能不研究他的思想行为，和与他有关系的重要事物；所以不能不研究政治、工业、农业、文学、美术、科学、哲学，以及凡曾帮助他，或阻止他向前走的种种势力。我们不但要研究这些势力，并且还要了解它们的原因和效果。这便是我们研究历史的目的。

现在我们研究的范围，虽然只以西洋各国为限，但无论哪一部分人类的历史，都具有普通和特别的两个性质。特别的性质，是某种人、某国人，所专有的；普通的性质，是人类所共有的。所以我们研究了人类一部分的历史，不但可以了解那一部分的人类，并且可以了解自己的一部分。

二、研究历史的态度

历史不是叫我们哭的，也不是叫我们笑的，乃是要求我们明白它的。我们研究历史时，应该采取这个态度。成人的行为，决计不能与小儿一样；我们不曾因为成人不吸乳，便讥笑小儿的吸乳。历史也是如此，上古人和中古人的行为，在今人眼光中，有许多是奇怪可笑的，有许多是可骇的。比如中古人的焚烧异教徒，确是一件极残酷的行为；但我们若用历史的眼光去观察它，便能明白为什么有许多慈悲诚恳的教士，也不惜以这个惨刑施于异教徒的身上。因为历史家的态度，是要求了解一切过去和现在的现象的。比如他一方面不妨批评和责咎十字军的混乱乌合；一方面却应该明白那时群众的心理，给他们以相当的同情。这便是研究历史的正当态度。

三、历史的范围和史料的选择

历史既是人类全体的传记，它的范围当然很广。拿破仑的事业固然是历史；法兰西乡下一个穷妇人的生活状况，也何尝不是历史。但我们又决不能把所有人类在空间里和时间里的一切思想事业，都当作历史看待。我们须在那漫无限制的历史材料里，整理出一个历史来。

但整理的方法，是根据于历史的观念的。比如有些历史家，以为历史便是已往的政治，他们所取的史材就一定是偏于政府的文牍公案了。又比如有些历史家，是崇拜马克思[①]的唯物史观的，他们在编辑特洛伊城[②]的历史时，一定就要说，那城的陷亡，不是因为特洛伊的太子拐走了希腊的美妇人；乃是因为特洛伊城与希腊在商业上的竞争和嫉妒，所以两方面打起仗来了。历史的材料无限，任凭你用哪一个观念，都可以得到一点材料来做凭证。但这是一件危险的事。我们深信，历史不是片面的，乃是全体的，选择历史材料的标准，不单是政治，也不单是经济或宗教，乃是政治、经济、宗教，以及凡百人类活动的总和。换一句话说，我们当把文化作为历史的骨髓。凡是助进文化，或是妨害文化的重大事迹和势力，都有历史的价值。这是这本历史取材的标准。

四、史学的进化

这里不是讲史学的地方，但我们至少应该知道，在西方学术中，史学是一件较新的学业。十九世纪以前历史的材料，是专靠一点历来相传的记载的；直到十九世纪中叶以后，靠了地质学、古物学，和其他科学的帮助，史学的范围，方横充直升地扩大起来——横充是材料的加多，直升是时间的推进。我们对于上古埃及和两河流域的两大文化的新知识，完全是从那些埋在地下的古物和古文学得来的；我们对于先史时代的智识，更不消说是从生物学、地质学，和古物学得来的了。现在至少还有一个欧洲的古文化——爱琴文

①原文译为马克斯。
②原文译为脱洛城。

化——因为没有人能读代表它的文字，至今还不曾完全见着天日。又如因为近年来历史材料的增加，我们对于欧洲中古史的观念，不知道改变了多少。我们因此可以知道，不但未来的历史还在创造的程级中，并且我们对于已往历史的智识，也是愈求愈无涯的。

五、历史的分期

历史的性质，是贯一的，是继续不断的，它如一条大河，是首尾联接的，是不能分成段落的。但是为了便利的缘故，我们有时也不能不把它分为几个时期。这个历史分段的地方，大约总是有一个，或是数个，较为重要的史迹的——如四七六年西罗马帝国的政变，可以作为欧洲上古和中古的界线；而第十四世纪初年欧洲又产生了许多表示中古末日的史迹，所以本书中古和近古的界线，便是一三二一年，意大利诗人但丁死的那一年。但我们不要忘了，这些界线都是人造的；我们决不能说，在一三二一年以前，欧洲的事事物物都是中古式的，到了一三二一年正月初一日的子时，人们忽然从中古的梦中醒过来，来过他们的现代生活。因为历史上的分期，正如昼夜的分期一样：中午确是白天，半夜确是夜间，但在那暮色苍茫，或是晨光曦微中，谁能执定哪一分钟属于夜间，哪一分钟属于白天呢？但这个模糊不明的苍灰天色，却又是划分昼夜的最好界线啊！我们明白了这一点，才可以应用历史上的分期。

第一编 上古史

第一章
先史时代

一、地球和生物的起源

地球和生物

我们要知道历史，就要先知道怎样会有人类。要知道怎样会有人类，就要先问怎样会有地球和生物。地球和生物的起源，都在无数万万年以前，我们对于它们的知识，自然不能十分确实和贯彻。但是经过了五六十年各种学者的考据和研究，那长夜漫漫的太古时代，也就渐渐地有了一线光明了。以下便是各种学者——人类学者、地质学者、生物学者、古物学者和历史家——考据研究的结果。

> 地球和生物的起源，是一个大题目。学说的派别既多，材料亦极丰富，断断不是这里所能引述的。下面所说的，乃是各学派所公认的一点根本上的撮要。

地球的起源

原来在我们这个地球有始以前，这个广漠无垠的太空中，就先有了一个大火球，这便是太阳的前身。当那大火球旋转的时候，有许多质料从它的身上飞散到太空中去，其中有一块便变成了我们的地球。后来地球渐渐冷了，表面结成了许多岩石。这便是地质时代的开始。从这个时候到现在的年岁，各学者的意见也不一致，有的说，约在十余万万年以前，有的说，不过在几千万年以前罢了。各说虽然不同，但那时代离开现在的邈远，却是无可疑惑的。

上面说过，在太古的时候，地球是很热的，所以地面上的空气也很热。但慢慢的，地面上的空气也像地面一样，凝冻起来成为雨了。这雨下在初成的岩石上，就成为泉涧，成为瀑布，成为江河。它又把岩石的面子冲成了泥，带着往下跑。地球上于是有了热气、湿气和泥沙，生物便出现了。最初的生物，是在水里游行的单细胞，但它也就是现在一切植物和动物的祖宗。起初的时候，植物和动物都不能离开水。后来慢慢地都变成了两栖生物。最后，陆地上也就有了植物和动物了。现在我们单讲动物。动物进化的第一步，是由单细胞成为鱼类。隔了不知多少个百万年，鱼类中的最进步的，就变为两栖动物。又隔了好几百万年，有些两栖动物，居然能完全离开水了。它们身体上的构造，也就跟着环境，变为适宜于陆地生活的爬虫。这些爬虫都很大，现在的爬虫，不过是它们的不肖子孙。那时地球上面，没有比它们更高等的动物，所以我们把那个时代，叫做爬虫时代。爬虫类中，慢慢也有变为飞鸟的，并且这些飞鸟又都是“其翼若垂天之云”的大鸟。又隔了多少个百万年，大概是不能适应环境的缘故，那无数的巨大爬虫又忽然不见了，但见地球上面，充满了哺乳动物。这约在四千万年以前，便是哺乳动物时代的开始，至今还不曾完结。后来哺乳类中又出了一种出类拔萃的动物，便是人猿，也便是人类的远祖。

自来历史家对于人类的观念，大概有两种：一种是深信人类是朝着前走的，即有退步，也不过是偶然的现象；一种是不信人类能真有进步的，即有进步的现象，也不过为退步做一个预备。这两种学说，都有历史上的证据，来给他们做辩护。但前一说的证据，既然比了后一说的为多，而且坚强有力，而这个学说的自身，又足以使人类奋进向上，我们自然就乐于采取它了。

二、人类的始祖

人猿

人类的始祖，是一种人猿。它是一种很丑的动物，浑身是毛，又臭又龌龊。它能吃活的动物，也能吃它的同类。不过它是用两个脚走路的，这是它离开下等动物界的第一个表示。它出现的时候，离现在约有一千万年。

冰期和冰间期

那时地球的上面很热，但是后来忽然冷起来了。大块的冰山，由北方冲来，淹没了无数陆地，冻死了无数动物，我们也就失了这似人动物的踪迹。这便是地质学家所说的第一冰期。后来冰渐退了，地质学家就叫那个时代做第一冰间期。照现在的计算，地球上面总共有过四个冰期，和三个冰间期。第四冰期以后，便是现在的时代，叫做冰后期。（见表一）

表一　冰期和冰间期

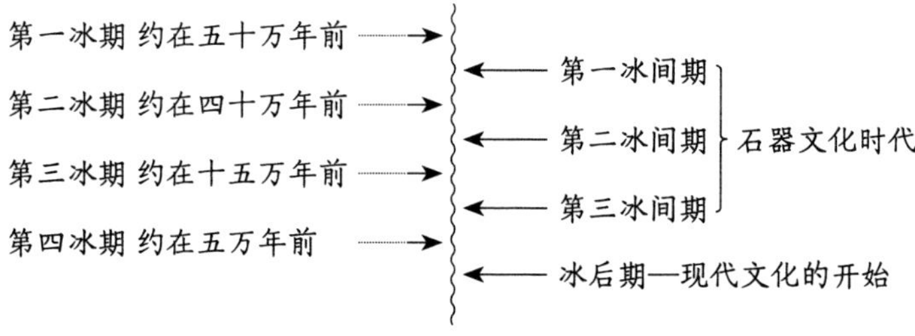

冰期和间冰期的生物

每来一个冰期，地球上面的生物就改了一个情形。比如在第三冰间期，地上生活的都是些犀牛、海马和别的惯居热带的动物。到了冰期，犀牛等就不见了。但见那浩浩无垠的冰天雪地中，有无数的冰鹿（或作驯鹿），逐逐来去地找它们的食物。植物也是如此。人类自然也逃不出这个影响。现在有许多人类学者，说地球上面，也接着冰期的次序，发现了四种不同类的人类。到了冰后期，才发现了“真人”，才发现了现代人类的真正祖宗，那时离开现在约有两万年。

『真人』

上面所说的“真人”的发源地，有许多人类学者证明它在亚洲的西部和非洲的北部。有些学者说，现在世界上的人类，都是由一个祖宗分散出来的。有些学者说，现代人类的真祖宗，并不止一个，比如黑人的祖宗，与白人的祖宗，是完全不同的。但这都是人类学上的问题。我们现在只要知道，人类的始祖确是一个很野蛮的人就够了。现在在澳洲和非洲的南部，还可以找见和他们同一程度的人类。

两三万年前，地中海的容积，比现在小得多；中间又有陆地，把它分为东西两湖。后来大西洋的水由西冲来，把地中海扩大了，它中间的陆地也就沉了下去。这海的面积越扩大，沉下去的陆地就越多。“真人”的老家，或者在现在埋在地中海东南角的一片太古时的陆地上，也未可知。

后石期人

这些“真人”又叫作冰鹿人，因为他们的伙伴，是冰鹿一类的寒带动物。过了约有一万年——离现在约一万年——欧洲的天气又暖和起来了，于是忽然又从东北方来了一大群人，这些人的文明程度，确比冰鹿人为高。他们驱走了冰鹿人，渐渐地占据了欧洲。现在白人的血管中，还有许多夹杂着他们的血。他们和冰鹿人是同类的，和我们也是同类的。我们叫他们做后石期人。

本章的时期

现在我再做一个表，来把本节的时期，清理一下。但表中的年数除了最后一行以外，都不能算为确定。时间离开现今越远，确定的程度越低。我所采取的，是地质学家和人类学家等测算的平均年数。所以其中伸缩的余地更多。

有许多人相信亚洲北部是人类发源地，而一九二一年，所谓“北京人 Peking man”的牙齿在周口店的发现，尤足以助这个学说的成立。据地质学家和人类学者的考据，这个“北京人”生活的年代，当在五十万至一百万年以前，远在第一冰期及 Neanderthal man（尼安德特人）之前。它在下表中的地位，当介于第三行及第四行之间。

表二　先史时代的重要时期

地质时代的开始	离开现在约	八亿年
地球上初有哺乳动物	约	四千万年
地球上初有人猿——两足动物	约	一千万年
确知地球上有人类的存在（Neanderthal man）	约	五万年
地球上初有“真人”（Cro-Magnon man）	约	两万年
历史时代的开始	约	六千年

◎由上表看来，西洋历史时代和地质时代的比例，为六与八十万之比，不及十万分之一。

三、西洋文化的萌芽——石器时代

人类的文化是怎样萌芽的？我们用历史的眼光看来，可以答道：“人类的文化是它的需要和环境交迫出来的。”物质文化是这样，精神文化也逃不出这个例。

初石期的文化

现在单说欧洲文化的萌芽。上面的表已经说过。距今五万年前，在第四冰期以前，地球上面确是已经有了人类的存在；但他们大约不是和我们同类的。人类学家叫他们做 Neanderthal man，我们现在就叫他们做初石期人。那时的天气，起初很暖。但到了第四冰期，天气忽然大冷，这些初石期人冻死的就很多。不曾冻死的，也就学着了几件事。第一，他们知道用狼虎等野兽的皮来遮蔽身体。第二，因为他们此时不能在露天之下居住，所以渐渐地知道跑到山洞里去住起来。第三，火的发明，大约也在这个时候或者更早些。第四，他们已经能用一种石器，叫作手斧的，来做杀伐斩割之用了。因为这个，所以我们叫这个时代做初石器时代。

> 器具的演进，本来不能包括人类文明的成绩，但我们若要找一件具体的事物，来代表文化进行的程序，那就以器具为最适宜了。第一，因为它们是先史时代遗留下来的唯一物件，若没有它们，我们将永不能推测出先史时代的情形来。第二，因为器具虽是属于物质的，但它们也是人类智力的一个好代表。野蛮人是决不会制造钟表的。因此两个原因，我们便把石器的演进，作为先史时代的分期标准。

中石期的文化

又过了两三万年，离现在约有两万年，又来了一种人，就是上面所说的“真人”。他们代替初石期人做了地球上的主人翁。我们叫这个时期做中石期，这些“真人”就是中石期人。那时冰虽不曾全退，但天气已经和暖多了。这些中石期人，除了知道穴居和穿兽皮以外，又发明了弓、箭和矛，并且知道用木来做长矛的把柄。因为这个原因，他们都是很好的猎人。有些古物学家，曾在西西里[①]的一个山洞中，发现两千个海马的骨骼。这都是中石期的猎人所杀死的。他们又有象牙做的针，用来给妇女们缝兽皮。但是除了衣食住之外，中石期人还有别的特点，他们能雕刻和绘画，并且那艺术的程度很高。

①原文译为细细利。

有一个西班牙人，同着他的小女儿，到西班牙北方的一个山洞中去寻觅古物。有一天，他正在寻觅的时候，忽然听到他的女儿叫道："大牛！大牛！"他跟着她手所指的地方看去，才知道那穴顶上面画着一只牛哩。那牛不但像真的一样，并且它的颜色也一些不褪。但那画至少有一万岁了。

后石期文化的遗迹

冰退了，天气也渐暖了过来。于是欧洲的东北方，忽然又来了一个新民族。他们的文明程度，比中石期人更高。他们赶走了中石期人，占据了欧洲。现在古物学家曾在丹麦和瑞士，发现他们的许多遗迹，所以他们的历史，也比较显明些。这个时代起于约一万年前，我们就叫它后石期。在这个时代生存的民族，就叫作后石期人。

初石期人（Early Stone Age man）即是Neanderthal man，又名先旧石期人（Early Paleolithic man）。中石期人（Middle Stone Age man），即是"真人"（the true man），又名后旧石期人（Late Paleolithic man）。后石期人（Late Stone Age man），又名新石期人（Neolithic man）。

后石期人在丹麦的遗迹

后石期人的遗迹，在丹麦的是一种贝壳积成的丘陵。这些丘陵，大抵在沿河沿海的地方，有长至半英里的。积成丘陵的物料，除了许多贝壳和兽骨之外，还有各种石器和陶器。我们看了那些贝壳和兽骨，就可以知道，这些后石期人不但能打猎，并且能捉水中的生物，来充他们的食料。他们的发明陶器，是人类的一大进步。他们的石器，比中石期人的，尤为精致光滑。他们器械的种类也很多，除了斧之外，还有弓箭和刀锯。他们的居室，也不止山洞一种了，下面便是一个后石期的屋基。

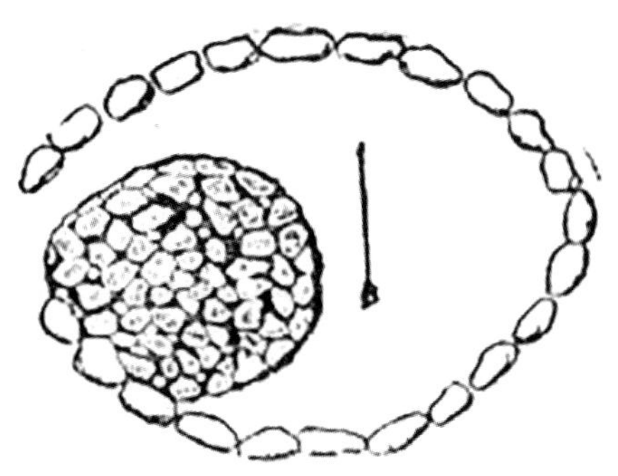

图一　后石期人的屋基

◎图中的外圈，是围着墙角的石子。墙是用泥和芦苇造成的。圈子内的圆形物，是一个石灶。灶的左上方，是门，也就是出烟的口子。

在瑞士的遗迹

他们在瑞士的遗迹，是湖上的木屋。这些木屋，都是用木桩子支着，造在湖面上的。现在有一处的湖底，竟出现了五万个木桩子，可以想见那时湖上村落的繁盛了。湖居的人民，不但能造木屋，并且别的生活程度，也比丹麦的食贝人民为高。他们除了陶制的碗缸之外，还有木制的匙羹和家具。他们又发现了谷和麻的种植。于是吃的除了鱼贝和野兽，又加上了大麦、荞麦和小米等谷食，穿的除了兽皮以外，又有麻织的物料了。他们又发明了熟食。他们对于野兽，除了杀害之外，又发明了豢养的一法，于是猪狗牛羊等，居然听从他们的命令，来帮助他们耕田、负重和打猎了。

土著和游牧的起源

后石期人的生活到了这个程度，社会上就发生了几个重要情形。第一，太古时候的地，和现在的空气一样，是没有人来占据它的。自从人类知道耕种之后，才有人知道地的用处。但是求少供多，所以争田夺地的事，还不曾发生。第二，人类既要耕种，就不得不守在一个地方，等待收获的时期。这是人类土著生活的起源。第三，人类既驯服了猪狗牛羊，既是有了牲畜，就有一部分的人，专门去做那畜牧的事。这是游牧生活的起源，因为这几个情形，社会上就发现了两种人民：一是耕田的土著人，一是牧畜的游牧人。游牧人领着他们的牲畜，到处去寻水觅草，不免时时要侵犯那土著人的田林。他们又看见土著生活的安乐，不免又起了羡妒的念头。即此一个念头，便发生了世界历史上的无数事迹。什么日耳曼人的入寇罗马，阿拉伯[①]人的北犯欧洲，都不过是这两种人民的战争罢了。但这是后来历史上的事，我们现在可以暂且不去管它。

后石期的文明：火和器具

我们现在可以知道，后石期的人类，确是离开兽界很远了。他已经得到了几件重要的工具，用来下那文化的种子。他的第一件工具是火，第二件工具是器具。他有了这两种工具，就可以征服许多可怖的天然和野兽，并且不至于冻死饿死了。但除此之外，他又新得了两种更有价值的工具，一是语言，一是社会的组织。

后石期的文明：语言

语言是发育、保存和传布文明的一个重要工具。它的产生的时代虽还不能确定，但中石期人大约是能说几个名词的，至少后石期人是能够说话的。这是人类离开兽界的一个重要表示，也是人类文化的基础。后来文字发明以后，人类的世界就更能从“现在”和“此

①原文译为阿剌伯。

地”之中，扩充出来了。

社会的组织，也是在后石期才发生的。那时的人类，渐渐知道秩序的可贵，于是就宁愿牺牲了一部分的自由，去让一个强有力者来保护他们。这是酋长的起源，也可以说是一切制度的起源。但秩序和制度，是最能束缚人的自由意志的，初石期和中石期人，都是极端放任自由的人；所以他们一方面是野蛮人，一方面却又是很好的美术家。到了后石期，文化的大体虽较前两期为进步；但人类表示意思的能力，却反不及从前了，他们的美术，也远不及从前的自由和活泼了。

图二　中石期的美术

图三　后石期的美术

先史时代的人，原和小儿一样，对于凡百事物都有一种神秘的感觉，好像他们是与己同类的。所以他们的宗教当然是拜物教；而造成他们宗教的重要分子，乃是畏惧和希望的两种心理。那时常有一个年纪很老，阅历较深的人，能知一般人所不能知的事，能减少他们的畏惧，或是完成他们的希望，于是一般人便奉他为神人。这个神人有时也就是酋长。所以先史时代的政主和教主，常常是在一人身上。这个情形，到了欧洲的中古时，还不曾消灭，即在近世中，也还可以找到他的一点遗迹。

后石期的文明：工业和商务

欧洲先史时代的工业和商业，也都幼稚得很。那时的人民除了游牧和耕田之外，也有做木匠、石匠和矿工的。他们最大的建筑，便是酋长们的坟墓。至于商务呢？那时虽有交易——比如在欧洲的南方有出产于北方的琥珀——但还没有金钱，及交通的便利，所以不能发达，只可以算是一点萌芽罢了。

亚洲和非洲的礼物

这是欧洲一万年至五千年以前的情形。那时的欧洲人，还不知道用金属，还不知道用文字，还不曾见过有帆的船只。这些都是后来亚洲和非洲送给欧洲的礼物。因为在六七千年以前，亚洲的西方和非洲的北方，已经有了真正的历史了。

现在我再做一个表，来结束这一节的意思。

表三 西洋文明的萌芽

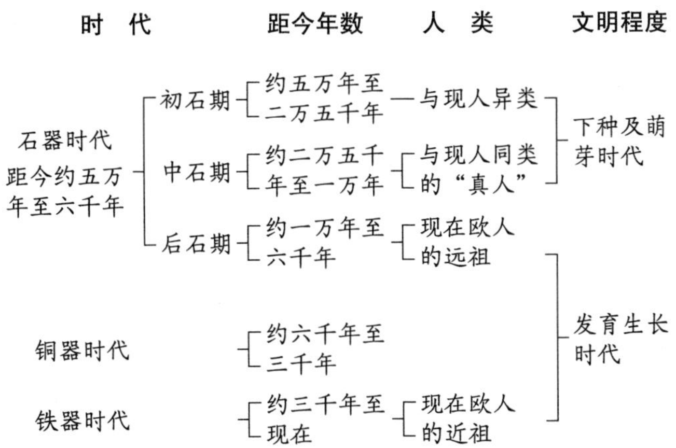

时代		距今年数	人类	文明程度
石器时代 距今约五万年至六千年	初石期	约五万年至二万五千年	与现人异类	下种及萌芽时代
	中石期	约二万五千年至一万年	与现人同类的“真人”	
	后石期	约一万年至六千年	现在欧人的远祖	发育生长时代
铜器时代		约六千年至三千年		
铁器时代		约三千年至现在	现在欧人的近祖	

这一章所占的时期，和本书正文的时期的比例，为十万与一之比，但篇幅却还不满二十分之一。这是为什么呢？第一，因为我们对于这

个太古时代的智识太少了，所以时间虽长，但我们仍觉得它是空空洞洞的。第二，因为它虽离开现在太远了，所以我们对于它的兴味，当然不及对于现代历史的浓厚。因为有这两个原因，所以历史时间的距离，常和篇幅的多少，成为反比例。我们不要因为一个时代所占的地位不多，便误以为它的时期也很短。比如这一章所说的单细胞变为鱼，鱼变为两栖动物等事，都不是几千年几万年所能成功的，它们所需的时日，至少当以百万年为单位。后来人类渐发达，每一时代的距离，也渐渐缩短了，但和有史以后各时代间的距离相比，却是仍旧很长。比如由一块木头改为一只船所需的时间，比一只木船改为一只汽船所需的时间，一定就长得多了。

第二章

埃及古文化

欧洲文化的老祖

上面所说的欧洲的文明，发达到了瑞士湖居的程度，就显然中止了。但是人类文明之花，却仍旧不停地开放着。它开的地方，也不止一个；不过有两个地方，是和欧洲有特别关系的，一是非洲北方的埃及，一是亚洲西方的一小部分。因为在这两个地方所开的文明之花，后来有许多果子落到欧洲的地上去，发育生长起来，所以这两个地方的历史，和希腊罗马的历史，有同等的价值。

欧洲历史的范围，比欧洲的地理范围，略为宽广；因为地中海东岸和南岸的各国，在政治上、文化上、人种上、语言上，都是与欧洲不能分开的。所以现在有些历史家，把非洲的北部，和亚洲西方的一小部分：归入欧洲历史范围之内，做成一个历史上的单位，叫作“文化的欧洲”（Cultural Europe），以别于地理的欧洲（Geographical Europe），本书所用的意义，即是属于第一类的。

埃及文明和两河流域文明

上古时候，航海之术未明，不但没有海洋交通，就是内海也是一个畏途，所以文明发育之地，起初是限于大河流域的。上古欧洲文明的出发点，一是埃及的尼罗河，一是亚洲西部的幼发拉底和底格里斯两条河。这两个河域，不但地土肥饶，足以使那里的人民安居乐业；并且水道交通便利，在河域之内，货物及智识的交换，自然也就比别处更为发达了。这个情形的结果，便是埃及文明和两河流域文明，它们是欧洲文明的远祖。

爱琴文明

后来内海交通渐渐发达，希腊南端的克里特海岛，因为地势上的关系，就成为上面两个文化输入欧洲的大桥梁。克里特是爱琴海域的中心点，也是爱琴海域的代表。所以上古的第三大文明便是爱琴文化。

希腊和罗马的文明

爱琴文化的承继人，是希腊文化。希腊文化是欧洲本土最古的文化，也是世界文化史上的一个美丽的彗星。它的特别贡献，是文学美术，和哲学科学。希腊衰败之后，继起的便是罗马文化。它是欧洲上古最后的一个文化，也是欧洲中古文化的大宗师。它的特别贡献，是法律和政治。

不死的已往

以上各个文化，虽已离开我们很远；但它们的火焰，还不绝地在现代西洋文明中燃烧着。它们大都是久已融合为一，且已加上了许多新进的分子了；但我们若去把这个现代文明分析起来，我们仍将可以找出其中各个分子的系属：有的是罗马的苗裔，有的是希腊的苗裔，有的是希伯来的苗裔，有的是埃及或两河流域的苗裔。因为凡是有价值的已往，是不会死的。为了这个缘故，所以我们现在要研究那个离开我们数千年的古史。

现在我们先述埃及。

埃及的地形和环境

埃及（Egypt）的文明，是与它的地形极有关系的。第一，它有一个定期泛滥的尼罗河（Nile River）。每到泛滥的时候，那河水挟着沙泥，自高处冲下，把两岸淹没了。水退之后，岸上就加上一层肥土，因此，尼罗河流域的人民，不需苦作，却能衣食无缺。不但如此，埃及人又早早发明了灌溉的方法，所以就是尼罗河所浸不到的地方，也有了充足的水量。第二，埃及东北临海，西界沙漠，南方是程度极低的黑人，在那交通不便的时候，这些都是埃及的绝好屏障，使外族不易侵入。有这两个原因，所以埃及的人民及君主，得有余力来做建设的事业；而埃及的文化，也就能日征月迈的向前走去了。

埃及史的分期

埃及的历史，大概可以分为四期：第一是文明初启时期，第二是金字塔时期，第三是异族入主时期，第四是帝国时期。

文明初启时期（前4000—前3000）

第一，文明初启时期，是埃及历史上的最初时代，大约起于西历纪元前四千余年，那时埃及的文明，已经超过一千年后的欧洲了。其中最可注意的是，（一）文字和文具的发明：埃及的文字，和各种古文字一样，起初是纯粹象形，但后来渐渐变为谐声和拼音，这是欧洲字母的太上老祖。不久埃及人又发明了墨水和纸和笔，传达和保存文化的器具，然后大备。（二）历法的发明：埃及先用阴历，后来因为有许多不便，就改为每年三百六十五日，每月三十日，其余五日，作为年终宴乐之用。这是现用阳历之祖，但埃及人还不曾知道用闰历。这个历法是在西历纪元前四千二百四十一年定的，乃是历史上第一次有确实年代的事迹。（三）用铜的发明：在纪元前四千年时，埃及人已经知道用铜器来代替石器了。这是后来各种大建筑的基础，因为要是没有铜器，就一定没有人能用大石来造金字塔的。

金字塔时期（前3000—前2500）

第二，金字塔时期，这个时期，又叫做旧国时代，约自纪元前三千年至二千五百年。这五百年中，埃及没有外患，国王得以专心一意的去建筑他们的巨大坟墓——就是金字塔——和别的纪念物。据埃及的传说，金字塔中最大的一个，乃是十万人民费了二十年的工夫筑成的，我们可以想见那工程的伟大了。现在我们若到埃及去，还可以看见无数的金字塔，连绵至六十英里之长。

那个最大的金字塔，又叫作大金字塔（The Great Pyramid），是国王胡夫（Khufu）[①]的陵墓，建于纪元前二十九世纪，乃是用二百余万块的石灰石筑成的。每一块石约重二吨半，这个金字塔的重量，当在五百万吨以上。塔底每一面宽七百五十五英尺，塔尖高五百尺。

除了金字塔之外，古埃及国王的陵墓，还有些是建筑在尼罗河畔的岩石里面的。最近轰动一时的图坦卡蒙（Tutenkhamon）[②]陵墓的发现，即是属于此类的。它是纪元前第十四世纪的一位幼年君主的陵寝。它的开掘工作，至今尚不曾完毕。

图四　人面狮身像和金字塔

①原文译为恭甫。
②原文译为都坦哈门。

金字塔时期的文明

金字塔时期是埃及历史上的黄金时代，外无强邻的侵寇，内无诸侯的争乱，国王除致力建筑之外，又能对外发展商务。埃及商船此时所到之地，东北至腓尼基，东南至红海，南至苏丹国。国内的人民，大概可分为贵族和平民二级。平民中有的是奴隶，有的是自由人，但都是没有产业的，唯有国王和贵族有产业。这些贵族曾经遗留下来许多墓庙，庙壁上有种种图画和雕刻，很可以显出那时埃及社会上的一点情形。田主人自然是贵族了。那田就在他的宅外，远远里可以看见那些耕田的人和牧牛的人。宅旁又有各种做工的人，有金匠和玉匠，忙着为贵族的夫人、小姐制造装饰品和贵族自己房里的陈设。此外还有吹玻璃的、制陶器的、制纸笔的，又有制家具的木匠和织麻的女子。贵族的生活到了这个程度，他的势力自然也就一天一天地扩张起来。后来他们果然灭了国王的政府，把埃及改为一个封建之邦。这约在纪元前二千五百年。

封建时期（前2500—前1500）

第三，封建时代，就是异族入主时期，是埃及历史上的一个衰落期。纪元前二千二百年顷，有阿拉伯的游牧人民，叫作西克索(Hyksos)[①]的，来把埃及占据了。后来又来了些希伯来人(Hebrews)，他们帮着西克索人，来收埃及的税，管埃及人的民事。这两族人民一来，竟把好好的一个埃及国，逼为一个尚武之国了。到了纪元前十七世纪，埃及人居然靠了武力，把异族赶了出去。但不幸就此动了征伐外族的念头。

①原文译为海克萨。

帝国时期（前1500—前1100）

第四，是帝国时期，又名新帝国时期，起于纪元前十六世纪。这是埃及对外扩张势力的时代，但人民的精神为武事所消耗，文化就因此没有什么进步了。此时埃及的国都，已由孟斐斯（Memphis）①移至尼罗河上流的底比斯（Thebes）②。埃及的人民，既渐渐好战起来，而国中又新由亚洲得到了战马，于是那国王就不再从事建筑和商务了，他编了一部强有力的军队，自己做了大将，把埃及的版图，东边扩张到亚洲的幼发拉底河，南边扩张到红海的南口。

凡一国的君主，或是君主和人民，用武力去征服各个小国，把它们收入版图之内，就成为一个帝国。我们因此可以知道，武力是帝国的重要分子。所以帝国的成立，是一件反文化的事，但它的结果，却常常能得到些意外的进步。我们须要明白，原动力（motive）和意外的结果——又名“副产品”（by-products）——的关系，完全是偶然的。历史上有许多进步，许多文化事业是万恶原动力的意外结果。帝国主义便是一个例子。但意外的结果总是意外的，总是靠不住的。它好像某古事中所说的，焚了屋子烧成的猪肉一样，是极不经济的一件事，人们总不愿意去走那条笨而且险的路，去求它的。

埃及的衰落

这个埃及帝国的年岁，约有四百年。到了纪元前十二世纪，埃及的势力，也就渐渐衰弱起来了。从此以后，埃及历史上的荣光，就永远为乌云所蔽，直到今日，那乌云还在欲散未散之间呢。

①原文译为孟非司。
②原文译为底布士。

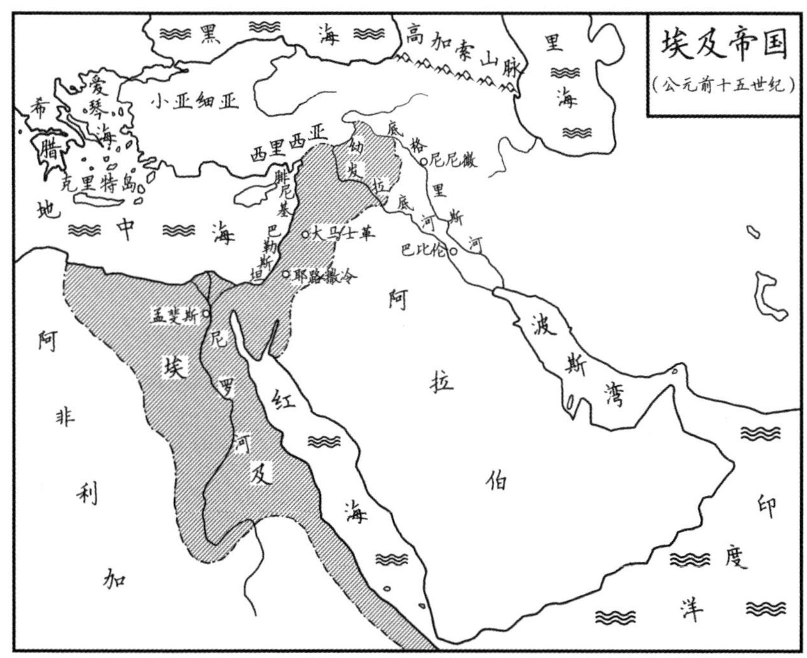

现在单举它的几个重要的主人翁：在纪元前十二世纪至纪元时，一千二百年中，先后有南方的黑人，东方的亚述[①]人、波斯人，和南欧的希腊人、罗马人，来做埃及的主人。纪元以后又有阿拉伯人、土耳其人和最近的英国人。自纪元前十二世纪到现在，三千一百年中，埃及何止换了十余个主人！其中虽然也曾得到几次的自由，然旋得旋失，一个外族去，别一个外族又来了。

欧洲大战之后，埃及曾在巴黎和会中对英提出独立的要求。在

①原文译为亚叙。

一九二二年，这个要求便得到了英国的承诺；所以现在的埃及，已是一个奉行君主立宪的独立国家了。

六版时补志

埃及在文化上的位置

埃及对于文化的贡献，现在可以择要再举一下。第一，是拼音字母和纸笔的发明。第二，是历法的发明。第三，是玻璃的发明。第四，是测量术和建筑术的发明。埃及不但有六十英里的巨大陵墓（即是金字塔），并且还有许多壮丽的庙堂，它们的格式，是后来欧洲教堂的元始老祖。第五，埃及的绘画和雕像，也十分发达：若是没有它们的点缀，不但那些庙堂要失却一部分的美观，并且有许多可贵的史料，也将永远不能遗留给我们了。第六，因为埃及人深信灵魂不死，所以重视那灵魂所附的肉体，用香料去浸殓他，使他永永不腐——这些香料所浸的尸体，叫作木乃伊（mummy）。现在我们能看见那五六千年以前埃及君王的面貌，也是受这一点宗教观念之赐。

第三章

西亚古文化

一、两河流域

两河流域的地势

两河流域，是指亚洲西方的幼发拉底和底格里斯（Euphrates and Tigris）[①] 两条河的流域。这个流域又呼作美索不达米亚（Mesopotamia）。那沿地中海东岸一片长而狭的地，叫作巴勒斯坦（Palestine）[②] 的，即是它的西邻。这两处地方，都在阿拉伯沙漠的北方，连接起来，就成为一个弓形，又像一钩新月，因为它很肥饶，所以有些历史家把它叫作肥腴月弯（The Fertile Crescent）。我们历史的发脚点，是在那个月弯的东南角，就是幼河和底河的下流。（幼河是幼发拉底河的简称，底河是底格里斯河的简称，以下仿此。）

两河流域与埃及的比较

上古时候的河流，与文明有极大的关系，因为它不但能使交通发达，并且硗瘠的地方，一经河流的灌溉，也就变成肥土了。这个例子在埃及已经见过，现在在亚洲的西部，又得到一个证据。但

①原文译为阿付腊底斯和底格里斯。
②原文译为巴勒士坦。

两河流域的文明和埃及的文明，发生的情形和时间虽然相类，然有一个大不同的地方。埃及靠了天险，在它历史的上半期，没有强邻的侵寇，所以它的文化，好像一朵花，能按着次序发育开展。两河流域的地势，是四面可以受敌的，所以它的历史，竟是一部土著和游牧人民的战争史；它的文明，也像一条急流的河，旋进旋退，有时且以退为进了，况且那河的支流极多，它的性质自然也就很为复杂。

两河流域历史的分期

现在因为便利起见，我们也把两河流域的历史，分为三大期：第一期，文化的中心点在两河下流的巴比伦尼亚（Babylonia），所以我们叫它作巴比伦时代。第二期，文化的中心点，由河上溯到亚述（Assyria），所以第二期是亚述时代。第三期，文化的中心点，又回到了两河下流的巴比伦尼亚，但这一期的主人翁是迦勒底人（The Chaldeans）[①]，所以与其叫它后巴比伦时代，不如叫它迦勒底时代。

那两河流域的下半段地方，本来叫作希纳尔（Shinar）[②]，巴比伦不过是一个小城的名字，直到纪元前二千一百年，它的地位才重要起来，于是希纳尔这一个名字，就渐渐为巴比伦尼亚所夺了（巴比伦尼亚的意思，就是巴比伦国土）。我们因为巴比伦尼亚一个名词，在历史上的地位，比了希纳尔要高而大些，所以也就由它去喧宾夺主了。

①原文译为加堤人。
②原文译为先那。

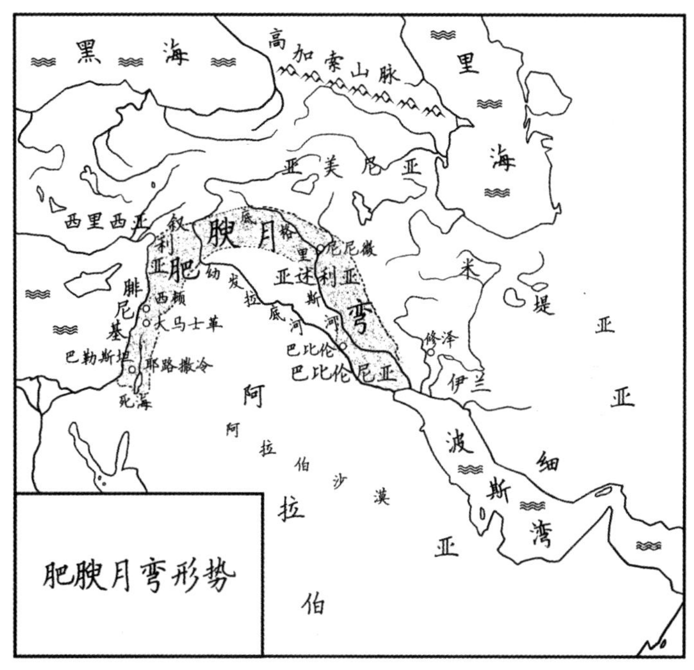

肥腴月弯形势

巴比伦时代（前3000—前2000）

第一，巴比伦时代。这个时代约起于纪元前三千年，至纪元前二千年。在这时候舞台上的主人翁，却不止一个：一方面有久已变为土著的苏美尔[①]人，一方面有由外侵入的各种闪米特族[②]人。两河流域的历史，本来是土著和游牧人民的战争史，这个时代却是那个战争史的开始。

①原文译为苏末。
②原文译为塞米族。

两河流域的历史，或者比埃及还要早些，但我们现在对于它的智识，到了纪元前三千年，就不能再往前走了。所以现在暂以纪元前三千年，为它历史的发脚点。

苏美尔人（Sumerians）原来也不是两河流域的土著，乃是由北方山谷中入寇的民族，不过他们在纪元前三千年，已经占据了两河的下流，所以我们就把他们当作土著看待。他们究竟属于白种中的哪一族，是至今没有人知道的。但我们知道他们所占的地，叫作苏美尔（Sumer）——就是希纳尔的南部——所以把他们叫作苏美尔人。他们既占了那块肥土，安居乐业之后，也就渐渐地发生了一种文化。他们不但知道播种谷类，豢养牲畜，并且发明了楔形文字。楔形文字本来也是一种象形文字，后来又变成谐声，但终不曾成为拼音字母。除了文字之外，苏美尔人又知道用历法，他们用的是阴历，并有闰月，就是我们中国人所用阴历的远祖。他们不知道用十进位数，以六十为一进，现在我们所用的六十秒为分，六十分为度的量数法，也是从他们遗传下来的。他们是从高山下来的，所以他们的神，也喜欢住在高处。于是他们就在希纳尔的一个适中地方，叫作尼普尔（Nippur）[①]的，造了一个大塔，来供奉他们的大神——空气之神。这尼普尔就成为苏美尔的宗教和政治的中心点。他们的政治组织也很简单。政治的单位很小，不过当得一城罢了。这些城邦的主人，便是君主。君主之下，有贵族、平民和奴隶三种阶级。贵族是官吏、武人和僧侣；平民是小地主和商人。这些君主，除了

①原文译为尼坡。

彼此争杀之外，却还能做一点建设事业：他们能常常修理苏美尔的堤坝和运河，俾河水不至泛滥，谷类不至歉收。

楔形文字是用芦杆在一种特别泥块上刻的象形记号，刻好后把那些泥块在太阳里一晒，就成为干硬砖块了。这文字起初是纯粹的象形，比如Ʊ是牛，✱是星。后来刻成了楔形，就把本相改变了：Ʊ就变为➪，✱就变为⋇。再后来又简写作⊹（牛），和ᚔ（星），此时它们的原形已经完全失去。后来每一个这样的记号，又去代表某一个声音，象形就变为谐声了。这两个变化的阶段，是与埃及的文字相同的。但埃及文字曾由谐声进为拼音的字母，苏美尔的文字，到了此地，却又截然中止了。

闪米特的入寇

闪米特部落（Semitic tribe）就是住在阿拉伯沙漠中的游牧人民。他们是白种中的一大民族，现在的阿拉伯人和犹太人，都是属于这一族的。那时他们没有法律，没有政府，但以游牧为职业，侵略为本分，所以他们在欧洲上古和中古历史上的地位，很是重要。当纪元前第二十八世纪时，这些闪米特民族已由南方绕道西北，逼到苏美尔的北方来，他们既与苏美尔人相遇，这两族间的战争就开始了。他们战争的结果，是苏美尔人的武力失败。但苏美尔的文化，终究战胜了外来的民族。这两个民族融合的结果，便是一种新文化和一种土著的新民族的产生。

从前的人，把人种的分别，当作天造地设，以为是一成不变的。但我们知道，地球上之有各色人类，实不是自古已然的，乃是遗传和环境交产出来的。环境时时变迁，所以人种的分类，也决不会固定不变。现在除了黄白棕黑四种人以外，还有许多介在两者或三者之间的小人种，这也是人种不纯的一个证据。但是因为便利起见，我们仍照着通例，说现在的人类，有黄白棕黑四大种，人种的分别，既是不容易确定，每一种中各分族的关系，当然更为复杂，更不能确定了。但是用历史的眼光看来，闪米特族和印欧族，确是白种中的两个最重要、最先进的分族。

第二次闪米特的入寇

汉谟拉比

但侵入苏美尔的闪米特人，却不止一种。到了纪元前二千二百年时，又有一群闪米特人来占据了幼河上的巴比伦城（Babylon）。他们的首领叫作汉谟拉比（Hammurapi）[①]。他不但是一个武人，并且是一个大建筑家。那小小的一个巴比伦城，居然能一跃而为两河流域的主人翁，也是靠了他的力量。他的建设事业最大的，一是民事，一是法律。对于前者的证据，有他遗留下来的五十七封公函；对于后者的证据，有那个历史上很有名的汉谟拉比法典（Hammurapi's code）。

那五十七封汉谟拉比的公函，不但告诉我们他是一个大政治家，并且很能显出他的性格和才能来。我们读了它们，可以悬想那位君主的繁忙：一会儿河堤决了，他要命长官去修理；一会儿历法失序了，他要下令去改正；不公平的判断，他要干涉；牛羊的繁殖，他要庆祝；贪官污吏，他也不让他们逃出法网。总而言之，他的耳朵是四方听着，眼睛是四方看着，口里不住的发命令，心里不住的计划那治国富民的

①原文译为汉米拉比。

事业，真可以算得上古时的一个贤君了。其次是那个法典。巴比伦是一个四方杂处的国，风俗庞杂，民族众多，汉谟拉比采集了各地的现行律，把它们整理起来，废除了那些不合时用和互相冲突的条文，把一大堆杂乱无章的习惯风俗，成为一部有系统有条理的法典。法典中妇女的地位很高，她们可以自由选择职业。对于孤儿寡妇，及贫苦的人民，也有公平的待遇。不过严刑酷罚的一件事，却是不曾免掉的。这个法典，是历史上最古的成文法典，也是汉谟拉比的一件不朽大业。

汉谟拉比用的文字，是闪米特化的楔形文字。那时他们还不曾知道用纸。他们的信札，都是写在泥块上的；写好后在火上一烘，就成为可以保留的硬砖了。信封也是如此制成的。那个法典，却是刻在一块大石上面的。石头的上端，还刻了汉谟拉比受法于日神的一个古事画。

巴比伦之亡

汉谟拉比的时代，是巴比伦的全盛时代，文学美术虽不甚发达，而商务工业之盛，在那时确是没有能和它比赛的。那变相的闪米特楔形文字，也就随着闪米特的商船货物走遍了亚洲的西部。不幸汉谟拉比死后，巴比伦的势力忽然一落千丈。这时东方的民族，又复侵入边疆，且带来了一种很奇怪很利害的动物。巴比伦人不知道它们是马，把它们叫作“东方之驴”。这些东方民族，骑着那“东方之驴”，不到几时，竟把一个庄严华丽的巴比伦城，变为他们的牧马之场。这事约在纪元前二千年。

自纪元前三千年到纪元前二千年，这一千年中的大事，自然是那个土著和游牧之争了。但土著和游牧，是相对的名词，我们但看他们变迁的步级，也可以得到一个有趣的历史观念。巴比伦最初的土著人，是由北方山谷中跑来的苏美尔人。后来闪米特族人来了，于是土著和游牧，合成一种新民族，产生了一种新文化。但此时的闪米特族人，又已由游牧变为土著。和苏美尔人同去抵敌那外来的新游牧人了。第二次进寇的闪米特族人所历的路程，也和他们的哥哥一样。等到这段历史收场的时候，那东方民族，又在开始走那一条圆圈路了。那圆圈路是：

表四　土著和游牧的关系

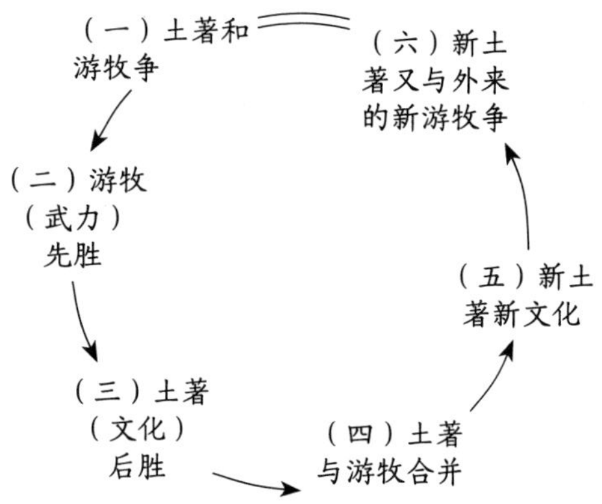

亚述时代（前1300—前600）

第二期是文化集中亚述时代，亚述（Assur）是两河上流的一个地名，后来又叫作亚述利亚（Assyria）。亚述建国的时候，约在纪元前三千年或者更早些。人民也是属于闪米特族，但他们的文化，却是由苏美尔和巴比伦得来的。亚述的南方是巴比伦人，东北方是赫梯人（Hittites）[①]。这些都是利害的民族，他们常常去侵犯亚述，

①原文译为赫悌。

竟把它逼成一个尚武之国。后来亚述又由防御的尚武，变为侵伐的尚武，于是那亚述人民就想去征服那个肥腴月弯的西南角了。但此时占据那些肥土的，却都是属于闪米特族的强有力的商人——腓尼基人、希伯来人和息利人。他们既富且强，竟不让那只亚述老鹰来攫他们一颗米。亚述只得站在那西北的高山上，空流馋涎了。

但亚述究竟是一个尚武之国，外面的阻力愈大，他们的武备也愈讲究。他们又自赫梯人处新得到了铁，他们的兵器因此愈加可怕了。到了纪元前第八世纪中叶，这些尚武人民居然达到了他们的目的，做了那地中海东岸——即是肥腴月弯的西南角——的主人翁。后来国内又接连产生了几个雄主，他们东征西讨，到了纪元前七百年时，亚述的版图，不但包有肥腴月弯的全部，并且占有北方的小国和埃及的北部。它的都城，现在也迁到尼尼微（Nineveh）来了。

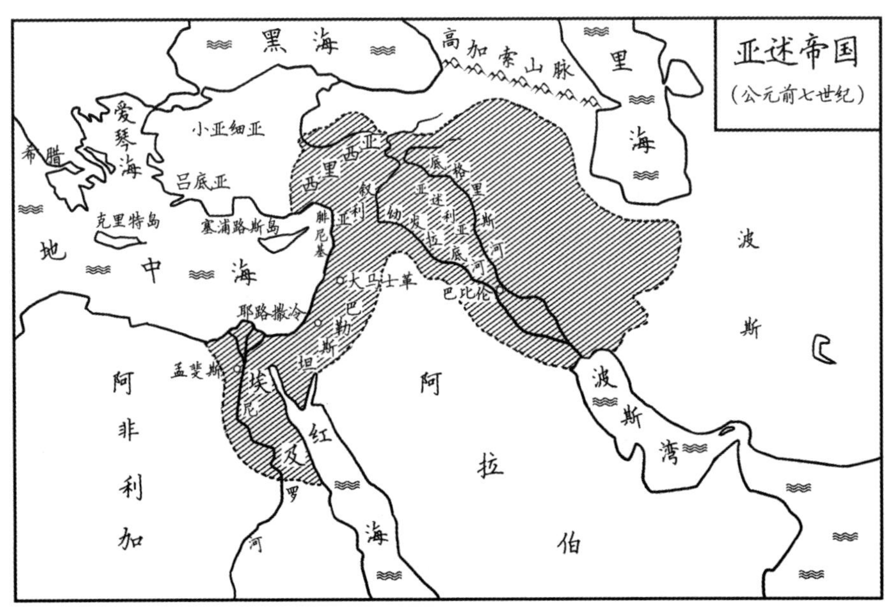

但亚述兵士的残暴凶恶，是世界上不多见的；他们除了抢掠之外，还要尽量地屠杀。他们所过之处，无论是什么繁华城市，都变为一片荒丘；但见火焰冲天之中，夹着无数挂在木桩上的被活剥皮的人民。火焰熄了，木桩倒了，被征服人民的文明也变为灰烬了。

亚述之亡

亚述因为急图武功，把国内的农夫和工人拉来做兵，国内的农业和工业，因此受了一个大打击。商务的衰落，是更不用说了。所以亚述的版图虽广，而内部的衰退，却也与它成为正比例，它的政府又专知征伐，不懂守成。各部属地大抵受不起那铁样威权的压制，也就不顾死活，接二连三地反叛起来。亚述的皇帝，东扑西救，却总压不下那方盛的火焰。到了纪元前六百〇六年，北方的波斯人和米堤亚人①（The Persians and The Medes），联合了南方的迦勒底人，竟把尼尼微攻了下来；于是那个以武力为基础的亚述帝国，也像朝露一样，消灭得无形无迹。

亚述文化

亚述文化的代表是帝国主义。用现代的眼光看来，帝国主义自然是一件反文化的事，但在那昏乱残酷的上古社会中，帝国的成立，却是朝前走的一个步级。这个帝国观念，后来影响了波斯人和罗马人，它的范围就愈扩愈大，所以亚述对于欧洲后来的历史，是很有关系的。此外亚述的文化，却没什么特点。亚述四邻的文化，都比它的为高。它受了它们的影响，虽然也产生了一种复性的新文化，但大抵是摹仿式的。亚述的文字，有苏美尔的楔形字和息利的拼音字母；它的宗教观念和仪式，是和巴比伦差不多的；它的建筑雕刻以及其他美术，是受赫梯影响的。

①原文译为末的亚人。

迦勒底时代（前600—前500）

第三期文化的中心点，却又回到巴比伦去了。当亚述全盛将衰的时候，和它作难的民族很多，但其中有两个最为利害，一是东北方的米堤亚人和波斯人，一是南方闪米特族的迦勒底人。他们合力把亚述灭亡之后，米堤亚人就占据了北方的山国，迦勒底人却得到了那肥腴月弯的全部。迦勒底帝国的都城，就是那已经灭亡了一千数百年的巴比伦城，所以迦勒底帝国，又叫作后巴比伦帝国。

迦勒底的文化

迦勒底国最著名的皇帝，名为尼布甲尼撒（Nebuchadnezzar）。他灭了亚述之后，一方面用武力去征平各部谋叛的民族，一方面却能尽力做点建设事业。希腊人所称为世界七大奇观中的巴比伦空中花园，便是尼布甲尼撒宫顶上的美丽花园。此时巴比伦城的繁华美丽，也是空古未闻；而尤以塔庙城楼街道等的公共建筑，为最能超越前代。其余文学、美术、商务、工业，也能存旧吸新，把文化的

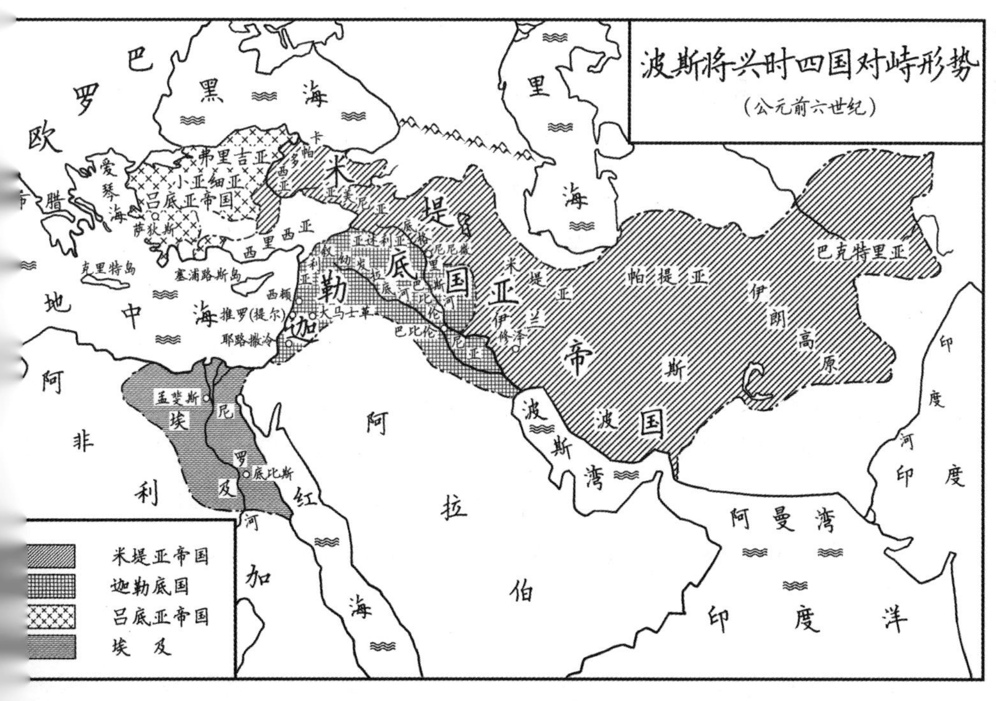

程度提高一层。

数学和天文学

但迦勒底对于文化的最大贡献，乃是数学和天文学。古时没有天文学，只有星象学；但迦勒底人对于天象的智识，颇为正确，所以竟可以当得起天文学一个名词。现在我们所沿用的黄道十二宫，赤道分为三百六十度，金木水火土五大行星的名字等，都是从迦勒底人得来的。日蚀的预测，也是迦勒底人的发明。

迦勒底之亡

尼布甲尼撒手创了这个迦勒底帝国，做了四十多年的皇帝，武功虽不及亚述的帝王，然文治之盛，却远非那些专知杀戮的莽君主所能比拟了。不幸他死之后，国势也就衰弱起来，到了纪元前五百三十九年终为米堤亚人和波斯人所灭。但迦勒底的帝国虽亡，它的文化却是至今不曾灭亡。

二、希伯来及腓尼基

两河流域的西邻

两河流域的西邻，就是那肥腴月弯的西南角。占据那块地土的人种，也都是从南方沙漠中来的闪米特族人。他们在政治上的价值很小：因为那个地方是介于埃及和两河流域之间的，所以它就成为那两个大邦的争点，它的居民，也就“朝为东家奴，夕作西家仆”了。他们的第一个主人是埃及，第二个主人是亚述，第三个主人是迦勒底，第四个主人是波斯；此外希腊和罗马，也是他们上古时的主人翁。

两大民族的贡献

但他们在政治上虽没有什么大成绩，然其中有两族人民，对于欧洲的文化，却各有一个极大的贡献。这两族人民，一是希伯来人（The Hebrews），一是腓尼基人（The Phoenicians）。

希伯来人及基督教

希伯来人因为备受了死亡流离的痛苦，欲求一个自慰自解的道路，因此竟成为一个强烈的宗教民族。征服者的刀锋火焰，不自知地竟把他们的野蛮宗教观念，陶冶改削起来，成为一个比较文明的独神主义了。后来又出了一个耶稣，把希伯来人对于上帝的观念，根本改变——从前的上帝，是一个战神，后来渐渐变为一个赏善罚恶的法官，但耶稣的上帝，竟是一个博爱的慈父了。耶稣是世界上的大教主之一，是欧洲的唯一大教主。他的教——就是基督教——的势力，到了中古时候，也就弥漫了全欧洲，到了近古时候，更与世界的历史，发生了无数关系。小小的一个被人奴属的希伯来人民，居然在世界史上下了这么一个种子，此真非征服它的雄主霸王所能梦想得到的了。希伯来人又能把他们民族中历来的传说，用优美的文字保存下来，在耶稣纪元以前，西方的古书籍，是没有能比得上那本《旧约》的。

腓尼基人和交通

腓尼基人的贡献，又与希伯来人不同。希伯来人是感情强烈的民族，所以在宗教方面能得到特别的解悟，腓尼基人却是一个头脑冷静，去华务实的工商民族。他们来往于埃及、亚洲西部，及希腊之间，把各处擅长的工艺，都学会了，把各处特出的产品，都运遍了。所以西亚和埃及文化的输入欧洲，他们却有莫大的功劳。他们又是最初到地中海西岸的人民，西班牙及非洲的西北岸，都有他们的殖民地。殖民地中最露头角的，就是那后来做罗马世仇的迦太基国（Carthage）①。

腓尼基人和字母

但腓尼基人的最大贡献，却是文字。他们觉得埃及的象形文字和苏美尔的楔形文字，都太累赘了。他们是务求实用的人民，谁

①原文译为加太基。

耐烦去雕刻那些花样文字呢？所以他们就根据了象形和楔形两种文字，另外发明了一种拼音字母。这事约在纪元前一千年。那文字就跟了腓尼基的商船，走遍了地中海的各岸；后来又经过了希腊人的修改，成为欧洲各国字母的嫡祖。这是它向西走的路。它在东方，也由亚述走遍了两河流域及波斯，后来又由波斯走到印度，为印度文字的模型。

腓尼基的拼音字母，共有二十二个，每一个都是一个子音，但没有母音。母音是后来的希腊人加上的。现在且随意举几个字母，来表示它们由腓文变为欧文的步级：

腓　文	[illegible]	[illegible]	[illegible]	[illegible]	[illegible]	[illegible]	[illegible]
希腊文前期	[illegible]	[illegible]	[illegible]	[illegible]	[illegible]	[illegible]	[illegible]
希腊文后期	[illegible]	[illegible]	[illegible]	[illegible]	[illegible]	[illegible]	[illegible]
拉丁文	A	D	…	X	…	Q	S
英　文	A	D	TH, PH	X	S	Q	S

综观两河流域及其西邻的历史，可以知道它实是一部闪米特族的历史，除了做开场一出的苏美尔人——他们容许也属于闪米特族——和做收场一出的米堤亚人和波斯人之外，其余在这个舞台上打鼓唱戏，演武谈文的却都是闪米特族的一家人。其中最初入寇苏美尔的两种闪米特族，是第一期历史的主人翁，他们的最大贡献，是确定文化的基础。亚述人是第二期的主人翁，他们的贡献，是帝国的观念。迦勒底人是第三期的主人翁，他们的最大贡献，是数学

和准科学的天文学。而这三支闪米特族人的共同贡献，乃是仿效和调和各种不同性质的文化，以促新文化的产生。此外希伯来人的宗教，腓尼基人的交通和文字，也是历史上不多见的文化产品。那个肥腴月弯中的一点文化种子，能够在那三千年间，发育生长，以至于传种给南欧的人民，又何尝不是闪米特族之赐呢！

表五　西亚的大冶炉

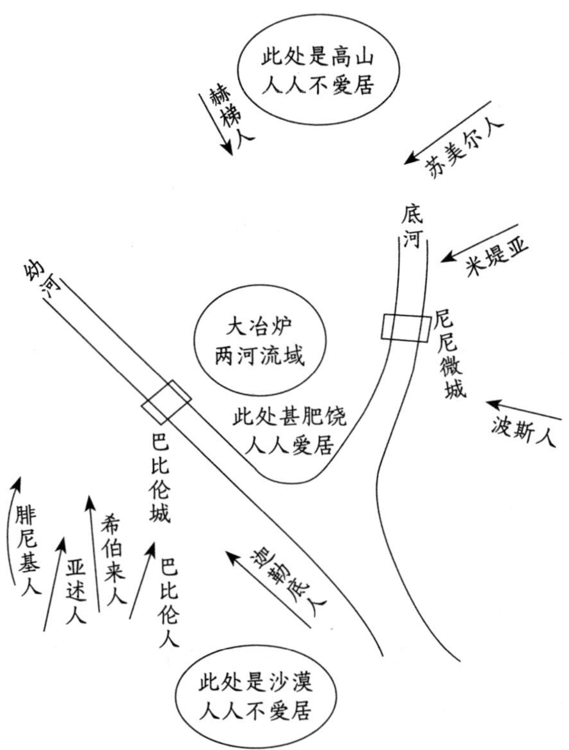

◎从房龙（Van Loon）教授《人类的古事》中录下。

第四章

希腊历史的背景

一、波斯

波斯民族

现在要讲波斯的历史，应该先把它的人种略说一下。原来与上古历史最有关系的白种人，凡有两族：一是上面说过的闪米特族，一是印欧族（The Indo-Europeans）。闪米特族的老家，在肥腴月弯的南方，印欧族的老家，却在那月弯的北方。这两个地方都是很苦的，所以那里的居民个个想到那个肥腴月弯中去找一块乐土。这两族人的目的既相同，自然不免要争斗了。他们争斗的地方，除了肥腴月弯之外，还有地中海的各岸。他们争斗的时间，也自上古延至中古。波斯人是印欧族的东方一支，所以波斯之兴，实是印欧族出场的第一出，也是他们与闪米特族长期争斗的开始。

印欧族是印度欧罗巴族的缩写。因为他们不但是欧洲人的祖宗，并且也是那征服北印度的白种人，所以历史家给他们这个名字。普通人把雅利安族（The Aryans）[①] 一个名字来代替印欧族，这是一个历

①原文译为亚利族。

史上的错误，历史家不应沿用的。雅利安族乃是印欧族的东方一支，包有波斯人、米堤亚人和北印度的白种人在内；但希腊人和罗马人就不属于这一支了。因为这个缘故，此书就用印欧族三字，来代表波斯人、希腊人、罗马人等一切民族，而另用“雅利安派”四字，来代表此族中最东的一支。

表六　上古史中白种中的两大族

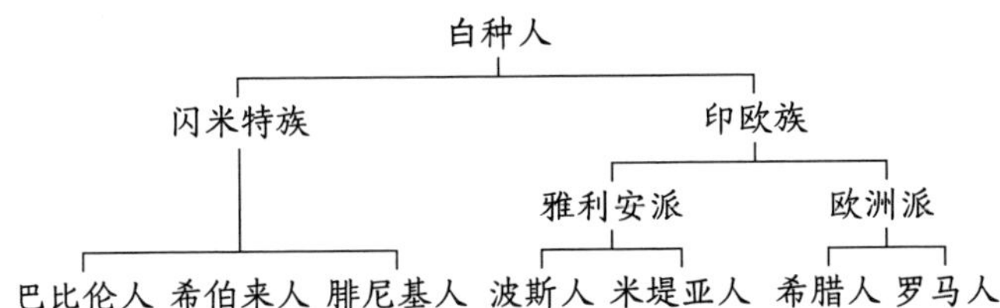

◎**注意**　此表中所列的民族，但以曾见于西洋上古史者为限，其余均从略。

波斯先锋

波斯出场的先锋，是它同类的米堤亚。我们记得，迦勒底和米堤亚的联军亚述灭亡之后，迦勒底就占有那肥腴月弯的全部，米堤亚也就据了迦勒底东北方的亚述故土。此时埃及已趋势独立了，而小亚细亚的吕底亚（Lydia），也渐渐地露出头角来。但这个列国对峙的形势，是不会持久的。隔不多时，迦勒底果然把埃及征服了，又野心勃勃，想去吞并其余的各国。不料螳螂捕蝉，黄雀捕螳螂，迦勒底的食物还没有到口，米堤亚忽又自后赶来了。

波斯帝国的建立

但黄雀之后，还有猎人呢。方米堤亚张翅弄爪，正想吞食在它西方的诸国之时，不料它的南邻波斯又崛起于埃兰山中了（Mts. of

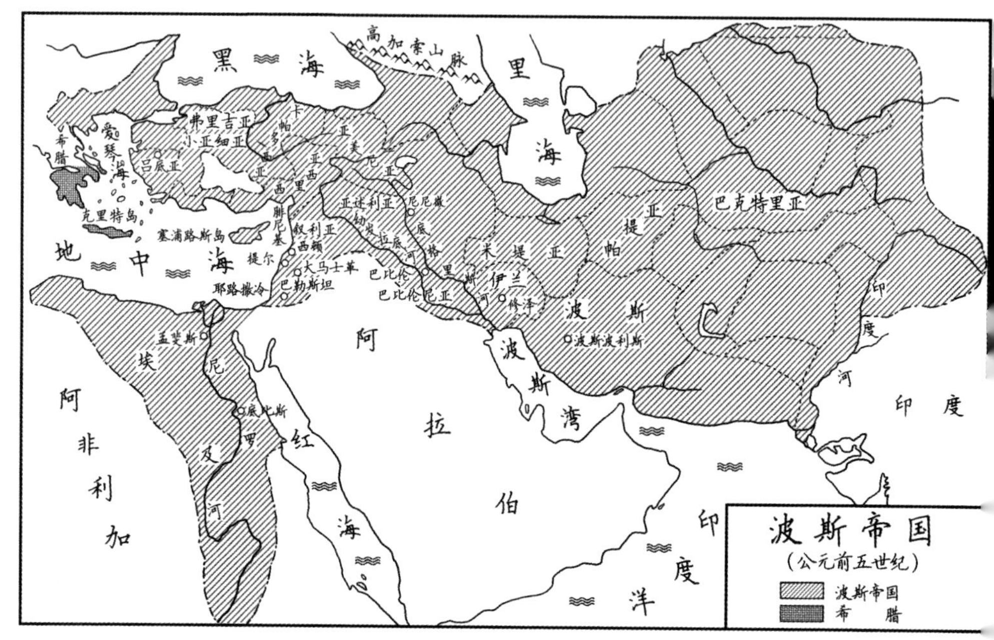

Elam)[①]。约在纪元前五百五十年顷，有一个波斯人叫居鲁士（Cyrus）[②]的，做了那埃兰山中的安息国王。居鲁士是一个野心极大的君主，他把安息作为根据地，渐渐地把那散如盘沙的各波斯部落，集为一国。他靠了这个新合民族之力，不到三年，居然把米堤亚人赶去，自己去做了那米堤亚国土的主人翁。米堤亚的灭亡不打紧，却把迦勒底、吕底亚和埃及吓慌了。它们急忙联了一个大盟，去抵抗那新来的仇敌。但波斯的势力，正如日方升，三国的联军岂是它的对手？果然不到二十年，吕底亚和迦勒底，先后都做了波斯的属国。居鲁士的儿子冈比西斯（Cambyses）[③]，也是一个大魔王，在他的刀光之下，埃及也就失了它的自由。于是波斯帝国的版图，东至印度河，南至埃及的南部，西至地中海，北至里海及黑海，其中的一小部分在欧洲和非洲，其余的大部分都在小亚细亚和中亚细亚。实是上古时的一个伟大帝国。

①原文译为伊兰。
②原文译为凯洛司。
③原文译为甘比西。

波斯的政策

但波斯的刀，现在却陷于上古文明的重围中了。这个武力所建的帝国，也和亚述帝国一样，遇着了一个难题：这一大群不同性质不同风俗习惯的被征服的小邦，应该怎样处治呢？可喜波斯此时又产生了一个异常的君主，他的名字叫作大流士（Darius）[①]。他是一个守成而能建设的人：他虽终不能把武功抛弃，但也颇能尽力去整理那个新造的帝国。帝国中的埃及和迦勒底，是直隶于他自己的，其余的各小邦，就分为二十个行省，每一省有一个总督，乃是大皇帝所任命的。但大流士的威权虽专，而他的政策却是偏于放任的。各省的政策，除了军备和财政须得服从皇帝的命令之外，关于其他各事，都有相当的自由。大流士又建设海军，疏通苏伊士运河（Suez Canal）[②]，修筑道路，以利帝国的交通。若用现代的名词，我们就可以说："大流士乃是一个模范的开明专制君王。"

波斯在文化史上的位置

综观波斯对于文化的贡献，乃在政治方面。比如行省的建设，独裁政体的实行，和那比较放任的政策，都是上古时的一点破天荒，对于后来的欧洲历史，是颇有影响的。此外靠了大流士的贤明政绩，上古的各种文明，不但赖以保存，并且能得到一种新调和、新变化，这也是波斯的一点功劳。

在古物学和历史学上，波斯还有一个很大的贡献。波斯征服了那肥腴月弯之后，就仿了那里的楔形文字和拼音字母，自己另外创造了一种楔形的拼音字母。后来波斯人留下了许多石刻的碑志，就是用这

①原文译为大连斯。
②原文译为苏彝士运河。

个新字母来写的。这个波斯的新字母比那巴比伦古文，自然容易读些。五十年前，有几个懂得波斯文的古学家，忽然发现了它与巴比伦古文的关系，于是那久藏在地下的两河流域的历史，也就渐渐地出现于人世了。要是没有那个楔形的波斯文来帮助一般学者的考证和比较，他们是一定不能认得巴比伦古文的，巴比伦的古文既没有人能读，两河流域的历史和它的文化，也就将永远埋在地下了。

波斯和希腊

但印欧族的骄子，却不止波斯一个。方波斯的势力正伸张于东方之时，它同族的希腊人，也正由欧洲的东南方向向东发展它的势力了。它们两个，一个向东，一个向西，不久自然就冲突起来。但我们应当注意，此时的闪米特族已经暂时下了舞台。现在在舞台上争斗的，乃是印欧族内部的二大派：雅利安派与欧洲派。

二、爱琴文化

上古史中无名英雄

爱琴文化，和波斯历史一样，也是希腊文化的一个重要背景。爱琴海（Aegean Sea）是一个三角形的内海，东北是小亚细亚，西北是希腊，南口是克里特海岛（Crete Island）。这个海和它的边岸自成一个单位，自有它的文化，为上古时的第三大文化。但这都是近五十年来的新发现，五十年以前，是没有人知道爱琴文化这一件事的，所以我们叫它上古史中的一个无名英雄。

克里特海岛

爱琴文化的老家，是那个克里特海岛。那岛位于埃及和小亚细亚之间，又离希腊的南端极近，所以它能吸收埃及和两河流域的文化，去传给希腊，为上古文化渡入欧洲的一个大桥梁。当纪元前三千年时，克里特和埃及的交通和商务已经很繁忙，所以埃及的工艺风俗等，能尽量输入那个岛里去。不但如此，在纪元前二千五百年时，那岛已经成为一个独立的统一国家了。那岛中本来天气温和，物产丰富，现在又是内无战争，外无侵寇，人民乃得安居乐业，去发达和改良他们的工艺美术，和起居服食的方法。平和之神这样的祝福了克里特足足有一千余年之久，竟把那个海岛，变为一个极繁盛极奢华的乐土了。

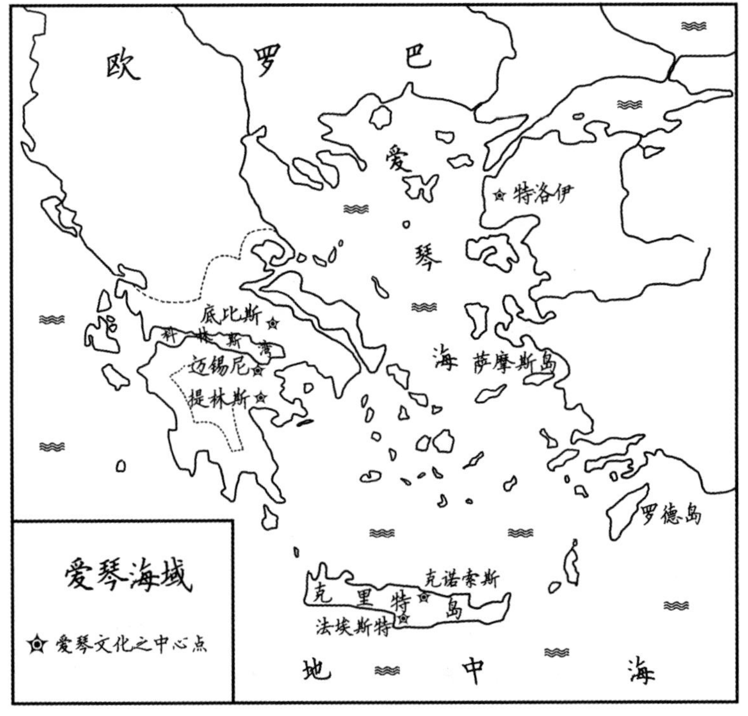

近人曾在克里特海岛中，发现那时王宫的旧址，我们因此知道，那时克里特海王的生活程度，是很可惊异的。那宫确是一个大迷宫

（labyrinth），宫中有水管，有浴堂，有极精美的织物和瓷器，有艺术程度甚高的雕刻和绘画，又有极细致的金玉象牙所制的陈设品等。妇女们的服饰，也可以由那些雕像和绘画中，推测出大概来。有人说，现在若有人穿了这四千年前的克里特妇女的衣服，走到巴黎或是纽约的街上去，一定有人要称赞她们时髦的！

图五　埃及（左）和克里特（右）的瓶

◎克里特所受埃及美术的影响，是很显然的。

这个新出世的爱琴文化，在克里特岛上开花结果之后，就把它的种子，传布到爱琴海的各岸去。小亚细亚的特洛伊城（Troy），希腊的提林斯城和迈锡尼城（Tiryns and Mycenae）[①]，都是承受那些种子的肥土。此外还有小亚细亚的赫梯（Hittites）部落，也

①原文译为梯伦城和梅细尼城。

是和爱琴文化极有关系的。小亚细亚位于两河流域及爱琴海之间，当然是一个交通大道，所以住在那里的赫梯部落，也就成为肥腴月弯及爱琴海的居间人，把两河流域的文明，传送到爱琴各岸去。赫梯人又是最初用铁的人民，所以他们也是铁器时代的开国元勋。

克里特的繁华，到了纪元前一千五百年，差不多是登峰造极了，但不到一百年，就有许多外来的民族——就是腓尼基人和希腊人——侵入岛上来，把王宫焚烧了，把首都毁灭了。自此以后，爱琴文化的命运，就一天蹙似一天，到了纪元前一千年，那个如花如火的克里特海岛，竟成为一个荒丘。此外小亚细亚的特洛伊城等，也是久已遭了同样的浩劫。而那个美丽的爱琴文化，也就从此沉埋到了地下，直到三千年之后，才被欧洲的几个好古家，从古城荒冢中掘了出来。但因为至今还没有人能读表示这个文化的文字——克里特文和赫梯文——所以我们对于这个上古的第三大文化的知识，也就只有这么一点。由此可见考古学与历史学的关系了。

表七　爱琴文化的源流

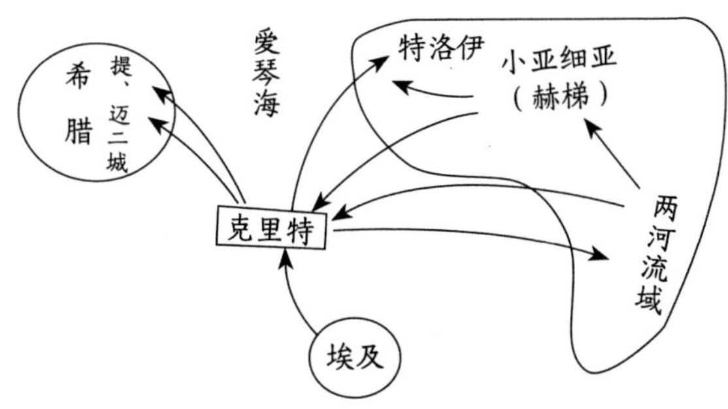

◎请注意这是一个表不是地图。

我们试回看上古的三大文明，就知道它们都是地中海东部的产物——埃及在地中海的东南，两河流域在它的正东，爱琴在它的东北。但自此以后，文化的中心点，又渐渐地向地中海的西北岸移去了。那移路进行中的第一站，就是欧洲的第一古文明国——希腊。现在且讲希腊。

第五章

希腊古文化

希腊史的分期

希腊是欧洲的第一先进之国，它的历史的重要时期，约有一千年。现在我们可以把文化做根据：把希腊史分做三大期。第一是文化初创及模仿时代，约自纪元前一千年至七百年。第二是文化渐盛及独立时代，约自纪元前七百年至四百年。第三是文化开花布种以至于本身衰落时代，约自纪元前四百年至纪元时。在政治一方面，这三个时期也显出同样的变迁。第一文化开创时代，也就是王政时代；第二文化渐盛之时，也就是贵族执政，以及外患内乱的时代；第三文化的布种于亚非二洲，也是亚历山大[①]时代的一个重要现象和结果。

文化初创时代（前1000—前700）

第一，文化始创及王政时代。最初的希腊人和波斯人一样，也是属于白种的印欧族。他们当纪元前二千年时，已经占据了希腊半岛的北部。自纪元前一千五百年至一千年，这五百年是他们势力扩充的时代。他们赶走了在希腊南部和在克里特海岛的爱琴人，抢劫了他们的物产，焚毁了他们的宫室，把爱琴文化摧残得干干净净。但希腊人所毁灭的，乃是爱琴文化的形质，不是它的精神。他们原来是游牧的民族，没有政治及社会上的组织，没有法律，也没有酋

①原文译为亚力山大。

长。但他们自从占据爱琴人的土地之后，已渐渐地由游牧的生活，进为土著的生活了。他们此时有了永久的领土，就不能永远没有法律，没有政府了。于是他们便把爱琴文化做模型，建设了一个政府，举他们战时的领袖为王。此类的政治团体，大抵以城为单位，这是希腊城邦政治的起点。

希腊文化的来源（一）爱琴

除了政治之外，那时得胜的希腊人，又多与土著的爱琴人结婚。这是一件很重要的历史事迹，因为爱琴文化的程度，此时实在远胜于游牧的希腊人。这两种民族通婚的结果，便是一种新民族的产生。这个新民族，便是创造那个优美的希腊文化的真正希腊人。若使入寇希腊的北方民族不曾与爱琴人结合，不曾吸收他们的文化，恐怕欧洲也就不能有这么一段的华美历史了。

（二）腓尼基

希腊文化的来源，除了爱琴之外，还有腓尼基。腓尼基人是地中海的商界大王。希腊人从他们的商船上，得到了许多东方的衣服器具，学到了许多工艺美术。但其中最重要的，乃是腓尼基的字母。希腊人学会了这个字母，又给它加上了几个母音，成为后来欧洲各种文字之祖。腓尼基的商船上，又载有自埃及等处运来的笔墨纸等各种文具，他们也就跟着腓尼基的字母，跑到希腊去了。在这个情形之下，希腊的文学，也就渐渐地萌芽起来。

希腊的宗教

宗教是表示文化情形的一件要品。希腊的文化既受了外来的影响，它的宗教当然也不能不生变化。希腊最初的宗教，和上古的各种宗教一样，是多神的，而且那些神都是动物，后来文化逐渐进步，那些神道也渐渐由动物进为半人半兽，或竟变为纯粹的人了。现在希腊神话中，尚有许多半人半兽的神道，这就是他们的遗迹。希腊的神道中，有的是他们在北方高山时所拜奉的，有的是由爱琴流域和两河流域传播而来的。其中最尊的，共有三个：一是天空之神，名为宙斯（Zeus）[①]。一是日神，名为阿波罗（Apollo）[②]。一是司智慧的女神，名为雅典娜（Athena）。祭祝宙斯和阿波罗的年典，是希腊全岛的一件大事。

希腊政治的背景

上面已经说过，希腊人从爱琴人那里学到了政治的组织，建设了政府和君主的制度。但我们须要知道，这些君主，都不过是小小一城之主。他们的宫室，常常也就是猪圈，或者还不及现代乡下瓦屋的舒服呢！但起初的时候，他们却都是独立的，是不受任何方面的管束的。原来那个希腊半岛，到处是江河和山岳。他们造成了无数地理上的单位，因此在政治上也就不容易统一了。所以上古希腊国的政治单位是城邦（The Citystate），也便是每个君主的领土。我们明白了这一点，然后可以明白希腊的政治和文化，然后可以明白它的历史。

两大城邦：雅典和斯巴达

但强凌弱，众暴寡，是人类的一个普通弱性。希腊战胜敌人之后，那些君主中的强的，城邦中的大的，也就渐渐征服或是并吞了他们邻邦中弱的小的，做了那一方的盟主了。盟主中的尤强的，东北有雅典（Athens）和底比斯（Thebes），西南有斯巴达（Sparta），和阿尔戈斯（Argos）[③]，而其中尤以雅典和斯巴达的势力为最大。

第一期的文化

统计这一个时期，实是希腊的立基时代。纪元前一千年的希腊人，尚是一群游牧的民族，除了杀伐和抢掠之外，没有别的智识和职业。但是，靠了爱琴和腓尼基文化的影响，靠了新环境的“烟士

①原文译为焦士。
②原文译为亚波洛。
③原文译为亚各斯。

披里纯”，靠了新生活所产生的新需要，希腊人靠了这些势力，到了纪元前七百年时，居然成为一种文明的土著人了。那时希腊的文化，虽还是粗陋的、模仿的，但社会上的情形渐渐固定，人民安居乐业之后，也渐渐能去改良和栽培那一点文化的种子，使它成为第二时期的灿烂之花了。

文化发达时代（前700—前400）

第二，文化发达及贵族执政时代。这个时期是希腊历史上的黄金时代，所占时间虽不多，但那个一现的昙花，在世界的历史上是不易遇着的。约当纪元前七百年时，希腊历史上就发生了两件大事，一是文学的产生，一是王权的衰落和贵族的代兴。前者是文化上的一个大关键，后者是政治上的一个大关键。我们把纪元前的第七世纪作为这个时代的开端，便是根据了这两件大事。

新富人和新贵族

现在先说政治的希腊。希腊的人民，本来都是自由的，本来是没有什么阶级的。但是自纪元前八百年以后，社会上又产生了一个新现象。此时有少数的人，或是用欺诈，或是用强迫，去把他人的田地侵占起来，成为一城的富人。还有些人是靠了自己的勤俭，或是商务的成功，也渐渐地富裕起来。这些富人既有闲暇去练习武艺，又有金钱去购买兵器，就渐渐地把政治上的实权，收归掌握中来了。所以一邦中的富族，也就成为一邦中的贵族。他们把君主的实权抢了过来，把农民的自由也剥削罄净。他们虽不以王自居，而他们确是各邦中的真正主人翁。

新贵族与殖民地

因为这个情形，希腊的社会上又发生了一个重大的变化。此时国中的农民，因被贵族欺凌，日益贫苦。有饭吃的变为穷人，穷人就卖田卖身，成为贵族的奴隶。但这个情形岂容久长？希腊的地势，本来是港湾罗布，交通便利，现在却成为那些农民的唯一生路了。

于是走！走！走！他们有向东走的，有向南走的，也有向西走的。他们无论走到什么地步，都可以遇见他们同乡人的商站；他们便住了下来，把那些希腊商场变为希腊殖民地。国内贵族的压力愈大，农民离国的也愈多，而希腊的殖民地，因此也就布满了小亚细亚的西南岸，黑海的各岸，以及地中海的北岸；而爱琴海及克里特岛就更不消说了。意大利的文化也是在此时下的种子；而那个在小亚细亚沿岸的爱奥尼亚（Ionia），又是与后来希腊的文化极有关系的。

贵族压迫农民的结果，既如上面所说：他们剥夺王权之后，国内又产生什么变化呢？原来在贵族势力之下，那些国王早已被逐出外，或已退居闲职专管国内的宗教事业了。但贵族中间，彼此又要争权夺利，意见已不能一致。后来常有一二个人，或是靠着天才，或是靠着狡智，能把他的敌人打倒，去做了那一城的霸王。但他们的地位究竟是不合法的，他们也知道他是靠不住的，所以不免要去与百姓联络起来，以为抵制敌党之用。弄假成真，有许多希腊霸王，竟成为上古时的第一民治主义的使者了。在他们势力全盛之时——纪元前六百年至五百年——希腊的美术、文学、建筑、工业，都得到了绝大的进步。希腊文化的发达，不得不归功于它的城邦制度，和各城邦的霸王。

雅典的霸王庇西特拉图（Peisistratos）① 是一个好例。他是一个贤明而且有才干的霸王。他把雅典的道路及公共建筑改良了，使它成为一个繁华的都城。他又占据了黑海的入口使希腊的商人得到保护。

①原文译为必瑟司（Pisistratus）。

雅典后来的强盛，大抵是庇西特拉图给它立的根基。

波斯与希腊

当霸王的势力全盛将衰的时候——约在纪元前五百年——希腊的历史上就愈加多事了。那时波斯的势力，正如旭日初升，不免要与在小亚细亚的希腊殖民者发生冲突。那些希腊殖民者，怎敌得过那个尚武的波斯，不到几时，那里的希腊人就差不多都做了波斯的奴隶。即有一二不曾投降的城，也不过苟延残喘罢了。雅典是海外殖民地的大姐姐，现在见其受欺于波斯，岂能袖手不管？于是波斯人且怒且喜，说道："我们侵犯希腊本国的机会来了！"他们便预备海陆军向雅典进发。

波斯与希腊之战（前492—前479）

我们现在不必去细讲这个凶恶的战争，但知道下列的一点事迹就够了。原来波斯人共侵犯了希腊三次，而结果却是完全失败。第一次波斯的入寇，是在纪元前四九二年，结果是波斯舰队的自己覆灭，不战而败。第二是在纪元前四九〇年，结果是希腊全国一心，在陆地上打败波斯军，波斯人退回亚洲。第三次是在纪元前四八〇年，结果是波斯的陆军得胜。但希腊人靠了他们的大政治家，地米斯托克利（Themistoclēs）[①]的远见，曾经预先制造了一个强大的舰队，终于把那个得意的战胜者——波斯王薛西斯（Xerxes）[②]——赶回他的老家去了。自此以后，虽间或还有波斯军队来扰乱希腊国土，但胜败之势已定，到了纪元前四七九年，希腊不但把波斯的最后一军赶出国外，并且靠了雅典舰队之力，希腊的殖民地也渐渐恢

①原文译为德米司脱苛。
②原文译为善克司。

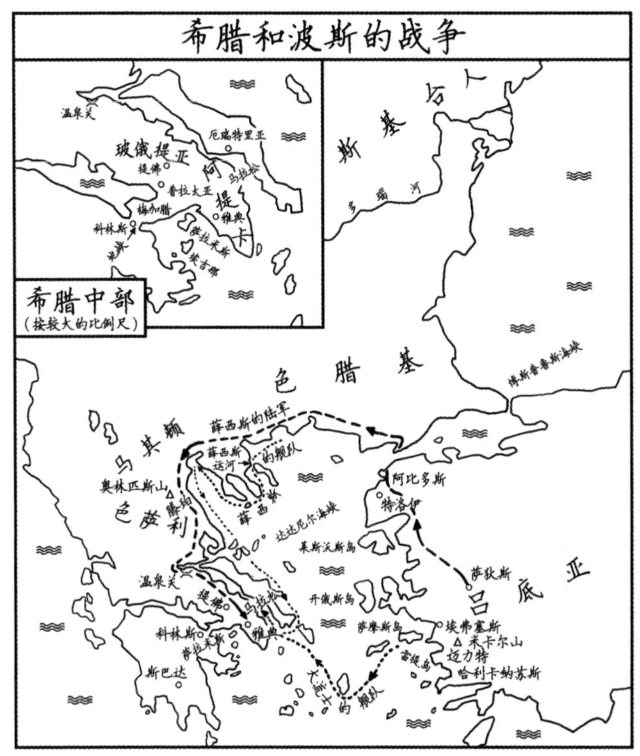

复了它们原来的自由了。希腊的外患，到此可以说是完全消灭。

波斯与希腊的战争，曾在希腊半岛上留下了许多历史上的地点，而下面的几个地方尤其是希腊人所视为最有荣誉，最可以使人歌泣咏叹的。第一是马拉松（Marathon）[①]海湾，是波斯军队第二次进寇希腊时——纪元前四九〇年——为雅典军队打败之处，至今我们还可以看见一个大冢，内藏二千四百余年前的希腊爱国男儿的骸骨。第二是温泉关（Thermopylae）[②]山峡，是波斯第三次入寇希腊时——纪元前四八〇——二军相遇的狭径。有名的斯巴达王列奥尼达

①原文译为马拉敦。
②原文译为色木巴里。

(Leonidas)[1]和他的三百健儿，都是在此战死的。他们死了之后，波斯军就长驱直入到了希腊内地了。但是希腊的海军又已集中在萨拉米斯海湾（Bay of Salamis），终于把波斯军赶回了东方去。萨拉米斯海湾便是希腊历史上的第三个光荣地点。

希腊人的暂时团结

在波斯战争中有一件重要事迹，是我们应当注意的，就是希腊各邦的暂时团结。原来希腊在政治上有两个互相矛盾的情形。它在地势上是一个宜分不宜合的国土，政治上的单位是城邦，人民但说我是雅典人或是斯巴达人，从来不说是希腊人的。但从希腊的历史背景和社会上的俗尚看来，它的人民又却有许多共同之点：他们所崇奉的是同一的宗教，所说的是同一的语言，所歌颂的是同一的文学，所宝贵的是同一的传说，所悦乐的是同一的武艺和宴会。那些都是融合希腊人民的最好质料。但在平时它的势力不甚显著，及至外侮来到，希腊人然后恍然大悟他们原来是一家人。于是弃怨修好，大家联合起来，终于把波斯人赶了出去。可惜那个合力，终敌不过那个分力，波斯人一走，几个大邦彼此的仇视心，反而加深了。现在且再讲一讲此时希腊的两个最强而且怨仇最深的城邦，就是斯巴达和雅典。

斯巴达的背景

斯巴达在希腊半岛的西南角，是一个贵族专制的国。它的人民自有生以来，即服从于严苛的军法之下，他们所受的教育，也纯是军事的教育。他们以为耕种和工商，是奴隶的事，不是市民的事，市民的唯一职业，乃是打仗。斯巴达的地土，又是十分贫瘠的，所

①原文译为李阿尼达。

以服从和俭朴耐苦，就成为斯巴达人民的特性了。但斯巴达靠了它的武力，却很并吞了几个邻邦。到了纪元前五百年时，它的版图已经占有希腊南半岛——即是伯罗奔尼撒（Peloponnesus）[①]——的三分之一了。它又强迫半岛上的各邦，与它结为一个斯巴达同盟(The Spartan League)，它自己就做了盟主。于是它的势力更蒸蒸日上，全希腊中，除了雅典之外，竟没有哪个配与它争雄了。

雅典的背景

雅典的国情，就恰恰与斯巴达相反，斯巴达是贵族专制和尚武的国，雅典却是以工商立国的，所以很早就产生了一个富庶的中等社会，来代表一般人民，向贵族争取政权。贵族之中，谁能得到他们的帮助，谁就成为霸王，所以人民的意志，渐渐地占了一个重要的地位，而雅典也就成为上古唯一的民治之邦了。雅典既富且庶，又有霸王的奖励，它的文化的程度，也就远驾于其他各邦之上。到了波斯战争之时，雅典靠了它的海军，又成为希腊的救主。雅典之骄，是可想而知的了，而斯巴达之妒，也就与雅典之骄成为正比例。

雅典帝国

波斯是那时东方的第一强国，雅典竟能把它打倒，又怎能不“得陇望蜀”呢？于是小小的一个希腊城邦，居然就把世界的将来主人翁自期了。它达这个目的的第一个步级，是去联合了在亚洲及爱琴海域的希腊城邦，成为一个大同盟，它自己就做了这个同盟的司库。因为那个盟库是藏在提洛（Delos）[②]海岛上的阿波罗庙中的，所以它就叫作提洛同盟（The Delian League）。它虽名为同盟，实际上却是一个雅典帝国。由实到名，是一个最短最易的步级，果然不

①原文译为伯罗邦内苏。
②原文译为的洛。

到两年——纪元前四七七年——那个欧洲历史上破天荒的帝国，雅典帝国（the Athenian Empire），居然在希腊出现了。

不可靠的雅典民意

在这个时期，雅典却出了几个能干的领袖。但当时所谓民意是不甚可靠的，所以今天甲先生垂头丧气下台去，乙先生扬眉吐气上台来，到了明天，又有什么丙先生来做民意的代表，把乙先生赶走了。而将来丙先生以至于戊先生，乙先生倒霉之后，已经被逐的甲先生及乙先生，又常常能重新回来，受民众的欢迎，做他们的新领袖。现在我们尽可不必去讲这许多位先生的升降古事，但我们却不可不知道此时雅典的一位大人物，伯里克利（Pericles）[①]。

伯里克利时代（前460—前430）

伯里克利也是雅典的一个民众领袖。但他靠了他的特异的才能和聪明而且狡黠的政策，得到了一般人民的信仰，除了最后一点小小的顿挫外，他差不多做了三十年的雅典的不冠之王——纪元前四六〇年至四三〇年，他治雅典的大成绩，凡有两个，一是与斯巴达之战，一是使他的雅典成为一个黄金时代，使希腊的文化登到最高峰。后者是伯里克利对于文化的贡献，但前者却正相反。

雅典与斯巴达之嫉妒

波斯战争之后，雅典的工业商务，一日发达一日，雅典城内的居民，因此也就增加了不少。斯巴达则犹是故我，在经济方面，自然不是雅典的对手，但从军事方面看来，它的地位却仍很优胜。它看见雅典的繁华强盛，不免又恨又妒。而反抗斯巴达的一件事，此时亦已成为雅典人的普通心理，他们所缺的，不过是一个战争的借口罢了。在这种情形之下，战争之来，又岂待久呢？果然在伯氏执政的第二年，那个长期而且残苛的希腊内乱，雅典和斯巴达之战，

①原文译为白律苛司。

竟开始了。

> 波斯战争之后，雅典和斯巴达的仇恨愈积愈深，伯里克利乃利用雅典人的心理，把反抗斯巴达的一件事，作为他的主要政策。我们试设想，假使中国是一个民治之国，而又适有一个有才干有计谋的政界人物，在民国四年的夏间，来把反抗外国势力作为他的主要政策，一般的人民，还有不欢迎他为元首的吗？在同样情形之下，伯里克利此时乃做了雅典的领袖。

雅典与斯巴达之战（前459—前404）

这个战争，历史家把它叫作伯罗奔尼撒战争（The Peloponnesian War），共计延长了五十五年——纪元前四五九年至四〇四年。它的总结果，是雅典的衰败和斯巴达的代兴。现在我们可以照着波斯战争之例，把这个战争的重要事迹和结果举一举。

战争的结果

第一次的伯罗奔尼撒战争，自纪元前四五九年至四四五年，延期约共十五年。结果是雅典和斯巴达的两败俱伤。于是他们订了一个三十年平和的条约。但不到十五年，第二次的战争又开始了。此时雅典的各同盟，因恨雅典的专制和虐政，一个个陆陆续续地归向了它的敌国斯巴达。这个战争共延长了十年。十年之中，雅典除了战争的损失外，又遭了一次大疫，几几失去居民三分之一，而它的领袖伯里克利，也在此时送了他的生命。自此之后，国政无主，中等人才的朝升夕降，暴民政治的南辕北辙，不过在政界之中加添一点混乱的状态。战争的结果，表面上虽使双方保存战前的疆土，然人心瓦解，道德堕地，内乱的种种恶结果，渐渐显著起来了。后来战争停止之后，不幸雅典又出了一位野心的少年，叫作亚西比德

（Alcibiades）[①]的。他极力怂恿雅典人，去破坏那个平和条约，想借战争来增高一己的地位。这便是伯罗奔尼撒的第三次战争。雅典新遭大疫，元气已伤，此时又是内无能人执政，外有同盟各邦的离叛，和波斯对于斯巴达的资助，遂至着着失利。虽然后来仍旧靠了亚西比德之力，打了一回海军的胜仗，但是人才愈少，财力愈绌，同盟国的离心也愈大，到了纪元前四〇四年，终被斯巴达迫订城下之盟了。于是雅典的舰队和殖民地，都归了斯巴达，而它的高城厚堡，也一一毁拆无余，一个轰轰烈烈的雅典帝国，不到八十年，竟降为斯巴达的奴属。

亚西比德的一生事业，多可以代表雅典民主政治的长处和短处，现在且简述如下。上面已经说过，因为亚西比德想借战事为邀功的地步，所以他运动雅典人去破坏了那个平和条约，但是不久他又犯了一个毁灭圣像的嫌疑，被雅典人民驱逐出外。他就跑到斯巴达去，给斯巴达人出计划，怎样去把雅典打败和毁灭。后来雅典打了败仗，它的舰队就不待雅典政府的许可，立把亚西比德叫了回来，请他做了雅典舰队的总指挥。雅典于是打了一个海军的胜仗，而人民对于亚西比德的态度，就从冰冷的反对，倏变为炎热的欢迎了。他们举他做了领袖，把他所有的财产一一奉还了他。在那个存亡危急的时候，无论亚西比德的心术是怎样，但他确是当时雅典的一个救星。但雅典的人民是最浮嚣无定的，他们不久又为了一个小小的败仗，把亚西比德的政权夺了回去。于是亚西比德就与希腊永离了，而雅典自救的唯一机会，也

①原文译为亚基皮地。

就同着这位少年一去不返。

希腊的衰落

自此以后，希腊的内乱就更有增无减。因为此时斯巴达虽然做了希腊的盟主，但它的武力政策，是最容易激起各小邦的反抗的。希腊既是内乱不已，波斯人乃得举足左右于其间。我们现在可以不必去讲那残狠的内乱，和卑鄙的外交，但有一件事，却不可不注意的，就是，雅典既是民治的代表，斯巴达又是贵族政治的代表，这两个城邦权力的消长，也就隐隐地含着那两种政体胜负的意味了。但斯巴达的贵族政治的失败，也不亚于雅典的民主政治。到了纪元前三百七十一年，离开斯巴达代雅典而兴之时约有三十余年，又另有一个城邦来把斯巴达打倒，它自己来做了希腊的第三个霸主。这个城邦就是底比斯（Thebes）。它的勃兴，并不是靠着什么实力：一方面不过靠了它的一两个军事领袖，一方面也适当雅典与斯巴达两虎俱伤之后，所以一个小小的山羊，也就暂时独霸了那个无主的森林。但不到十年，底比斯又跟了雅典和斯巴达的后尘，一蹶不振了。自此以后，政治上的希腊，可以算是完全瓦解，直到北方山上出了几个人物，才把希腊在政治上的地位恢复过来。

一个文化上的彗星

政治上的希腊虽使我们失望，然文化上的希腊却是历史上的一个彗星，我们除了崇拜和赞美之外，实在没有别的话可说。我们现在若要知道希腊文化全盛时的情形，应该先看一看它的背景——在波斯战争以前的情形。

文学的背景

在文学方面，上面已经说过，这个时期乃是它产生的时代。一个人民的文学种子，本来是与生同来的，但文学自己，却须待有文字后始能产生。希腊人是游牧出身，他们的口传文学，当然是一种崇拜英雄的诗歌。所以特洛伊城的陷亡（The Fall of Troy），乃是希腊人最得意的一个歌题。到了希腊文字产生的时候——约在纪元前九百年——这一类的口传文学，数量已是不少。又隔了二百余年，就有许多歌者把这些诗歌，写了下来，这便是希腊最古的文学，也是欧洲第一件的文艺产品。但其中的大部分，此时不幸已经遗失了。荷马（Homer）是那些歌者中的杰出的，而他又是一个诗人。那篇著名的古事诗 *Iliad* 大约是他作的，*Odyssey* 的作者容许也是他①。这是比较真确的荷马，至于传说中的荷马，却不但是上二诗的作者，并且是一切希腊古文学的作者了。到了纪元前六百年以后，文学又进了一步，此时它已由代表人民全体的艺术，进为有个性的作品了；它已由有公众性质的记事诗，进为个人的抒情诗了。抒情诗人中最有名的，是品达罗斯（Pindar）②和女诗人萨福（Sappho）③。此外迎神赛会的群众唱歌，也渐渐加入了表情的演艺，这是后来戏剧的胚胎。迎神赛会的跳舞场，也就是后来剧场的雏形，此外建筑、雕刻、绘画等美术，也都已成为希腊式的艺术，与人生渐渐接近，日常生活的情形，此时已与神道一样，具有艺术材料的价值了。

科学、哲学的背景

在科学和哲学方面，希腊因为受了埃及和巴比伦的影响，对于自然界的传说，渐渐怀疑起来；而天文学、地理学、数学、物理学，以及历史学等，也都逐渐占了思想界的位置。这是世界科学史的第一章。这些科学家也就是当时的哲学家，因为在希腊人的心中，这

①Iliad 即《伊利昂纪》（亦译《伊利亚特》），Odyssey 即《奥德修纪》（亦译《奥德赛》），合称荷马史诗。
②原文译为平达。
③原文译为沙复。

两种学问是不能分开的。他们的代表，是泰勒斯（Thales）[①]和毕达哥拉斯（Pythagoras）[②]。前者是一位大天文学家，后者是一位大数学家。这两位科学家，都是于纪元前第六世纪生长在爱奥尼亚（Ionia）的。

爱奥尼亚是希腊在小亚细亚的殖民地，它所受的埃及和巴比伦文化的影响是很大的。它是希腊科学和哲学的老家。后来雅典成为希腊的霸主，文化的中心点，才由爱奥尼亚移到雅典来。这是东方文化影响希腊文化的一个好证据。

律法的制定

在法律方面，雅典也是希腊的先进。它的第一个法典，乃是德拉古（Draco）[③]所辑的，但太严苛了，终不能施诸实行。直到梭伦（Solon）之时，雅典人才得到了一部真正公平的法典——约在纪元前五百九十年。梭伦不但是一个立法家，并且是一个大政治家。他为雅典定了一部宪法，使人人有投票之权。他又创立了那个欧洲通行的陪审制度，使人民能得到公正市民的护助，不致为那偏袒贵族和富人的裁判官所压制。

经济的背景

在经济方面，希腊的独立工艺，也与它的独立美术一同产生了。到了纪元前六百年时，希腊的瓷器、铜器等各种工艺品，都已脱离了东方的影响，独自成为一派。同时，希腊在海外的商务也就日益发达，去把这些工艺品推销到东方各处，与腓尼基的商人竞争。而希腊的币

①原文译为赛勒司。
②原文译为毕达可拉斯。
③原文译为德洛哥。

制——即是欧洲各国币制之祖——也是在这个时候由东方输入的。

波斯战后的新文化

以上是说的背景。到了波斯战争以后，希腊的文化又受到了许多新影响。第一，以小小的一个希腊，居然能打胜那个东方的大帝国，这是何等激刺感情的一件事啊！是何等宝贵的文学材料啊！第二，那个战争把希腊与东方交通的范围愈益扩大了，使希腊学到了无数新智识；而新文化的产生，也就欲免不能。这个文化的中心点，乃是雅典。不但如此，此时雅典又适得到了一个才知兼备的领袖，伯里克利。伯氏的政策是放任的；他对于古来的传说是怀疑的；对于新思想是奖励的；对于因思想独立而受社会废弃之人，是敢保护的；对于公共的建筑和娱乐，是热心提倡的。雅典当大胜之后，两种文化接触之时，又得到了这样贤明的一个领袖，来奖励赞助各种新思想，它的文化还会不灿烂吗？

雅典

图六　伯里克利时代的雅典学校

◎此系绘在碗底的一个图，左为音乐教师，中为文学教师，右为律儿童入学的家奴。

雅典的文化，不特可以代表全希腊，并且是希腊最高的文化，也是欧洲上古时最优美的文化。它开花开得极其灿烂，又极其迅速，统计它所占的时期，不过一世纪罢了——纪元前第五世纪。在这样短促的时间中，能产出那样一个空前绝后的文化，在世界历史上是不曾有过第二次的：所以现在稍为多费一点篇幅，来把它的大概述说一下，也是历史家应有的责任。

（一）美术和文学

第一，美术和文学。伯里克利执政后的第一件大事，是促进雅典和斯巴达的战争，第二件大事，便是去恢复那个被波斯人所毁灭的雅典城。他卑辞厚礼地到四处去访求各种美术家——雕刻、绘画、建筑——居然把一个新雅典建设起来了。其中最美丽的是献奉给雅典女神雅典娜的庙。后来雅典与斯巴达战争以后，政府对于艺术的奖励，渐渐消灭，美术也就成为个人的成绩了。在文学方面，此时最发达的，乃是那个最能表示深烈感情的戏剧。而此时雅典又适产生了三个大悲剧家和一个大喜剧家，所以它的戏剧也就由简陋的赛会式的歌舞，进为有动作、有结构的真正戏剧了。三位悲剧家的名字是埃斯库罗斯（Eschylus）[①]、索福克勒斯（Sophocles）[②]和欧里庇得斯（Euripides）[③]，喜剧家的名字是阿里斯托芬（Aristophanes）[④]。这三位悲剧家和一位喜剧家，是欧洲剧界的鼻祖；他们又都是诗人，所以雅典的文学，也集中于他们的身上。

①原文译为爱司凯拉。
②原文译为索福克。
③原文译为幼利披笛。
④原文译为亚利司多芬。

他们生长的时期，差不多都在纪元前五百年至前四百年的一个世纪之中。

这时期戏剧演进的步级，也是很有趣味的。最初的时候，在赛会之时，只有一群人对着看众唱歌舞蹈。但此等举动，久久未免令人生厌。埃斯库罗斯乃使一个唱歌的人，时时离开他的群中，独自说话，和表演那话中的情节。后来这个说白的人，又由一个变为两个，成为两人对话的表演。索福克勒斯又把他们增至三个。到了欧里庇得斯的时候，表演剧情的人数，就更无限止了。此时唱歌舞蹈的人，渐渐反主为客，退到附属的地位去，而看众的注意，也全移到剧情和演艺上面来了。戏剧演进到了这个地步，它的基础可算已经立定。

图七　纪元前四世纪时的一个希腊剧场

（二）哲学和科学

第二，哲学和科学——我们不要忘记。希腊人对于这两种学问，是不加什么分别的，而当时的科学家，也大都是哲学家。纪元前第五世纪时，希腊又产生了一种哲学家，叫作诡辩家（The Sophists），他们是希腊此时新思潮的代表。他们主张怀疑，主张求真理。他们是当时教育界的一个新势力，他们把辩论的方法授给青年子弟，使他们能靠了辩才，成为政界的大人物，他们又是希腊散文的鼻祖；而希腊的文法，被他们整理之后，也就成为一个有系统的学问。但他们把辩才太注重了，渐渐地把真理放在不重要的地位，他们自己也就成为一种辩士，成为一种政客了。而此时的哲学界，也就渐渐黑暗起来；直到苏格拉底（Socrates）出世以后，才重新见了光明。

苏格拉底的学说

苏格拉底的哲学和中国儒家的学说，颇有相似之点。他的哲学是入世的；是采取中庸的态度的；是以国家的幸福为人生努力的标鹄的；是以修身致知为达此目的的手段的。他以为人生的唯一目的，是做一个良好的市民。他又深信人类能用理智去择善避恶，以达到这个完全人格的地位。这个学说颇影响了希腊的许多青年，其中最著名的，便是柏拉图（Plato）。但苏氏的态度是注重怀疑和求真理，这却冒犯了那些专尚迷信和盲从的雅典民众。原来雅典的民主政治，此时已经走入了做恶的轨道：它在雅斯战争时，已经做了许多错事，此时它又决意去把雅典的一个最高尚、最纯洁的哲士杀害了。到了纪元前三九九年，苏格拉底遂被雅典的法律宣告死刑，服毒自尽。

（三）医学、史学等

在其他各种学问思想方面，纪元前第五世纪的希腊，也是欧洲的大宗师。在医学方面，有希波克拉底（Hippocrates）[①]，他

①原文译为黑朴格拉底。

是受过埃及和巴比伦的影响的，是欧洲科学式的医学的鼻祖。在历史地理方面，最著名的有希罗多德（Herodotus）[①]和修昔底德（Thucydides）[②]。前者是波斯战史的著者，他是一个旅行家，他的历史智识是根据于地理的，他是欧洲史学的创始人。后者是雅斯战史的著者，他生长的时期，比前者略为后些，所以他的史学也更进了一步，他已由专事记载的历史家，进为一个批评的历史家了。欧洲的历史批评学，当以修昔底德为鼻祖。除此之外，其余如数学、天文学、气象学、动物学、植物学、农学、畜牧学，等等，也都已萌芽露茎了。

欧洲科学的先进

伟大的文学美术，是希腊文化的特色，而欧洲科学的基础，也是希腊所立的。这两件重大事业，在纪元前第五世纪时，却都已大放光彩了。但我们不要忘了波斯战争以后新旧文化冲突的现象，至今也还不曾消灭。在这个时期之中，传说的神话和迷信，常常与怀疑和求真理的态度，立于对敌的地位。虽然靠了伯里克利的贤明的放任政策，靠了苏格拉底一类哲士的牺牲，科学的精神，终于在旧势力的迷雾中，为欧洲的文化打开了一条大路，但是当时希腊的一般人士，却不曾见到这个，他们但觉得歧路彷徨，旧的信仰既已摇动，新的智识也是千歧百出，真不知走哪一条路为是啊。

文化传播时期（前400—纪元时）

希腊历史的第三期——约自纪元前四百年至纪元时——也可以分做政治和文化两方面说。在政治方面，这一个时期的重要事迹，就是马其顿（Macedonia）的勃兴和亚历山大大帝的东征。

①原文译为喜洛多达。
②原文译为都息笛第。

马其顿的勃兴

马其顿是希腊北方的一国，它的人民虽与希腊人同族，但它的文化程度极低，向来不曾归入文化希腊范围之内。到了纪元前第四纪中叶，马其顿忽然出了一位魔王，叫作腓力（Philip）[①]。腓力的唯一目的，是以武力去扩张他的领土；而他却又是一个佩服希腊文化的人，他曾极力奖励希腊文化的输入。他靠了他的军事天才，又趁着希腊多事之秋，居然把希腊的北部，尽行征服。后来他又征服了希腊南部的大部分，做了它的盟主。但不到两年，他忽被人刺死了（纪元前三三六年）。

亚历山大东征和他的帝国

希腊人听见这位魔王去世，正欲庆祝他们自由的恢复，却不料又来了一位更大的魔王。此时腓力的儿子亚历山大（Alexander）不过二十岁，但他的父亲已经知道他的胃口，知道希腊全国也是不能餍足这位少年的欲望的。我们现在不必去细讲亚历山大东征的古事，我们但看一看他的帝国的版图，就可以知道他的武力所及之地了。他是在纪元前三三四年——才二十二岁——离开欧洲的。自此以后，他征服了小亚细亚，打败了腓尼基和埃及，到了纪元前三三〇年，波斯全土也归了他的掌握了。波斯是两河流域文化的承继人，所以亚历山大此时竟做了上古两大文化——一是埃及的文化，一是波斯所代表的文化——的承受人。除了波斯以外，亚历山大又复南征印度，希腊的文化，也就跟了希腊的刀兵，侵入印度的北部了。

东西文化的大交通

亚历山大东征的最重要的结果，是在东西文化的交通上。他一方面是崇拜希腊文化之人；但一方面他也承认东方文化的优点。他要表示他融和这两种文化的热心，便与一位波斯公主结了婚，又命

①原文译为非力布。

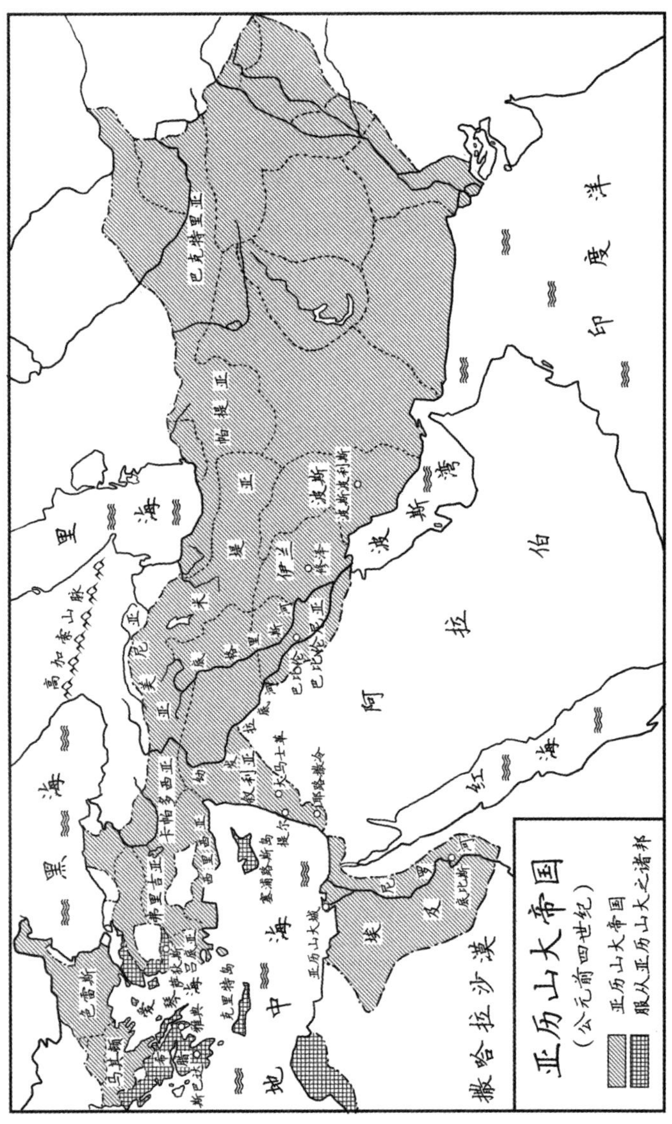
亚历山大帝国
（公元前四世纪）
亚历山大帝国
服从亚历山大之诸邦
黑海
高加索山脉
里海
色雷斯
马其顿
爱琴海
希腊
斯巴达
雅典
萨狄斯
弗里吉亚
吕底亚
卡帕多西亚
西里西亚
亚美尼亚
克里特岛
塞浦路斯岛
地中海
提尔
大马士革
耶路撒冷
叙利亚
幼发拉底河
底格里斯河
美索不达米亚
巴比伦
巴比伦尼亚
伊兰
修泽
波斯
波斯波利斯
帕提亚
巴克特里亚
亚历山大城
埃及
尼罗河
底比斯
撒哈拉沙漠
阿拉伯
红海
波斯湾
印度洋

他部下的将士，都与波斯女子结婚。他一方面尽力把希腊文化输入亚洲去——他的希腊兵士此时已成为教师，兵营也变为学舍——一方面自己又吸收了许多东方的思想和行为。但这种情形未免要在他的心中发生冲突，他的以神自居的一件事，便是一个好例。他要人人对他跪拜，和埃及人的崇拜他们的神道一样。后来这个要做神的亚历山大，终于战胜了那个要做人的亚历山大。于是因为反对他这个行为，有许多他的朋友和功臣都受了死刑，但他自己的心也受了死刑了。纪元前三二三年，他自印度回到巴比伦，方欲转帆西向，去征伐地中海的西岸，不意暴病忽发，年才三十三岁，竟自死了。

亚历山大帝国的分裂

亚历山大死后，部下将士的纷争，当然在意料之中，他们争杀了多时，亚历山大的遗业，便被他们中间的最有力的，瓜分为三国——亚历山大的兄弟及儿子，现在却都在被摈之列了。第一是波斯及其他在亚洲的地土，承受者是亚历山大的部将塞琉古（Seleucus）[①]。第二是非洲的埃及，承受者是亚历山大的部将托勒密（Ptolemy）[②]。第三是欧洲希腊的北部——马其顿及其他——承受者是安提柯（Antigonus）[③]，他是亚历山大一个部将的孙子。这三国都能保存他们的自由，并且能实行亚历山大的遗愿的一部分。直到罗马人上了舞台，他们才归入罗马的版图。

（一）塞琉古帝国

塞琉古和他的后人，承了亚历山大的遗愿，把许多希腊的思想和制度，输入了亚洲的西方去。其中最显著的，便是许多希腊式的自由城市的出现于亚洲土地上。

①原文译为苏鲁克。
②原文译为多洛梅。
③原文译为安梯果尼。

（二）埃及

托勒密却是一个埃及化的君主。他保存了许多埃及的古仪式和古制度，而他自己也由一个希腊将军，变为一个埃及式的君主了。他及他的子孙治埃及之时，也就是埃及的复兴时代。尼罗河口的亚历山大城（Alexandria），此时已经成为文化的中心点。城中公共建筑的华丽和丰富，也是上古时的破天荒：城中有博物馆、图书馆、演讲厅、音乐厅、浴场、市场，以及其他我们所视为代表近古文化的公共场所。

（三）马其顿

马其顿王安提柯的版图最小，而他的地位也最险恶。在他的南方，有许多似服不服的希腊城邦，要他去征服；在他的西北方，又新到了一群游牧的民族，叫作高卢人（Gauls or Celts）的，时时来侵犯他的疆土。他虽然暂时把这些人打败了，但欧洲的新问题又开始了。我们要知道这个问题的解决情形，须看下面的罗马史。

这时期的希腊文化

第三时期的希腊，在政治方面，不过如昙花一现，结果却仍免不了分崩覆灭。但在文化方面，希腊却是已经到了“绿叶成荫子满枝”的时代了。我们现在可以把这个题目，分做两层来说：第一是那一株不曾离土的老树，第二是飞入亚洲和非洲的花果。

雅典的哲学

这时期在希腊本土最发达的学业，是雅典的哲学。雅典此时仍旧是希腊文化的中心点，同时他又是苏格拉底的老家。苏氏死后，他的高足弟子柏拉图（Plato），又能把他的教旨发挥光大起来，

柏拉图

在雅典继续他的讲学之业。柏拉图不但是一个哲学家，并且是一个富于情操的理想家。他深信人力万能，他以为环境是能战胜遗传的，他以为人类是能制造自己的命运的：这个思想在他所著的《理想国》（*The Republic*）[①] 中，最为明显。柏氏的高足弟子亚里士多

①原文译为《共和国》。

德（Aristotle）[1]，是亚历山大的师傅，也颇影响了那位少年君主的人生观，亚里士多德又是一个侧重客观的科学家，所以他的哲学，和柏拉图的颇有不同的地方；但他在欧洲思想界的影响，却比他的师父师祖更大。在欧洲中古之时，能与《圣经》争势力的，只有他一人：那时凡遇着与科学有关系的问题，人人都把他的学说当作最后的判断，好像宇宙间的一切科学问题，亚氏早已在一千年前，给他们完全解决了！

斯多葛派和伊壁鸠鲁派

除了柏拉图和亚里士多德的两派哲学之外，雅典此时还有两种别的哲学。其一，是主张克制感情的，叫作斯多葛派（Stoicism）[2]。其二，是以寻求娱乐为人生目的的究竟的，叫作伊壁鸠鲁派（Epicureanism）[3]。这两派的学说较柏亚二氏的哲学为浅近，而且颇能切于实用，所以信从他们的人很多。

亚历山大城的科学

至于传入亚非二洲的希腊文化呢？埃及君主托勒密虽然保存了许多埃及的古制度，但他和他的子孙也是能切实了解希腊文化的人，靠了他们的资助和奖励，尼罗河畔的亚历山大城，竟成为上古时唯一的科学中心点了。此时希腊的科学，已由准科学进为真正的科学。现在我们不能细讲这个时代的科学成绩，我们不过能举几个重要人名，和他们的贡献罢了。

阿基米德

第一个名字是阿基米德（Archimedes）[4]，他是一位物理学大家。他曾发明了轴轳的作用，又是比重的发明者，他又是上古时的唯一

①原文译为亚里斯多德。
②原文译为制欲派。
③原文译为佚乐派。
④原文译为亚奇米得。

大数学家——欧几里得（Euclid）虽然也是一位大数学家，但他的成绩大都在于辑集，不及阿基米德创作的多。

阿里斯塔克

厄拉多塞

阿里斯塔克（Aristarchus）[①]和厄拉多塞（Eratosthenes）[②]是当时的两位大天文学家。前者是上古时第一个发现地球绕日而行之人；后者是第一个用日影来计算地球大小之人。厄拉多塞又是一位地理学家，他是第一个用科学方法来测绘地图之人，而经度和纬度的应用于地图，也是他的发明。

上古的生物学家，自然是亚里士多德和他的弟子了。此外医学、工程学等，也都各有它的明星。

图书学

除了科学之外，亚历山大城也是那时图书学的中心点。用科学方法来整理和管理图书馆，是那个城对于世界文化的特别贡献，同时，因为抄写图书有较讹的需要，于是考据学和文法学，也就跟着图书学日益发达了。那时亚历山大城图书馆的书籍的资格和信用，是没有能与它比赛的。近代欧洲人士所用的古书，也是由他们中间辗转抄录下来的。

文化的相互关系

但我们不要误会了，以为在希腊本土和在他处的文化，是完全不相联属的；上面把它们分开来说，不过要指出它们各自的特点罢了。其实文化是一件有机的东西，它是生生不息的，是“铜山西倒，洛钟东应”的。纪元前第三世纪以后的二三百年，与其说它是希腊文化传布于东方的时期，不如说它是希腊文化与东方文化互相影响的时期。这个影响的结果，在各方面都有表征：哲学是其一，科学又是其一，

①原文译为亚利司太克。

②原文译为依洛陶德。

美术也是其一。而东方的各种宗教，此时也陆续向西方跑去；后来基督教的进入欧洲，也不过是走那一条宗教的惯路罢了。

> 纪元前第五世纪以后的希腊文化，忽然如此大盛，虽然由于希腊人的天才勃兴，而东方文化所给予的影响，一定也是不少。比如这一时期希腊的科学家，都是世界科学史上的第一等人物；但或者他们的学说不尽是创造的——再说过分些，或者他们的学说，都是从埃及和巴比伦的科学家抄袭得来的——我们又安从得知呢？但是，因为希腊的文字战胜了上古的别种文字，因为它遗留下来的证据，比他种文字更为丰富而满意，所以我们也只得循着历史界的通例，不以无实证的怀疑，去打翻历来为人人所承认的史迹了。

希腊文化的环境

结论 希腊文化的性质，是与它的地理最有关系的。因为它有一个宜分不宜合的地理，所以产生了无数小城邦，因有无数互相竞争的自由小城邦，所以一方面产生了一群爱自由的小民主国，而不幸终于得到了政治上的破产，一方面却产生了一个空前绝后的优美文化。同时，因为天时的和暖，和山川的秀丽，希腊的人生观，也就趋向“现在”和“此地”；希腊的美术，也就充满了生命之乐的美感了。希腊人的中庸态度，也是他们的优秀而小巧的环境的产物；而他们生活情形的简单，也是天然之美引诱的当然结果——碧蓝的天空，油绿的草茵，不比雕梁画栋更美丽吗？

希腊历史在世界的地位

亚历山大战胜波斯之后，希腊在世界文化史上的位置，又受了一个大变化。此时它已不是希腊人的希腊，已经成为世界人的希腊了。亚历山大的十万刀兵，却比不上小小的二十四个希腊字母。兵亡刃销之后，而希腊的字母不但巍然独存，并且已经成为上古世界的普通语了。所以亚历山大东征的结果，虽是东西文化的互相吸引，而因为希腊文字优胜之故，所有上古各种文化的遗产，此时也就都归了希腊人的看管。我现在且引一位英国历史家，马文先生（F. S Marvin）的话，来总结这一段华美的历史。

> 这一千年的希腊历史，我们应该把它当作西方历史的大转枢看待，同时，它又靠了西方，成为世界史的大转枢。这个历史有三件特殊的事情，是最当注意的：第一，是它所收束的，第二，是它所成功的，第三，是它所开倡的。它所收束的，是太古时代的传说和威权的专制。它所成功的，是世界上最美丽、最完备的文学和美术上的创造，而且它所占的时期，又是异常的短促。它所开倡的，是近代科学的建设，和我们所生活的文化制度。这是人类权力超越天然的一个确定的步级。（见马文著的“*The Living Past*”，四十九页）

第六章

罗马古文化

意大利半岛

上古西方人类活动的舞台，是由东而西的。以前所述的历史，大抵在地中海的东部，现在却又转向它的西部了。意大利和希腊一样，也是地中海的一个半岛，但它的面是西向的，它所见的不是明珠般的岛屿，乃是白茫茫的一片海水。它既不像希腊一样，有如桥一般的群岛，来引诱它的居民出引经商；所以它就成为一个农业国，不像希腊人的以商立国了。但意大利半岛的内部，却是甚便于交通，所以政治上的结合，也比希腊为容易。

侵入意大利的各民族

侵入这个半岛的民族，也是从欧洲的北部来的，当然也不止一种。到了纪元前二千年时，那个后来意大利半岛的主人翁，意大利诸部落（Italic tribes），也到了这个半岛上来了。他们和希腊人一样，也是属于印欧族的。但他们初到之时，在意大利争雄的民族还很多，他们不过是一个不足轻重的分子罢了。意大利诸部落中的分子也很复杂。其中有一部落，是住居于台伯（Tiber）① 河畔的拉丁（Latium）地方的，他们就叫作拉丁部落。因为罗马城（Rome）是他们的交易和政治的中心点，所以他们也就是最初的罗马人。这

①原文译为第表尔。

个拉丁部落是意大利诸部落中最杰出的，他们是罗马历史的魂灵；但在纪元前五百年以前，他们的地位仍旧不甚显著。

> 讲到罗马历史，我们须要明白下列的几个名词，它们的意义虽相似，但却不宜混用。第一是“罗马”：罗马本是一个城名，但后来罗马城在政治上得势之后，这一个名词的应用，也就跟着罗马的势力扩张起来，成为一个政治的名词了。第二是“意大利”：这本是几个部落的总名，但后来这些部落占据了意大利全土之后，它就成为一个地理上的名词了。第三是“拉丁”：拉丁是意大利诸部落之一，但后来它的语言成为意大利的标准语后，它也就成为一个语言上的名词了。所以同是一个民族，在地理上就叫作意大利，在政治上就叫作罗马，在文字上就叫作拉丁。于是我们就有意大利半岛，有罗马帝国，有拉丁文字，它们并不是一物，但它们也有许多共同的地方。

埃特鲁斯坎人

那时在意大利争雄的许多民族中，有一族很强的人民，叫作埃特鲁斯坎人（Etruscans）[①]。他们大约是从小亚细亚来的，占据罗马城，是他们最大的目的。到了纪元前七百五十年时，他们的酋长果然做了罗马城的君主。他们的文化是受过小亚细亚的影响的，而他们与希腊的交通，又是十分密切，所以他们的文学、美术、工业、建筑，以及其他文化的情形，都含有希腊文化的意味。他们做了二百五十年的罗马君王，却给罗马人下了不少文化的种子。到了纪元前五百年左右——约当希腊驱除君主，产生霸者之时——这一

①原文译为曷端斯康人。

群辛勤下种的埃特鲁斯坎人，却被罗马人赶走了，而那个君主制度，也就跟着他们离开了罗马。真正的罗马历史，至此方始开场。

表八　罗马与上古各种文化的关系

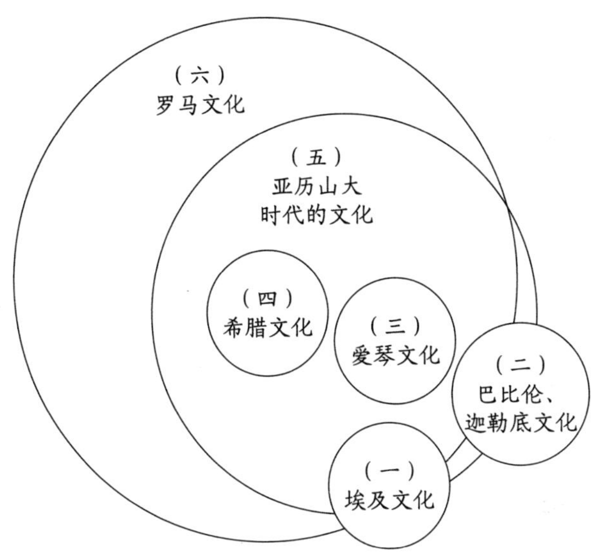

罗马史的特点

罗马史的重要时期，和希腊史一样，约有一千年，不过它比希腊史要迟四五百年——约自纪元前五百年至后五百年。现在要讲罗马的历史，应该先注意下列的两件事。第一，罗马人是一个重实行的民族，他们的想象力虽远不如希腊人的丰富，但他们的头脑，冷静镇定，最富于普通知识。所以希腊人对于文化的特别贡献，是文艺，和哲学、科学，而罗马人的贡献，却是法制、政治，以及社会的组织。这个政治天才，是一部罗马史的主动力，也是欧洲文化的一个重要分子。明白了这一点，然后可以了解罗马史。第二，罗马乃是亚历山大以后的希腊文化的承受人，所以也是东方文化的承受人；而同时，它又是欧洲文化的大宗师。下面的一个表，也是藩路教授作的，我们现在用它来说明罗马在上古文明史上的位置。

共和时代（前500—纪元时）

罗马历史的第一期，是共和时代，也是罗马的对外大扩张时代——约自纪元前五百年至纪元时。此时罗马已经驱走了埃特鲁斯坎的君主，改为共和政体。共和政府的首领，是每年由贵族中选出的两个执政官（Consuls）[①]。此外还有一个元老院，也是由贵族组成的。此时罗马的人民，有贵族和平民两个阶级。打仗的时候，贵族须倚赖平民的助力，所以平民也渐渐的不服这个贵族专制的共和政体了。于是开始了第一次平民和贵族之争，而平民也得到了几件胜利。他们第一个胜利是法院和四个民选法官的成立。平民若是受了贵族不平的待遇，这个法院便须为他们伸理。第二个胜利，是不成文法律的编为法典——就是历史上有名的十二铜表。这事约在纪元前四百五十年，它所受希腊人的梭伦法典的影响，当然不少。第三个胜利，是平民与贵族的平分立法权。但元老院的权力，不但不曾因此减少，反而日益伸张起来，不久竟成为罗马的唯一权府了。所以罗马的平民，虽然得到了一点胜利，但实际上的罗马，却仍是一个贵族式的共和国。

贵族与平民之争

罗马势力的扩张

贵族与平民之争，是这期罗马史的一件大事；第二件大事，乃是罗马的对外扩张。当罗马人赶走埃特鲁斯坎君主的时候，罗马的势力，还不过限于一城，它的敌人，南方有希腊人和迦太基人（Carthagians），北方有埃特鲁斯坎人和高卢人（The Gauls）。还

①原文译为康索。

有罗马人的兄弟族，散处于他方的意大利诸部落，此时也趁起热闹来，与罗马为难。天幸这许多敌人，彼此也不是好朋友。他们自己互相杀戮，却便宜了夹处其间的一个小小罗马城。虽然高卢人，在纪元前四世纪的初年，曾侵寇了罗马一次；虽然意大利诸部落，曾经搅扰了罗马几十年；虽然在南方的希腊人，曾经与罗马拼命地打了几年仗；但最后的胜利，却仍旧在那个台伯河畔的小城方面。于是罗马先做了拉丁全部的主人翁，后又成为意大利诸部落的主人翁，到了纪元前二百七十五年，它居然是那个意大利半岛的正主人了。此时罗马的仇敌，除了北方的高卢和南方的迦太基之外，可以说是完全消灭。但高卢人此时羽毛未丰，尚不能为罗马的大患；此时最能使罗马人寝食不安的，乃是那个在地中海对岸的迦太基（Carthage）。我们现在且讲一讲迦太基。

罗马人能于二百余年之间，由一个小城的主人翁，一跃而为意大利全境的主人翁，原因固然很多，但它的农兵制度却也是一个大原因。原来上古时的国家和城邦，对于“外邦人”是向来不肯以平等相待的，向来不愿意令他们做自己的市民的。罗马却不然。在它的法制之下，凡是“外邦人”，都可以成为罗马的市民，但须以服役军事为交换的条件。在社会秩序未定，人民需求城堡的保护之时，这个条件当然为一般人民所乐从。于是罗马就骤然加添了无数忠诚感戴的新市民了。他们大抵散处于罗马的四郊，平时耕田为农，迨外患至时，他们为国为家，都是要争先去迎敌的。罗马靠了他们，不但足以外御其侮，并且对外扩张的机会，也就更好了。即这一件事，就可以知道罗马人在政治上及组织上的天才，和那天才所获的效果了。

迦太基

迦太基是非洲北部的一个地角，与西西里（Sicily）海岛是遥遥相接的。它是腓尼基人的一个大商场，后来腓尼基衰弱了，它就成为一个独立国家。它既是以商立国，国中的实权，当然就归入那几个商界大王的手里。它的美术、政治，以及其他文化的事业，都是东方式的，也都是商业的附属品。它的兵士大抵也是用钱雇来的，与罗马的农兵制完全不同。当罗马还未强盛时，迦太基的势力已经弥漫了非洲的北岸、西班牙的南部，以及西地中海的各岛——西西里、撒丁岛（Sardinia）[①]、科西嘉（Corsica）[②]，和其余小岛。

罗马与迦太基的冲突

但是到了纪元前第三世纪时，罗马的势力也一天一天的扩张起来。此时罗马既已统一了意大利，它的眼光不免又转向地中海的西部了，而其中的重要动机，却是属于经济的。罗马的商人眼看着大宗经商的利益，往腓尼基商人的袋中跑，不觉眼热心羡起来。于是他们就对迦太基人说道："你们至少应该让我们到西西里来经经商罢。"狡猾的迦太基人自然不肯答应，于是两方面就摩拳擦掌，预备相打了。

表九　罗马与迦太基势力圈的冲突

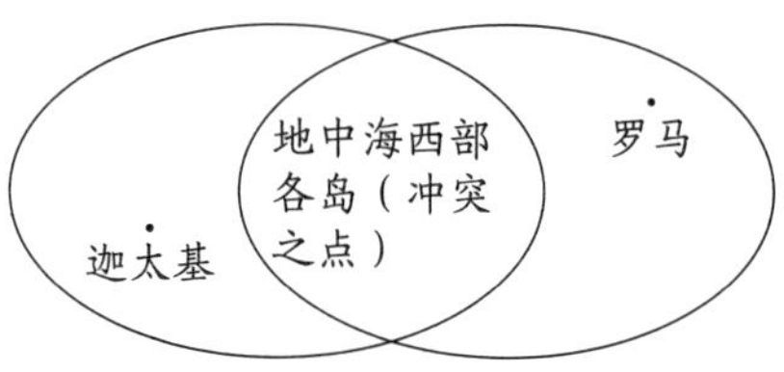

①原文译为萨丁。
②原文译为哥尔塞牙。

布匿战争（前264—前146）

这个罗马与迦太基的战争，历史家把它叫作布匿战争（The Punic Wars），延长至一百二十年之久。虽然其间只大战了三次，但其余的时间，不过战锋减少罢了，并不曾有过真正的平和。第一次的大战，自纪元前二百六十四年至二百四十一年，延期凡二十三年。结果是罗马得到了西西里海岛，和迦太基所给的大宗赔款。此后二十余年，算是平和时期，但一方面罗马仍不断去侵略迦太基的属地，同时又打败了北方的高卢人，把罗马的版图推到阿尔卑斯山（Alps）的北方去；一方面迦太基也把西班牙当作扩张的地点，不息的在那里培植它的势力。在这种情形之下，战端的重开乃是意中事。第二次的布匿战争，起于纪元前二百十八年，终于二百〇一年。在这个时期中，迦太基方面却出了一位大人物，叫作汉尼拔（Hannibal）①。他生平的成绩，虽然只限于武功，但他的宗旨是极高尚的；他的心中目中，只有救助母国的一念。他以为欲救迦太基，当先侵寇罗马，于是他就率了他的大军，去横过那个高峰插天的阿尔卑斯山。自此之后，那个战争就可以说是汉尼拔个人与罗马全国之战了。但过了十余年，罗马也出了一位大将，叫作西庇阿（Scipio）②。他学了汉尼拔的方法。转兵去攻打迦太基城，于是汉尼拔又不得不回去了。这两位大将相遇的结果，自然是生力的西庇阿军队得胜。于是罗马又令迦太基赔偿了一宗巨款，而迦太基的舰队，也归了罗马的掌管；迦太基也成为罗马的附属国，非得罗马的允许，不能与任何一国开战了。汉尼拔此时也被罗马的威权赶出

①原文译为汉尼保。
②原文译为西平。

迦太基的境外，赶出他三十年来，苦心孤诣所欲救护的迦太基境外了。自此之后，迦太基带了枷锁，在罗马权力之下，又苟延了五十年的残喘。到了纪元前一百四十九年，罗马人找到了迦太基的一点舛误，便又大兴问罪之师，不到三年，竟把一个繁华美丽的迦太基城，毁灭得干干净净；而迦太基的国土，此时也归入罗马的版图，成为罗马的非洲省（The Province of Africa），这一役便是历史家所说的第三次布匿战争。

迦太基之亡

地中海东方的五国

地中海的西部，此时是完全在罗马权力之下了；现在我们且再看看它的东部。约当纪元前二百年时，地中海东部的重要国家，凡有五个。一是塞琉古帝国，一是埃及，一是马其顿，这三国都是亚历山大所创帝国的故土。第四是希腊化的帕加马（Pergamum）[①]，在黑海南岸，与马其顿遥遥相对；第五便是那个衰弱的希腊了。现在我们且看罗马怎样对待它们。

罗马在东方的胜利

罗马先对马其顿说道："你是迦太基的同盟，我须得打你一下。"于是它就把马其顿打在地下，命它做了它的属国。罗马又对塞琉古帝国说道："你要趁风打劫，来抢马其顿的属地吗？"于是它又和塞琉古的皇帝打了一回仗，结果是罗马的版图上，又加上了黑海南岸的小亚细亚全部。埃及本来是罗马的好友，隔不少时，它居然心诚意服的来做了罗马的臣属了。三个大国的命运既定，小小的一个帕加马，和一个衰弱的希腊，还成什么问题呢？自此之后，各邦虽然不免有时要起来与他们的新主人反抗，但他们的力量不过如朝日下的露珠，不久也就消灭了。自纪元前二百六十四年，罗马初次与

①原文译为坡加曼。

迦太基开战，至纪元前一百四十六年，罗马并吞亚历山大的遗产和毁灭迦太基城时，综计不过一百二十年，它的势力扩张的迅速，岂不可惊吗？自此之后，罗马是地中海的唯一主人了，也就是上古各大文明的唯一承受人了。

但处治这一个庞大的帝国，却不是一件易事。罗马所取的第一个步级，便是把新胜各邦分为省份，每省由一个总督管理。但是“天高皇帝远”，各总督渐渐地也就成为不冠之王了。而他们的任期又只有一年，结果是他们完全不能有所建树，但利用此一年的短时期，尽力去搜括地皮，吮吸民膏。此时罗马政府又新设了一个税吏的官制，专司属地租税之事。此类税吏的钱袋，比了总督的还要肥大几倍。这两类人，和其他靠了罗马帝国暴富的人们，大都是以罗马城为他们退老安居之地的。他们的影响，一方面是提高罗马的生活程度，和促进美术的发达；一方面是提倡奢侈尚宝之风，使人民争逐于衣食的琐事，这个情形的结果，到罗马灭亡时就大显著了。

此时的罗马城，是已经充满了自东方抢来的金银财宝了，而贵人们的奢侈风气，亦日增一日。他们家中所用的银器，可以重至一万磅以上，其余的贵重物品也就可想而知。他们的食品也是无价的：一罐黑海所产的咸鱼，至值今币一百五六十元。手段好的厨子，可以每年得到今币一万元的工资。这种奢侈风气，直到罗马灭亡时尚未已。在纪元后一百六十年时，有一个皇帝至下令禁止贵人们的购用中国丝绸，因为它的价钱是与黄金相同的；但是完全没有效力。

吸蚀罗马精神的种种势力

除了奢侈尚宝的风俗以外，还有别种的势力，在那里吸蚀罗马的精华，而这几个势力，却都是战争的效果。第一，总督的缺既是那样的肥美，罗马少年的唯一希望，自然是做外省的总督了。但是要做总督，必须先做过国内的大官；而人民的选举，乃是达到目的的第一个步级，于是贿赂公行，而各种惨无人道的娱乐事业——如令奴隶与野兽格斗之类——只要它能媚悦一般人民，莫不可以立刻风行。第二，罗马是以农立国的，农民也就是国家的命脉。战争之时，农夫为兵，农田成墟，待战事既止，而做惯了兵的人，又不愿意回去做农夫了。即有愿意的，而田墟屋毁，也就欲耕无地。这个情形的结果，是罗马国里减少了无数优良的国民，罗马城里加添了一群可怕的叫花子。第三，那些暴富的贵人们，此时又已半抢半买的，差不多把罗马的小农田吸收干净了；而因为耕植这类大宗田地之故，大宗的奴工，也就成为罗马社会上的一个合法制度。这类奴隶的生活，比家奴要痛苦十倍，实在是与牛马不能分别的。

外强中干的罗马帝国

综观上面各种情形，可知罗马一百年来战争的结果，是使富者愈富，贫者愈贫；是使人民的道德日益下落；是把国家的健全分子变为寄生虫；是在一群贫苦失望的农民之上，加上了无数无数生不如死的奴隶。罗马社会前途的危险，还堪设想吗？比如久年大树一样，外面尽自扩张长大，至于无度；而内中忽有虫蚀其心；外益大而内益空，它的扩张也可以算是不经济了，也可以算是危险极了。

第二次平民与贵族之争

此时罗马人中之有远见的，也知道这个富贫悬绝的危险，他们就主张将罗马新得的土地，分给无业的农民。但此类新得的土地，已大半归入贵族的掌中；代表贵族的元老院，当然不肯赞成这个主张了。于是战前的贵族平民之争，此时又复开始。此时的贵族，已成为守旧的代表，而元老院乃是他们的唯一坚堡。平民的领袖，则多属于急进派，他们所恃的武器，乃是农民的热心和商人的荷包。下面的一段，乃是一个平民领袖对人民的演说，我们看了它，就更容易明白那时罗马社会的情形了。

> “散处在意大利原野的动物，也有穴洞和藏身之处，来安息它们的身体。你们为着意大利打仗和战死的人，却只能享受空气和光线。它们是你们的唯一产业。你们无家可归，无地可以存身，同着你们的妻孥，漂流荡泊。……你们打仗，你们战死，为的是使他人安富尊荣。人家说你们是世界的主人翁，但地面上却没有一块土是你们自己的！”［平民领袖提比略·格拉古（Tiberius Gracchus）[①] 对人民的演说辞。］

改革家的命运

但是，这类改革家的疾呼，总敌不过元老院的威权。提比略·格拉古自己遭了暗杀，他的兄弟也死于元老之手。贵族平民之争，此时已变为守旧和维新之争了；而他们争执的程度，也日益热烈。罗马的社会上，继续的这样纷乱了半百多年，直到纪元前七十年以后，才渐渐的呈出一点解决的希望来，此时平民的领袖中，又产生了两个杰出的人物，一是庞培（Pompey）[②]，一是恺撒（Juliu Caesar）。

庞培

庞培是一个平民派的将军，曾在西班牙立过战功。纪元前七十年时，他被人民选为执政官。后来他又受命为大将，把地中海的海

①原文译为郭克。
②原文译为庞贝。

盗铲除清净；他又征服了塞硫古帝国版图内的叙利亚（Syria）及黑海南岸。因此，他在罗马人的心目中，不啻是亚历山大复生了。

恺撒

同时，恺撒的马蹄也不曾休息。他的战功是在西方的，他是征服高卢及侵入不列颠（Britain）的第一个罗马将军。他本是庞培的同志，但此时他的战功太大了，不免引起了元老院的疑惧。他们就与庞培结合起来，去与恺撒为难。这两位大将争斗的结果，是庞培的逃亡和恺撒的成为罗马的独裁者（Dictator）[1]——纪元前四十八年。

恺撒的事业

恺撒不但是一个武人，并且是一个大政治家。他不但把罗马的版图扩张到地中海的各岸和欧洲的西部；并且能把罗马的文化——此时欧洲最高的文化——输入高卢，输入不列颠，为西欧各国下文化的种子。他在内政方面，也建设了许多事业：如罗马城的改良；公共建筑和道路的修造；月历的废除，和现在通行太阳历的引用；都是他的成绩。他又把无业的人民移到海外去，以减少国内贫富之争。但不幸在纪元前四十四年，他竟被敌党刺死了。他死之后，罗马又经过了好几年的内乱，到了纪元前三十年，罗马的大权才归了他的侄孙儿屋大维（Octavian）一人的掌握。

罗马共和国之亡

布鲁图（Brutus）[2]和卡修斯（Cassius）[3]的刺死恺撒，却并没有什么私意。他们是热心拥护罗马共和的志士，他们又深信恺撒是那个共和的罪人：他们以为恺撒死了，罗马的共和也可以复活了。他们却不曾知道，破坏罗马共和的真正罪人，并不是恺撒，乃是罗

①原文译为迭克推多。
②原文译为勃罗托。
③原文译为卡细司。

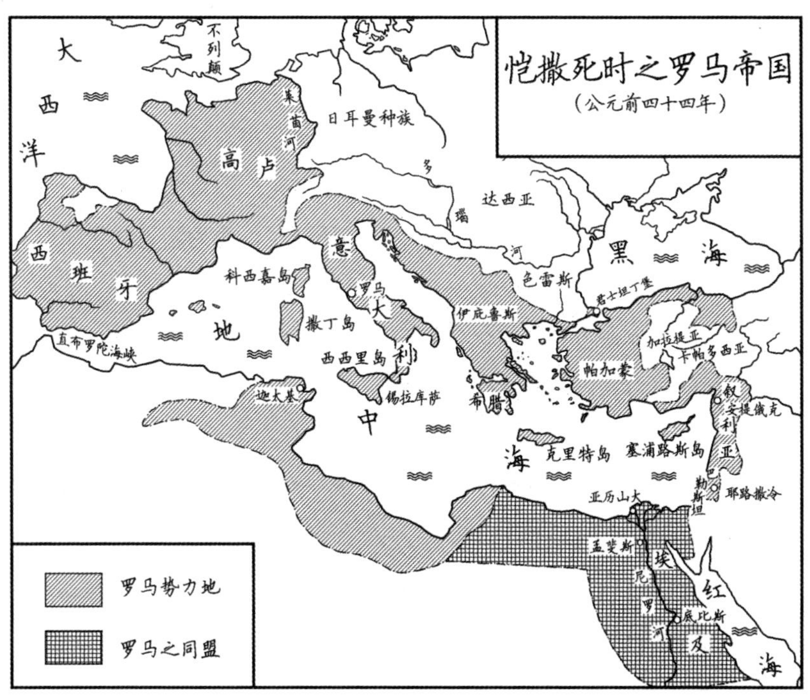

马自己的武功，和那个武功所产生的效果。原来在这个扩张期内，罗马的政权，已渐渐的由罗马城移向几个大将的身上，久而久之，遂成尾大不掉之势。这些得胜的将军，既富且骄，又是大权在握，就是元老院，也不能不仰望他们的鼻息。况且在用武的时候，那笨重迟缓的多头政治，当然不能适用；同时，罗马的内政日益糟，外患日益多，独头政治的需要，也就日益显明。有此种种原因，所以罗马的贵族式的共和，不能不让步与帝国。所以恺撒虽然死了，而垂死的共和却仍旧不曾复活。

这一期罗马的文化

这一期的罗马文化，完全还在模仿时代，而希腊却是它的大师傅。此时罗马人已经仿了希腊字母，造了一个拉丁字母，后来便成为欧洲各国文字的共同嫡祖。他们又把荷马的纪事诗作为蓝本，如法炮制了一部罗马历史的纪事诗！这是罗马文学的起源。此外美术、雕刻、戏剧等等，也无限止的由希腊输了进来。而希腊及东方的币制、量数法、宗教等等，也都受了罗马的洗礼，成为罗马文化的一部分。但在科学一方面，罗马人不但不能创造，并且不能继续希腊人的遗绪，有所贡献。所以这时期的罗马文化，可以说是完全模仿的，但同时也是它的立基时期。

希腊文学输入罗马的情形是极有趣味的。原来那时罗马人的家奴中，有许多是希腊俘虏。俘虏之中，又有许多是很有学问的：他们常常能得到他们主人的恩赦，成为自由之民。于是他们就去设立学校，招罗马的儿童进去读书，这是希腊的精神文化输入罗马的一个大关键。他们不但把希腊文学授给罗马儿童，并且能把它译为拉丁文。荷马的诗的第一次被译为优美的拉丁文，也是这类一个释奴叫作安德罗尼卡（Andronicus）①的成绩（纪元前第三世纪）。

帝国时代（纪元时—476）

罗马历史的第二期，是帝国时代，约自纪元时至纪元后四百七十六年。罗马帝国的第一个皇帝，便是恺撒的侄孙儿屋大维（Octavian）。屋大维生当群雄力尽，人心厌乱之时，而自己又具有天赋的雄才，所以不到十五年，竟把罗马的大权，尽收到一己的掌握中来了。在纪元前三十年时，他已征服了埃及，又推广了罗马在欧洲的版图。此时罗马帝国的四界，西方是大西洋，南方是撒哈拉（Sahara）大沙漠，东方是幼发拉底河，北方是多瑙（Danube）

①原文译为安德络奈卡。

和莱茵（Rhine）[①]河。而大权却集于屋大维一人之身。

此时罗马在实际上虽已成为帝国，而在名义上却仍是共和；不过政事上的实权，已由元老院移到一个元首（Princeps）的身上罢了。罗马的第一个元首便是屋大维，他的尊号是奥古斯都（August）[②]。他又是罗马的大元帅（Imperator）；而皇帝（Emperor）及帝国（Empire）的两个名词，即是由这“大元帅”一语变化出来的。所以当时的罗马，一方面保守着它的共和名义，一方面却奉一个类似皇帝的“大元帅”来做它的首领。这一段小小的故事，很可以解释许多旧名义与新事实相接触时所产生的现象；也可以更加证明罗马人的政治天才，和应付环境的能力。同时，我们也可以了解帝国与武力的关系。

屋大维的成绩：第一次百年的和平

屋大维的第一个成绩，便是消灭内乱，为罗马立二百年和平之基。一百年来群雄角逐的政局，至此始渐有头绪，渐有升平的希望；而文学美术，也饮了和平的甘露，渐渐的发出萌芽来了。所以屋大维时代的罗马，便是伯里克利时代的希腊，是文化上的黄金时代。屋大维的第二个成绩，便是改良罗马的政治：此时外省的总督，已由皇帝直接任命，他们的任期也不以一年为限了，所以贤能才智之士，都能专心一意的去治理他的省份。他又整理财政，使出入都有一定的标准。他的第三个成绩，是把罗马城重新改造过。他曾说过：“我来时，罗马是一个砖城；我去时，它已是一个云石之城了。”这实在不是夸言。

①原文译为莱因。
②原文译为奥古士都。

屋大维治理了罗马四十余年，他死时，已经是耶稣诞生后十四年了。自此到纪元后六十八年，罗马凡有四个皇帝，其中暴虐的也有，贤能的也有，但值得记述的事，却只有两三件。其一，是罗马的征服不列颠(Britain)海岛，为将来的英国下了一个文化的种子。其二，是基督教(Christianity)的传入罗马，和皇帝尼禄(Nero)[①]的惨杀基督教徒。其三，是罗马皇位的世袭，及人民的礼拜皇帝，和礼拜神道一样。

图八　和平之坛

◎坛为罗马元老院所建，用来纪念屋大维的和平伟业的。

尼禄是屋大维一系的最后一个皇帝，他死之后，罗马的几个将军大家想做皇帝，内乱的祸似乎又要重来了。幸而有一位大将，叫

①原文译为尼洛。

韦斯巴芗黄帝：第二次百年的和平

做韦斯巴芗（Vespasian）[①] 的，他从东方来，打败了他的敌党，使元老院举他做了皇帝。于是他又继续了屋大维的事业，使罗马重享了一百年的升平。

罗马的外患及内政

在这一百年中，罗马的政府做了两件事业。其一是防御外患，其二是整理内政。罗马帝国的边疆，在西南方面是有天然的屏障的，但在北方则有时时南下抢掠的日耳曼各部落（The German Tribes），在东方又有那个可怕的邻居安息国。所以防卫这两个疆界，就成为罗马皇帝的重要责任。后来皇帝图拉真（Trajan）把日耳曼人赶出了罗马的疆土，又打败了安息国，罗马的外患暂时算是消灭。整理内政中的最大一件事业，乃是编纂法典。这个法典是根据了罗马城的典法而扩大的，它的成立，是上古法律界的一个大胜利，也是罗马给予文化的一件贵重遗产。

罗马与日耳曼人

但日耳曼人入寇的危险，是始终不曾消灭的。到了一百六十七年，他们又大举入寇了，虽然罗马皇帝马可·奥勒利乌斯（Marcus Aurelius）[②] 仍能把他们赶了出去，但罗马的势力已经成为强弩之末，日耳曼人的侵寇，却愈迫愈紧了。罗马政府对待他们的方法，共有三种：一是用武力去打败他们，二是用金银货币去贿赂他们，三是使他们在罗马帝国的边疆上住下，成为那里的土著。但这三种方法，虽然得到暂时的清静，然终不能解决这个大问题。

内蚀益甚

外患这样的紧迫着，而罗马帝国内蚀的情形，亦日益加甚。在罗马皇帝干涉政策的下面，人民的责任心就日渐消灭，倚赖性就日

①原文译为皇司巴新。
②原文译为马可司。

渐养成：他们除了做那个庞大机械——罗马帝国——中间的铁钉木塞之外，竟不知道生命还有什么别的意味。同时，税率苛重，人民没有企业之心，工人也就沦为乞丐，去满足罗马城的痛苦和罪恶了。而上面所说罗马战胜敌国后的种种恶现象，此时更由意大利而延及其余各省。强健的自由农民，是罗马立国的基础，但现在不是沦为乞丐，便卖身为大地主的佃奴。罗马帝国衰亡的原因虽极复杂，但这个自由农民的消亡，乃是一个主因。但自由农民的消亡，却又是罗马武力政策的一个结果。

内乱一百年

在这个内蚀外逼的情形之下，罗马的前途就只有内乱的一道了。它和三百年前一样，差不多又内乱了一百年。在这期内，社会的秩序扰乱已极，做匪的生活既远胜于良民，于是就人人想做匪了。而同时，这个将军说我是皇帝，那个也说我是皇帝，争攘不已，直到戴克里先（Diocletian）[①] 做了皇帝，罗马才重有升平的希望。

戴克里先的中兴二八四年以后

戴克里先是一个能干而专制的君主。靠了他的铁腕，一百年的内乱渐渐平定。他又把罗马帝国分为四大州（The Four Prefectures），每州由一个州长总管。他又因为要防御那个复兴的波斯，自己须驻在小亚细亚，更另外选任了一个皇帝，做他西方的代表。他这个偶然的举动，后来却成为罗马帝国分裂的基础。

君士坦丁及东罗马帝国

君士坦丁（Constantine，324—337）是第一个信奉基督教的罗马皇帝。他的不朽大业，便是建造那个君士坦丁堡（Constantinople）。那时罗马帝国的重心点，久已移到东方；此时君士坦丁又在那里造了这个美丽的首都，东西罗马的分裂，于是更为确定。虽

①原文译为戴克利先。

然到了第四世纪末年，狄奥多西（Theodosius）[①] 皇帝曾把罗马帝国重新统一，但他临死之时，又把这个统一的国家，分传给他的两个儿子了。自此之后，那个庞大的帝国，即在形式上，也不曾再合为一。

又二百年的内腐外患

西罗马的大政变（476）

自二八四年，戴克里先中兴罗马起，到四七六年，日耳曼人奥多亚塞（Odoacer）[②] 占据罗马皇位止，凡二百年。此二百年中罗马的历史，除了戴克里先中兴一件事外，却只有内腐外患可说了。其时日耳曼各部落的声势，日益扩大。意大利既要抵敌这些北方的民族，又要防御自亚洲而来的匈奴（The Huns），而内政腐败，人心已死，外人乘之，正如摧枯拉朽。到了四百七十六年时，日耳曼的一个领袖，叫作奥多亚塞（Odoacer）的，便把那个久为外人傀儡的罗马皇帝罗慕路斯·奥古斯图卢斯（Romulus Augustulus）[③]，轻轻地推下了他的皇位，他自己就做了罗马的主人。西罗马帝国的躯壳，至此也就跟着他的久死的灵魂，归天去了！我们虽不能说，罗马是亡于四百七十六年的，但这一年却是历史上的一个显明的大关键，所以我们就用它来做上古和中古的界线。

这一时期的罗马文化

法律、建筑、文学

这个时期是罗马文化的黄金时代，其中最堪注意的，第一是政治的组织，及法典的成立。这个罗马天才的结晶，至今欧美各国的政治组织和法律，尚留着它们许多的遗迹。第二是建筑。罗马人是富于公众性质的，所以公共的建筑特为发达。屋大维的改良罗马城，君士坦丁的建设君士坦丁堡，都是最好的例证。而罗马帝国的

①原文译为狄多西。
②原文译为俄陶开。
③原文译为罗木拉。

道路和桥梁至今尚为欧洲交通的基础。第三是文学。拉丁散文的始祖，是恺撒及西塞罗（Cicero）[①] 等一班政界的大人物。他们不但为欧洲永远立了一个美丽散文的模范，并且给了后人一个很好的人生观。西塞罗的教育，是罗马而兼希腊式的，他的生平，是文人而兼政治家，所以他很可以代表那个希腊化的罗马文化。在诗学方面，罗马此时也进入了创造时代，大诗人有贺拉斯（Horace）[②] 及维吉尔（Virgil）[③]。历史家李维（livy）[④] 是《罗马史》的作者，但与其说他是历史家，毋宁说他是文学家。

上面所举的几个文人和诗人的名家，在欧美各国是无人不知道的，因为他们的著作，至今还是欧美各学校的拉丁读本，我们由此可以想见他们影响的深远了。

商务及交通

罗马帝国包有地中海的全岸，又值大乱初平，海盗绝迹，因此罗马的商务，也就异常的发达。它的商船，西至大西洋，北至北海，东南至波斯湾及印度洋。那时它与中国颇有商务上的往来——丝绸是中国的主要出品——但陆路阻于安息及匈奴，后来始改用海道。当时中国不知有罗马，但称它为大秦国，欧洲与中国的直接交通，这是第一次。罗马政府又建设了许多康庄大道，交通的灵便，在十九世纪以前，是没有能胜过它的。

①原文译为细细洛。
②原文译为何洛斯。
③原文译为佛吉。
④原文译为里维。

罗马帝国文化的性质，是很复杂的。在它的东南部，是上古文明的旧址，在它的西北部，却都是些极野蛮的游牧部落。所以它在文化上的责任，一方面是保存和消化那东方及希腊的文化，一方面是把这个消化过的文化，去传授给它的西北邻居。我们若把现在欧美的文化分析一下，便能明白他们所受于罗马者是怎样的富厚了。这个罗马文化去开化日耳曼人的事业，是中古史中一件最重要的事。

纪元后七十九年，意大利南方的一个小城，叫作庞贝（Pompeii）[①]的，忽然为火山所毁灭。但火山上落下的灰，竟把此全城保存至今。现在已有人把这个久埋在地下的城，开掘出来了；而二千年前罗马人生活的情形便都丝毫不爽的呈现到我们的眼前来。

图九　庞贝城中的一个古院

◎石桌石像等都与一千八百年前一样丝毫不会损伤移动。

①原文译为邦贝依。

结论

上古史的四千五百年

上古史自纪元前四千年，埃及文化初曙时起，至纪元后四百七十六年，西罗马的大政变止，共计约有四千五百年之久。在它开始之时，在欧洲的白人，还在茹毛饮血时代，及至它完结之时，凡是现代文化的种子，却差不多都已种在地下了；有的还在土中，有的甫见萌芽，有的是已经放苞展叶，灿烂得很好看了。

希腊以前的上古史文化

现在我们可以把上古时代各地各国的文化，再行总举一下。在希腊文化不曾产生以前，地中海的东岸，已经有了以下的文化了：在工艺方面，有纺织、造船、建筑、雕刻，以及纸、玻璃、陶器，和金石属物品的制造。在思想学术方面，有字母、历法、宗教、文学的胚胎，医学、数学、天文学等的基础。在事业方面，则有政府的组织，帝国的建设，商务及交通的发达。

希腊以后的上古文化

后来爱琴人把这些文化的种子，带到了希腊，又由希腊传到了罗马，于是人类的文明，更得到了无数的新滋料，无数的新肥土，它的花也就开得更好看了。希腊的文学美术，及科学哲学，罗马的法律，及政治的组织，便是这些种子所产的最佳的果子。后来它们又落到日耳曼人的肥土上去，再加上了一点基督教和回教的日光雨露，着着实实的酝酿了六七百年，结果便是近世的文明。这个酝酿及发芽的事业，是欧洲中古的特别任务。

上古的进步与近世相较

上古时候四五千年的成绩，比了现代一二百年的成绩，似乎还远不如。但是我们不要忘了上古的人是没有凭借的，是什么事都要自己创造的，所以它的进步，比了近人的进步，看上去要迟缓得多。一个漂流在荒岛上的鲁滨孙，吃尽辛苦，使尽才智，而他的衣食住的情形，还远不及一个住在茅棚里的老农夫；我们难道也能说，鲁滨孙的聪明才能，赶不上一个愚鲁的村夫吗？

创造欧洲中古文化的基督教和日耳曼人，在上古时，久已上了历史的舞台了。但他们此时所占的位置，是不很重要的。直到中古时候，他们才由配角升为正角。所以我们不如待到中古时，再去回溯他们的历史罢。

第二编 | 中古史

第七章
蛮族入寇时代

一、中古史的背景

中古的界线

欧洲的中古历史，上承罗马帝国的古文化，下启近代列国的新文化，它的时期最难划分。它和上古分界的时期，较为简单：四百七十六年，西罗马的政变，是历史家公认为中古史开始的时期的，我们现在也不妨沿用它。但中古与近代的界线，却不能如此简单了。因为可以代表这两个时期分界的史迹，既不止一个，分界的时日，自然也就不能一律。比如有些历史家，是以一四五三年，土耳其人的灭东罗马帝国，为中古和近代的界线的。但有些历史家觉得哥伦布[①]的发现美洲，和西班牙的统一，为尤能代表中古与近代的分界，所以他们便采取一四九二年，作为这两个时期的界线了。若照这两个分法，文艺复兴便当归入中古史内。

但文艺复兴，是中古和近代间的一件最大的事，延地最广，占时最久，它的重要，绝不是东罗马帝国的灭亡，或是西班牙的统

①原文译为哥仑布。

一，所能比拟的。至于地理上的大发现，和宗教改革，又都不过是文艺复兴的化态，它们是应当包含在这个大运动之内的。我们若采用上面的两个时期——一四五三年和一四九二年——不但要把属于近代的文艺复兴，归入中古史内，并且还要把它的两个重要的化态，在它的身上，肢解下来，归入近代史的。这岂不真是“削足适履”吗？因此，我便把中古和近代的界线，提早了一二百年，把它放在第十四纪的初年。那时文艺复兴的花，既已在意大利含苞待放，而近代的国家形势，社会制度，也适于这个时期间，长成羽翼，渐取中古的重要制度而代之了。

现在可以把我采取第十四纪初年，作为中古和近代界线的原因，分述一下。第一，因为一三二一年，是意大利诗人但丁（Dante）死亡的年岁；而一四六六年[①]，又是伊拉斯谟（Erasmus）[②]出世的一年。但丁是中古文化的结晶，同时也是近代文化的一个先锋，而伊拉斯谟又是文艺复兴上升期的最好代表。所以用这个时期来结束中古的文化史，是最为恰当的。第二，因为这个时候，适是教皇的权力全盛将衰，国王的权力起而代之之际，而教皇的迁居法境，也是在一三〇五年开始的。教皇制度是中古文化的一个重要分子，它的衰落，自然就是中古文化衰落的表征。第三，因为第十四世纪开始时，西欧的列国，已经成立，已经能代替中古的封建制度，来维持社会的秩序了。而列国的成立，却是近代历史上的一件大事。十四

①原文为一三〇四年，据陈乐民先生指正，此处应为一四六六年，下同。
②原文译为依洛司马。

世纪中叶，英法百年大战的开始，是日耳曼各民族建国以来第一个国际大战，也是近代国际混乱史的一个小影。第四，因为宗教改革，和大发现的两件事，虽然要到了第十六世纪初年，才大显著；但在第十四世纪时，已东现一芽，西抽一苗，随事随地，都可以找到它们势力的存在了。而孕育文艺复兴的各大学，到了第十四世纪初年，也是质量与程度，双方并进，势力日盛一日。第五，因为城市的发达，以此时为最盛，而平民的参政权，也是在这个时候得到的。第六，各国的方言成为文学，也是近代文明的一件大事，而但丁即是第一个能运用方言，作为优美文学之人。十四世纪初年，《神曲》（*Divine Comedy*）的出现，实是近代文学史上的一个重要事件。因此种种原因，所以我把第十四纪的初年，作为中古和近代的分界。我们若还要找一个确定的日子，那么，一四六六年伊拉斯谟之生，一三〇五年教皇的迁入法境，一三二一年但丁之死，一三四六年英法大战的开始，都是几个重要的日子。但其中尤以但丁之死，为最能结束中古的文化史。

中古文化的四大元素

这八百余年中的重要事迹，是日耳曼各部落的成为欧洲的主人翁，和罗马文化与基督教感化他们的大成功。原来中古的文化含有四个大元素：一是罗马文化，代表上古的各种文化；一是基督教；一是回教；一是日耳曼人原有的文化种子。

表十　上古史与中古史

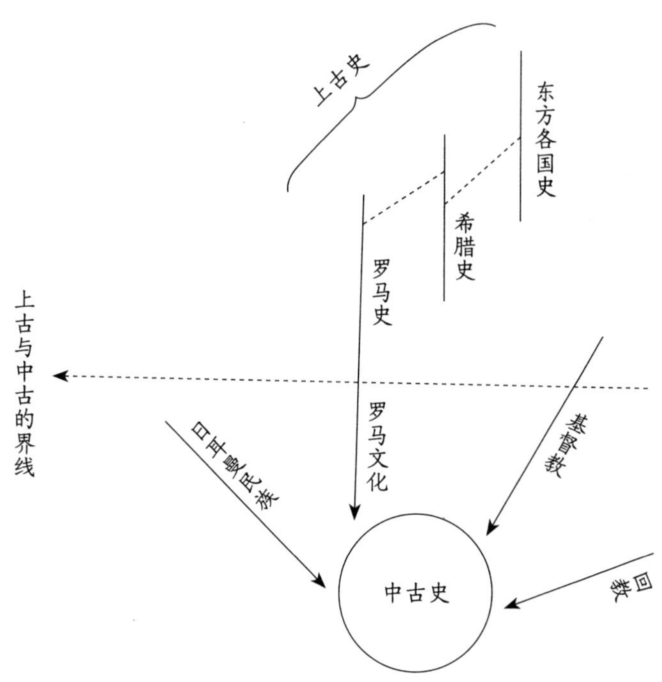

中古史与上古史不同之点

我们看了上面的一个表，就可以明白中古史与上古史不同的地方了。第一，上古史的中心点，是地中海，而中古史的中心点，却是欧洲的西部。第二，上古史占时约有四千五百年，而中古史却只有一千年，它实不过等于上古史中的一部分，如希腊史或是罗马史罢了。因此，第三，上古历史的单位，便较中古史者为多。上古各国的历史，是须分述的，其间即有关系，也是国际的，但中古史却是整个的。中古的欧洲，只有无数无数的小城，而没有列国：他们所信奉的，是同一的宗教——基督教，所用的，是同一的文字——

拉丁文，所通行的，是同一的制度——封建制度。因此，我们叙述中古史的方法，便须与上古史不同了，便不能一国一国的分述了。第四，上古史的重大成绩，是创造文化，中古史的重大成绩，却是融化各种不同性质、不同程度的文化，使它成为近代的欧洲文化。

『黑暗时代』

但当两文明接触，新文明未曾产生之时，常免不了冲突。在中古初期，文化的分子既多而杂，它们的冲突，也就达到了最高度，而欧洲也就天昏地黑了四五百年。所以从前的历史家，都把这一期的欧洲历史，叫作“黑暗时代”（Dark Ages）。但譬如春天将来之时，虽然朝风夕雨，天阴地湿，而灿烂的春光，却是非此不能酿成的。

文艺复兴与中古史

到了第九世纪，查理曼（Charlemagne）把这重黑雾暂时拨开，但封建制度又把它聚拢起来了。直到十二世纪初年，新文化的种子才显出萌芽来，同时，回教的文化，也达到了极高的程度，欧洲当然免不了要受它的影响。而东罗马帝国所保存的古文明，此时也被十字军及商人带到西欧来了。这个情形的结果，便是意大利的文艺复兴。所以文艺复兴的意义，不啻是说：“上古文化开化日耳曼人的大事业，已经成功了，中古的责任，也已尽了。”

我们现在且再看一看那中古文化的四个重要分子。但罗马文化是已经说过的；回教文化是后起的，暂时可以不说。现在单讲基督教和日耳曼人。

基督教的回溯

基督教（Christianity）是犹太人耶稣基督（Jesus Christ）所创的教。他是一神教，他的上帝，不是战神，也不是法官，却是一个慈父。耶稣死后，他的门徒便把他的教传到罗马去。那时罗马社会上的宗教很多，其中由东方来的也不少，所以基督教来后，大家也不大注意。但它的程度究比多神教为高，它的信徒的自信心又很强，所以不久便成为一种新势力，而罗马的政府也就不能不起恐慌了。基督教徒对于皇帝，照例是不跪拜的，因此，他们又犯了政治上的嫌疑。罗马政府便用酷烈的手段去对待他们，但这个手段，不但没有用处，并且基督教的势力，反渐渐的侵入了上等社会。到了第四世纪初年，它居然感化了罗马皇帝君士坦丁（Constantine），使他做了基督教徒。又过了约有一百年，皇帝狄奥多西（Theodosius）又把教会及教士的特权，明定在他的法典之内。自此基督教就成为罗马的国教了。教会自己可以设立法庭，审理案件，而不信基督教者的惩罚条例，也规定在那法典之中。欧洲的信教自由，此时已加上了枷锁，做了基督教的奴隶了。

但此时的基督教，也已经不是那个在小亚细亚的基督教。它的信徒中有许多是罗马文化的骄子，他们便把许多罗马文化的分子，加入了基督教，这是基督教的罗马化。不但如此，在第三四世纪时，亚洲的匈奴，和北方的日耳曼人，把罗马帝国扰得鸡犬不宁，罗马的官吏也只知道逃的一个方法。剩下了许多苦百姓，一任入寇的野蛮人鱼肉，剩下的一点罗马文化，也一任他们破坏消灭。那时基督教中的教士，一方面代替罗马官吏，去保护人民，维持秩序；一方面靠了他们的旧教育，去保存那不绝如缕的一点文学美术，一方面又利用他们超出政治以外的资格，去感化那些入寇的野蛮人。这个情势的久远结果，便是中世纪的基督教会，和它的盛大的威权。因为基督教现在既能代罗马政府尽责任，自然它就成为罗马政府的嫡嗣。它的信徒既能保存罗马旧文化，他们便成为那时的唯一知识阶级。这个罗马化的基督教，既能感化日耳曼人，它自然也就变为征服罗马者的主人了。这是基督教的政治化。它已由一个简单的精神团体，成为一个有系统、有阶级的组织了。

基督教的功罪

这个罗马化和政治化的基督教，是欧洲旧文化的一个大救主，也是欧洲近世文化的一个大功臣。而代表这个精神的，乃是教会。基督教会在历史上，虽然也有许多罪恶，但在欧洲最黑暗的时候，它却是那里的唯一的光明。我们明白了这一层，才能明白中古的历史。

日耳曼民族的回溯

中古文明的第二个分子，是印欧族的日耳曼各民族（German tribes）。他们的老家，在欧洲的北方。他们的身躯很伟大，有蓝色的眼睛，和金黄的头发。他们的生涯是游牧而兼抢掠的——是极野蛮的。

日耳曼人与罗马帝国

他们的侵寇罗马，在纪元初年，便已显著。第二世纪时，他们又大举入寇，但被罗马皇帝马可·奥勒利乌斯（Marcus）打败了，但他们的势力，并不因此减少。他们有的入了罗马的军队，有的做了罗马的官吏，有的成群结队，占据了罗马的边疆。到了第三四世纪时，他们的势力，就弥漫了全罗马帝国。

日耳曼民族中之重要的

这些日耳曼民族中最重要的，是：（一）西哥特人（West Goths）①。（二）东哥特人（East Goths）②，在罗马帝国末年，这两族都住在黑海北岸。（三）汪达尔人（Vandals）③，住欧洲北方的波罗的海（Baltic Sea）岸。（四）法兰克人（Franks），住莱茵河畔。（五）撒克逊及盎格鲁人（Saxons and Angles）④，住现

①原文译为西俄特人。
②原文译为东俄特人。
③原文译为万达人。
④原文译为撒克逊及盎格鲁人。

在的丹麦境内。

哥特王国

纪元第三世纪以后，亚洲的匈奴，为中国所逐，分窜各方。其中向西的一股，便侵入了黑海南岸，赶走了东西哥特人。东哥特人便西徙至多瑙河住下，西哥特人却直入罗马边疆，求罗马的收纳。但不久他们又与罗马官吏，发生冲突，三七八年，西哥特人与罗马军队，战于亚得里亚堡（Adrianople）[①]，罗马人大败，皇帝战死，罗马帝国的威信，从此扫地无余。于是西哥特人乘胜，直捣希腊及罗马城，抢掠焚烧，一任所为。后来他们又进入高卢，及西班牙地方，去建立哥特王国。

汪达尔王国和英格兰

同时，汪达尔人也同了几个日耳曼民族，到西班牙去，建立了一个汪达尔王国。他们又南下到非洲，建立了一个非洲的汪达尔王国。而罗马因为要防御国内，又把驻在不列颠的戍兵，调了回来，撒克逊及盎格鲁人，乃得乘虚侵入，建立了一个盎格鲁撒克逊王国。这是英格兰（England）[②]得名的由来。在这几个王国中，盎格鲁撒克逊王国，是不承认罗马的主权的，其余在表面上，是臣服于罗马皇帝的，但在实际上，却与盎格鲁撒克逊王国一样，都是独立的国家。

罗马的新血

所以到中古历史开始的时候，罗马帝国除了意大利一块地土外，其余的都归入了日耳曼人的掌握中了。即在意大利，也是事事倚赖日耳曼人：若没有他们，罗马帝国的军队，便没有领袖，罗马帝国的政府，也失了栋梁，因为罗马自己的民力，此时已经完全破产；若无日耳曼人的侵寇，他们也是免不了枯萎凋亡的。所以日耳曼人

①原文译为亚得里雅那堡。
②原文译为英吉利。

的侵占罗马帝国，在表面上虽是一件憾事，但在实际上却给了罗马一点复活的新血，于欧洲文化的前途，是极有关系的。

罗马之亡

但我们也可以因此明白，罗马帝国的灭亡，不是一朝一夕之故了。四七六年，西哥特领袖鄂多亚克[①]的驱逐罗马皇帝，也不过是学他西方的兄弟族，想另建立一个哥特王国罢了。所不同的，是从前日耳曼各王国建立后，在表面都曾求过西罗马皇帝的承认；此时西罗马皇帝已经驱出，鄂多亚克便不得不转而东向，去求东罗马皇帝的承认。可见西罗马之亡，是一件极渐的事，四七六年的政变，也不过是数百年来积势的当然结果。政变以后，在表面上，意大利的主人——日耳曼领袖——是仍旧臣服于东罗马皇帝的，罗马帝国，仍旧是统一于东罗马皇帝之下的，但在实际上，西罗马帝国却是在日耳曼人及教皇的掌握中了。

日耳曼人在中古史上的位置

在此时的日耳曼人中，实在没有什么文化可言，我们为什么说他们是中古文化的一个重要分子呢？第一，因为在体质方面，他们是救那垂毙欧洲的一个新血脉。第二，有许多中古制度的种子，是他们所带来的。第三，因为他们是中古欧洲的主人翁，所以他们也就是中古文化中的一个不可缺的分子。

二、种种新势力的兴起

黑暗时期中的产物

从前的历史家，常把全部的中古史叫作“黑暗时代”（The Dark Ages），这虽不甚正确，但四百七十六年以后的二三百年，

①原文译为俄陶开。

欧洲的情状确是极黑暗的。在那个时期中，旧文化既已破产，而新文化的产生，更是遥遥无期。但见日耳曼人，抢掠杀戮，过他们所习惯的野蛮生活，全欧洲似乎都已沉在昏暗的境界中了。但在这个黑暗的时期中，欧洲的历史上却产生了三件大事：其一，是教皇制度的兴起；其二，是法兰克王国的成立；以上两件事，是欧洲自己的产物；其三，是回教的兴起，及其与欧洲的关系，这一件事却是亚洲的产物。

教皇制度的背景

教皇制度，是欧洲历史上的一个怪物，它是基督教权力的结晶，也是欧洲中古的一个大势力。我们现在若要明白这个制度，应该先看一看它的背景。

（一）政治

第一个背景，是在政治方面，罗马从四七六年起，是不曾有过平安的。西哥特人鄂多亚克占领了罗马还没有二十年，就被东哥特的领袖狄奥多里克（Theodoric）① 推翻了。狄奥多里克是一位崇拜罗马文化的君主，在他权力之下，罗马的文化，尤其是法律和制度，算得到了一点的保护。狄奥多里克死后不到一年——五二七年——东罗马帝国忽然又出了一位大人物，他是东罗马皇帝查士丁尼一世（Justinian）②。他从汪达尔人手中，取回了非洲，又从东哥特人手中，取回了意大利。但不幸他死之后——五六五年——没有人能继他的志，于是意大利又为一群更野蛮的日耳曼人所侵寇了。这一群人叫作伦巴第人（Lombards）③。他们所居的地方，就是意大利

①原文译为帝多利。
②原文译为佳司丁。
③原文译为伦巴人。

北方的伦巴第(Lombardy)[1]。他们虽然占据了意大利有二百年之久，但因为他们太野蛮了，长期的占据，也不曾产生什么影响。所以在政治方面，这个时期的意大利可以说没有一个能负责任的主人。这是教皇兴起的一个重要背景。

（二）社会

第二个背景，是这时期中社会的情形，不用说，它是扰乱和黑暗极了。被征服者受尽了死亡流离的惨痛，对于人生的兴趣，已经消灭，他们的眼光，便渐渐的转向死后的一条路上去。这个情形，自然是最宜于宗教的传播，和它的势力的增添的。

（三）日耳曼人

第三个背景，是日耳曼人，他们固然是野蛮人，但他们的头脑是简单的，他们的心肠是爽直的。他们需人去开化他们，去和软他们的铁石心肠，去减少他们好杀的兽性，去告诉他们怙恶杀人者死后受刑的惨苦。他们比如一块肥土，正是基督教下种的黄金机会。

（四）教会的组织

第四个背景，是基督教会的组织。罗马人是富于政治性质的，所以基督教到了罗马，也就受了它的政治组织的影响，它便由一个简单的精神团体，进为一个有系统、有阶级的组织。于是凡是有罗马官吏的地方就有一个同等的基督教官吏：比如每一个大城，就有一个主教。罗马是一个极大的城，所以也有一个极大的主教，他便是教皇的前身。

教会势力的膨胀

在这种种背景之下，基督教会的势力，就日夜的膨胀起来。教会中的教士，眼见地方的扰乱，人民的痛苦，入寇人的野蛮待驯，罗马官吏的贪怯畏死，便毅然决然，起而代尽罗马政府的责任，在不知不觉之中，他们便成为罗马帝国的唯一代表了。他们除了保护

①原文译为伦巴底。

人民，维持社会秩序之外，同时又是代表罗马政府，与日耳曼人的交涉者。日耳曼人每到一个地方，罗马官吏常常闻风先逃，这些教士，便出首代百姓请命。他们不但阻止了日耳曼人的屠杀，并且能得到他们的信仰，使他们也成为基督徒。他们又遣传教士，带着罗马的文化，到日耳曼各民族中去，于是英格兰，和在高卢的法兰克人，也都成为基督教徒，渐渐的开化起来了。到了这个情景，基督教是已经完全政治化了，它已经成为罗马帝国的唯一承嗣人，已经是这个黑暗时期中的唯一光明，混乱政象中唯一统一力了。而这些势力，却都集中在教皇一人身上。

教皇制度的确定

上面说过，基督教会的组织，是以罗马的政府为模型的。罗马既是罗马帝国的首都，它的主教的势力和地位，自然就驾乎其他主教之上。后来又靠了许多神道学上的证据，和皇帝的谕旨——四四五年——罗马的主教，就在法律上成为全罗马的基督教会的领袖，就成为上帝在人间世的总代表。当时的人，称罗马的主教为 Pope，意思就是“神父”。但在第五世纪以后，他在事实上既已成为罗马皇帝的嫡嗣，Pope 的意义，也就由“神父”转为“教皇”了。这是教皇制度的由来。

但罗马帝国的首都，除了罗马之外，还有君士坦丁堡。所以君士坦丁堡主教的地位，与罗马的主教是对等的，后来东方的教会，禁止崇拜偶像，西方教会不从，基督教会遂分裂为二。在东方的，以君士坦丁堡的主教为领袖，叫作希腊教，它的大主教对于东罗马皇帝仍旧处于臣属的地位。在西方的，以罗马的教皇为领袖，叫作罗马教，——即是中国人俗称的天主教——教皇的地位是独立的。

利奥一世（440—461）

第一个获到实权的教皇，是利奥一世（Leo the Great）[①]。罗马主教的升为基督教会的总领袖，便是在这时由皇帝命令制定的。利奥一世之后一百五十年，又出了一位伟大的教皇，叫作格列高利一世（Gregory I）[②]，又名大格列高利（Gregory the Great）[③]。这时东罗马皇帝的权力，久已不能顾及西方。格列高利是一个大政治家，他利用了这个机会，把教皇在政治上的地位，安置巩固。他又干涉各处主教的选择，把他的权力，伸张到罗马城以外。而他的大成绩，乃是遣派传教士到野蛮的英格兰，及欧洲西部和中部去——即是现在的法兰西及德意志——把罗马文化及基督教，传入他们中间。

格列高利一世（590—604）

法兰克民族

当教皇权力扩张之时，日耳曼民族中，也有一族在莱茵河畔修理他们的羽毛。这就是法兰克人（Franks）。他们是不像别的日耳曼民族，专以侵寇为事的。他们虽用一脚跨进近邻的疆土，但其余的一脚，却是不离自己的疆土的。因此，他们的国基，就立在很坚的冈石之上了。

墨洛温王朝的创建

克洛维（Clovis）是法兰克国的第一个雄主，他是墨洛温(Merovingian)[④]王朝的创始人。他在四八六年登位，五一一年去世。在这二十五年中，他奠定了法兰克的国基，把巴黎(Paris)做了首都。他又进了基督教，与罗马的教皇交欢。

他死之后，国内因为争夺皇位，内乱了差不多一百年。但内乱

①原文译为利阿大皇。
②原文译为格雷哥第一。
③原文译为格雷哥大皇。
④原文译为谋洛维基。

尽自内乱，版图的扩张，却未尝因此中止。在第六世纪中叶时，法兰克王国的版图，就包有现在的比利时、荷兰、法兰西，及德意志的西部了。

加洛林王朝的创建

到了第七世纪初年，克洛维所建的王朝，就渐渐衰落了，执政之权差不多都归到一个宫廷主管（Major of the Palace）[①] 的身上去了。后来老丕平（Pippin of Heristal）做了法兰克东邦的宫廷主管，他的势力就扩张到了法兰克全境之内。他虽不是国王，但实际上却是法兰克的主人。七百十四年，他的儿子查理•马特（Charles Martel）[②] 继了他的地位，更能专心锐志的去培植他的实力。丕平的苗裔，渐渐的要去占据那个克洛维所创的王朝了。

当查理·马特，和他的子孙，正在开创他们的加洛林（Carolingian）[③] 王朝的时候，外面忽然又产生了两个新形势，都能间接的去助成他们的大业。这两个新形势，一在教皇方面，一在阿拉伯的新教回教方面。

政治的阿拉伯

原来阿拉伯人民，向来是漫如散沙，不相团结的，但自回教出现之后，他们有了一个共同的信仰，和共同的目的，不觉便团结起来了。

回教领土的扩张

不到十年，他们竟把阿拉伯的领土，扩张到波斯、叙利亚，和埃及去了。后来又由埃及到西班牙，不久便在那里建设了一个回教国，以科尔多瓦（Cordova）[④] 为首都，奖励文学、美术，及科学，遂成为中古欧洲文化的中心点。

①原文译为宫相。
②原文译为查理马特。
③原文译为加洛林基。
④原文译为哥多瓦。

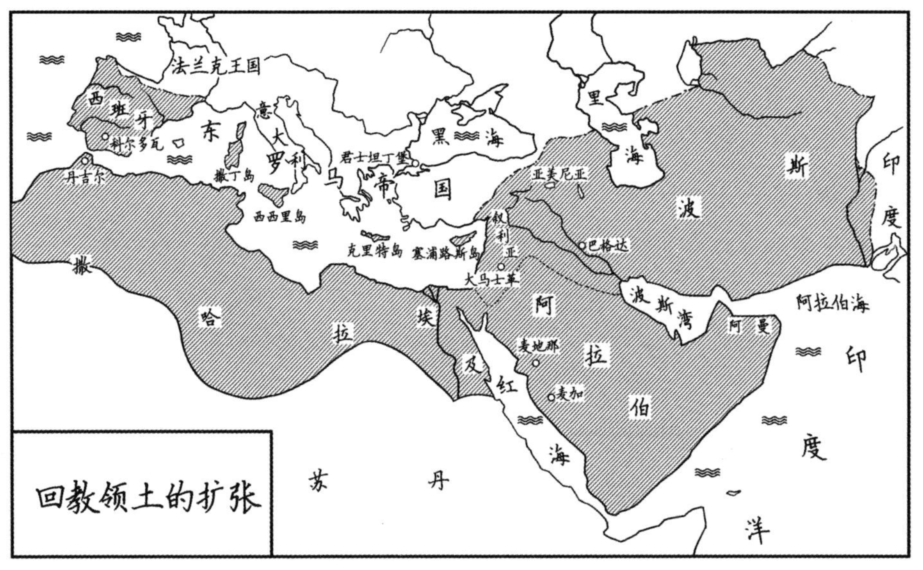

回教领土的扩张

现在小亚细亚的巴格达（Bagded）[①]城，也是回教徒在此时所建设的。它离开古巴比伦城不远，所以我们可以把它当作第三个巴比伦看待。因为建设那两个古巴比伦城的人，也是闪米特族人。

回教与法兰克王

回教的军队，既打胜了西班牙，法兰克西疆的危险，就可想而知了。那时法兰克的主人，便是查理·马特。七百三十二年时，他与回教的军队，战于图尔（Tours）[②]，回军大败，退回西班牙。自此以后，不但回教的势力，不能再行东侵，并且他反为法兰克的军队所驱逐，日渐退让，直到一四九二年，西班牙的全部，遂为基督教徒所统一。

①原文译为报达。
②原文译为都尔。

法兰克王与意大利

查理·马特打败回教徒之后，欧洲的人民，差不多都把他当作救主看待，他的势力因此大增。这是助成加洛林王朝的一个大势力。第二个势力，即是教皇。原来教皇为了拜偶像的事，此时已与东罗马皇帝决裂了。不幸北方的伦巴第人，此时又来南犯，想在意大利建立一个王国。意大利是教皇的势力范围，“卧榻之侧，岂容他人酣睡”。但教皇新与东罗马皇帝决裂，他明知不能得到东方的帮助，于是就不得不转眼西向，半求半令的，去叫法兰克人来解他的重围了。此时查理·马特已死，他的儿子矮子丕平（Pippin the Short）执政。丕平正苦孤立无侣，得了教皇的召命，便欣然应允，立刻越过了那个阿尔卑斯高山，把伦巴第人赶出了意大利，又使伦巴第王国做了法兰克王国的附庸。当伦巴第人入寇之时，意大利在名义上，还是属于东罗马皇帝的，但此时矮子丕平却擅自把它来赠与教皇了。自此以后，教皇不但是基督教的领袖，并且成为意大利的国君。

教皇敕封国王之权

在这个时候，又产生了一件重要的史迹，这便是教会敕封矮子丕平为法兰克王的一件事。依日耳曼人的习俗，国王是由人民，或是贵族，选举出来的。矮子丕平此时在实际上，虽已成为国王，但在名义上，却仍旧是墨洛温王朝的宫廷主管。欲把那个傀儡国王推翻，自己去据那个王位，却也须费一点计划。于是他便写信去问教皇，没有实权的国王，还该不该居王位。这时教皇正要求丕平来御外侮，所以他就答道：“有实权的人做国王，比了虚有其名的人做国王，似乎好些。”于是矮子丕平便由教皇的特敕，主教的证礼，及诸侯的欢迎，成为正式的法兰克国王了。这事在七百五十二年。“此例一开，（欧洲）各国之求王位者，求法律者，求知他们的命运者，就都跑到台伯河畔去找寻了。”（引吉本 Gibbon[①] 之言）而自此以后，欧洲国王的衔名上，也就加上了“靠上帝的恩宠”（By the Grace of God）的一语。

教皇与法兰克王的联络

第八世纪的末年，教皇与法兰克王的势力，并道齐驱，都一天一天的增加起来。但此时他们还只要求彼此的帮助——教皇需求武力的保护，法王需求法律的赞助——还只知道彼此联络，彼此倚赖的益处，还不能预料到将来冲突的危险。但一间不能容二物，将来的冲突又岂能免呢？

①原文译为葛朋。

第八章

封建时代

欧洲封建制度的种子，是远伏于日耳曼民族入寇西罗马帝国之时的；但这个制度的全盛时代，却在中古的中期。那便是说，约自第八世纪至第十一世纪的四百年，欧洲的历史是完全被支配于这个制度之下的。所以我便把这时期的中古历史，叫作封建时代。

查理大帝是这个时代的开场者，但他并不是创造封建制度的人；虽然他也曾不由自主，给了一点肥料与那个正在萌芽的制度。真的，从历史的正面看来，查理大帝努力的目标，恰恰正与这个制度相反，因为他是想靠了武力来统一欧洲的。现在我们先说查理大帝。

一、查理大帝

查理曼（800—814）

查理大帝（Charles the Great）又名查理曼（Charlemagne），是矮子丕平的儿子。他是欧洲中古的一个伟大人物。他不但是一个武人，并能尊重希腊和罗马的文学，而且又是一个诚心的基督教徒。他的事业，可以分做两层说：一是武功，一是文治。

查理曼的武功

他的用武的目的，是要把欧洲的各日耳曼民族，集合起来，成为一个基督教的帝国。这确是一个极大的计划。此时法兰克王国的邻居，西南有属于回教的西班牙，南有意大利，东有斯拉夫民族（Slavs），东北有撒克逊邦（Saxony）。这些都是查理曼最好的用武之地。

撒克逊邦的征服

怎样能打平撒克逊邦，是查理曼的一个大问题。因为撒克逊人还是游牧的，他们没有道路，没有城市，平时骚扰法兰克的边境，及至法兰克的兵一到，他们又立刻迁避到森林中去了。有时法兵把他们打败了，他们似乎服从了，但过不几时，他们又反叛起来了。在这个情形之下，查理曼遂不得不改变他的方法。他见基督教会，正四处派人到日耳曼各部落中去传教，往往武力所不能到的地方，十字架却能独到。野蛮而简单的日耳曼民族，虽能不畏刀枪，但听到了地狱的惨苦，却不由得不俯伏在地下了。此时法兰克王已与教皇缔结友谊，查理曼就去利用这个宗教的势力，来帮助他的武功。于是他每胜一个地方，必令人民立誓，永远尊敬教会，与尊重他自己一样。凡逃匿不受洗礼者的刑罚，与不患者相同，都须受死刑。人民须以产业，及所得十分之一，贡献于教会；而教会的基地，教士的居宅，也须由人民供给。于是教会或寺院，便成为一地的中心点，便成为城市的基础，而一地的主教，也就成为那里的领袖了。这样，教会的传道，帮助了查理曼的成功，而查理曼的武力，也使教会的权力，布遍了那个广漠无垠的撒克逊邦中。这是教皇与法兰克王交欢的一个大成绩。

伦巴第人的征服

但此时伦巴第人趁查理曼专心东北之时，又南犯意大利，教皇当然求救于查理曼。七百七十四年，查理曼打平了伦巴第人，逼他们的国王做了和尚，又使他们的贵族，承认他自己为伦巴第王。此后，他又陆续的征服了西班牙的北方一小部，及法兰克西南之地。到了纪元八百年时，他已成为西欧全部的主人翁了。

东罗马帝国

但我们现在应该回看一看东罗马帝国。我们记得，在第六世纪中叶时，东罗马的皇帝查士丁尼一世，曾从日耳曼人手中，把非洲及意大利取了回来，暂时把那个久分的罗马帝国，重行统一。他又使人重纂了一部法典，后人把它叫作查士丁尼法典，是罗马人遗传给欧洲的一件贵重物品。可惜查士丁尼一世死后，无人能继续他的事业，外面复有新起波斯的侵寇。正当此时，回教忽又兴起于阿拉伯。回教徒趁东罗马帝国衰乱之时，把它在亚洲的属地——埃及、叙利亚等——夺了过来。此时东罗马帝国的领土，只存了希腊和小亚细亚了。但在政治方面，东罗马帝国虽日益衰落；而在文化方面，它却又远非那个沉陷于野蛮的日耳曼人的西罗马帝国所能比拟。此时东罗马已经是希腊化了，它对于上古各种文明，也颇能尽保护之责。后来十字军自西方来，方把这些贵重的上古遗产，取到西欧去，为文艺复兴伏一个种子。但此是后话。

查理曼承受罗马皇位

且说当纪元八百年时，东罗马的皇帝，已经被他的母亲伊林娜（Irene）[①] 驱逐下位。这位太后便自己做了女皇。不图这个政变，恰正中了罗马教皇及教士的心意。原来此时查理曼势力之大，已为西罗马亡后的第一人，教皇既心感查理曼之德，教会中的各领袖，也倚他如长城。他们便利用东罗马政变的机会，说东罗马皇帝既是妇人，则罗马帝国的皇位可算已经空虚，所以教皇与各教主，

①原文译为绮吕。

深信他们该把查理曼封为罗马皇帝。因查理曼既已是罗马城——从前罗马皇帝所居之城——的主人，而他的版图，又包有意大利、高卢，和日耳曼各地。上帝既以如许疆土赐彼，基督教中人，当然应该请他做皇帝了。于是在纪元后八百年，乘查理曼在罗马之时，教皇便把皇冠加上他的头上，使大家欢呼，叫他做“罗马人之皇帝”。

教皇与皇帝争斗的伏根

在当时人的眼光中，查理曼乃是罗马帝国正统的承受人，乃是恺撒及屋大维的嫡嗣，因此，查理曼以后的许多皇帝，常把罗马及意大利视为囊中物，南征不息。而查理曼之成为皇帝，既系教皇之力，教皇遂把敕封皇帝，和废置皇帝的两件事，同视为他的特权了。此后意大利的无数痛苦，教皇与皇帝的无数纷争，都可以在上说的两个情形中，寻出根源来。

查理曼既受教皇的加冕，成为罗马帝国的承继人，他的武功可算告一结束，现在且再讲一讲他的文治。

查理曼的文治

他的文治的第一个成绩，是管理那个大而复杂的帝国。此时罗马的官制，已经遗忘，查理曼所倚为左右手的，乃是各地的州牧（The Counts）。他又每年派遣巡阅使（Missi dominici），到各地去查看州牧治理的情形。边疆之地，则置镇将（Margraves），他们有兵权，可以防御外来的侵寇。这些州牧和镇将，后来就渐渐强盛，成为独立的诸侯了。

三百年来的文化情形

他文治的第二个成绩，是结束那三百年来的“黑暗时代”，使他们渐现光明。现在且让我们回首一看这个黑暗时代。自西罗马帝国衰弱后，欧洲的文化，除了一部分为君士坦丁堡所保存外，其余的差不多都被日耳曼人的马蹄，蹴成泥土了。第六七八三个世纪中，

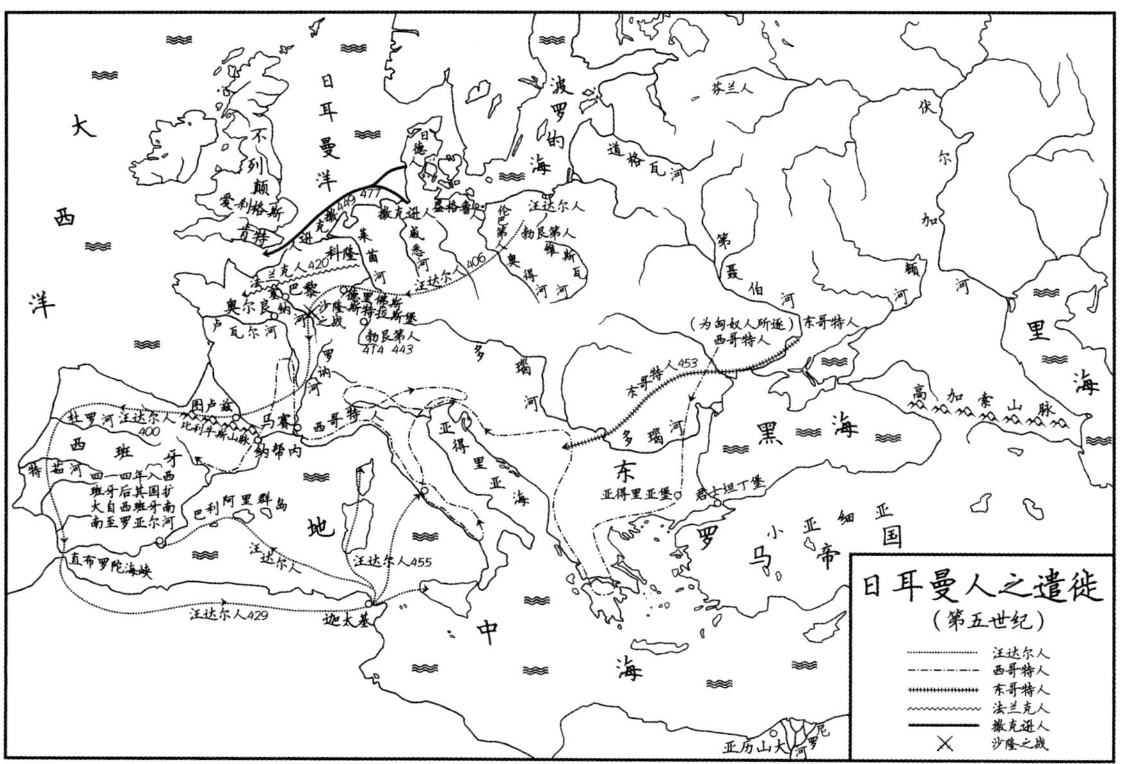
日耳曼人之遷徙
（第五世纪）
汪达尔人
西哥特人
东哥特人
法兰克人
撒克逊人
沙隆之战
大西洋
日耳曼洋
不列颠
爱利格斯
肯特
波罗的海
芬兰人
道格瓦河
伏尔加河
第聂伯河
顿河
里海
高加索山脉
黑海
多瑙河
东罗马帝国
小亚细亚
君士坦丁堡
亚得里亚堡
亚得里亚海
地中海
西班牙
巴黎
奥尔良
卢瓦尔河
罗讷河
图卢兹
马赛
纳帮内
比利牛斯山脉
巴利阿里群岛
直布罗陀海峡
迦太基
汪达尔人429
汪达尔人455
汪达尔人406
法兰克人420
东哥特人453
（为匈奴人所逐）西哥特人
亚历山大
尼罗河

竟不曾能产生一个著作家，这是文化破产的一个大证据。在这个黑暗而愚昧的社会中，只有基督教会，还能代表一点光明。因为他们的教士，有些多是曾受过罗马式的教育的。而寺院中的僧侣，尤能专心一志的，以抄写古籍，为他们唯一的事业。拉丁文学的得以保存至今，差不多都是他们的功劳。

基督教的僧侣，与教士不同。教士是不出家的，他们的职务，除了主司教堂中礼节之外，其余都是罗马官吏所常做的事。他们是官吏化的教徒。僧侣却是不娶妻的出家人。他们住在寺院之中，不问俗事。他们除了虔事基督，专心修道之外，不过抄抄古书，种种寺里的园圃，在社会秩序混乱之时，这样的生活，当然能引许多人到寺院里来：虔心的教士，失望的青年，好学的士子，贪吃懒做的愚夫，贤与不肖，都集到这些清闲的寺院里来了。这些僧侣中，有许多是出外为传教士的，基督教的传入西北欧，也是他们的功绩。而他们中间，也出了好几位大人物，十三世纪的圣弗朗西斯（St. Francis）[①]和圣多米尼克（St. Dominic）[②]，也都是僧侣出身。

查理曼见当时官吏和人民的愚暗，深为叹息。他知道寺院乃是此时的唯一光明，他又深信基督教能帮助他扩张他的版图。于是他就到处建立寺院，又在寺院之内，附设学塾，使僧侣以拉丁教授教会的官吏，和一般的人民。但他所注意的，并不是希腊及罗马的

①原文译为圣佛兰西。
②原文译为圣度明哥。

古文学，乃是清通的日用拉丁文，俾教会中人，可以诵读圣经。在七百九十年左右，他曾下谕给教士，说道：

> “……所以我今告诫你们，不但不应忽略读书，并且应用卑谦的心，使上帝悦乐，至诚的读书，俾你们能更容易、更正确的，去领会圣经的奥旨。”

在又一个谕旨里，他说道：

> “……使学校建立起来，俾童子们可以学习读书识字。”

这个教育青年的事业，是查理曼铭刻在心的。他曾屡次下谕给各地的教士，申明智识应当与修道并重的理由：他以为知行是不能分开的，实行善事之先，必当有行善的智识。人若但以行为取悦上帝，而不能用正确丰富的语言来表达他赞美上帝的虔心，上帝也是不能满意的。

我们对于查理曼的宗教观念，即使不能同意，但我们能不承认这是三百年来沉沉长夜中的一线光明吗？不幸查理曼死后——八一四年——他的帝国又复分裂，似乎将见光明的欧洲社会，又回复了它的黑暗的现象了。而新文化的产生，也就迟延了二百余年。但即此昙花一现的光明，也自有它的效果，因为查理曼死后的黑暗，终不能像他生前黑暗的厚重。况且教会的粗基已经立定，人民已有向学的机会，新文化的种子，自然也能在土下着起根来了。

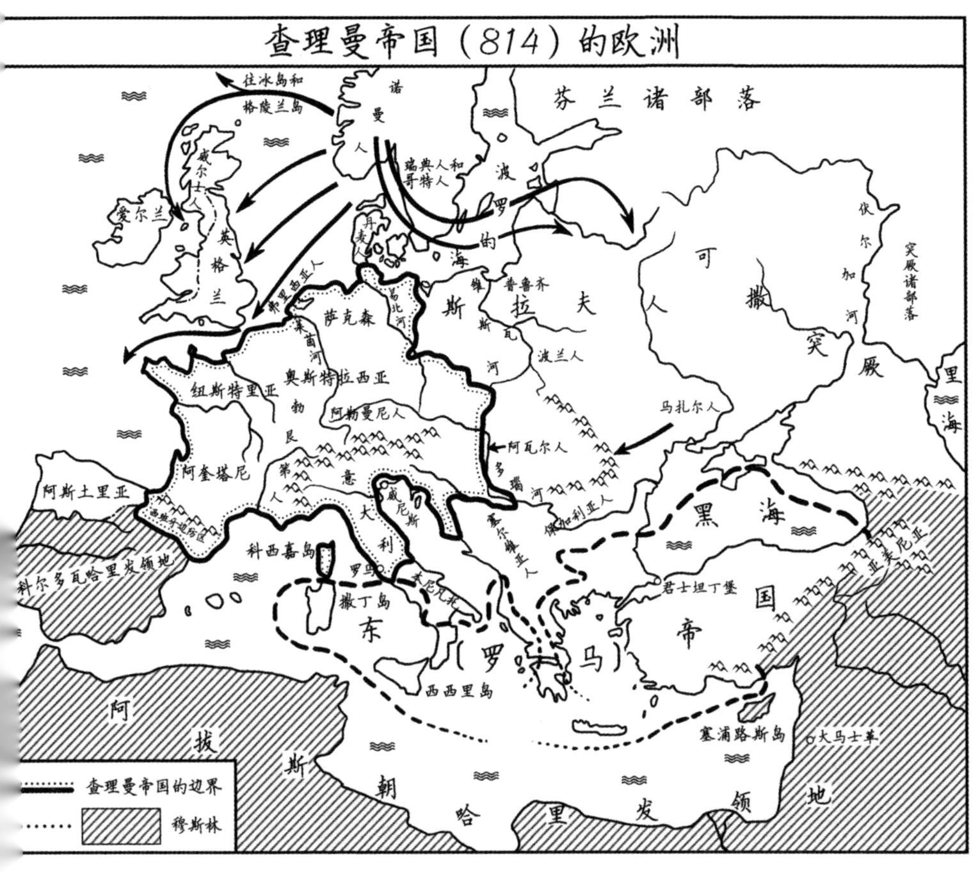

二、封建制度的兴起

欧洲社会的新形势

久为日耳曼人所分裂的西罗马帝国，此时已为查理曼重行统一了。查理曼死后，这个重兴帝国的命运，是怎样呢？我们要回答这个问题，可以先看一看，在第八九世纪时，欧洲社会上的新形势。这个新形势，却也有两个重要的背景。

新形势的背景（一）属于罗马的

第一个重要背景，是罗马帝国末年时，大地主与小地主及佃户的关系。那时社会的秩序，既已扰乱到了极点，生活的程度，又日益飞腾，罗马的小地主，遂不得不将他的耕地，售于强有力的地主，一则借以济穷，二则俾不受日耳曼人的蹂躏。大地主也乐见他自己产业和势力的加添，况且那时做工的人缺少，所以他们不但愿意收容小地主，并且还要召纳佃奴，来耕种他们的田地。于是大地主便成为一地的主人，一地的保护者，而小地主及佃奴，此时就都成为他们的奴属了。大地主中，有的是从前罗马的贵族，有的是教士，有的是寺院中的长老——因为在那个时候，寺院实是最平安的地方，所以人民也愿意去求它保护。

（二）属于日耳曼人的

第二个背景，是当时日耳曼人的一种习俗。照这个习俗，日耳曼的少年武士，常须择一酋长为他的主人，自己立誓做他的臣属。酋长须保护这个少年武士，而少年武士也须服从他主人的命令。这个约是双方的，无论哪一方面都不能违犯它。

两种背景的混合

这两个背景，自然不是一事：罗马地主和佃户的关系，是偏于经济上的，佃户的地位，常常是可愧的；而日耳曼酋长与少年武士的关系，却是道德上的——有时且带有宗教性质——少年武士不但不以臣事一人为耻，并且视为一种荣宠之事。他们的关系，和中国从前君臣的关系差不多：忠臣事君，岂能称是丑事？但这两件事确也有极多相同之点，在不知不觉中，他们就混合为一个。这个混合物的产生，便是欧洲封建制度（Feudalism）的起点。查理曼东征西讨之时，尤喜以得胜之地分给他的官吏，和教士。同时，他的州牧，他的镇守使，也渐渐强大起来，与上列的几种人，同成为封建制度的中心点了。他们现在已成为一地的首领，战争之时，他们的臣属，须在他们的军中服役，平时也须服从他们的命令，而他们自己，则负有保护境内的全责。而此时诸侯与他们臣属的关系，又在道德及宗教之上，另加上了一个经济的分子。他们常常可以把他们的地土，分封给他们的臣属，他们的臣属，又可以把他所得的封土，再分封他的小臣属。

诸侯分封给他臣属的地，叫作“封地”（fief），拉丁文曰“feudum”，“封建制度”（feudalism）的一个字，便是由这个字变化出来的。中古时候的社会阶级，差不多都以封地为标准，除了苦力佃奴之外，人人都能在这个微分缕析的阶级制度中，找到一个地位。他们有的是站在最高峰，不在任何人的脚下的，这便是皇帝，和国王，以及几个大主教。有的是但属于皇帝或是国王的，这便是诸侯——包有官吏、教士，及长老。有的是上侍诸侯，下令武士的，这便是诸侯的臣属。而凡能自备战马战具，有微田可以自活的人，都可以成为武士（Knights），都可以归入这个阶级中来。

这些诸侯，在名义上虽属于国王，但在实际上，大都是独立的。他们又常常能使国王给他们免税免役的种种特权（Privileges），这些特权，到法国革命时，还存留在法德各国的社会间。法国革命的第一件大事，便是铲除这些不平的特权，使贵族与平民，同分国家的担负。

封建制度

这个封建制度，便是我上面所说的，欧洲社会上的新形势。它是一种自然产生的制度，所以它的细目，是随地不同的，但它的大纲，大抵与上面所述的无甚差异。当查理曼统一西欧时，封建制度的萌芽，已蓬蓬勃勃，遍现于西欧各土了。查理曼及他的父祖的精力，也多半是消耗在遏止那些新芽之上的：他们曾与各地的诸侯争、各地的主教争，有时且须与自己所敕封的长老争。但是这个封建制度的种子，是远伏在数百年之前的。一个暂时的合力，又岂敌得过那个根深蒂固的分力呢？

查理曼帝国的分裂

这个分力最明显的表示，便是查理曼死后，他的帝国的分裂。查理曼有三个儿子，但长次二子早死，故幼子路易（Louis）能独承他的皇位及遗产。但路易的儿子，却不止一个，他死之后，大家争夺这个帝国，直到八百四十三年，他们方订立了一个条约，把帝国的西部，分给季弟秃头查理（Charles the Bald），东部分给仲弟叫作日耳曼人路易（Louis the German）的，中部和意大利，分给长兄洛泰尔（Lothaire）[①]。洛泰尔同时又袭了皇帝的位号。这个条约，叫作凡尔登条约（Treaty of Verdun），它已经为将来的法兰西及德意志，立下根基了。到了八百七十年，路易和查理，又乘他们的哥哥新死，侄儿幼弱之时，订了一个墨尔森（Mersen）[②]的条约，把他们中间的洛泰尔的属地瓜分了；但以意大利及皇冠，还给洛泰尔的儿子。所以现在欧洲的三个大国——德意志、意大利、法兰西——的形势，在八百七十年时，已经确定，不但如此，路易和查理所瓜分的洛泰尔的属地——此时叫作洛塔林吉亚（Lotherii regnum）[③]，后来渐渐简称为洛林（Lorraine）——也就永远成为法德两国争夺的焦点，至今还是一个西欧的大问题。

德法意三国的雏形

凡尔登条约尚未缔结时，查理与路易预先相约，如洛泰尔侵犯他们的疆土时，他们须协力抵制。二人便立了一个誓，于是路易先用条顿语（lingua teudisca），以此誓告知他自己的兵士，又用罗曼语

①原文译为洛塞。
②原文译为墨森。
③原文译为洛塞林根。

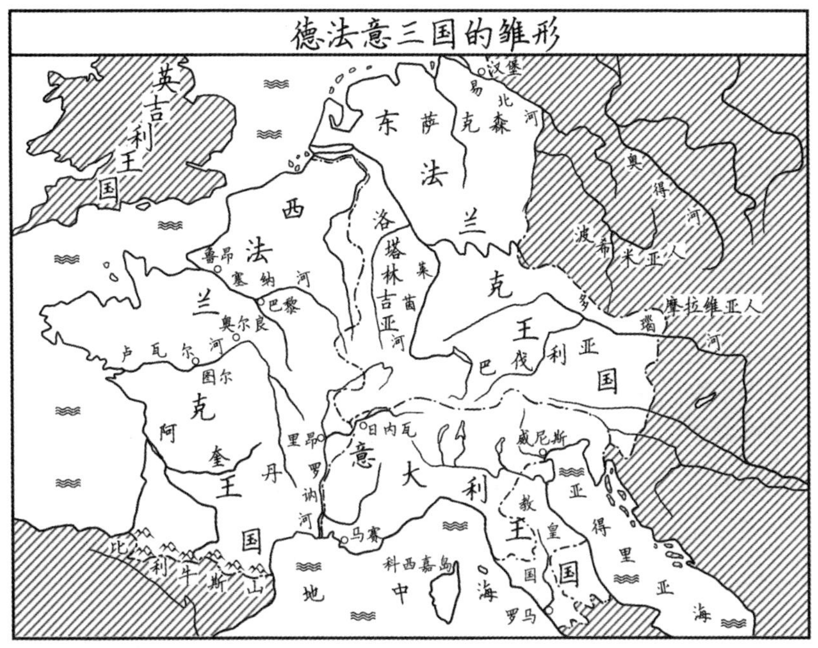

（lingua romana），把它申告于查理的兵士。查理亦同样的将此誓申告了两遍——对自己兵士用的，是罗曼语，对路易的兵士用的，是条顿语。条顿语就是现在德语的祖宗，是纯粹的日耳曼语，罗曼语是法语的祖宗，是罗马化的法兰克语。这是一件极有趣味的事。因为它告诉我们，不但在政治上，此时已经有了法德两国的胚胎，即在语言上，法德两族的界限，也显然划分了。

这三国以后的纷争和扰乱，我们现在可以不去管它。那个罗马帝的皇冠，在名义上虽然仍属于洛泰尔的子孙，但在实际上，却是一无用处了。同时封建制度的势力，又蒸蒸日上，欧洲的分裂，也就愈益彻底。查理曼所打平的撒克逊邦（Saxony）、巴伐利亚

（Bavaria）、勃艮第（Burgundy）[①]等，此时都一一的独立起来；而各地的贵族，也莫不自树一帜，去做那地的主人。

助成封建制度的环境

但封建制度，何以能得到这个大胜利呢？上面所说的两个背景，固然是重要的理由；但若没有别的环境的助力，他们也未必能成功。助成封建制度的环境，可以分做两层说：一是内乱，一是外患。

内乱

查理曼死后，继立的人，没有一个能继续他的事业，做统一之主的，也没有一个是强有力的，国君愚弱的结果，自然是诸侯的跋扈称霸了。况且那时罗马的道路，久已失修，交通不便，即有强有力的皇帝，也不容易统一各方。在这个内政不一的情形之上，又加上了新来的外患：西北方有自斯堪的纳维亚（Scandinavia）来的北人（Northmen），东北有斯拉夫民族（Slavs）、土耳其人（Turks）和匈奴的遗族匈牙利人（Hungarians），南方有阿拉伯的回教徒。这些人在第十世纪中，把欧洲的社会，扰得鸡犬不宁，人民死亡流离，国君无力保护。于是凡能代尽国君之责的，就成为一地的主人翁了。这是封建时代，诸侯实权的所由来。

外患

封建制度与君权

封建制度是欧洲分力的表示，但它并不是分裂欧洲的原因。若没有它，欧洲社会的现象，恐怕要愈加分散了。因为封建制度最重的，是阶级，和上下联属的关系。在它制度之下，上自帝王，下至一个小小的武士，都是与他人有关系的。（见表十一）它如罗网一般，能把那个涣散的欧洲社会，轻轻维系着。不但如此，当外患逼迫，贵族强盛之时，若没有这个制度，来维持皇帝及各国君主的地

①原文译为布根底。

位，恐怕他们将都没有翻身的时候了。现在他们虽无实权，但名义上仍是诸侯之主，待将来实力充足之后，再去行使他们的职权，自比凭空称王的霸主，容易十倍。所以我说，封建不过是欧洲分力的表示，不是它分裂的原因。

表十一 封建制度的系属

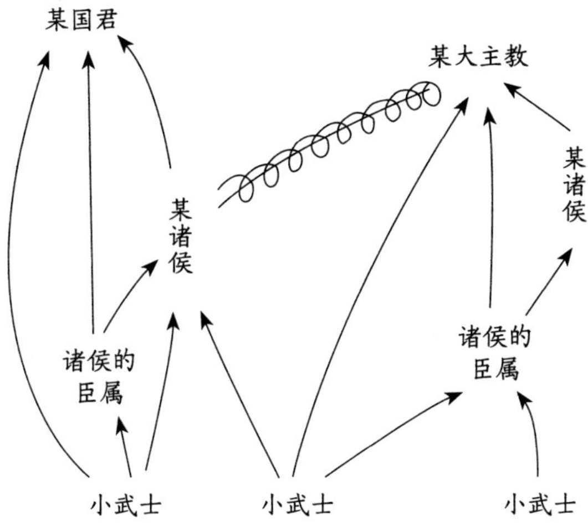

封建时代的贵族，大抵是住在一个宫堡（Castle）之内的。堡外有吊桥，及河沟，以为御敌之用；堡内又储着许多粮食军火，可以支持长期的围困。堡外有森林田亩，为佃奴耕种之所，又为磨坊、面包铺，以及一切日常需要的工坊店铺。所以这些贵族，不但在政治上是独立的，并且在经济上，也可以无求于人。

图十　诸侯的宫堡

封建全盛时代，也是欧洲的一个黑暗时代。因为在它制度之下，“强者即是合理者”，臣属对于主人，今日不妨立誓矢忠，待明日羽翼丰满时便又可以立刻反叛起来了。而臣属对于臣属，诸侯对于诸侯，也是互相侵犯，互相欺凌。甚至一家之中，父子兄弟，为着争产之事，也可以彼此相杀如仇人。全欧洲的人民，不是杀人者，就是被杀者。社会的现象，至此已混乱到了极点。此时唯有各地的主教，还略具旁观之明。他们便与各诸侯，及他们的臣属相约，自礼拜四晚上起，至礼拜一早晨止，全境之内，不准用武。他们把这个时期，叫作“上帝的偃兵”（The Truce of God）。凡敢违犯这个规约的，便须被逐出教（Excommunication）。被逐出教，是中古人所最畏的一件事，因为他们将从此沦入地狱，永无得赦的希望了。因此，一般诸侯及武士，都不敢不略略敛禁他们的杀性。所以基督教会在欧洲黑暗时代，实是汪洋大海中的一个灯塔。

这个黑暗的情形，直到第十一世纪末年，才渐渐有了光明的希望。第一，那时回教徒的势力，日益强盛，他们在小亚细亚又时时与基督教徒为难，教皇遂利用这个欧洲人民好战的心理，极力赞助十字军的成立，把内乱改成对外的侵寇。第二，此时英国和法国的王权，已渐渐强大起来了，他们常常能用兵力，去干涉诸侯的争斗，去减少他们的势力，列国的新形势，已将取封建制度而代之了。第三，此时的工业商务，已渐发达，金钱的势力，也渐渐要与武士的甲兵争一个胜负了。因此种种原因，欧洲五百年来的大黑雾，至此遂不得不退到一边去，给曙光让一条路。

第九章

近代列国的成立

中古时政治上的矛盾

列国的成立，是中古收场的一个重要表征。中古之时，欧洲外承统一之名，内具分裂之实。列国既兴起，乃把统一的面幕撕开，把封建的乱象扫除；政治上的欧洲，始达到了名实相符的地位。

罗马与日耳曼分子的分配

在民族方面，在政治方面，在文化方面，这些国家都是罗马帝国与日耳曼民族的混合产物。但这两个元素的比例，却各国不同。意大利是罗马帝国的老家，它的罗马分子当然最多。其次法兰西和西班牙，也是甚强的罗马化的国家。各国之中，日耳曼分子最多的，是德意志和奥地利[①]。英格兰直接得到的罗马文化，本不甚多；但诺曼人却曾把许多法兰西式的罗马文化输了进去，所以至今英格兰文化的性质，尚是介于法兰西和日耳曼之间的。

列国成立的时期

这些国家成立的时期，也不一律，有的早在第九第十世纪，有的迟至第十九世纪。但在第十世纪时，它们的雏形却都已具备了。现在且依类分述如下。

①原文译为奥地利亚。

一、日耳曼与意大利——神圣罗马帝国

日耳曼成国的阻力

我们当还记得，在纪元八百年时，教皇曾把罗马的皇冠，加在查理曼的头上。查理曼死后，这个皇冠便落到了他的长孙洛泰尔，及洛泰尔儿子的身上。但后来这个皇冠又成为强者的争夺品了。那时法兰西的国王，正忙于征服国内的诸侯，又与英国奋斗，所以他对于那个皇冠，并不十分热心。只有日耳曼各邦的诸侯，却把它当作一件奇货。未得之时，彼此争夺；既得之后，又不免要以罗马皇帝的名义，与教皇发生冲突。日耳曼诸侯的精力，就这样的消磨在那个王冠之上，竟没有余暇去理会到日耳曼的内政了。因此，在中古之时，日耳曼不过是一个地理上的名词，是没有政治上的意义的。直到十九世纪中叶，政治上的日耳曼——即是德意志——才发现于欧洲历史之上。

意大利成国的阻力

意大利和日耳曼一样，也是那个罗马皇冠的牺牲物。一则因为意大利是罗马帝国的故址，所以凡是要戴那个皇冠的，必定要先去征服意大利。二则因为此时意大利的城邦，日益强盛，彼此嫉妒仇视，没有团结的精神。三则因为教皇在意大利，在他权力之下，当然不易另行发生别的统一力了。因此种种原因，意大利也就和日耳曼一样，直到十九世纪中叶时，才成为一个政治上的单位。但意大利的命运却比日耳曼更苦。因为日耳曼的诸侯，多是争夺皇冠的主动者，而意大利却是那个皇冠的担保品，居于被动的地位。它是日耳曼诸侯的囊中物，所以受祸更深。

奥托大帝（962—973）

此时日耳曼虽然封建盛行，但也未尝没有国王。这个国王是由几个强有力的诸侯中，互举出来的，但有时也是由父禅子的。

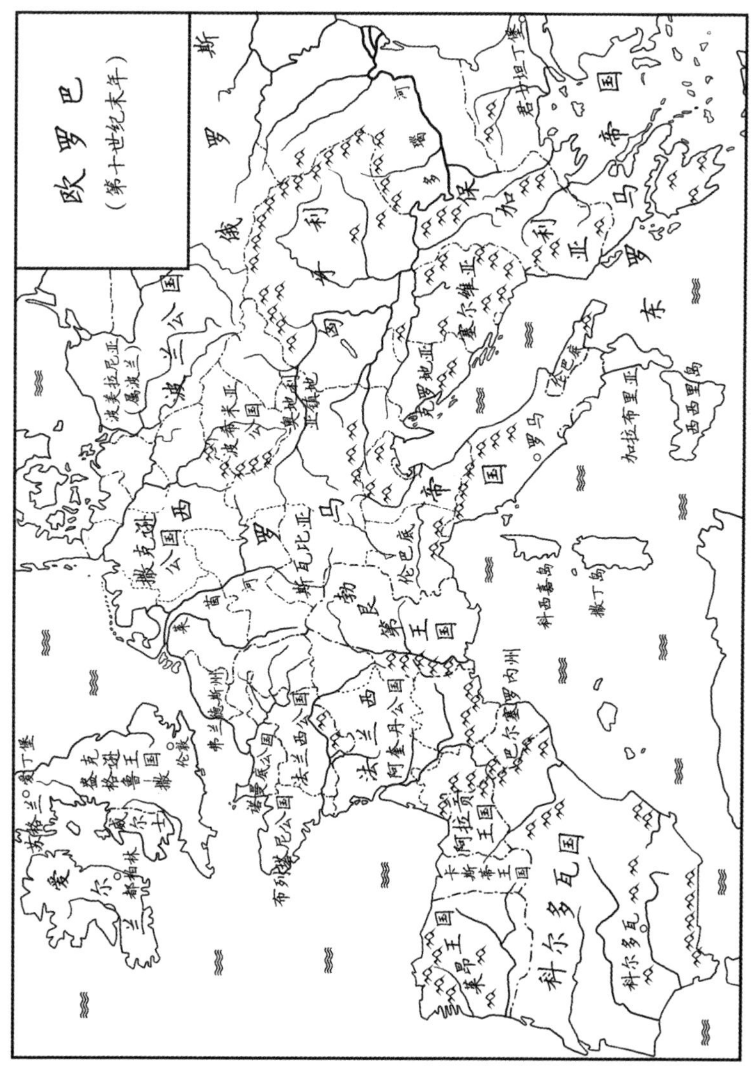
欧罗巴
（第十世纪末年）
君士坦丁堡
保加利亚
匈牙利
塞尔维亚
克罗地亚
东罗马帝国
波兰公国
波美拉尼亚
（属波兰）
波希米亚公国
奥地利
萨克逊公国
斯瓦比亚
伦巴底
勃艮第王国
罗马
加拉布里亚
西西里岛
科西嘉岛
撒丁岛
莱茵河
弗兰德斯州
诺曼底公国
布列塔尼公国
法兰西公国
阿奎丹公国
巴塞罗那州
阿拉贡王国
卡斯蒂王国
莱昂王国
科尔多瓦王国
科尔多瓦
苏格兰
爱丁堡
英格兰王国
威尔士
爱尔兰
都柏林
伦敦

九百三十六年，撒克逊邦的奥托一世（Otto I）[①]——又名奥托大帝——承着他的父亲做了国王。奥托是一个异才的君主，他的成绩有以下的几种：（一）他把子侄和近亲，封为各地的诸侯，去减少各侯邦的势力。（二）他打败了匈牙利人。匈牙利人于是退到日耳曼的东疆去，建立了一个匈牙利王国，为后来欧洲的一个主人翁。（三）建立奥地利阵地（Austrian Mark），为近世的奥地利帝国立一个基础。（四）在易北（Elbe）及奥得（Oder）两河之间——即是现在德意志的政治中心点——建立殖民地；又把基督教传进去，开化那里的人民。

此时意大利情形的混乱，又是日甚一日。欧洲的诸侯，既个个想去戴那个意大利的王冠，而回教徒的侵寇，又是有加无已。奥托见此情形，岂肯不管。不久，他果然越过了阿尔卑斯山，替教皇驱除了外患。于是教皇便在九百六十二年，把那个罗马帝的皇冠，加在他的头上，命他做了查理曼的承嗣人。

奥托和他的承嗣人，此时须戴三个王冠了：一是日耳曼的王冠，一是意大利的王冠，一是罗马帝的皇冠。但这三个王冠，不免太重了一点，戴它们的人，未必就能安乐快活。我们及后就知道了。

『神圣罗马帝国』

奥托复兴的罗马帝国，就是那个历史上的神圣罗马帝国（The Holy Roman Empire）。这个名词是含着一个有趣的历史意味的。“神圣”是教会的分子，“帝国”是武力的代表，是日耳曼的分子，

①原文译为鄂多第一。

“罗马”却是两方的公有物。所以这个名词，最能代表中古时代的政治情形。一方面，它能证明教会与日耳曼人的联结，以及基督教、日耳曼人，和罗马文化的三个重要元素的混合；一方面，它又能预告我们，教皇与皇帝的冲突。因为“罗马”既是他们俩的公有物，那么，教皇可以说，我是罗马主权的嫡嗣，皇帝也可以说，他是恺撒的承嗣人。这样，他们的冲突还能免吗？比如有两株树枝，并生于一块地上，在它们稚嫩的时代，彼此是可以不相妨害的；及至长成之后，根干枝叶，就不免要抵触冲突了。当奥托大帝受封为神圣罗马皇帝的时候，教权与皇权，已都到了根深叶满的时代。教皇欲专一事权，去做他的事业，而皇帝的权力，却事事妨碍他。皇帝欲统一政权时，也得到同样的感觉。所以我们可以说，教会与日耳曼人，在名义上联结成为神圣罗马帝国之日，也就是这个同盟在实际上分裂之时。神圣罗马帝国所代表的，不是这两方面的协作，乃是他们权力的大争斗。

教皇与皇帝冲突之点

在理论方面说来，这两个权府，本无争斗的必要。因为中古的人，深信教皇与皇帝同是代表上帝的，前者代表上帝，管理人们的灵魂，而后者则系上帝的俗务代表。权限划然，各不侵犯。但灵魂与俗务，究无一定的界限。在中古制度之下，这两件事尤难划界。比如一地的主教，常常也是代表皇帝的地方官。他对于皇帝和教皇，都处于臣属的地位。教皇既要以灵魂长官的资格，去干涉这些主教的选择，皇帝亦以俗务长官的资格，要这些主教奉他为至尊无上的首领。于是这个选择主教的一件事，就成为教皇与皇帝长期争斗的导火线了。

格列高利七世（1073—1085）

这个争斗，起初还不过是些伏流暗潮。直到一千〇七十三年，格列高利七世（Gregory VII）[①]——又名希尔德布兰德（Hildebrand）[②]——做了教皇之后，才波涛汹涌的大争起来。格列高利七世是中古历史上的一个大人物。他不但是一个宗教的领袖，并且是一个大政治家，和热心的改良家。他在历史上，是可以与恺撒、查理曼、俾斯麦等争雄的。

格列高利的改良教会

他做教皇后的第一件大事，便是改良教会的内政，和禁止教士的婚娶。第二件大事，便是要把选择教士之权，从皇帝的手中收回来，俾不道德的贵族，不致再为基督教的主教。但这件事，皇帝和他的党羽，自然是要反对的。于是日耳曼和意大利两个地方的长官和教士，就分为教皇和皇帝的两派了。

格列高利与亨利四世

格列高利的敌手，是神圣罗马帝国的皇帝亨利四世。他们争斗的起点，是格列高利的禁止皇帝敕封主教。于是亨利先召集了忠于他的主教，开会决议，从此不复承认格列高利为教皇。格列高利知道了，也立刻把亨利驱逐出教。此时日耳曼的诸侯，闻知此事，忽然又想利用这个机会，把亨利驱走，另行选举一个皇帝。亨利内顾无助，遂不得不向教皇求和。他越过了阿尔卑斯山，粗衣赤足的，在风雪中哀求了三天，格列高利才开门让他进内，赦了他的罪愆。教皇的权力，到了这个地步，真是登峰造极了。但亨利也不是甘心受辱之人。他既回国，便带了一大队人马，重新赶到罗马去，费了两年的光阴，把罗马攻了下来。格列高利本已到了高年，此时更不

①原文译为格雷哥第七。
②原文译为赫德白兰。

胜愤恨羞辱之情，竟气死了。

但这个争斗的性质，实完全不是属于个人的。它所代表的，乃是中古时的两大派势力。所以格列高利死后，亨利四世的精力，仍须消耗在征服那些反叛诸侯之上。而教皇与皇帝争斗的原因——彼此势力范围的冲突——又岂能因一个教皇，或一个皇帝之死便消灭呢？

英诺森三世（1198—1216）

格列高利死后一百余年，英诺森三世（Innocent III）[1]接位为教皇。此时日耳曼为了争夺皇位之事，已陷于无政府的状态。英诺森就利用这个机会，去代日耳曼择定了一个皇帝。自此以后，他就不啻成为西欧洲的公判人了。而英王失地的约翰，此时也服诚于他，情愿做他的臣属。所以英诺森三世做教皇之时，也是教会权力最盛的时代。但自一二一六年，英诺森三世死后，教皇的势力，便一天不如一天了。而此时的皇帝——腓特烈二世（Frederick II）[2]，又适是一个多才多艺的新人物。他不但不畏惧教皇的权势，并且把教会及教士的腐败，公布于欧洲各国各邦之前。教皇气得摩掌蹬足，两次三番地把他驱逐出教，但完全没有效力。

教皇的下山路

自此以后，教皇下山的速率，就更大了。后来教皇卜尼法斯八世（Boniface VIII）[3]又与法兰西的国王争斗，法王居然得胜，教皇的选举，就归到了法王的势力之下，而教皇也就成为法王的一个附属品了。一三〇五年，教皇又由罗马移居到法国的阿维尼翁（Avignon）[4]，直到一三七七年，始重回到罗马来。教皇的威信自

①原文译为因诺曾第三。
②原文译为腓得烈第二。
③原文译为邦那费第八。
④原文译为亚威农。

此完全扫地。

神圣罗马帝国的衰落

同时神圣罗马帝国的位置，也被对敌的党派，分裂为二。自此以后，日耳曼和意大利，在政治上的地位，就更沉沦下去了。后来意大利的各城邦，孕育出了一个文艺复兴，给意大利恢复了一点古来的荣光；但日耳曼却尚须经过数百年分裂涣散的生命，才有出头的日子。

中古合力的失败

教皇与皇帝之争，虽然毁灭了意大利和日耳曼成国的机会，但两方面却都不曾达到他们统一欧洲的目的。他们不但不曾统一欧洲，并且反招到了自身的衰落。自此以后，教会的势力，固然日蹙，而皇帝也成为一个虚号了。所以神圣罗马帝国的失败，即是宗教和武力的失败。中古的合力，究敌不过近古列国的分力了。

二、法兰西和英格兰

卡佩王朝和法国

查理曼死后。法兰克王国依了凡尔登条约的规定，仍旧成为一个政治上的单位。但不久它的王系又衰弱起来。诸侯觊觎王位，国内因此又内乱了一百多年；直到九百八十七年，法兰西大公（Duke of France）于格·卡佩（Hugh Capet）[①]做了国王，国内始重行统一。而此时国王的封地，既叫作法兰西，法兰克王国的一个名词，也就跟着它改为法兰西了。于格·卡佩就是卡佩（Capetian）[②]王朝的始祖。那时封建制度盛行，诸侯的势力极大，他及他的子孙，费了二百余年的精力，才把国王的权力，略略奠定。虽然还有几个强大的诸侯，

①原文译为休甘丕。
②原文译为甘丕兴。

不易收服，但于格·卡佩的嫡系，三百余年未尝中断，积力既厚，集势便易，到了第十四世纪，法兰西王的威权，已如朝阳一般，诸侯的爝火，就不由得不息了。

诺曼底

法国诸侯中之最强盛的，是诺曼底的大公（Duke of Normandy）。常常侵寇法国北部的北人，在十世纪时，在他们的首领，罗洛(Rollo)之下，从法王手中，得到了一块滨海的地方。他们便在那里，建立了一个公国，叫作诺曼底（Normandy）。诺曼底的大公，把基督教输入了国内，又吸收了近邻的法国文化，到十二世纪时，诺曼底居然就成为一个文明的地方了。

英法国际间的纠葛

一千〇六十六年，诺曼底公威廉（Duke William），又打胜了英因的嗣王，做了英国的君主。诺曼底的势力，就更非昔比。最可注意的，是此时英王与法王的关系。他们本来是平等的，但此时的英王既由诺曼底公兼位，而诺曼底公又是法王的臣属，所以英王在法律上，也就成为法王的臣属了。虽然如此，以一个国王为臣属的虚荣，又岂敌得过臣属成为邻国君主的危险呢？所以自此以后，法国固是寝食不安，英王亦是婢做夫人，不愿久居人下，英法国际间的大纠葛，就此开始，而英法的历史，也就不能分叙了。现在且让我们回看一看，那个诺曼底王朝以前的英国。

英格兰的建国

英国原名不列颠（Britain），是欧洲西北的一个海岛。它的居民本是凯尔特人（The Celts）[①]。纪元前五十五年，罗马大将恺撒，曾征服其地。这是不列颠出现于历史的第一次。到了纪元后第五世纪，日耳曼人大举侵寇罗马，罗马政府便把驻在不列颠的戍兵，

①原文译为克勒特人。

调了回去。于是住居在欧洲北方的撒克逊及盎格鲁两个部落，便乘虚侵入，做了全岛的主人翁。岛上的土人，或被杀死，或被驱逐至威尔士（Wales），或与外来之人通婚。而不列颠的名字，此时也是名从主人，改为英格兰（England）——意即盎格鲁之地——了。

纪元第六世纪末年，罗马教皇格列高利一世（Gregory I），把基督教输入了英国。欧洲大陆教会的种种制度，也就产生于这个海岛之上，而寺院中的僧侣，也就成为输入罗马文化的代表了。

英国的统一

但此时政治上的英国，却还是四分五裂的。直到查理曼的时候，英国才为韦塞克斯（Wessex）[①]的王埃格伯特（Egbert）[②]所统一。不幸欧洲的北人，——英国人叫他们做丹麦人（The Danes）——又开始来侵寇这个海岛了。

阿尔弗烈德大帝（871—899）

阿尔弗烈德大帝（Alfred the Great）[③]，是英国历史上的第一个贤君。他打败了丹麦人，与他们划分疆界。又召集名僧，来教授青年子弟。用英国文字所写的第一部历史——《盎格鲁撒克逊编年史》（*Anglo-Saxon Chronicle*）[④]——也是在阿尔弗烈德大帝的时候做成的。他实是英国的一个查理曼。

诺曼底人的入主英格兰

阿尔弗烈德死后，丹麦人的侵寇，仍旧不绝。到了一千〇六十六年，撒克逊王爱德华（Edward）死而无嗣，诺曼底的大公威廉，就趁势侵入做了英国的国王。这个诺曼底人的征服英格兰，是历史上的一件重要事迹：因为自此以前，我们在历史上，但看见野蛮游

①原文译为威撒克司。
②原文译为爱格波。
③原文译为阿弗烈大王。
④原文译为《盎格鲁撒克逊史记》。

牧人的征服文明土著人，而此次诺曼底人的征服英格兰，却是一个例外。在这件事中，征服者的文明程度，却比被征服者高得多了。

诺曼底人入主的结果

诺曼底人入主英国的结果，第一是封建制度的输入。第二是贵族平民二阶级的划分，不消说，贵族多是诺曼底人，平民则是土著的盎格鲁撒克逊人了。第三是两种人民的语言文字的混合，在现今的英文中，我们仍可以找出，由诺曼底人带来的法文遗迹。第四是社会风俗，及政治组织的改变，因为自此以后，在社会上及政治上，英格兰已与欧洲大陆，发生极大的关系了。

金雀花朝的版图

威廉及他的儿子死后，国内为着争王位的事，又内乱了数十年，直到一一五四年，威廉孙女的儿子，亨利二世（Henry II）接了王位，战争方始终止。亨利的父亲，是法王的臣属，也是安茹[①]和缅因[②]（Anjou and Maine）的州侯。亨利的妻子，又是法属阿基坦（Aquitaine）[③]公国的主人，所以他此时的属地，就包有英格兰、诺曼底、布列塔尼（Brittany）[④]——以上是他的母亲的遗产——安茹、缅因——以上是他的父亲的遗产——阿基坦，及法国西南部各地——以上是他妻子的赔奁。他的版图之大，在西欧一方面，此时竟没有能与他比拟的了。但除了英格兰之外，这些地方，又都是间接属于法王的。所以亨利二世，在法律上，仍旧是法王的臣属。

亨利的父亲，也曾从过十字军，那时他最喜带一点金雀花（Planta

①原文译为安如。
②原文译为梅因。
③原文译为阿奎丹。
④原文译为不列他尼。

genista）在他的盔上，因此人家便把他及他的子孙，称为金雀花家（The Plantagenets）。亨利是金雀花朝的第一个国王。

这个庞大的臣属，于法王是中看不中吃的，而英王又岂甘久居人下？于是西欧两大强国的竞争，就开始了。

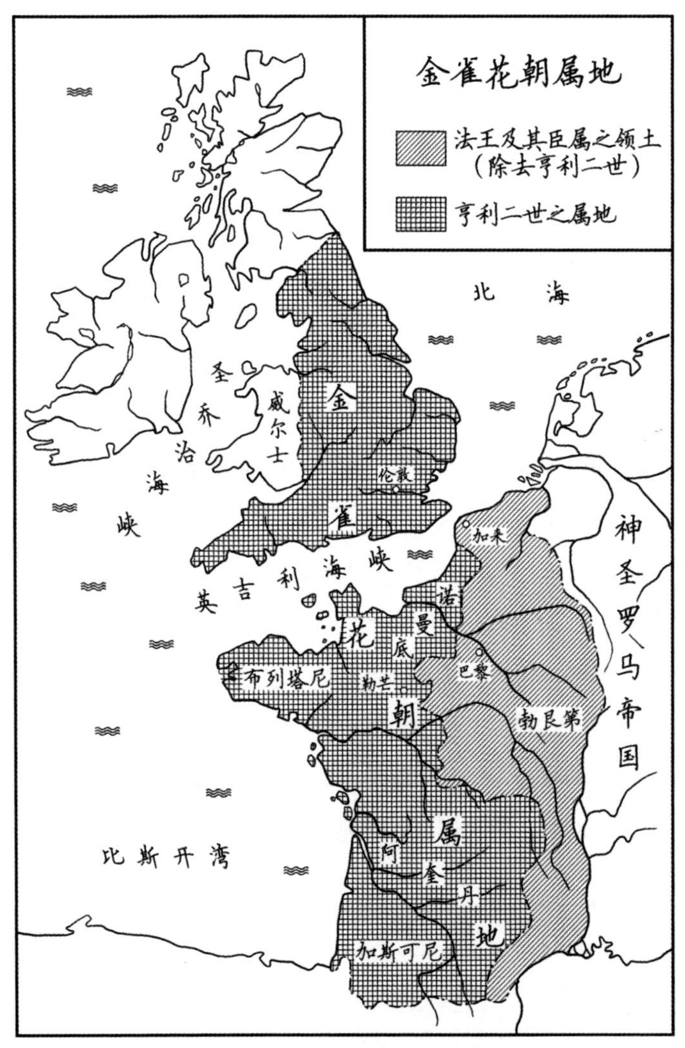

金雀花朝与法王

亨利二世时的法王，是腓力二世（Philip Augustus）[①]。亨利有三个儿子，他们除了彼此争吵之外，又常常要和他们的父亲为难。腓力二世就利用这个机会，去助长英国的内乱，使它不能为法国的大患。亨利死后，继位的，便是那个在第三次十字军中，东征圣地的，狮心的理查（Richard the Lion-Hearted）。理查死后，他的兄弟，失地的约翰（John Lackland），做了英王。此时约翰恰又犯了一个谋杀，和一个奸拐的嫌疑，法王腓力二世，便以君臣的名义，去召约翰到法庭来对质。约翰不去，腓力二世就立刻把金雀花朝在法的属地，收为已有，只给英王留下了亨利妻子的一点妆奁。约翰既力不能与之争，英法国际上的纠葛，此时就算暂告结束。现在我们可以再看一看这两国的内政。

法国的内政

法王腓力二世的孙子，路易九世——即是圣路易斯（St.Louis）[②]，是一个贤能的君主。他复兴了查理曼的巡阅使制度，又改良币制，划分政府各部的权限。他的孙子腓力四世，更能继续他的志愿和事业，又利用一班罗马的法学家，来证明王权的无限。他实是法国第一个有名有实的专制君主。一千三百〇二年时，他又召集了一个三级会议（Estates General），其中的人物，除了僧侣贵族二级之外，尚有代表城市的平民。这是欧洲政治史上的一件破天荒，它的意义，到法国革命时，便明白了。

三级会议的召集（1302）

英国的内政

英王亨利二世，也是一个政治家。他的成绩，第一在平定内乱，及减少诸侯的权力。第二在改良司法，使他的威权，能号令于全国。又制定陪审制度，为英国现行法制定了一个模型。

①原文译为腓力布大王。
②原文译为圣路易。

大宪章（1215）

失地的约翰，在英国的宪法史上，却是一个极重要的人物，因为那个《大宪章》（Great Charter），是在他的时代立定的。原来约翰对外既失了属地，对内又失了威信，于是诸侯便以武力为后盾，在一二一五年的六月十五日，强迫他在那个《大宪章》上签了字。宪章上最重要的条文，是：（一）国王不能妄用威权，去妨害他的臣属的自由和习惯；他的臣属对于他们的人民，也须守同样的限制。（二）政府不能因细故，去抢夺商人的货品，或是农人的耕具。（三）除了明定的收入外，不得国民代表的同意，国王不能任意加税。（四）人民在受陪审官的审判之前，他的产业，不许妄动，亦不能任意将他拘获或囚禁。这几条都是民治的骨髓，所以《大宪章》的成立，实能使英国成为民治主义的先进国。

议会（1265）

英国诸侯，对于国王争得的第二个胜利，是议会（Parliament）的成立。从前撒克逊朝，及诺曼底朝的国王，原有贵族会议的制度，但它的责任，却不过为国王备顾问罢了。但此时诸侯与国王的争斗，日益剧烈。他们又大抵能与各城的市民商人联络。一二六五年，西蒙·德·孟福尔（Simon de Montfort）[①] 率领着这个诸侯与平民联合的团体，竟在国王前，争到了一个大胜利。这便是平民的加入议会。自此以后，英国的议会，不但有代表贵族的僧侣及诸侯，并且有代表各地各城的平民了。后来贵族的代表，便成为议会的上院，平民的代表，就成为下院。这是议会两院制的滥觞。

十四世纪初年的英法两国

《大宪章》是世界立宪制度的老祖，而英国的议会，也是世界各国议会的模型。所以在第十四世纪的初年，当法国正向专制国家

①原文译为西门孟福。

的途径上进行之时，英国也就成为一个具体而微的立宪国了。同时，英法两城市代表的加入议会，也是历史上的一个破天荒，它是很可以证明此时欧洲各地城市的势力的。

三、其余各国

欧洲近代的列国，在这个时候植定国基的，自然不止上面所说的几国——英格兰、法兰西、意大利、日耳曼。但除了这四国以外，其余各国在中古史上的位置，都不甚重要。直到近古时，它们才陆续上了舞台，做了欧洲的主人翁。现在且择几个较为重要的，先说一说，其余的只好待到下册再讲了。

奥地利的成立

（一）奥地利（Austria）　奥地利的初见于历史，是在第十世纪下半叶。那时它还不过是一个阵地，叫作奥地利阵地（Austrian March or Mark），是神圣罗马帝国的皇帝，奥托一世所建的。到了第十三世纪末年，哈布斯堡（Hopsburg）[①]的鲁道夫（Rudolf）[②]，做了皇帝，他就把奥地利占据了。这是奥地利帝国的胚胎。鲁道夫也就是那个哈布斯堡王朝的开创人，在一九一四年，欧洲大战时，奥地利的皇帝，还是他的子孙。

匈牙利的成立

（二）匈牙利（Hungary）　匈牙利人自称为马扎尔人（Magyars）[③]。他们是一种的混合族——亚洲的匈奴和土耳其人，并有欧洲血脉的小部分。奥托一世时，他们还是游牧的，但奥托把他们打败了，又

①原文译为哈布士堡。
②原文译为路达夫。
③原文中，上册译为马加人，下册译为麦野人。

把他们赶到日耳曼的东疆去。他们就在那里住了下来，渐渐把他们的国基植定。

俄罗斯的成立

（三）俄罗斯（Russia） 中古的初年，有许多斯拉夫民族，学着日耳曼民族的榜样，从欧洲东北方南下，到处侵寇掠杀。第九世纪时，有个诺曼人，叫作留里克（Rurik）[1]的，把那在欧洲东北方的斯拉夫民族，集合起来，给他们立了一个国基。这便是俄国的起点。后来他们又采取了希腊教，渐渐有了文化。十三世纪时，俄国又为成吉思汗的后人所征服。自此以后，俄国就亚洲化了。直到第十七世纪，彼得大帝（Peter the Great）做了俄皇，俄国才重新改为欧化，成为欧洲诸大强国之一。

回教的西班牙

（四）西班牙（Spain） 中古时的西班牙，完全是属于回教的。但查理大帝和他的后人，也曾占据了西班牙北方的一小部分。这便是将来驱逐回教徒，统一西班牙的发祥地。但这是后话了。

罗马不曾死

上面所举的八个国家，都是欧洲近代列国中的重要的。它们的大部分，也都是罗马帝国的疆土。罗马帝国和它的文化，经过日耳曼各民族的蹂躏分裂以后，似乎是已经到了末日了，谁又料到这个蹂躏分裂，却又是一个酝酿的时期呢？固然，十三世纪时欧洲的列国，已经不是罗马帝国，十三世纪以后欧洲的文化，也与罗马文化不同；但罗马文化的分子——尤其是法制、文字，及道路——岂不仍旧很强烈的存在它们的中间吗？这真合乎诗人所说的“落红不是无情物，化作春泥更护花”了。

①原文译为罗立。

第十章
中古文化的回顾

中古史的二大期（一）黑暗时代

从文化方面看来，中古的历史，可以分做二大期。其一，是纯粹的黑暗时代，自第五世纪起，至第十世纪止，占时约有五百年。在这个时期中，愚昧的空气，罩满了欧洲的大陆。人民完全浸在迷信的深海中，视教会的教训，为无上的宝筏。所以这个时期，也是教会的权力最盛之时。不但如此，此时欧洲政治上及社会上的黑暗，也正不减于它的智识界；而封建制度却又是这个情形的最好代表。

在封建制度之下，“强者即是合理者”，而尤以妇女的地位为最危险。久而久之，欧洲的社会上，就产生了一个义侠骑士的制度（Chivalry）。它是对于昏乱社会的一种反抗。它的目的，是在保护弱者——尤其是妇女——为一般人民打抱不平。遵守这个制度的人，大抵能以牺牲一己，和服役他人，为最荣誉的事。所以这个制度于欧洲的黑暗社会，是有大功的。

（二）过渡时代

第二个时期，是从十一世纪至十四世纪初年的三百年。这是一个过渡的时代。在这个时代中，代表中古文化的教皇制度及封建制度，已渐衰落；引进近古文化的列国和城市，也日益发达，日益强盛。而十字军及大学，又能把文艺复兴引上了历史的舞台。至此，上古文化及基督教开化日耳曼人的大事业，已告成功，而中古的历史也可以结束了。

中古历史的分子

造成中古历史的重要分子，也可以分为两类：其一，是中古文化的本身，其二，是从中古文化的土中诞生出来的，近世文化的种子。现在我们且依据了这个纲目，来把中古的文化回看一下。

中古文化与上古的希腊罗马文化，是西洋近代文化的渊源，但这三种文化的精神，却又各有不同。希腊文化的精神是和谐，罗马文化的精神是秩序，中古文化的精神是出世观念。西洋近代文化的精神，则又是趋近希腊罗马文化的入世观念了。

一、中古文化的本身

中古文化的本身

基督教会、教皇制度、封建制度，以及神圣罗马帝国，乃是中古文化的骨髓。关于后举的三目，我们在上面各章中，已曾有过详细地叙述了，所以我们现在但须回看一看基督教会。

教会衰败的第一原因：基督教会的政治化

我们当还记得，在中古初期，日耳曼人入寇的时候，基督教会是怎样的扶颠持危，以及保存那罗马的古文化的。因此它便在政治上得到了一个大势力，这便是我所说的基督教的政治化。当中古史的上半期，罗马文化不绝如缕之时，基督教的政治化，本是一种社会自救的现象，是文化上的一个大关键。那时它能代罗马政府尽责任，能以一个精神上的安慰给一般的人民，它的势力当然就增大起来。但不幸这个势力，竟迷了它的双眼，竟使它忘了它原来的天职，竟使它的首领——教皇——成为政客，成为思想界的专制魔王。教皇凭借了这个政治上的威权，就把人民的思想自由束缚起来，迫着他们去过那机械式的钦定生活。有敢违犯它的，便以邪教徒相待，便有火刑从其后。在这种专制炎威之下，剧烈的反动又岂能免呢？由此看来，基督教从前得势的原因，竟是现在失败的种子了。

教会衰败的第二原因：因自身的腐败

基督教的政治化，是它衰弱的一个大原因，第二个衰弱的原因，乃在教士和教会的本身。当第十一至第十三世纪，教皇权力最盛之时，教会内部的腐蚀，也就一天甚于一天。因为教会的财产，既极丰富，而各地的主教，又大抵是贵族，骄纵淫逸的风俗就满布了基督的教会。虽有格列高利七世等的下令禁止教士的婚娶，和收受贿赂，但教会的权势既大，内中的人物又极复杂，一两张纸的公文，又岂扫得清那个根深蒂固的弊薮呢？而此时教皇及教士的聪明才智，又大都消耗在与皇帝争斗之上，那个迫不及待的教会改革，就始终没有人能去实行。

改革教会者（一）『乞食的兄弟们』

但改革教会的事业，是迟早要做的。教皇和主教既不能做，自然就有别的人来做了。这些改革教会的人，大抵可分做两派。其一是仍旧尽忠于教会的。他们改革的手续，是从教士及僧侣的个人生活下手。他们自己都能舍弃富贵，粗衣恶食的，去过那行乞和修道的生活。信从他们的人很多。他们叫“乞食的兄弟们”（Mendicant friars），是各种僧社（Orders）的创造者。在第五六世纪时已有这类僧社的创立，但他们生活的规程，是专重内修的。他们不问外事，不事旅行，而以一己的虔修为人生目的的究竟。但慢慢地，他们的生活程式，就由静而动，由一己之修养，进为传道和改革的事业了。

创造这些僧社者中之最有名的，第六世纪时，有圣本尼狄克（St. Benedict）[①]，是本尼狄克僧社（Benedictine order）[②]的创造者。第十三世纪时，有圣多米尼克（St. Dominic），是多明我僧社（Dominican order）[③]的创造者，又有圣弗朗西斯（St. Francis）是芳济僧社（Franciscan order）[④]的创造者。而其中尤以圣弗朗西斯的人格，为最圣洁美丽。不幸他们的信徒，和耶稣的信徒一样，不能始终保存他们的精神，渐渐把那高尚美丽的感情所换来的实力和人民的信仰，去变为财产和权势，来自毁其成立的根本精神了。

（二）邪教徒

热心改良教会的第二派人，是反对现行教会的教条和主权的。他们的目的，不在改良教会，乃在改良基督教。他们深信那时的教会，是基督教的一个仇敌。他们不像上派的人，能得到教皇的同情和保护。在教会的眼光中，他们是邪教徒（Heretics）。是扰害人类灵魂的魔鬼，是应该用火来烧死的。但教会尽自烧，邪教徒的势力，却仍有增无减。他们实是宗教改革的先驱。

欧洲中古教会所患的病，是很沉重了。教皇的威势，既不能治它；僧社的血泪，也何尝能把那病根除去？温和的药石，既不见效，投药的人的手段，自然就愈趋于猛烈了。宗教改革大运动的原因，虽然不仅限于宗教一方面，但教会的腐败，却也是一个主要的原动力。

①原文译为圣般那地。
②原文译为般那地僧社。
③原文译为度明哥僧社。
④原文译为兰西僧社。

二、近世文化的种子附十字军

近世文化的种子

为近世文化下种子，本是中古历史的一个大责任；而这些种子出土的时期，却也不一例。它们有的早在第十一世纪，有的迟至第十五世纪以后。我们现在所当注意的，是几个出土较早的种子，那便是列国和城市，以及由教会分解下来的大学，其余的只好待到讲文艺复兴时再述了。

中古历史的中心点

教皇制度和封建制度，是中古历史的中心点。前者是基督教与罗马文化融合的表征，后者是日耳曼风俗与罗马文化融合的表征。同时，教皇制度是欧洲的一个合力。它把全欧洲统率在一个主权之下，使各地的人民守同样的规律，用同样的文字，过同样的生活，奉同样的教主。后来神圣罗马帝国出现以后，皇帝的职权虽与教皇冲突，然两方面的目的却是一样，他们都是要想统一欧洲的。封建制度所代表的，却是一个分力。它把欧洲分之又分，使中古的历史自相矛盾，使统一的神圣罗马帝国，建筑在一个四分五裂的基础之上。

列国的成立

在这两个相对势力之下，列国的成立，实是当然的结果。因为列国制度，对于封建制度是一个合力。我们但观英王法王消灭国内诸侯们成绩，便可以明白，列国之兴，乃是混乱中的一点秩序，黑暗中的一点光明，一盘散铁中的几块磁石了。但在教皇的眼光中，列国的成立，却是妨害欧洲的统一的，不但是政治上的统一，并且宗教上和文化上的统一，也将受它的影响。所以列国的君主，一方面要打倒国内分权的诸侯，一方面又要从教皇的手中，把政教各权分夺过来。他们终于得胜了，终于得胜了这两个中古历史的主要制度了。到中古历史收场之时，虽然信教自由的权，还在教皇的手中，虽然在日耳曼等地方，封建制度还在盛行；但西欧的英法两国，已是羽毛丰满，已成为罗马帝国的政治上的承受人，已为近古的列国，打开一条大路了。

中古智识界械锁

打翻教皇政治上的统一的，是西欧的列国了，但是教皇所代表的统一力，却不以政治为限。它也是一个智识上的专制魔王。原来中古承罗马帝国末年之后，其时因日耳曼人的入寇，社会的秩序混乱已极，人心彷徨，如以孤舟漂泊大洋。于是人人渴想统一，渴想一尊，渴想一个可以产生秩序的标准。他们又回看一看先人的遗产，但见有希腊式的自由思想，与怀疑哲学。这些可贵的东西，现在却不但不能给他们安慰，并且使他们的心更加彷徨起来了。在这样的环境中，基督教会独能坚如磐石，以至刚至深的自信力，去应合人民的要求，它的势力的扩大，岂是偶然的呢？后来又加上了教会的财产，教士的特权，寺院僧侣的成为智识领袖；基督教会就不但为人民进入天堂的唯一门户，并且成为政治上的权府，智识世界的唯一锁匙了。

中古教士的神通广大

但是，看啊！中古人民买到这个安慰的代价，是什么啊！这代价便是自由，是一个不折不扣的自由。在教会一尊威权之下，中古的人民，不但没有信教自由、思想自由，并且没有生活自由。他们自堕地以至老死，一切日常的生活，和日间所思、夜间所梦，都须受教会的节制。我们但看中古教士的权力，便可以明白中古人民的精神上的械锁了。他们是一地人民进入天国的钥匙，他们若不为婴儿施洗，婴儿便是枉生；他们若不为死者超度，死者必须堕入地狱；他们若把教堂的门关闭起来，那一境的人民，便将永无得救的希望。中古的人民，这样的惴惴然生活于恐惧之下，起初是不敢发生一毫反抗之心的。但专制的炎威，可以禁止人民的反抗，却不能禁止奇才异能之士的思想。于是希腊式的自由思想，和怀疑哲学，此时就成为中古的唯一良药了。

图十一　中古的教士

大学的建立

这个智识界希求解放的奋斗，是中古末年的一件大事。而最能代表这个精神的，莫如大学。第十二十三的两个世纪，是欧洲各大学的勃兴时代。此时南方有博洛尼亚大学（University of Bologna）[①]，北方有巴黎大学（University of Paris），它们是

①原文译为包龙大学。

后来各大学的模型。到了第十三世纪时候，英国的牛津（Oxford）和剑桥（Cambridge）两个大学，也成立了，而法兰西、意大利、西班牙等处的著名大学，差不多也都是在此时成立的。日耳曼的大学，则在十四十五两世纪中，先后成立。

课程及学位

这些大学，与近古的大学不同，它们是教师与学生的一种团体，随处可以迁移，并无一定场所的。它们的科目，也极简单：除了《圣经》之外，有一部亚里士多德的著作，还有一点名学、科学，及罗马的法律。历史和文学，是完全没有的。学生读了数年，经过考试之后，合格的便得到学位，便有教授的资格了。

> 大学的前身，是各寺院附属的学校，所以《圣经》的位置是很重要的。后来虽然加上了别的科目，但智识的解放，是一件极慢的事。一尊之见不除，入主出奴的结果，又岂能免？不久，亚里士多德的学说，又做了第二个《圣经》，在人类的智识上，又加上一重枷锁了。这种专尊亚里士多德的学派，后人把它叫作经院派（Scholasticism）。第十三世纪的科学家罗吉尔·培根（Roger Bacon）[①]，是一个攻击这种学派最有力的人。

阿伯拉尔

大学兴起之时，也是欧洲思想界发达的时候。当时的大哲学家阿伯拉尔（Abelard）[②]曾在巴黎讲学，听讲之人多至数千。巴黎大学的基础就愈加巩固了。格拉蒂安（Gratian）[③]是一位大法律家，

①原文译为路加培根。
②原文译为亚波拉。
③原文译为格拉兴。

格拉蒂安 博洛尼亚大学的发达，大半也是靠了他的影响。此外如神道学大家大阿尔伯图斯（Albertus Magnus）[①] 及阿奎那（Thomas Aquinas），也都是第十三世纪的大思想家，他们在大学中的势力是很大的。

城市的兴起 打破欧洲中古的势力的，第一是列国，第二是大学，第三便是城市。在中古的上半期，欧洲各地除了意大利的几个城邦外，可以说是没有商务上的活动的。后来社会的秩序渐定，商务及工业就渐渐发达起来。十字军之后，商务既日益发达，而封建的势力又日益衰落，于是城市发达的机会，就日增一日了。城市兴起的最大效果，是在解放那些诸侯的佃奴。他们往往能从他们主人的手中，争到一己的自由，俾成为城市中的工人和商人。后来他们又能为他们的城市，争到自由。他们是中等社会的基础——欧洲中古时，没有什么中等社会。这些新起的，富庶的，中等社会，在智识方面，固然是僧侣的敌手；在生活方面，也远非当时的贵族所能企及。欧洲社会的中心点，由是遂由诸侯的宫堡，和基督教的寺院，移入城市中去了。第十三世纪中叶时，城市代表的加入英国议会；第十四世纪的初年，中等社会的加入法国的三级会议，都是可以证明这些新起的城市，在欧洲政治上所发生的影响的。它们在历史上，和列国有同等的地位，

图十二 十字军的战士

①原文译为麦那。

也是打翻封建制度的一个重要工具。

十字军

十字军虽不是近世文化的种子，但它却是促成近世文化诞生的一个大势力，所以我们也得把它叙述一下。

组成十字军的分子

十字军（Crusade）是欧洲的基督教徒所组织的军队。它的目的，是要从回教徒手中将小亚细亚的圣地（Holy Land）——即是耶路撒冷（Jerusalem）——夺回。但这是十字军在表面上的共同目的，至于从军者个人的目的，就不能这样的纯粹简单了。他们中间，有的是好战的诸侯及武士，他们觉得此时欧洲的天地太小了，想另找一个地方，去发展他们的野心。有的是潦倒的诗人，和失恋的情人，他们觉得从军远离的一件事，很可以宣泄那郁结的感情。有的是妄想发财的人，他们常常听惯了“黄金的耶路撒冷”的歌，不免要想到那天国去，发一注大财。还有的是些商人，他们想到小亚细亚去，把他们的商敌打败。这几类人，和那些真正虔诚的教徒一样，都是十字军中的重要分子。因为十二三世纪的欧洲，是一个情感化的欧洲。在它的地面上，满浮着无限无际的剧烈的感情。它飘荡着，彷徨着，想找几个具体的事物，来凭附这个游散的气体。上章所说的各种僧社，和这章所说的十字军，都是这个情形的产物。

回教徒与基督教徒在圣地的

那个圣地，在第七世纪时，它曾为阿拉伯的回教徒所征服。到了十一世纪时，这个圣地又为新兴的塞尔柱突厥人（Seljuk Turks）[1] 所占据了。

教皇与十字军

正当此时，东罗马的皇帝，也因禁不起突厥人的烦扰，向教皇乞助。教皇眼见回教的势力，日盛一日，唯恐一己的宝座，也要受

①原文译为塞柱突厥。

它的影响。他又看看欧洲的内乱，似乎永无中止之时，因心生一计，以为若能将这一群嗜杀的大人先生们，哄骗到亚洲去，不但欧洲可以六根清净，并且靠了这个圣军，教皇的地位，或者还可以加固一点，提高一点。于是他便在一〇九五年，在克莱蒙（Clermont）[①] 地方，开了一个会议，召集欧洲的武士及信徒，到东方去夺回耶稣的陵墓。他命从军的人，各佩一个十字架在身上——去时在胸前，回时在背上——因此这个军队，便叫作十字军。

但这是什么样子的一个军队？他们既没有制衣，也没有秩序，也没有编制和统领的人。谁觉得要冒一个险，谁便带上一个十字架，向东进发。路上若遇着他们所敬服的人，他们便暂时投在他的麾下。因此，这一队人虽名为十字军，但在实际上，却无异于一大群游民的迁徙。不但如此，教皇在克莱蒙时，曾对大众说过，凡能加入这个圣军的，无论巨盗大贼，都可以得到赦罪，将来都可以升入天国。所以这个十字军在欧洲的功效，不啻是替它的社会，驱除了久年的害虫。

> 第二次十字军的领袖，圣伯尔纳（St. Bernard）[②] 曾说道："在那一大群人中，除了穷凶极恶的、不信教的、犯圣规的、杀人的、立假誓的，除了这些人之外，你将找不到别种人了。他们离开欧洲，有双倍的好处。欧洲是乐见他们的去，巴勒士登却该乐见他们的来。他们的离开此地，和他们的到那里去，实是一件两全的事。"我们看了

①原文译为克罗孟。
②原文译为圣波那。

这个，就更容易明白，一般教士对于十字军的真正目的了。

十字军与东罗马帝国

其中有许多武士们，到了希腊地方——即是东罗马帝国——便立刻把夺回圣地的事忘记了。他们眼见东罗马皇帝的势微力弱，就都想在他的领土上，割据一块地方。做领袖的如此，在他们手下的乞丐流氓和犯人，更不用说是故态复萌，抢掠掳劫，无所不为了。所以这一群无统属、无团结的武士人民，在未曾遇着回教徒以前，却已经与他们的同教异派的人起了冲突，反使回教徒得收渔人之利。

小亚细亚的基督教国家

但其中有一部分，是由二三能干的诸侯率领的。他们居然到了小亚细亚。一〇九九年，他们又把耶路撒冷夺了回来。他们的首领戈弗雷（Godfrey）[①]，就在那里建立了一个耶路撒冷王国（Kingdom of Jerusalem）。同时，又有别的诸侯，在小亚细亚建立了三个拉丁公国，后来便成为西欧人的殖民地。这算是第一次十字军的大成绩。还有一个成绩，便是从军僧社（Military orders）的成立。

> 从军僧社，是一种僧侣而兼武士的人。他们里面穿着军衣，外面披着僧服，这最能代表他们的职位。最重要的僧社，凡有三种。一曰医士（Hospitalers），他们的职务，是看护和救助十字军的。这个僧社至今还存在，它的总会在马耳他（Malta）岛上。二曰圣殿骑士（Templars）[②]，他们的职务是用武力去保护往耶路撒冷朝拜的信徒。

①原文译为格勿留。
②原文译为庙士。

因为他们在小亚细亚所居的地方，是犹太故王所罗门（Solomon）的庙，所以叫作圣殿骑士。他们的权力既大，财产又丰富，不由得就骄傲腐败起来。到了十四世纪，他们竟被教皇及法兰西王杀戮驱逐，而这个僧社也就从此废止了。三曰条顿武士（Teutonic Knights），他们最大的成绩，便是征服普鲁士，使它成为一个基督教的国家。

第二次的十字军（1146）

五十年以后，第二次十字军，又向小亚细亚进发。他们的首领，是那个多才多智的圣伯尔纳（St. Bernard）。但军中的人物，却更为复杂，更为下流。不消说，他们是完全失败的了。

第三次的十字军（1189）

一一八七年，回教的领袖萨拉丁（Saladin）又把耶路撒冷夺了回去。这事便促成了那个最有名的第三次十字军。那时英法各国，都已渐渐成立。于是神圣罗马皇帝红胡子腓特烈（Federick Barbarossa）[①]、英王狮心理查（Richard the Lion Hearted）、法王腓力二世（Philip Augustu），都带上了十字架，各人率领着自己的兵马，向东进发。但这几个帝王怨恨回王萨拉丁之心，却远不及他们彼此仇恨之深。后来英王便与回王订约，凡到圣地来的基督教徒，回王须加以保护。第三次的十字军，也就雷声大雨点小的，告了一个结束。

以后的十字军

自此以后，十字军虽然还是不绝的成立，但它的势力，此时已成为强弩之末了。它的目的，亦愈复杂，它进攻的地点，也由小亚细亚延及埃及，所以此后的十字军，在实际上，都是没有记载的价值的。

十字军的效果

现在我们且看一看，这个占时二百余年，延地三洲之广的大军役，究竟产生了什么结果。十字军的目的，当然在夺回那个圣地。

①原文译为红胡子腓得烈。

但在一二四四年，耶路撒冷终被回教徒夺了回去。所以从正面看来，十字军可以说是一个大失败。但在别的方面看起来，它却产生了几个意外的重要结果。

（一）欧洲青年的教育

第一个重要结果，是欧洲青年从东方所得到的教育。那时小亚细亚及东罗马帝国的文化程度，实远在西欧之上。西欧的少年武士，大抵闻见狭陋，除了打仗之外，没有别的智识。但现在却不同了。他们目见东方的繁华，学业的发达，社会礼俗的文和，不由得自惭自愧，甘心地去做他们敌人的学生。所以从军而去的，都是些粗暴鄙陋的武士，及至他们回来时，大多数是知书识礼的君子了。

（二）城市势力的加添

第二是意大利的几个城邦——尤其是热那亚（Genoa）、威尼斯（Venicc）[①]，及比萨（Pisa） ——权力的骤涨。这些城邦，大抵是以商立国的。当十字军未曾成立以前，他们便深以回教徒的阻碍他们商务的发展为苦。所以他们曾极力怂恿十字军的成立，并且曾以船只供给运军之用。后来十字军虽然终止，但他们的商场，却因此布满了小亚细亚的各地了。这个情形的结果，一方面是把东方的产物，大宗的输运到欧洲去，使欧洲得到了许多新激刺；一方面是使这几个意大利的城邦，更加繁富强盛，为后来文艺复兴伏一个基础。除了意大利各城邦之外，还有北欧和中欧的许多新起的城市，也靠了十字军，得到了不少商业及工业的刺激，以致他们发达的速率，更加增进。

①原文译为威内萨。

正在这个时候，欧洲与中国的交通，也已由神秘的、间接的，成为平坦的、直接的了。后来又靠了回教商人的媒介，中国的印刷术等，也就输入了欧洲，为后来的文艺复兴加添了一点工具。不但如此，在这个时期中，基督教会传教的目的地，也已由西欧转向东亚了。而教皇对于回教徒，既恨且畏，亦欲远交一强国，以为夹攻回教国的地步。适在那个时期，成吉思汗把亚洲的大部分和欧洲的东部，统一在一个主权之下，于是交通日益便利。而人们又乐与欧人交好，于是欧洲人之东行者日盛。教皇亦遣使，及传教士，到大可汗的帝国来了。此实是天主教传入我国的起点。而意大利的商人，马可·波罗（Marco Polo），也是在此时到中国来的。他在元朝做了十多年的官，回国后著了一本游记。我们若要知道当时中国和欧洲交通的情形，决不可不看一看这本极有趣味的书。

（三）欧洲社会的清导剂

第三，对于欧洲社会的影响。上面曾经说过，十字军乃是混浊欧洲的一个清导剂，走去了盗贼乞丐，欧洲的社会就渐有恢复秩序的希望；走去了诸侯武士，欧洲的封建制度，也就失掉了它的灵魂。毒质腐料既去，社会上的康健，自然就有回复的希望了。

十字军在历史上的价值

以上几个情形，都是产生近古文化的重要种子。若使没有十字军，它们可能也会发生，但十字军至少曾把它们提前了一二百年。即此一端，便可以使十字军在欧洲的历史上，占一个重要的位置了。

过渡时代的桥梁

所以到了第十四世纪初年，不但是教皇及封建制度，已为列国的形势所打倒；并且大学已经成立，城市已经兴起，交通和工业，也日益发达。中古到近代的过渡桥梁，都已一一筑好，专待文艺复兴的正式产生了。

表十二 过渡时代势力的交替

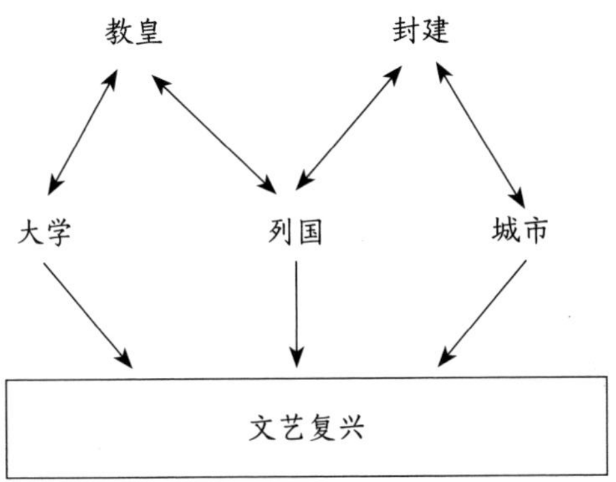

◎**说明** ←→表两个势力的交替，—→表势力的方向，此表但能指出几个重要的势力，其余从略。

埋葬上古文艺之处（一）寺院

但是上古文艺的种子，在中古时当有一个埋藏之地，不然，又怎能复兴呢？埋藏上古文艺的地方，约有三个。一是欧洲各地的基督教寺院。寺院中的僧侣，是罗马文化一部分的保护人。在中古的上半期，他们的智识，却也是极低的，后来经过查理曼的提倡和整顿，寺院就成为黑暗欧洲的灯塔了。

（二）君士坦丁堡

第二个埋藏古文艺之处，是东罗马帝国。东罗马帝国本是希腊的故土，因此，君士坦丁堡就成为保存希腊文字，和希腊思想的中心点了。

（三）回教国

第三个地方，是回教。回教本有它自己的文明，后来又征服了东方文明的故土，最后又由聂斯托利派（Nestorians）[①] 教徒处，

①原文译为聂斯托良。

学着了希腊的科学——医学、天文学、数学——及亚里士多德的学说。于是回教徒便成为中古科学的唯一掌管人了。西班牙地方的科尔多瓦（Cordova）回教国，尤为中古文化的中心点。当欧洲的基督教徒正在互相残杀之时，科尔多瓦的教育事业，却适与欧洲的黑暗成为正比例。那里除了大学之外，单单为贫民设立的学校，也有二十七个。在学业方面，则有各种科学，而尤以医学、数学、天文学，为最发达。其余如应用化学、纺织、染料、制陶、制革，及各种工业，莫不高出当时的基督教徒百倍。

聂斯托利派教，是第五世纪时，从基督教分出的一派。后来它东行入波斯，又从波斯传入中国，为最初传入中国的基督教，即是《大秦景教流行碑》中的景教。这些教徒的程度甚高，他们不但能把希腊的文化保存应用，并且他们是这个文化的最好教师。回教徒的能得到希腊文化，差不多都是由于他们的介绍。

在中古的上半期，基督教是欧洲人民的唯一宗师。但这些人民比如小孩，基督教比如乳汁。在婴儿的时代，他们本可不需别种食物；但他们的胃口不能不加大，他们便不免要觉得那个乳汁的淡薄单调了。于是他们不自知的，就发生了一种向外的盲求，没有一定的目的，没有一定的方向，但觉得一己情感的爆裂，和思想的饥饿。这个情形，在本章中已经略略说过。它的表征及效果，十字军即是其一；僧社的成立，又是其一；各大学的创建，也是其一。而靠了这些事业——尤其是十字军和大学——上古的文艺，乃由它们的匿藏处所，跑到西欧的全境来了。这个上古文化的重新登台，便是文艺复兴的开场第一出。

文艺复兴是近古的事，此处可以不说，现在但讲一讲它的意义便够了。

文艺复兴的意义，乃是对于中古人生观的一种变迁。上古希腊罗马的人生观，是入世的。到了中古的初年，人民饱受人世间的痛苦，于是基督教的出世的人生观，就成为中古人士的共同观念了。他们觉得生前不过是死后的一个预备，除此以外，人生是没有别的意义的。文艺复兴所诏示的人生观，却是入世的。它是中古人生观的一个反动，上古人生观的一种复活。人民于是恍然大悟“此地”和“现世”的本身价值，他们便除去面幂，打开窗牖，敢于看美丽的花卉，吸清新的空气，敢于享受月色和星光的美景了。历史家以为文艺复兴的意义，只是人与宇宙的发现。人的发现，便是敢于尽量地生活着，敢于丰富的生活着。宇宙的发现，却是智识的加添，和科学及地理上的种种发现，他们大抵也是人的发现的效果。

结论

意大利的诗人但丁，不但是中古文化的结晶，并且是近古文化的先锋。上面已经用他的死亡年岁，作为中古和近古的界线了；现在且让我从我的旧作《纪念但丁》文中，择引一点，作为中古文化的结论罢。

他（但丁）生当欧洲中世纪的末叶，那时文艺复兴的太阳，还没有出来。他犹如一颗光明美丽的星，在那半灰半红的东方天上闪烁着。看见他的人，有的说他是长夜的最后之光，有的说他是太阳的先驱。现在我们用历史的眼光看来，知道他两样都是：他是中古文化的结束，也是近古文化的先锋。他这两个性质，凡曾读过他的著作的，都应该知道。他的思想和哲学，虽然不尽属于中古，但他对于他自己的时代，却不曾有意反叛过。他对于中古的唯一权府——教会——始终不曾毁驳过。他曾用严厉的态度，评论僧侣的腐败，但他不敢疑心及于教会。他在他的著作中，也极力拥护一尊、秩序、克己制欲的道德，以及一切中古文化的表示。例如他的天堂地狱，完全是中古人脑筋中的天堂地狱。他的惩罚主义，也纯是中古的反响（例如因为亚当得罪了上帝，所以他的子孙要受罪），他的世界观，也有中古的气味。他的世界，是静的，不是动的。世界上政治的中心点，应该在罗马；而罗马的中心点，却在那个罗马大皇帝。但是，因为但丁是一个属于过渡时代的人物，所以他的思想，不免有许多自相矛盾的地方。他一方面拥护一尊，和其他中古文化的产物；一方面又是一个富于个性的著作家。这个个性的表现，在他的文艺中，尤为显著。他的杰作《神曲》（*Divine Comed*）中的人物，都是活的，是有血肉的；他们已与中古文学中的刻板人物完全不同了。

但丁对于文化的贡献，最重要的，便是他的文艺。他生平的著作很多，其中最有名的，一是上面所说的《神曲》，一是《新生》（*The New Life*）[①]。《新生》是他自己少年时代的传记。他的如火一般的热忱，和他的高尚纯洁的爱情，靠了他的文艺，至今还如春花一样，鲜明艳丽，使我们读了，不由得不和他表同情。那书是用意大利方言做的，实为后来意大利散文的模型。《神曲》是一本长诗，是但丁一生的杰作。他做这首诗的时候，已经过了壮年了，于人生的滋味，也一一的备尝过了。所以这本他自己灵魂的传记，能叙述他由地狱到天堂的经过，好像亲身的阅历一样。我们读了他的《地狱篇》（*The Inferno*），不但可以看见一切恶鬼冤魂的残骨腐肉，听见他们的呼号咒骂，并且还可以嗅着那地狱中的霉臭阴毒的气味。我们不信地狱和上帝吗？这样的地狱，哪能不教我们害怕？我们还敢不信上帝和天堂吗？即此一端，便可以证明那诗的文学的价值了。但丁自己说，要用艺术来引导人类到天国去，他真能达到他的目的了。不但如此，那诗的成功，也是意大利方言的成功。但丁以前，也有用意大利方言作诗的。但第一等的出品很少，第一等的长诗更是没有。但丁凭着他的文艺的天才，和纯挚的情感，把那块方言的生铁，打成一片柔关的钢；使后来的人见了，

①原文译为《新生命》。

不但可以得到他的用处，并且还可以学着一点制钢的方法。

说到但丁对于文化的贡献，就不能不提及他和文艺复兴的关系了。我上面已经说过，但丁也是中古文化的一个儿子，也是近古文化的一个祖宗。所以我们现在可以承认，他对于文艺复兴，有几样重要的贡献。第一，是他的研究古学。研究古学是文艺复兴的一件大事，这是人人所知道的。但丁不但能把中古所有的学问都收集到他的脑里去；并且还能把希腊、罗马的古文明，同样的吸收和应用。第二，是上面所说的个性的表现。个性的发达之于文艺复兴，好像酵之于酒，是一个重要的元素，是一个必不可少的元素。所以我们可以说，但丁是一个文艺复兴的发酵者。第三，是他的运用意大利方言。方言的成为文学，也是文艺复兴中的一件大事。意大利因为与罗马的关系，拉丁的势力最大，所以它的方言的发达也最迟。但丁不但是第一个运用这个方言而得胜利的；并且他能用了他的文艺的甘露，去把那棵憔悴枯瘦的树，灌培滋养，使它开出鲜明美丽的花朵来。

图十三　但丁·阿利吉耶里（Dante Alighieri）1265—1321

下

例言

本册系继续《西洋史》上册而作，本拟分为“近古”与“近世”二编，但著作的时候，忽然觉得这个分别的勉强，所以便不复将分编，但名之曰“近世史”。它的意义，略等于“Modern History”；它的时期，起自意大利诗人但丁之死（一三二一），终于此次的欧洲大战，占时凡约六百年。

本册本应尚有美国一章，但因为全书既已远超出十万字以外，深恐教者及读者的时间不敷，所以只好暂时从略。待他日将本书的篇幅略为削减之后，再行加入了。

本册的编辑方法，又与上册略有不同。上册中的上古史，是以国为单位的，而中古史则是以重大的史迹或时期为单位的。但近世史则因史迹的众多，及彼此关系的密切和复杂，所以便不能不两法兼采，以期完成本时期历史的整个性质了。读者但须查一查卷首的章目，及每章中的重要段落，便可以明白本书经纬的所在，及织成这个整幅图案的方法。

本时期的西洋史，还有一个与上古和中古史不同的地方，这便是它的世界化。靠了地理上的发现，和科学的应用，西洋历史的范围，就愈扩愈大了，而因为时间的接近，我们对于这一期的西洋史，尤能感到深切的兴趣；所以编辑此书的标准，也不得不略略变更。上册西洋史的编辑，比如是闲谈隔村张三李四家太上老祖的掌故，此册的编辑，却如演讲本村现存长辈的事业和人品，他们的历史，是都与我们有密切的关系的。所以上册所当避免的，是无精打采的干枯说话，此册所当避免的，却是左右袒的偏见。但这个危险，又岂独是著者所当注意，近世史的教者和读者，岂不当以世界观的超然眼光，作为他们的指南针么？

此外关于本书的宗旨，及选材的标准等，请参看本书上册中的序文、例言，及导言，此处不再多赘。

著者启事

本书内容原拟有《美国及南北美洲》一章，嗣因本书篇幅已逸出原定计划之外，临时减去。但西洋史中少此一章，终属缺憾，现拟在再版或三版时仍行加入。唯著者对于下列两点颇难决定，拟请用此书之教员诸君加以赞助：

一、本书加入一章，于教授时是否嫌其过长？

二、如嫌过长，本书应于何处略加删节，俾腾出适当篇幅为加入此章之用？

以上两点，如承用此书者不吝赐教，曷胜感幸！赐示请寄北京都城隍庙街八号任寓某收。

陈衡哲敬白

威廉·阿道夫·布格罗

法国，1825—1905

《荷马和他的向导》

荷马（Homer）是那些歌者中的杰出的，而他又是一个诗人。那篇著名的古事诗 Iliad 大约是他作的，Odyssey 的作者容许也是他。

雅克·路易·大卫

法国，1748—1825

《苏格拉底之死》

苏格拉底的哲学和中国儒家的学说，颇有相似之点。他的哲学是入世的；是采取中庸的态度的；是以国家的幸福为人生努力的标鹄的；是以修身致知为达此目的的手段的。

拉斐尔

意大利，1483—1520

《雅典学院》

雅典的文化，不特可以代表全希腊，并且是希腊最高的文化，也是欧洲上古时最优美的文化。

雅克·路易·大卫

法，1748—1825

《列奥尼达在温泉关》

……第二是温泉关（Thermopylae）山峡，是波斯第三次入寇希腊时——纪元前四八〇——二军相遇的狭径。有名的斯巴达王列奥尼达（Leonidas）和他的三百健儿，都是在此战死的。

达·芬奇

意大利，1452—1519

《最后的晚餐》

耶稣是世界上的大教主之一，是欧洲的唯一大教主。他的教——就是基督教——的势力，到了中古时候，也就弥漫了全欧洲，到了近古时候，更与世界的历史，发生了无数关系。

让-莱昂·热罗姆

法国，1824-1904

《罗马角斗士》

罗马文化的精神，则是侧重在实行方面的秩序和组织。它的具体贡献，是法律，及社会上的种种组织——包含政府在内。

安格尔

法国，1780—1867

《查理七世加冕礼上的圣女贞德》

她（贞德）的至诚终于感动了国人，于是大家跟着她的马首，去解了奥尔良（Orleans）的围，把英人打败了，又使查理七世正式的接了法国的王位。

贺尔拜因
德国，1497—1543
《亨利八世肖像》

这时各国君主对于罗马教的态度，可以分为两派：其一，是忠于教皇的；其二，是反叛的。后者的代表，是英王亨利八世，前者的代表，是西班牙王腓力二世。

让-莱昂·热罗姆

法国，1824-1904

《拿破仑在人面狮身像的面前》

自征意大胜之后，拿破仑便立时成为法国的神人和欧洲的魔王了。但他是一个眼光极远、心思极锐之人，他此时虽凯旋回了巴黎，但他深信他的时机尚未成熟……于是拿破仑便决计去征埃及……

雅克·路易·大卫

法国，1748—1825

《马拉之死》

这个政府（巴黎市政府）的中心人物，是丹东（Danton）、马拉（Marat），及罗伯斯庇尔（Robiespierre）三个激烈分子。那个有名的九月的残杀（The September Massacre），即是在这时期内发生的。

第三编 近世史

第一章
文艺复兴

文艺复兴是欧洲中古和近古的一块大界石，历时数百年之久，延地半欧洲之广。现在我们若要明白这件史迹，却先应知道文艺复兴的意义和它所以发生于意大利的原因。

文艺复兴的两个意义

文艺复兴（Renaissance）的意义有两个：一是复生（re-birth），一是新生（new-birth），这两个意义是都不错的。因为从一方面看来，文艺复兴是希腊罗马的古文艺和人生观的复活，是一种复生的运动；从他方面看来，文艺复兴却是欧洲近古文化的先锋，是一种文化的新诞生。大抵在文艺复兴的初期，它的倾向是偏于复古的；后来到了盛极将衰的时期，却又见老树根上，到处产生新芽儿了。这是伟大新文化产生时的一个普遍现象，所以我说“复生”和“新生”的两个意义，是都不错的。

文艺复兴与近代大事的关系

文艺复兴的意义，又有广狭的不同，但普通人对于文艺的复兴的观念，无论在中国，或是西方，大抵是偏于狭义的。文艺复兴自然是文艺的复兴，还有什么别的意义呢？我现在所要采取的新义，却不但要把复兴的意义扩充到一切文化的新生，并且要把文艺的意义推广到凡百人类的活动。因为唯有靠了这个解释，那个运动才有支配欧洲近世数百年历史的资格；唯有靠了这个解释，那些本与这个运动一气相贯的宗教革命，地理上的发现，列国的兴起等，才能游子归宗似的，回到它们应有的地位去。

文艺复兴又是欧洲中古文化的一个反动。关于这一层，却须从两方面看去：第一，是人民的理智和情感方面，它是代表人民生活的内部的；第二，是社会和制度方面，它是代表人民生活的外部的。

中古人民与文艺复兴（一）

从人民生活的内部说来，中古之时，欧洲的人民，饱受了死亡流离的惨痛。政府与社会，均不能庇护人民，于是基督教会和它的出世观念，便成为人民的唯一宝筏了。后来社会秩序渐定，人民渐有余暇去运用他们的思想和感情，他们对于教会的出世观念，不免就发生了一种反动。当风狂雨骤之时，墙壁屋宇，固然是很好的；但如今却是风停雨止，又到了春光明媚、鸟语花香的时候了，他们还能甘心伏居在黑暗的屋子里吗？所以上古希腊罗马的入世观念，此时又重新受到群众的欢迎，做了它们折窗毁壁的好工具了。这是中古与近世分界的一个重要的关键；它是欧洲人民对于人生观的一个大变迁，便是历史家所说的“人的发现”。它是上古人生观的复活，中古人生观的致命伤，近世人生观的一个萌芽。文艺复兴所以能在历史上占一个重要的地位，根本上也是由于这个。

中古人民与文艺复兴（二）

从人民生活的外部说来，欧洲自西罗马之亡，以至第十世纪的五六百年，是我们所认为真正黑暗的时代的。那时欧洲的重要状态，是诸种文化相遇时的混乱糅杂及黑暗，但同时也是新文化伏根的时代。自十一世纪以至于十四世纪，是东方渐明的时代，而近世的文化，也于此时渐露萌芽。在十二及十三两世纪中，法国南部的文化，是不亚于十四世纪时候的意大利的；但一则因为法王的摧残，一则因为时机尚未成熟，文艺复兴的中心点，乃由法国移入意大利；而它的时期，也就延迟了一二百年。

十一二三的三个世纪，也是欧洲人民感情爆发的一个时期。十字军的东征，僧社的成立，青年求知欲的加增，学者诗人的风起云涌，都是好例证。到了第十四世纪时，却又起了一个反动，但见从前如火如焚的情感，化成轻烟淡雾。十字军既已失其号召的能力，而从前刻苦修行的僧社，此时亦成为思想专制的代表，成为教皇钳制人民的工具了。

所以到了但丁死亡的时候，中古的欧洲，已到了山穷水尽的地位。十字军不能扩张教会的势力，反促成了封建制度的消灭；僧社不能改良教会内部的腐败，反为他日的宗教革命下了一个种子。教会统一欧洲的黄金机会便从此失去。而列国的形势既成，近代种种功业与罪恶的种子，也就深深的伏在土中了。此是中古不得不让位于近世的一个原因。第二个原因，是因为中古的开化日耳曼人，此时已经成功，已经完结；新文化既已产生，中古的种种思想，种种制度，也就不得不让位于更合时势所需的新思想和新制度了。当十四世纪开始时，日耳曼的民族已能作自由的思想（威克里夫[①]等）；已能谋独立的生活（城市的兴起等）；已能建立强固的政府（英法等国）；已能各有自己的方言；已能自由表现个性（诗人代表如但丁，艺术代表如乔托）；已能继续希腊人的遗绪，而做科学的研究（如罗吉尔·培根）。到了这个形势，新文化的产生还能免吗？

①原文译为威克立夫。

个性的复活与新文化

但在这两个原因之下，还有一个更深的原因，这便是个性的复活。中古的时候，人类的个性为教会所压制，除了祈求死后幸福之外，是没有别的希望的。他们无论在智识方面，或是情感方面，都是没有发展的机会的。这个情形，当然是扰乱式的中古社会的结果。但当秩序渐定，人民渐有余暇来发展他们的个性时，他们便不由自主地要把这个束缚挣脱，去重过他们的自由生活了。这个个性的复活，也便是历史家所说的“人的发现”。它是文艺复兴的酵，没有它，便不能有文艺复兴。它是近世一切史迹的原动力，宗教革命和地理上的发现，也是它的产品，而中古与近世的根本分别，也就在这个地方。

中古与近世的分别，也可以用比喻来说明，中古的代表，比如是一个戴着面幂，关在小室中的干瘪僧侣；近世的代表，却是一个享受“现在”和“此地”之美的强健少年。前者的人生观是出世的；后者的人生观是入世的。前者是中古文化的结晶，后者是希腊精神的复活，也就是近世文化的种子。

文艺复兴产生于意大利的原因（一）古文化的老家

现在且先论狭义的文艺复兴——即是文学艺术等的复兴。这个文艺复兴的产生地，却是北部的意大利。这是什么原故呢？原来意大利本是上古文化的老家，罗马帝国虽曾亡于日耳曼蛮族之手，而人民对于他们祖先的遗业，却终是不能忘怀的。一棵大树虽经风雨的摧残，使它的种子飘摇零落；但春光一到，最先产生小树的地方，恐怕终还是在那棵大树的附近罢。这是文艺复兴所以产生于意大利的一个原因。

（二）政治上的背景

第二个原因，是意大利政治上的背景。原来自从神圣罗马皇帝在十三世纪时抛弃了意大利之后，意大利才得脱离了日耳曼的政治旋涡。但意大利在中世纪所受的政治上的创伤，也不是短时期所能恢复的。不但如此，在教皇权力之下，政治上的意大利，是不易得到统一的领袖的。所以城邦政治，便成为当然的结果了。

意大利北部诸城邦的势力，并不一样，其中强凌弱、众暴寡的事，也是常见不一见的。而它们的政体，也是应有尽有，无式不备。它们有的是实行专制政治的，米兰（Milan）即是代表；有的是外具共和之名，内具贵族专制之实的，威尼斯（Venice）便是一例；有的是实行共和的，佛罗伦萨（Florence）[①] 便是一最好的代表。在佛罗伦萨城邦中，共和的利弊，尤能尽量地发泄出来。结果是使佛罗伦萨成为第二个雅典，一方面使它饱受朝秦暮楚政策的痛苦，一方面又使它成为意大利文化的中心点，和雅典的成为上古希腊文化的中心点一样。在十五世纪中叶时，佛罗伦萨的政权，都归入了美第奇（Medici）[②] 家去，这一家中接连产生了两位贤明而能干的君主，一是科西莫（Cosimo）[③]，一是科西莫的孙子洛伦佐（Lorenzo）[④]。这祖孙两人，都能礼贤下士，奖励美术文学，而尤以后者为能类于古雅典之伯里克利。佛罗伦萨之能成为文艺复兴的中心点，实在不能不归功于这两位君主。

①原文译为佛罗稜司。
②原文译为美地奇。
③原文译为加司莫。
④原文译为罗稜索。

> 此种城邦的君主，颇似希腊古时的霸主（tyrants），历史家名之曰 despots，亦是霸主的意思。这些霸主大抵都能奖励文学美术，为文艺复兴的灌溉者。
>
> 十三世纪时的神圣罗马皇帝腓特烈二世（Frederick Ⅱ），即是此类霸主的先锋。他自己是一个诗人和哲学家，又能说希腊、法兰西、意大利及阿拉伯的方言。他曾罗致各种诗人、艺士，和学者——不分宗教，不分种族——到他的西西里朝廷内去，使意大利的南部很早的就产生了一个具体而微的文艺复兴，为后来的文艺复兴撒下一个好种子。我们当又记得，这位皇帝，便是与教皇争执，不怕驱逐出教的人；他曾把教皇气得发昏，因为他对于教会，是采取藐视的态度的。他的思想，是已经跳出中古的范围了。

城邦政治，固然是政治上的一件不幸之事；但从又一方面看来，因为竞争的剧烈，和思想的自由，它却很能促进人民天才的发展，和新文艺的产生。上古希腊城邦政治时代的文艺，便是一个例证。所以我说，中古末年意大利的政治情形，也是文艺复兴的一个大原因。

（三）地理和人种的关系

第三个原因是地理上的和人种上的关系。当西欧扰攘的时候，意大利北部各城邦与东方的交通和商务，却始终不曾间断，其中尤以威尼斯和热那亚（Genoa）为能执商场的牛耳。这个情形的结果，一方面是使意大利的城邦感受到异种人的激刺，和上古文化的遗迹——此时上古文化的代表是回教文化，和东罗马帝国的文化（the Byzantine civilization）；一方面又使他们的眼睛常常睁开，不至于太上了教会的当。在这个情形之上，又加上了意大利人民爱悦文艺的天性，所以在中古末年时，意大利人比了其余欧洲的人民，心地便要明白一点，眼光便要宽大一点，见闻便要强博一点。这个情形，是于文艺的复兴极为相宜的。

文艺复兴所以产生于意大利的原因，固然不止这几个，但这几个却可以算是最重要的了。

文艺复兴的五件大事

文艺复兴的一件事，与别种史迹颇有不同的地方，因为它是一种心情的变迁，不似其他史迹之能以行为着迹，所以叙述它也至为不易。又况它所包的范围又极大，所占的时间和地点又极广，所发生的影响也是至今不曾消灭。我现在只得选择其中的几件大事来简述一下，作为这个大潮流的代表罢。这几件大事是：（一）古学的复兴，（二）方言文学的产生，（三）艺术的复活与兴盛，（四）科学的兴起，（五）智识工具的改良。

一、古学的复兴

中古时代的古学

古学是指上古希腊和拉丁文化盛时的学术思想及文章而言。它的复兴，是文艺复兴的最初表示。欧洲上古的思想学术，当然以希腊为最古；罗马承它之后，产生了一种希腊化的罗马学术。到了中古时候，蛮族骚扰欧洲，上古的文化，不绝如缕者，约有五六百年。这个时期，便是欧洲真正的黑暗时代。但古文学虽受了许多摧残，却不曾因此绝迹，下面所举的三处，便是它藏匿的地方：其一是各地的寺院，其二是君士坦丁城，其三是回教徒所建的国家。寺院内的长老和僧侣，本是上古文化的保护人，但后来他们也就渐渐的愚暗起来，只知戴了中古人生观的眼镜，去曲解古人的思想学术了。

君士坦丁是东罗马帝国的首都，古希腊文化所被之区，因此，它也颇能为上古文化保存一点精华。回教自从征服东方文明故土之后，曾从聂斯托利派（Nestorinans）教士处，学着了希腊的哲学、科学，及医算诸学；又加上了阿拉伯固有的文化，结果是造成一个灿烂的回教文化。这个文化最好的代表，是在西班牙的回教都城科尔多瓦（Cordova）。

以上所说的，便是古学在中古时潜地伏流的大概状态。到了第十三四世纪时，靠了十字军的刺激，及交通的增进；靠了各大学所供给的机会；靠了欧洲人民求智欲望的复活，及对于人生观的变迁；这个久伏于地下的古学，也就钻岩拨土的要求重见天日了。

最初见天日的古学，是亚里士多德的学说。第十二三世纪时，各国大学中最重要的书籍，只有二种：一是《圣经》，一便是亚氏的著作——物理学、名学、伦理学等等——由此可知亚氏学说在智识界的势力了。但这些著作，大半是由阿拉伯文译成拉丁文的；它们不但错误百出，并且还加上了许多回教和基督教所给它们的曲解和附会。亚氏学术的真义，遂如披云蒙雾一般，不易看见了。亚氏如此，其他古人可知。所以古文学家的第一件事，便是去求直接阅读古人的著作。

人文主义

这些古文学家，历史家叫他们做人文学者（humanists），因他们所提倡的，是人文主义（humanism）。我们已经屡次证明，上古文化与中古文化根本不同的地方，是在一则以人为中心点，一则以神为中心点。古文学家既是上古文化复兴的使者，他们学说的中心点，当然是“人”而非“神”了，所以他们的主义，可以译为人文主义。

彼特拉克（1304—1374）

人文主义是古学复兴的一个主要标记，它的最好的代表，就是意大利佛罗伦萨城的彼特拉克（Petrarch）[①]。关于这位好古老先生的生平，现在却只能简述几句。他是但丁的同乡，也是佛罗伦萨城的人。他自小便有好古的奇癖，他不但目好古学，耳好古音，并且常常心往神驰地置到古文人的社会中去。他常怀着那“怅望千秋一洒泪，萧条异代不同时”的感慨，所以他便常常的做些相思爱慕的信札，致那些久已长眠的拉丁古文学家。因为在彼特拉克的心目中，只有不朽的古人，是能了解他的思想心情的，与他真正同时同地的人，却因性情志趣的不同，反成为异时异地之人了。这个与古人忘时同化的精神，是彼特拉克一生成功的原动力。

彼特拉克对于文化的贡献

但彼特拉克的成功——即是他对于文化的贡献——是什么呢？简述起来，可得下列的几条：其一，是他的为古学而研究古学的精神，及这个精神的传染于他的社会；其二，是他的收集和整理古文残稿；其三，是他的舍弃肤浅的创作，而从事复古，使意大利的文艺复兴，成为一个源远流长的事业。因此种种原因，彼特拉克便不啻成为当时意大利的久郁待泄的智府的先导了。历史家常把他称为“人文主义之父”，即是由于这个理由。

彼特拉克的成绩，还有许多以意大利方言做成的抒情小诗。这些小诗都是他少年时代的著作。后来他年老了，对于方言的文学，颇生轻视之心，因此便把这些小诗也毁弃了。但普通的欧美人士，至今尚以为彼特拉克的所以不朽，乃在这些抒情小诗。

①原文译为彼脱拉克。

希腊古学的复活

但譬如掘古城者，城愈古则愈在下层。彼特拉克能从基督教化和回教化的上古文化中，发现了拉丁式的上古文化，可算是已掘到古城上面了。但是在拉丁式的古城之下，岂不还藏着一个更古的希腊城吗？适在这个时候，东罗马帝国因土耳其入寇的危机，常常遣使到意大利去求助。这些使者是比较稍懂希腊古学之人，所以他们便被意大利人拉去做希腊教师了。其中最有名的，是赫里索洛拉斯（Chrysoloras）[①]。他于一三九七年，开始在佛罗伦萨教授希腊古学，一时听讲之人，如狂如醉，佛罗伦萨全城，便不啻成为希腊狂了。后来君士坦丁为土耳其人灭亡之后，希腊人的西徙者，就更日益加多，而古希腊文学的灵魂，也就更加精神勃勃起来。

古学复兴的效果

对于希腊拉丁古文学的复兴，此处不能再述下去了，现在且把它的效果简单说几句罢。

（一）寻找真理的精神

古学复兴的第一个效果，是创立一个研究真理的评判精神，为欧洲的人民驱除数百年来胸中的茅塞。因为这些人文学者，是只求懂得古人的真义，只求从理智方面去认识人生，余事均所不顾的。他们对于教会的态度，也是以此为标准。如教皇的说话与理智相符，他们便服从他，否则他们便不睬他。这个轻藐教会的态度，这个唯理是视的评判精神，实比千万刀枪还要厉害。所以人文学者在表面上，虽还都是教会的儿子，但在实际上，思想专制的致命伤，却是他们所给的。

（二）考据学的发达

第二个效果，是考据学的发达。它的结果，是使意大利的文艺复兴建筑在一个坚固磐石之上。

①原文译为克利梭拉。

（三）读书工具的加增及改良

第三个效果，是读书工具的加增，而其中尤以书籍的加添，书上讹错的校正，以及图书馆及学院的创建，为最重要。加斯莫所创办的柏拉图学院（The Platonic Academy），及图书馆，是佛罗伦萨城对于文化贡献的一个具体代表。

（四）教育的改良

第四个效果，是教育的改良，而彼特拉克的徒孙达·弗得尔（Da Feltre），乃是这个新教育的领袖。他的教育，是以希腊的中庸人生观为根据的，文艺复兴时有许多名人，都是出于他的门下的。

（五）女学者的兴起

第五个效果，是女学者的兴起。十世纪时的初年，有一位女士曾对人说道："世上最可耻的事，莫过于愚暗，若使愚暗是女子入天堂的门券，那么，我愿造物主把我送到地狱里去罢。"这段言语是很可以代表当时女子的自觉心的。威尼斯的卡桑德拉（Cassandra of Venice）①，和佛罗伦萨的亚历山德罗（Alessandra of Florence）②，是十五六世纪时女学者的两个好代表。她们颇能与男子自由交际、自由讲学，但同时，她们又都是品洁行高，为一般人士所敬仰的。这些女学者实是近代女子解放的先锋，尤可贵的，是她们的解放方法。她们的解放，是由内而外的，是以解放自己的理智为起点的，她们并不曾以解放的责任推到男子的身上去。

（六）新的人生观

但古学复兴的最大效果，上面已屡次提及，乃是以一个人生观的新模型给予一般人士。中古人生观的不适于此时的人生，可以不用再说了；但凭空去创造一个人生观，也不是一件易事。十一二三诸世纪时，人民对于中古的道德观念既已不复信仰，而新道德的标

①原文译为佳姗特拉。
②原文译为亚历山特拉。

准又未立定，于是一般人士便不由自主地发生了一种向外的盲求，和内心里灵肉的冲突。但如今好了，靠了人文学者的辛劳，古罗马、希腊的人生观，已呈露于目前，可以任意去采用了。这岂不是一件快事？罗马、希腊的人生观，是以人为单位的，是以发育个性为人生的究竟的，所以这个新人生观的发现，不啻便是人的自己发现。古学复兴到了这个地步，在文化上的贡献，可以说是已经登峰造极，此后便不免要走下山路了。

二、方言文学的产生

方言文学与拉丁文

欧洲中古时的通行文字，是一种变形的拉丁文。但列国的人民，既不是罗马的后裔，他们的方言，当然也与拉丁不同。即在罗马故土的意大利，亦因人种的复杂，产生了一种异于古拉丁的意大利方言。这些方言在中古时，是没有文学的价值的，它们不过是一种言语罢了。直到十四世纪以后，才渐有些文人，去把这些方言应用到文学上去，使它们得到了文学上的价值。到了十六世纪印刷术发明之后，这些方言又得到了一个新势力。自此以后，它们就代替拉丁文，成为近世欧洲文化的重要工具了。

这个中古拉丁文在欧洲文学上的地位，犹之我国的官牍文字，和它相对的，一方面有更美更佳的古拉丁文，一方面又有为普通人所用，而尚无文学价值的各国方言。上面所述的古学复兴，犹之我国唐代士人的提倡古文；而此章所述的新文学的产生亦与我国近日的白话文学运动有点相像。

方言文学的产生与古学复兴

这个方言文学的产生，本是与古学复兴同出一源的，因为当时意大利的人文学者，大抵都能运用方言，为创作文学之用，而当时的文学家，又都是受过古学的洗礼的。并且这两件事的目的，也很相同，它们虽是一向前看，一向后顾，但它们却同是对于中古拉丁文表示不满意的。它们的成功，都是它的催命符。

但古学复兴的性质是纵的——即是直溯上古的——而新文学产生的性质，却是横的，是一国与一国不同的。所以我们现在叙述方言文学产生时，便当以各国为单位了。

意大利的方言文学

但丁

意大利 意大利是文艺复兴的发祥地，所以它的新文学的产生，也是最早，而且又是十分优美的。这个新文学的老祖，不用说，自然是那位十四世纪时的诗人但丁（Dante）了。前乎但丁的人，也未尝没有以方言作为文学的，但第一等的出品很少，第一等的长诗更是没有。所以但丁的《神曲》（*The Divine Comedy*）便成为意大利方言的第一大成功，欧洲方言文学的第一美丽产品了。

关于但丁的文艺，和他在文化上的位置，可参见本书上册第二编结论，此处不复再赘。

阿里奥斯托

但丁所代表的，是文艺复兴的曙光；而十五及十六世纪的诗人阿里奥斯托（Ariosto）[①] 所代表的，乃是文艺复兴的日中时代。阿氏的杰作《疯狂的罗兰》（*Orlando Furioso*）[②]，是文艺复兴时代的人生观的一个完全写照，犹之但丁的《神曲》为中古人生观的写照一样。

①原文译为亚利奥斯多。
②原文译为《奥兰度的怒狂》。

薄伽丘及其他

在散文方面，则但丁的《新生》(*The New Life*)，乃是一个先锋。此外如薄伽丘（Boccaccio）[①] 的《十日谈》（*The Decameron*），马基雅弗利（Machiavelli）的《君主论》（*The Prince*）[②]，也都是这时期中意大利散文的杰作，及意大利后来文学的模型。

英国的方言文学

乔叟及威克里夫

英国　英国新文学的老祖，是十四世纪时的乔叟(Chancer)[③]。他是《坎特伯雷故事集》（*Canterbury Tales*）[④] 的作者。而威克里夫（Wyclif）所译的《圣经》，亦能与这个故事平分创造英文文学之功。

> 在乔叟之前，英国已有方言文学的产生，但甚少伟大的作品，故本书遂把乔叟作为英国的第一方言文学家。历史上此等例子甚多，因为凡是大事，没有不是伏源在千万里之外的。但穷溯细追之举，乃是编专史者之责，非普通历史所应做的。因恐读者把“第一”两个字看得太呆了，故趁此机会申说一下。希望读者能常常记得这个意思，勿犯以辞害意之病。

英国人的留学意大利及效果

自此以后，英国少年因思慕意大利文艺复兴之故，常有到意大利去游学的。这个游学的结果，不啻为英国学界打开了一个窗户，于是阳光所照之处，凡英国生活的简单，学校的固陋，教师学生智识的闭塞，都如暗室中的蛛网尘堆一样，此时都一一显露出来了。

①原文译为朴伽邱。
②原文译为《王者》。
③原文译为绰塞。
④原文译为《坎特布里古事》。

不幸十四世纪以后，英国接连发生了两次大战——百年战争及蔷薇战争，一次大疫，又加上了农夫的叛乱，于是丧乱贫苦的空气，便把新文学的萌芽暂时弄萎了。直到十六世纪女王伊丽莎白[①]朝代，这个萌芽才重新吐芽展叶的大放光华起来，而其中尤以莎士比亚（Shakespeare）的剧本为最有不朽的价值。莎士比亚所受意大利文艺复兴的影响，是很深的，他的剧本故事，有很多是意大利的产品。他可以说是英国文艺复兴的结晶。自此以后，英国的方言文学，便建筑在一个千载不拔的基础上了。

莎士比亚

日耳曼的方言文学

日耳曼 日耳曼的方言文学，产生较迟，十六世纪时路德所译的德文《圣经》，是日耳曼方言文学的第一件产品。

西班牙的方言文学

西班牙 塞万提斯（Cervantes）[②]是西班牙的第一个大文学家。他的杰作《堂·吉诃德》（*Don Quixote*）[③]是以方言做的，是世界上不朽的文学作品之一。

法兰西的方言文学

法兰西 拉伯雷（Rabelais）[④]是此时法国方言文学的代表，但文艺复兴在法国的大成功，却尚须待诸异日。

三、艺术的兴盛

艺术兴起的时期

艺术的兴起，和古学的复兴，及方言文学的产生一样，也是发源于意大利的，也是以佛罗伦萨城为中心点的。但它的时期，却差

①原文译为伊利沙伯。
②原文译为塞文蒂。
③原文译为《吉诃德先生》。
④原文译为拉勃雷。

不多要后于古学复兴一百年——渐盛于十五世纪，大盛于十六世纪。

艺术的种类

艺术的种类亦甚多，从广义而言，不但图画、雕刻、建筑是艺术，即诗歌、戏剧、跳舞，以至于金玉工业，及陶器瓷器的制造，亦何一不是艺术？但此处所述的，却是狭义的艺术，即是图画、雕刻及建筑三项艺术的兴起，其余的都暂摒在范围之外。

艺术的个性

中古之时，个性屈服于全体，故中古时最发达的艺术，为个性最少的建筑。中古的大教堂，此时尚是欧洲文化的一个大成绩。后来文艺复兴的潮流渐把那个枯萎了的个性灌溉滋养起来，于是最宜于表现个性的图画及雕刻，也就渐渐起来与建筑争荣了，而其中尤以图画为最发达。此两项艺术本来不过是建筑的附属品——大抵是用来点缀教堂的墙壁的，到了文艺复兴时，它们便由附庸蔚为大观，而单行画本及单件雕刻，也就随处可见了。

现在且按上面所说的三项艺术分别简述一下。

建筑

建筑与时代的关系

一、建筑　建筑是一件合作的事业，故不甚能代表个性，但对于民族性及时间性，它却最能表示出来的。上古之时，希腊与罗马的人生观，是偏于现世的，他们的眼光，是侧重地面的，故他们的建筑，方基巨柱，使观者的目光，左右行而不上下行，观者所得到的印象，也是心情的怡悦，而非翱翔于云表的遐想。到了中古之时，人民以宗教为人生的依据，以出世为人生的究竟，所以中古的建筑，便以哥特式（Gothic style）[1]为最发达。尖形的长窗，矗霄的高塔，纵行的直线，是都有引人向上的效力的。它们都不啻告诫观者说：“你们且忘了地下，望着天上，使你们的灵魂，随着那颤巍巍尖塔，

①原文译为哥德式。

图十四　哥特式的建筑——米兰的一个教堂

图十五　文艺复兴时代的建筑——罗马的圣彼得堂

去与上帝接近接近罢！”到了文艺复兴之时，中古的人生观，又渐渐失了势力，人民的希望及目的，又渐渐的由天上移向地上，由世外移归世内，于是宽基厚柱、圆拱低窗的建筑，又成为近世人生观的表征了。

雕刻

吉贝尔蒂（1378—1455）

米开朗琪罗（1475—1564）

达·芬奇（1452—1519）

二、雕刻　中古的雕刻，起初是建筑的附属品，故雕刻的发达，最初也是附丽于建筑品的。第一个大雕刻家，就是吉贝尔蒂（Ghiberti）[①]，他的最大的成绩，是佛罗伦萨城中的一个浸洗坛。到了十五十六世纪时，雕刻界里又出了两个明星：一是米开朗琪罗（Michelangelo）[②]，一是达·芬奇（Da Vinci）。他们都是佛罗伦萨城人，他们不但是第一等的雕刻家，却也是建筑家和画家，但米开朗琪罗的最大成绩，仍在雕刻一方面。在他的雕像上面，是都有极深刻的情绪，来表示出生命的奋斗的。他是希腊以后的第一个大雕刻家，他所立的标准，至今仍是高不可及。

> 这两位艺术家，都是千古不一遇的伟大天才；他们两人的成绩，并不以雕刻图画及其他艺术为限。达·芬奇同时也是工程家、科学家、诗人、音乐家、哲学家，及著作家。文艺复兴之花开到他的身上时，可以说是五彩缤纷，无美不备，灿烂到了十二分了。米开朗琪罗除了图画、雕刻、建筑三项之外，也是一个工程家、诗人，及解剖学家。而他的高尚的人格，及美洁的情趣，又可以为艺术与道德不能并存之说立一反证。

①原文译为基柏提。

②原文译为米开兰基罗。

图十六 米开朗琪罗的雕像——大卫氏（局部）

图画

乔托（1266—1336）

波提切利（1447—1510）

三、图画 三项艺术的兴起，以图画的成功为最大，然亦最迟。乔托（Giotto）是第一个新画家。他的人物，渐能有生气，有个性，有行动及情感的表示，这都是中古时的刻板画图所没有的。但他生得太早了，竟如冬梅独秀一样，差不多继起无人。直到十五世纪时，才又产生了一位大画家，叫作波提切利（Botticelli）[1]的。波提切利是一个梦想家，他的画品常常含有神秘的意味。在技术方面，他是完全创作的。他画中的人物，常是神致飘逸，情绪深玄，又加上了那轻软的衣裾，柔淡的颜色，幽幽青天，浩浩流水，益使观者

①原文译为波提奇利。

得到一种不可名言的神秘感觉。

图十七 波提切利的图画——爱神的诞生

达·芬奇 米开朗琪罗

自此以后，画家的兴起，便如春花怒发了；其中不少第一等的人物，但尤以达·芬奇、米开朗琪罗，及拉斐尔[①]三人为最杰出。达、米二人的雕刻，固是空前杰作，但他们的图画，也是文艺复兴时代的一等成绩。达·芬奇的人物，都是富于个性的。米开朗琪罗的用笔成绩，则与他的用凿子的成绩差不多，生命的奋斗，仍是他的唯一主旨。

①原文译为拉飞尔。

拉斐尔（1483—1520）

拉斐尔（Raphael）在画界中的资格及成绩，实不啻剧界里的莎士比亚，因为他不但有第一等的天才，并且又是能以全力去把这个天才施用于他的艺术上的。而他遗留给我们的作品，又极丰富。因此种种原因，他便为文艺复兴时画家的最好代表了。在技术方面，他是无人能与他并肩的，他比如一个采蜜的蜂儿，他把意大利所有美术家的佳处，都采遍了，然后又运用了他自己的伟大天才，把采来的香露甜浆，酿出许多芬芳馥郁的蜜儿来。这个蜜儿虽是由百花所酿成，但它的色香味道，却是十分和谐的，单单这个调和运用，以旧作新的事业，已是非天才不能承任了。

图十八　拉斐尔的图画——教皇朱利欧二世的小像

新艺术的特点

总而言之，图画的一项艺术，到了十六世纪时候，可算是已经脱尽了中古的拘束，翱翔于千层云表了。今综其要点，凡有三事：一曰技术的改良，死者化为活，硬者化为柔，遂使艺术复与人生相近。即以圣母和耶稣头上的金轮一事而论，中古的画家，常以一厚硬之圈来代表它，结果是使观者代圣母和小耶稣叫苦。后来艺术逐渐进步，这两位圣人头上的担负，也就日见轻松，及至拉斐尔时，却只用薄薄的一丝金光，来代表他们的神圣了。二曰范围的扩充，中古画家的范围，是以《圣经》为限的，后来经过复古的潮流，希腊的神话及日常生活的情形，便也成为画家的资料了。这个情形的结果有二：一是雕刻和图画的脱离建筑而独立，一是个人画像，和非宗教的画品及雕刻的盛行。三曰审美的倾向，这个情形，当然是复古及人生观改变的结果，其理甚明，可以不用赘述。

四、科学的兴起

科学与文艺

科学与文艺，是文化的双翼，缺了一样，那个文化便成为畸形的了。科学是偏于理智的，文艺是偏于情感的。然理智和情感，既是人类最宝贵的官能，那么，所谓文艺复兴时的人的发现，亦不过等于那个久被茅塞的理智和情感的重见天日罢了。情感的新生命，我们既已在上面略略窥见一点了；现在且让我们来看一看它的兄弟——理智——的新生命。

科学的老家

科学的老家，是在哪里呢？原来上古的希腊，是和一个百宝箱一样的，凡是近古文化的老祖宗，都可以说曾在它那里藏过。诗词文艺，不用说了，即以近代的魔王科学而论，它又何尝不曾经过希腊人的手泽呢？中古之时，神权万能，教会以迷信引导人类，于是人类求真理和创造的欲望，遂为求圣徒遗迹和朝拜圣陵的事业所蒙蔽。但求真理和创造的心——即是科学的真精神——是人类天赋的欲望，它可以被蒙于一时，岂能被蒙于永久？同时，古希腊的科学，虽然被教会斥逐于西欧之外，但它却未尝消灭，它曾在回教国中找到了一个尊荣安稳的藏身之所。所以西欧科学复兴的第一件事，便是由回教徒处将古希腊的科学种子重新移植过来；而十二三世纪时，亚里士多德著作的复入西欧各大学，即是这个移植功夫的第一个结果。他已把科学的精神——如因果的寻求，物象的观察，事物的实验之类——深深的浸入人心里去了。后来靠了复古的运动，一般研究科学者，遂更能直接的去向古希腊求教。我们知道，凡是医学、数学、动物学、植物学、物理学、化学、天文学，以及历史学和各种社会学，古希腊是都曾以良好的教师给过我们的。

罗吉尔·培根

十三世纪的罗吉尔·培根(Roger Bacon)，是近世科学家的先锋。那时僧院学派的势焰方盛，亚里士多德又不幸做了他们的护身符，培根却是攻击这个学派最有力的人。他以为真理的寻求，必须从观察物象，和实验物质下手，单单靠了几本古书，是不中用的。这个以观察及实验为寻求真理工具的学说，固然不始于培根，但他却是提倡此说，而把他公之于世的第一人。

天文学及天文学家

在科学本身方面，则最先脱离中古的黑暗的，乃是天文学。自从古天文学家托勒密（Ptolemy）创地球为宇宙中心之说后，千数百年以来，不曾有人对于他的学说发过疑问。一直到哥白尼（Copernicus）时，这个学说才得了一个大打击，因为哥白尼是主张太阳为宇宙的中心点的。后来伽利略（Galileo）[①] 又极力赞成这个学说，他又发明了望远镜，于是哥白尼的学说，乃得靠了科学的方法而益证实。

天文学与教会

这个宇宙中心说的改变，实不仅是天文学上的一个革命，也是人生哲学上的一个大革命。原来照了《圣经》的解释，人类乃是宇宙的中心点，是上帝的骄子，所以他所住居的地球，当然也是被日月星辰所环拱的。今若改变旧说，则人类的尊严，岂不要堕落到泥土中去？那个代表上帝的教会，岂能任容这种邪说来摇惑人们对于上帝的信心呢？结果是教会靠了它的威力，竟使伽利略闭口不再乱说，而哥白尼的学说，也是到了临死之前才敢发表的。

科学的新方法

但教会的威权虽大，它又岂能与真理久抗？所以到了文艺复兴的末年，科学的精神，既已靠了罗吉尔·培根等的提倡，而日益发达；而研究学术的方法，也已由亚里士多德的演绎法，而改为由观察和实验下手的归纳法。这个方法后来又经过弗兰西斯·培根（Francis Bacon）[②] 的提倡，便更为一般科学家所重视了。他的影响的所及，初看上去，似乎只在学术界，但在实际上，他却是打倒教会的一个大利器。因为现在教会如说："人是上帝的骄子，所以他和他所住的地球，当为宇宙的中心点。"我们便可以用了归纳的方法，去反驳他道："我们已经靠了实验，证明地球是仅仅附属于太阳的一个行星了，所以地球和生存于地球上面的人类，都不是宇宙的中心点。"

①原文译为加立里。
②原文译为勿兰息斯培根。

但文艺复兴时代的科学，仍不过是一点萌芽，直到十七世纪以后，科学家才风起云涌的大兴起来。后来又靠了科学的实用，使地球上起了一个空前绝后的大变化，至今尚未停止。但这都是近一二百年来的事迹，不在此时的范围以内了。

五、智识工具的进步

印刷术与文化

书籍的缺少，是文化的一个大障碍。文艺复兴既已把人类的智识容量提高扩大，然若非同时有印刷术的发明，则文化之灯，仍只能照及一隅，而不能普及于民众。所以我们可以说，印刷术的发明，乃是近世民权运动的一个根本原因。

印刷术的发明及效果

谁是活版印刷术的发明者？这个问句的答语，至今尚是历史上的一个疑团。但是我们大都承认，荷兰人科斯特（Coster）[①]，乃是第一个完成此术之人，德人古登堡（Guttenburg）[②]，却又是第一个以此术施诸实行之人。而第一本用活版印出的重要书本，则是在一四五四年出版的《圣经》。自此以后，活版印刷所的建设，便如雨后的春笋，蓬起勃发，不到五十年，它们已经布满欧西各国了。结果是不但书籍的容量大增，而且书价低贱，昔日无力置书的人，现在都有购买的机会；因此智识的普及，也就非为中古人士所曾梦见。不但如此，昔日手抄之书，常常讹误百出，今改用活版，只需将版本一次校正，所出的书，便可一律无讹。所以书籍的质量上，

①原文译为加斯脱。
②原文译为哥登堡。

也就同时有了巨大的进步。

纸的改良

但既有活版印刷术，便当有适宜的纸料，否则书籍仍无从增加起来。最初的纸，是古埃及人所用的苇纸，中古的欧洲人，又改用了羊皮纸，但这两种纸都是十分昂贵的。后来中国的棉纸，被阿拉伯人引入了希腊、西班牙，及意大利各处，欧洲才得了一种便宜的纸料。后来他们又以羊毛或麻苎来代替木棉。这个新法所制的纸，不但价值便宜，并且易受活版的印迹，不似羊皮纸的不合于用；印刷术得此，便真如鸟得翼，益能高飞远及，把文艺复兴的种子，散遍于穷乡僻壤了。

文艺复兴的西行

上面所举的文艺复兴五项大事——古学的复兴，方言文学的产生，艺术的兴盛，科学的兴起，及智识工具的进步——除了第五项外，它们都是在意大利出土的。它们舒芽放苞之后，便渐渐的由意大利走向西北，到了英、法、日耳曼各国，为近世的文化撒下了许多可贵的种子。它在法国所走的路，是王家的大道，它的效果一见于十七世纪时的文学家，再见于法国革命前的一班哲学家。它在日耳曼所走的路，却是染上了宗教色彩的民众大道，结果是宗教革命的爆发。它在英国所走的路，是偏重文学与实验科学的，而十八九世纪的工业革命，乃是它的一个间接结果。

由此可知，文艺复兴的种子，和它的本身一样，不是刻板的，乃是能因地因势而改变它所开之花的。现在且作一表，来表示这个种子传入西欧各国后所产生的特殊花果。

表十三 文艺复兴在西欧各国产生的特殊花果

国别	花	果	重要原因
日耳曼	宗教哲学	宗教革命	（一）民族性简单，宜于宗教。 （二）民族性喜实用，不乐罗马教的仪式。 （三）教皇在日耳曼的威信，本不甚深。
西班牙 葡萄牙	地理上的发现	殖民地的竞争及欧化的遍及全球	（一）近海宜商业。 （二）宗教及爱冒险的民族性。
法兰西	政治哲学	法国革命	（一）专制政体的发达。 （二）政治的亟须改革。
英格兰	应用科学	工业革命	（一）工业发达。 （二）尚实用的民族性。

◎**注意一** 读者请将此表与本书的章目比较一下，便可以明白文艺复兴的潮流是怎样的支配欧洲近代的历史了。

◎**注意二** 表中所指出的特殊花果，每国只以一件为限。但此并不是说文艺复兴在该国所发生的影响只此一样；这不过是说，这一种的花果，在该国的发达，在时间及分量上，都超越于其余各国罢了。具体说来，即是在宗教改革方面，日耳曼乃是西欧各国的领袖，而十九世纪的欧洲大革命，乃由法国开其端，其余可以类推。望读者勿将此表看呆。

◎**注意三** 表中每一种特殊花果在该国产生后，它的种子仍又分散于其他各国，因为它们是不拘守故土的。此亦足以证明文化的相互关系，及它在历史上所占的地位。

意大利孕育文化的代价

为西欧各国辛勤散播这个文化的种子，实是意大利对于文化的一件不朽大业，但它所出的代价，可也不小。原来对于文化有所贡献的国民，是最易流入柔弱，最易受武力的摧残的，这实是历史上的一件伤心事。文艺复兴时的意大利，又何能独逃出这个公例呢？况且自西罗马帝国灭亡以来，意大利本已常成为西欧雄心家的目的物。中古之时，因教皇与皇帝之争，意大利所受的蹂躏和摧残，我们当还有点记得，不用再说了。到了文艺复兴之时，意大利在政治上既无统一的实力，而一般人士，又复聚精会神的从事于文化的创造。这个情形，遂引起了王权正盛的法兰西的垂涎。自一四九四年法王查理八世侵寇佛罗伦萨城起，至十六世纪中叶时法王弗兰西斯一世（Francis I）[①]与神圣罗马皇帝查理五世（Charles V）拼死力争意大利时止，此五十余年中，意大利不知受了几许异族马蹄的蹂躏，几许异族刀箭的割戮。罗马城既已被劫而毁掉，而意大利的文化，也如云烟四散，摧残净尽。自此以至十九世纪，意大利便成为一个地理上的名词，无复半点政治实力了。

『落红不是无情物』

但是诗人说得好，“落红不是无情物，化作春泥更护花”。上古的末年，西罗马帝国既遭蛮族的蹂躏，而罗马的文化，却并不曾以此忘其天职，结果是中古末年古文化的大复活。意大利的文艺复兴，又何尝是无情之物呢？它虽受了外来武力的摧残，化为泥土，但它却不曾因此绝了希望。这泥土怀着文化的种子，却跟着它的摧残者，走入了西欧各土，后来便在那里发芽展叶起来，为近代产生一个灿烂的文化。由此可知，武力的胜利在一时，文化的胜利在永

①原文译为勿兰息司第一。

久。意大利所受的委屈，不过数百年，而它在文化史上的功绩，却真是千古不朽的了。

文艺复兴是近代欧洲文化史上的一件大事，本书因限于篇幅，所以只能给以一章的地位。现在商务印书馆所编的《百科小丛书》中，有著者的《文艺复兴小史》一书。此书之结构是与本章相同的，但材料却增加了五分之二，所以它对于这件史迹的解释，亦能较为充分详尽。读者若能把它作为一种小参考，似乎也还值得。

第二章
列国新形势

中古政治的末日

当十四世纪的初年，但丁死亡的时候，欧洲不但在文化上显出新旧交替的情形，即在政治上也是旧去新来，充满了种种过渡时代的情状和问题。那时统一欧洲的势力——教皇与神圣罗马皇帝——已经因相争而两败俱伤；而分裂欧洲的势力——封建制度——亦因互相杀戮，和十字军的结果，渐渐失其根据。这统一和分裂的两个矛盾势力，是欧洲中古政治上的中心点，所以它们的失败，不啻为中古的政治史宣告末日。

近世政治的开始——列国

但代起而兴的新势力，又是什么呢？那便是列国。列国的成立，对于教会和神圣罗马帝国，是一个分力，因为列国的政教各权，都是从这两个统一的势力上分割下来的。但它对于封建，却是一个合力，因为聚数千百个独立的侯邦，而成为数十个独立的国家，岂不是合力的一个大成功吗？所以我们可以说，列国的成立，乃是欧洲政治上的一个大进步。中古之时，欧洲外承统一之名，内具分裂之实，列国兴起的第一个效果，便是把那个统一的假面幕撕开，把分裂的乱象扫除，使欧洲的政治达到了名实相符的地位，为近世的欧洲打开一条新道路。

但被列国所打败的统一，并非真正的统一，乃是虚有其名的统一，故列国的成立，是一个进步。若使中古的统一能名实相符，能以和平和秩序赐予全欧洲的人士，那么，这个开近世混乱政局的列国新形势，不但不能算为进步，而且竟是历史上的一个大退化了。

列国成立的原因（一）君权的伸张

列国成立的原因，也很复杂，现在且择几个较为重要的简述一下。第一，列国的成立，乃是君权伸张的结果，因为列国对于封建，是一个集合的运动。当此之时，惟有位尊权重的君主，方能打倒诸侯的势力，把他们的领土和政权剥夺过来。最初成立的列国，乃是君权早熟的英法两国，而日耳曼与意大利，却因为产生不出一个强盛君主之故，直至十九世纪，始得获得政治上的单位。这都是可以证明君权与列国的关系的。

（二）中等阶级的产生

第二，列国的成立，乃是中等阶级产生后的一个结果。中等阶级所希求的，是秩序与和平，所畏忌的，是战争和混乱。君权伸张和列国成立的结果，既足以消灭产生战争和混乱的封建制度，又足以保障地方的安宁，和增加交通和交易的便利，那么，这些靠商务为生的中等阶级，岂有不竭力赞助他们国家的成立呢？同时，中等阶级对于教会，当然是不甚热心的。列国的君权扩张，既足以帮助他们脱离教皇的羁绊，那么，他们当然便不惜巨资的来帮助他们的君主，使他们能从教皇手中争到政治独立之权了。我们但看英法君主与教皇分离争执时，常常借重于议会，便可以明白中等阶级是怎样有功于列国的成立了。

（三）方言文学的兴起

列国成立的第三原因，是方言文学的兴起。方言本是国家的一个要素。“国家”（Nation）一个名词最初产生的地方，乃是四方杂处的大学，由此可知，当时便有人以同一的方言为联合的工具了。

但有方言而无文学，尚不能代表一国的个性。直待十三世纪以后，意大利、西班牙、法兰西、英格兰各国，各自产生了一种特殊的文学后，于是每一国的历史，每一国的民性风俗，每一国的意志愿望，始得到了一个适宜的表示工具。

现在且用表来说明列国的成立，是怎样去打翻中古的重要势力的。

表十四　中古与近世政治势力的交替

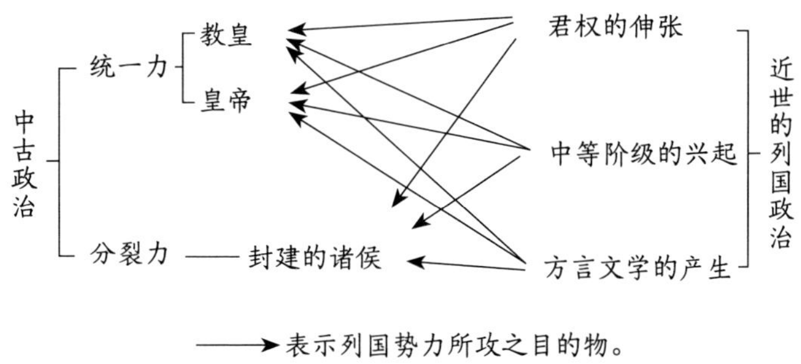

此处所用“列国”二字的意义，是等于英文的Nations，非指States而言。States是偏于政治的一个名词，意义不及Nations的广。Nations乃是具有个性的，是属于文化范围之内的，是不能为地理或政治的范围所限的。

关于国家个性的标识，学者的意见也不一致。从前的人，有的说是宗教，有的说是人种，有的说是言语，但近人大抵不持此种一元论调了。因为我们知道，在欧洲全境之内，宗教都是大同小异的；人种更是复杂不纯，我们在无论哪一个国民中，都可以找出二种以上的血脉来。至于言语的不能成为一个国家的唯一要素，更可由瑞士证明。瑞士国内是德法意三国的方言并行的，但瑞士何尝因此失掉他国家的个性？由此可知，岂但前人的一元论调不能成立，即合上说的各种分子，亦不能即成为国家的个性。因为它们都不过是一种副品，国家的个性，虽能借它们而益明显，但单单是它们，亦是不能成为国家的；而没有了它们，国家却也未尝不能成立。因为一个国家个性的要素，乃是一个共同的过去，和共同的将来。具体而言，即是一个共同的历史，和共同的信仰。由此可知，一个国家的要素，并不是固定的，它是随时可以扩张，随时可以上升的。他日全世界的人类，如能造成一个共同的历史，如能发生一个共同的信仰，那么，全球便不啻成为一个国家，它的个性将更加伟大，更加美丽了。而近世因列国个性发达过分，而产生的混乱局面，也可以像封建制度一样，被一个更为伟大的势力去扫除了。这岂不是值得我们梦想的一个希望吗？

自由与秩序

旧政治的重要精神，是一尊和秩序，新政治的重要精神，却是自由和民治。这两个势力的暗争，实是中古和近代交界时的一个普遍现象。欧洲最富于调和性的民族，本是英国的人民。在这个过渡时代，英人尤能采取自由和秩序的长处，把它们调融消化起来，为欧洲的立宪政治立一个好模范。其余如法兰西等各国，亦莫不显呈此两个潮流的冲突，我们看到下面，便可明白。此时我们但须知道，这两个潮流的冲突，即是近代欧洲政治上的一个重要情形和问题，便够了。

列国君主的问题

但这个冲突情形，乃是就欧洲政治的本身而言，它并非此时列国君主的问题。他们的问题是：“如何可以从他人身上得到胜利？”

换句话说，他们的大问题，即是损人利己的问题。他们不听良心的指挥，不从道德的命令，而唯一己权利的伸张是求。最能代表这个精神的，是意大利的文豪及政治家马基雅弗利（Machiavelli）。他所做的《君主论》一书，是列国君主所奉为政治行为的指南的。他说道：

“王者要人爱呢？还是要人畏呢？（如能两者合兼最好，但定做不到。）故爱不如畏。……

“最重要的是，他应该小心，不侵害他人的产业。人们对于老父的死亡，是能忘怀的，但他们对于产业的损失，是不易忘的。……

“若使非藉恶德之力，即不能保存领土，那么，他（王者）便当不理会这些恶德所给他的坏名。……

“恺撒·波几亚（Caesar Borgia）①是出名暴虐的，但使罗马涅（Romagna）②服从统一而获得和平的，不是靠了他的这个暴虐吗？……所以王者应该不畏暴虐之名，若使他能因此使他的人民敬畏而合一……”

上面所引，虽只寥寥数语，但利害重于是非，暴虐胜于仁爱的意旨，已是很明显的了。这个马基雅弗利主义（Machiavellism），固是当时环境的产物，但同时也影响了不少的君主，十六世纪时的列国君主，大抵都是他的信徒。

①原文译为凯撒巴及。
②原文译为罗曼宁。

马基雅弗利主义与外交

列国既成立，当然便时时有国际间的问题发生，而此时各国的君主，既都信从马基雅弗利的教条，以损人利己为目的，那么，外交的前途，也就可想而知了。所以自此之后，在欧洲的列国间，便发生了一个合纵连横、互相起伏的局面，而诡谲无信、朝秦暮楚的外交，也就从此上了政治的舞台，做了一个重要的分子，至今尚为欧洲的大祸根。

专制政治与爱国主义

同时，专制政体日益发达，朕即国家的观念，即日益深入人心。后来君权衰落，这个混君主个人于国家观念的结果，又使人民移其服从君主之心，而为狭义的爱国观念，而君主间互相侵害的恶现象，亦一变而为国际间的互相侵害。然则不但欧洲外交的祸水伏源于此时的政象，即近世欧洲国民间的种种误解，种种盲从，又何尝不是在此时种因的呢？

十四十五世纪的列国

上面所述的，乃是近世初年欧洲各国间所公有的政治现象，以及他们后来所得到的共同困难问题。以下便当略述每一国在十四十五两世纪中在政治上所经过的大事。英法西葡四国，是西欧最早成立的国家，它们各有一个为全国所奉戴的君主，各有一个议会，各有一个可以表示国民性的方言文学，所以凡是近代国家的要素，它们都是具有的了。其中英法因领土的关系，西葡因国家个性的相近，我们可以把它合述。现在先述英法。

一、英格兰和法兰西

英法两国的关系

自从一〇六六年法王的臣属诺曼王威廉一世入主英国后，英国与法国在政治上和文化上，便都发生了密切的关系。后来又因土地的争执，它们的历史，便更不能分述了。直到百年战争终结，英国与欧洲大陆脱离政治关系之后，这两国的历史，才渐渐的各自独立起来。此处却仍须把它们合叙。

英法两国所走的政治途径

我们在中古的历史中，已经看见英法两国的君主为着英王在法的属地怎样的争执，后来失地的约翰又怎样的把他的祖宗遗产完全失掉。我们又曾看见，英国的诸侯怎样的从约翰手中获得了那个大宪章，后来又怎样的成立了一个有平民代表的议会，为英国的立宪政治立下了一个不拔的基础。这都是十三世纪中的事。同时，法王因与教皇争执，也曾在十四世纪的初年，召集了一个三级会议（The Estates General）。但这个会议，与英国的议会不同，它是没有实权的，法国的实权，此时仍在法王的手中，所以十四世纪初年时，欧洲最初成立的两个国家，已经显出政治上的分歧了。英国所走的路，是立宪式的，而法国所走的路，却是君主专制。

历史上的公例，凡有两个权力，同时或先前紧随的生长发达，它们就免不了要发生冲突和战争。小自雅典和斯巴达城邦之争，大至希腊和波斯之战，罗马与迦太基之战，罗马教皇与罗马皇帝的争斗，都是最明显的例证。

百年战争远因（一）两大不相容

现在自教皇与神圣罗马皇帝两败俱伤之后，欧洲的政治中心点，又由莱茵河的东岸而移入它的西岸了。英法两国现在既已承罗马及教会之后，成为欧洲政治舞台上的主人翁，它们又岂能逃出两大不相容的公例呢？何况这两国在政治上的关系，又是十分密切、十分复杂的，所以英王在法国的属地虽已失掉，但却仍不能减免那方才开始的列国竞争和嫉妒。所以英法在近世历史上的第一件事，便是百年战争（The Hundred Years'War）。

（二）英法的同盟小国

苏格兰

上面所说的两大不相容，及列国竞争的开始，是百年战争的远因，还有一个远因，是两国与其他小国的复杂关系。当英王爱德华一世（Edward I）即位的时候（一二七二），英国北方的苏格兰（Scotland），和西南的威尔士（Wales），尚是独立的。爱德华先把威尔士征服了，又回首北望，想去打苏格兰的主意。但苏格兰人是富于独立性质的，所以爱德华不但不曾征服他们，并且反为他的巨敌——法王菲利普四世——制造了一个友邦；因为自此以后，苏格兰便常常尽力去帮助法王来与英王为难了。

英王征服威尔士时，惧它的人民不服，所以便不直接的把它移归自己的治下，但把他的儿子送与威尔士的人民，作为他们的国君，叫作威尔士亲王（The Prince of Wales）。这是英国的王太子叫作威尔士亲王的历史原因。这个笼络的方法是很得胜利的，因为自从那时起，除了偶然的反叛外，威尔士对于英王是很忠诚的。

弗兰德斯

同时，因为经济上的关系，英王也得到了一个很有力的同盟，这便是法国北部的弗兰德斯（Flanders）[①] 诸城——现属比利时境。弗兰德斯是以纺织著名的，而英国又适是羊毛的产生地，所以在它们的中间，便发生了一种互相倚赖的经济形势。当百年战争尚未发生之时，法王因帮助弗兰德斯侯去压制他的人民，激怒了一班本与英国有经济关系的中等社会，于是他们便承认英王为他们的主人，尽力的去帮助他，与法王为难了。

①原文译为勿兰德斯。

百年战争的近因——法国王位的争执

所以在十四世纪初年时，英法两国的仇恨，已因种种的缘故，愈积愈深，而这两国冲突的机会，也就如烈日下的干柴，专待一点导火线了。这个导火线乃是英法王位的争执。这是怎样说呢？原来法王菲利普四世有三个儿子，和一个女儿，那女儿便是英王爱德华三世的母亲。菲利普死后，他的三个儿子相继承位，但不幸他们都没有子嗣。一三二八年，最幼的儿子查理四世死后，法王的嫡系便中绝了。于是英王爱德华三世便以外孙的名义，要求继承菲利普的王位。但法国的法律是不承认妇女有袭位的权利的，她自己既不能袭位，她的儿子，就更不容说了。于是法国的王冠就落到了菲利普四世的一个侄儿身上去，他的王号是菲利普六世。英王对于这个办法，起初还没有什么异议，后来见菲利普六世雄心勃勃，不免恐惧起来，便以攻为守，重申前请，坚决的要去戴一戴他的外祖和舅父的王冠了。结果是烈日下的干柴着了一个火把。这个火把的燃烧，始于一三四六年，终于一四五三年，这便是那个历史上有名的百年战争。在这个时期中，英法两国的胜负起蹶，是不值得我们的注意的，但因为要使读者更能明白这个战争的结果，所以此处仍不能不先将战争的大概简述一下，作为一个明了的背景。

百年战争（1346—1453）

一三四六年战争的开始，是由于英王爱德华三世的进攻法国。他在克雷西（Crecy）[①]和普瓦捷（Poitiers）[②]连打了两个胜仗，此后两方又各有胜负，所立的和约，亦随立随解，没有永久的价值。到了一三七七年，爱德华三世逝世，战事才算暂时中止。但此时英

①原文译为克里西。
②原文译为普华叠。

国在法的属地，却只有滨海的一个加来（Calais）[①]城了。

一四一四年，英王亨利五世因想借武功来巩固一己的位置，又与法国重开战端。翌年，他在阿让库尔(Agincourt)[②]打了一个大胜仗，便与法王立约，待法王死后，他便承受法国的王位。一四二二年，他与法王忽然同年死去，于是他的九个月的婴儿亨利六世就照约成为法兰西的国王了。而法王的嫡子查理七世，反被屏斥在外。

贞德

正在这个时候，法国忽然出了一位女杰，她便是那个举世知名的贞德（Joan d'Arc）[③]。她是法国的一个村女，平易朴直，本没有什么异人的地方。但她目见法国地方的糜烂，外族的侵凌无已，不觉恻然心伤。她自信上帝曾命令她，叫她把救国的大担子负在仔肩之上。她的至诚终于感动了国人，于是大家跟着她的马首，去解了奥尔良（Orleans）[④]的围，把英人打败了，又使查理七世正式的接了法国的王位。

不幸这位救国的女杰，既遭了敌人的畏恨，又遭了她的同事的嫉妒，后来遂被她的国人卖给英人，死于火刑之下了。但贞德虽死，她的精神却不曾死。自此以后，胜利的风便自英国转到了法国。后来英国的有力同盟勃艮第（Burgundy），又弃了英国，归降于查理七世。到了一四五三年，英国在法的属地除了小小的一个加来外，竟完全的失去了。而这个大战，也便算从此中止。

这个百年战争，和凡百的战争一样，除了摧残和毁灭之外，是

①原文译为加莱。
②原文译为阿金古。
③原文译为若安。
④原文译为乌良。

不能产生什么结果的。但这是就它的正面而言，从反面看来，它却也发生了许多重大的意外结果。

百年战争的意外结果（一）英国议会权力的扩大

第一个结果，是英国议会权力的扩大。此时议会已成为反对英王者的一种利器，英王不得它的同意，不但不能加税，并且凡属国家的大事，都是要先与议会商议的。而上下两院制，也是于此时成立的。这也是世界政治史上的一个新纪元。

（二）法国王权的伸张

战争的第二个结果，是法国王权的伸张。同是战争，而它在法国所发生的影响，又与英国不同。英民靠着他们的实力，趁英王需要军费的时候，却买到了几件基本的自由。法民既无实力，又乏团结，故虽有三级会议，为人民权利的代表，但它始终不能跳出法王的掌中。不但如此，在这个战争中，英国乃是侵犯者，而法国却是被侵犯者，所以两国人民的态度也就不同。英国人民因这个战争与他们无切身的关系，所以随时可以利用它来挟制他们的国王。法国人民却处于水深火热之下，又与他们的国王有历史上的感情，所以为着身家性命的安危，为着忠君爱国的情谊，他们不但不忍阻碍法王的举动，并且助之唯恐不及了。这样，法王的威权，岂有不与日俱增呢？况且法国自百年战争之后，盗匪遍地，民不聊生，于是法王便由那个三级会议的同意，获得了两桩极重要的权力：其一，是组织常备军的特权——国内除了国王之外，无论何人，都不能擅自组织军队；其二，是任意征收军税之权。一个国君既有了常备军，又可以无限止的去征收军税，他的威权的扩张还有疑义吗？然消灭封建的混乱局势，促成法国统一的大业，却又不可不归功于这个王权的伸张了。

所以百年战争在政治方面的结果，在英是确定立宪的基础，在法却是为它将来的专制政治下一个肥硕的种子。

（三）英国佃奴制的消灭

第三个重要结果，是英国佃奴制度的消灭。原来在一三四八至一三四九年间，欧洲大陆上曾发生了一个极厉害的疫症，叫作黑死病（The Black Death）的，因此死去的人民，不计其数。后来这疫又传染到了英国，英国的人民，足足伤亡了一半以上。做工的人数，既因此骤然减少，不幸又适当英国工业日渐发达的时候——战争之时，曾有许多弗兰德斯的人民迁入英国，为英国立下一个工业的基础——于是工人及农人的要求，便不容社会的忽视了。到了一三八一年，又发生了一个农夫的叛乱（The Peasants' Revolt）。自此以后，英国的佃奴制，便如朝阳下的露珠，渐渐减少，以至消灭。

（四）英王的专心内政

第四个结果，是英国既因百年战争，把它在法国的属地尽行失去，它的君主，反不能不专心内务，来做一个纯粹的岛王了。这个情形于将来英国专制政体的发达，是极有关系的。因为要是英王的眼睛永被那块中看不中吃的法国领土迷住，那么，英国的王座，无论如何华丽，他也是不肯好好的安坐在上了。

（五）复杂外交的开始

此外还有关于欧洲全局的一个结果，这便是列国间诡谲阴诈外交的开始。我们但看苏格兰、弗兰德斯，和勃艮第等诸国在战争时的操纵及重要，便可以明白百年战争是怎样的以合纵连横的实行方法教给欧洲的政治家了。

百年战争之后，英法两国在政治上的行程，便各分道扬镳。我们现在且先看一看英国。

百年战争后的英国

英国自百年战争告终后，不到两年，便又发生了一个内乱。这个内乱的近因，是由于爱德华三世的后裔的争执王位。其时亨利六世是属于兰开斯特（Lancaster）[①] 公系的，他和他的党羽所用的徽章，是一朵红蔷薇。亨利的敌方，是约克（York）公和他的徒党，他们所用的徽章，是一朵白蔷薇。因此，这个污恶的内乱，却获得一个美丽的名字，叫作蔷薇战争（War of Roses）。这个战争共延长了三十年（一四五五—一四八五），直到两败俱伤之后，那个王冠始落到了兰开斯特系的外孙亨利都铎（Henry Tudor）的头上，这便是都铎朝的开始。亨利又与约克系的一个女儿结了婚，据说他们结婚的时候，曾把红白蔷薇戴在一处，以表示两系的重归和好；然而英国的人民却白白的吃了三十年的痛苦了。

蔷薇战争

蔷薇战争后的诸侯

这个战争的重要结果，是英国诸侯势力的消灭。因为凡是英国中强有力的诸侯，此时不是死在战场，便是为得胜的敌党所杀戮了。因此，这个蔷薇战争，也就不啻为都铎朝立下一个专制的基础。自从这朝的始祖亨利七世在一四八五年践定王位起，直到一六〇三年女王伊丽莎白（Elizabeth）薨逝止，这一百余年中，英国君主威权之大，治世之盛，是英国开国以来的第一次，也是它历史上不复再见的事。而英国人民在百年战争时所获到的种种权利，此时也就不啻成为空言。英国十七世纪的革命，即是这个专制的一个反动，但这是后话了。

百年战争后的法国

法国自从于格·卡佩在第十世纪做了法王以来，他的君主的唯一事业，便是政权的推广，和版图的扩大。他们第一次的大成功，是圣路易斯和菲利普四世等的消灭诸侯的权力，和并吞他们的领土，这已在中古史中述过，此处不用再说。他们第二次的大成功，便是百年战争以后把他们那个尾大不掉的臣属——英国——驱逐出境的一件事。

①原文译为兰客斯妥。

此时法王的大小臣属，似已一一扫除，政治和领土的统一，似乎也就可以立刻实现了。但在实际上，却又发生了一个新困难。原来圣路易斯等一方面使尽气力，去扫除法国旧诸侯的势力；一方面却又很笨的，把所得回的领土，赐给他们的幼子，作为采邑。这些采邑叫作 Appanages，其实便是一种换汤不换药的封建制度。到了百年战争中止的时候，这些新侯邦的势力，已是浸浸日盛，而其中尤以勃艮第公国为最有力。它的同盟，在百年战争时，是曾为英法两国所暗争的。

法国内政的巩固及征外的开始

百年战争之后，法王已无外患，他们又新得到了设置常备军和征取军费的两种重要的特权，于是他们征服诸侯的工具就更完备了。适当这个时候，又出了一位狡谲多才的国王路易十一（一四六一——一四八三）。他靠了狡计，靠了酷刑，靠了兵力，以至靠了儿女的婚姻，竟使法王的领土加增了一半。在政治方面，他的权力尤能推及他的领土以外，他已禁止了诸侯的私铸钱币，已使他的法律通行于法国全境之内——东自罗讷（Rhone）[①]河，西至大西洋，北自弗兰德斯，南至比利牛斯山脉（Pyrenees）[②]。所以到了十六世纪的初年，法国的内政，已渐渐的整理就绪了。他便不免又觉得无聊起来，想在国外去生一点风浪。我们在意大利文艺复兴的末年，曾经看见法王查理八世的侵入佛罗伦萨城，这是法国侵寇外国的开始。自此以后，法国的马蹄，便以蹂躏南欧为事；法国的政治，也便以奸诈的外交为主要题目了。

①原文译为龙因。
②原文译为庇里尼斯山脉。

二、西班牙和葡萄牙

中古的西班牙

中古时的西班牙，是属于回教权力之下的；但同时，它也是黑暗欧洲的唯一光明。因为在第十世纪全欧洲尚在草昧愚顽的时代时，西班牙的回教文化，却已是十分灿烂的了。但到了十一世纪，回教的文化又由盛而衰，于是南自非洲，北自比利牛斯山麓，便同时有异族来相侵寇。

回教国的衰落

非洲入寇的，纯是野蛮分子，不值得我们的注意。但自北方来侵的异族，却是近代西班牙的创业祖宗。原来回教虽曾征服西班牙，但是斩草而未除根，自十世纪以还，便常有微小的基督邦国成立于比利牛斯山的南麓。这些小国后来又靠了并吞回教和回教的领土，渐渐成为回教的敌手了。到了第十三世纪末年，西班牙的地图上，便只存有下列的五个国家：其一是卡斯蒂利亚（Castile）①，居全境的中心，版图最大；其二是阿拉贡（Aragon）②，居西班牙的东部；其三便是葡萄牙，居西班牙西部，临大西洋；其四是嵌于卡亚二国北疆间的一个基督教小邦，叫纳瓦拉（Navarre）③；其五乃是回教的最后立脚地格拉纳达（Granada）④，位置在西班牙的最南部。

葡萄牙

葡萄牙的版图，在第十三世纪时，便已和今日一样了。同时，它又产生了一个国语的文学，一个独立的政府——国君和议会——

①原文译为卡斯提。
②原文译为亚拉冈。
③原文译为那瓦。
④原文译为格拉那达。

后来它又靠了地理上的发现，更能在欧洲列国之中，崭然显露头角。我们在下面地理上的发现章中，便当再与这位“气可吞牛”的小国相见。

西班牙的统一

现在再说西班牙。在十五世纪的中叶时，卡斯蒂利亚的女王伊莎贝拉（Isabella）①，与阿拉贡的国王斐迪南（Ferdinand）②结了婚，这两个大国便联合为一。于是它们的势力也就顿时增加起来。这两位多才多能的君主，又能专心一志的去征服南方的回教徒。到了一千四百九十二年，他们果把格拉纳达邦的格拉纳达城降服了，

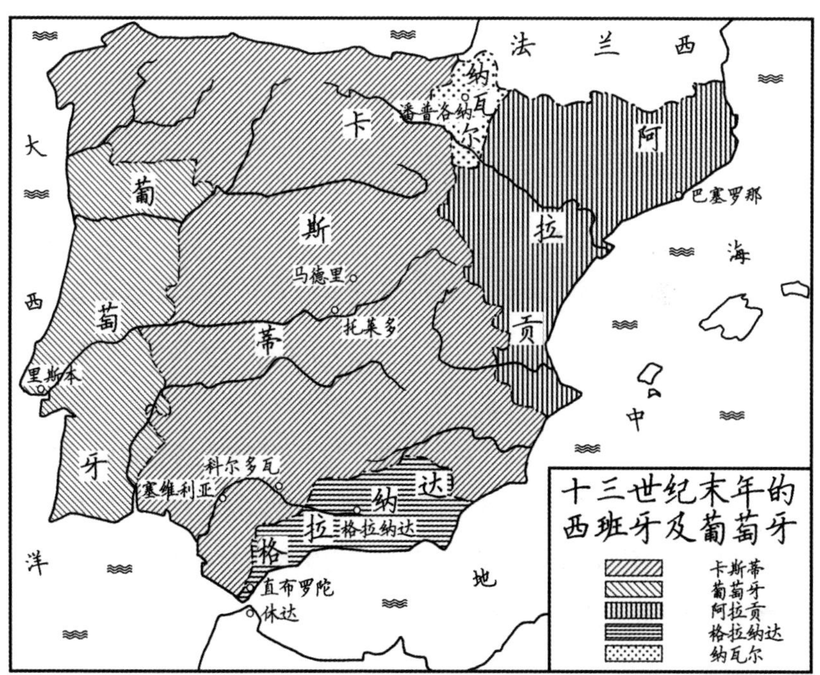

①原文译为伊萨伯拉。
②原文译为勿迭南。

后来斐迪南又并吞了纳瓦拉小邦，于是这个西欧半岛的全境，除了葡萄牙之外，便统一于这两位国君的权力之下。这便是近代西班牙的起点。

西班牙与哥伦布

在格拉纳达灭亡的一年，西班牙又以国库资助了意大利人哥伦布，在大西洋的对岸，发现了一片新大陆，遂使西班牙成为一个无尽宝藏的主人翁，使它与葡萄牙同执殖民事业的牛耳，使他的文化深深的植根于新大陆的一部分地土之上，至今尚不曾消灭。一四九二年，真可以算是西班牙交运之年了。

虚有其表的兴盛

但这个灿烂的兴旺，于西班牙究是有益的吗？格拉纳达的亡，只增加了基督教徒的气焰，使他们对于异教徒更加仇视，更加酷待。同时，斐迪南和伊莎贝拉又因欲求政治上的统一，便不得不以残酷的手段，去对待回教徒和犹太人。他们因此便把西班牙作为教法裁判所（The Inquisition）的中心点，使西班牙的一个名词，与那个残惨的教刑永结不解之缘。而为西班牙文化辛勤下种的回教徒和犹太人，此时也就非死即徙，离弃了这个国土了。但这些人实是西班牙社会的基础。自此以后，嗜血的武人，和残忍的基督徒，便成为社会上的唯一势力。西班牙的内部，既因这个胜利而渐渐的窳陋空虚，而同时它又靠了新大陆的发现，输入了巨量的金银财宝。于是便像一个骤得巨富的叫花子一样，立时狂饮滥赌起来。在叫花子自己看来，狂饮滥赌的生活，容许胜于忍饥熬寒的苦恼，但这个情形又岂是世界文化之福呢？

三、日耳曼及神圣罗马帝国

日耳曼与神圣罗马帝国

日耳曼本来是神圣罗马帝国的一部分，位居欧洲的中部，但因为在中古时候，神圣罗马皇帝大抵是由日耳曼诸侯中选举出来的，所以日耳曼与神圣罗马帝国也就发生了一重密切的关系。我们在中古的历史中，曾经看见这些皇帝，怎样的与教皇争执，后来他们又怎样的两败俱伤。到了一二七三年，哈布斯堡家的鲁道夫（Rudolf of Hapsburg）被选为神圣罗马皇帝之后，他便不得不一变前朝的政策，暂把意大利放弃起来，专心一意的去整顿内务了。这样，神圣罗马帝国的意义，无形中便生了一个变化，因为在政治上和地理上，它现在是已经与日耳曼的一个名词相等了。这实是日耳曼成为一个国家的一个好基础。同时诸邦的方言，也渐有一致的趋向，而在政治方面，也渐有统一的呼声。总观上面的各种情形，似乎日耳曼成国的机会已经成熟，但为什么它的统一事业要迟至十九世纪才能做成呢？

此时日耳曼也有一个议会，叫做Diet，它是统一呼声的一个代表。它的会员中，也有各城市举出的代表。在十五世纪的末年，它也曾制定几个法律，来制止封建的混乱。但它的会员既无实力，又少联结，它们的说话，不过是那些残民以逞的诸侯们的耳边风罢了。但这个微弱的法团，后来也自有它的贡献，此时却只好把它当作一个萌芽看待。

日耳曼统一的阻力

阻碍日耳曼统一的势力，最大的凡有两个，这便是皇帝和封建制度。换句话说，日耳曼乃是中古政治现象的一个牺牲品，因为它的成国的机会，便是被毁于这两个自相矛盾的中古政治势力之下的。

神圣罗马皇帝对于日耳曼的最大遗祸，是他们的对意政策。他们和教皇，比如两块磨石，意大利便是被磨的米麦，而日耳曼却是一只日夜劳作，汗尽继之以血的推磨老黄牛。所以教皇与皇帝两败俱伤之后，意大利固然是痛入骨髓，日耳曼也是气尽力竭，肌消神亡，奄奄一息的了。虽然自十三世纪以后，哈布斯堡家的皇帝能抛弃征意的政策，使这个神圣罗马帝国成为一个形存神亡的空躯壳，使它如伏尔泰（Voltaire）[①]所说的，不复成为“神圣”“罗马”或是“帝国”，但它所遗的祸患，又岂能一朝便消灭呢？

日耳曼皇帝——即是神圣罗马帝国的皇帝——不是世袭的，乃是由诸侯选举出来的。这些选侯（Electors）的数目，最初并无限止，但自十三世纪以后，他们便只有七个了。其中的三个是美因茨（Mayence）[②]、科隆（Cologne）[③]，及特雷夫斯（Treves）[④]三城的大主教；其余四个是萨克森大公（Duke of Saxony）[⑤]、巴拉丁的选侯（The Elector of Palatinate）、勃兰登堡的镇侯（Margrave of Brandenburg），及波希米亚（Bohemia）国王。他们的权力甚为伟大，他们常不使日耳曼皇帝获得根深蒂固的权力。所以日耳曼的不能统一，他们也须分负其责。

①原文译为福尔特。
②原文译为马因斯。
③原文译为科伦。
④原文译为德里佛斯。
⑤原文译为撒克森大公。

但自从鲁道夫死后，这个选举的制度，也就渐渐的只存有形式了。因为自从一四三八年哈布斯堡家的阿尔贝特二世（Albert Ⅱ）[①]被选为皇帝后，以后所举出的皇帝，便差不多都是哈布斯堡家的子孙。

（二）封建制度

第二个阻止日耳曼统一的势力，是封建制度。封建制度乃是西欧各国成立时的一个公共大敌，我们但看英法各国君主对于这个制度的胜利，便可以明白它的消灭是列国成立时怎样重要的一个先决问题了。不幸因历来日耳曼皇帝的骛外政策，这个制度在日耳曼的发达，也是异乎他处的茂盛。当西欧各国已由封建渐趋于专制政体之时，日耳曼的封建势力，尚如日到中天，气焰万丈。但见全境之内，大邦小国，星罗棋布，其数多至三百。其中有的是独立的大邦，如萨克森（Saxony）、巴伐利亚（Bavaria）等是；有的是独立城邦，是直隶于皇帝的，如纽伦堡（Nuremberg）[②]、法兰克福（Frankfort）[③]等是；还有的是主教的封地，和武士的采邑。其中最小的，不过当得现在的一个小小市镇罢了。它们互相侵寇，互相杀戮，使日耳曼的政治永在混乱状态之中，使它的社会也永无安宁之日。这个情形的不幸结果，我们到宗教革命时，便能了然了。

①原文译为亚勃德第二。
②原文译为纽连堡。
③原文译为勿兰克福。

四、城邦及同盟团体

列国与城邦

犹之文艺复兴之有复古和创造的两个倾向一样，这个时期的欧洲政治，也有这两个倾向。列国的兴起，比如国语文学的产生，是一件创造的事业，因为欧洲的上古，是没有这个政治制度的。但城邦的制度，却是希腊罗马时代的一个重要政治组织，所以它们此时的兴起，不啻即是文艺方面的古学复兴。这是城邦与列国不同的一点。尚有一个不同的地方，那便是它们所代表的新势力。列国所代表的，是君权，城邦所代表的，却是民权。这两种权力的冲突，实是近代历史上的一件大事，但在十五六世纪时，这个冲突尚不曾显著，列国与城邦的地位，也尚是同多于异。因为它们同是打翻教会威权的一个工具，同是中古政治势力的承继人，也同是开近代政治局面的重要新制度。

城邦与商务

城邦发达的要素，乃是中古末年的商务复兴，所以它们最发达的地方，大抵也是商务茂盛的地方。那些地方不但民力充足，而且又是君权不甚发达，政治尚未统一的。换句话说，在欧洲的中部和西部，除了君权已经发达的英法西葡诸国以外，大抵都是有独立城邦的存在的。而其中尤以意大利各城邦为能孕育文艺，为欧洲制造一个新文化。关于这件事迹，我们在文艺复兴章中已经略略论过，此处可以不必再述了。

意大利的城邦

日耳曼的城邦

此外城邦之尤有名的，则有日耳曼北部的汉萨同盟（The Hanseatic League）[①]，和南部的瑞士联盟（The Swiss Confedera-

①原文译为汉西同盟。

汉萨同盟

tion）。汉萨同盟是七十余城联合的一个团体，在政治及军事上，它是不受任何方的干涉的。它能自由的对外宣战，它实不啻是一个独立的联邦政府。瑞士联盟本是在日耳曼境内的。在十三世纪时，有卢塞恩湖（Lucerne Lake）[①]畔的三个森林城（The Forest Cantons），为要求防止邻邦的侵寇起见，便互相团结起来，这实是这个联盟的胚胎。后来靠了屡次战退外侮的胜利，便又有许多城邦陆续加入，这个联盟的势力，遂日盛一日，而它与神圣罗马帝国的关系，也就不绝如缕了。到了第十五世纪的末一年，它便与那个帝国正式断绝关系，近代的瑞士联邦，遂以成立。组成这个联邦的城市，日耳曼的固占多数，但也有几个城邦，是由意大利的北部，和法兰西的东南部加入的，所以瑞士的民族，至今仍代表日意法三种。它的语言，也是三样同用的。

瑞士联盟

五、东罗马帝国及土耳其

政治上的东罗马帝国

东罗马帝国所据的地位，大部分本是古希腊的原土，所以它的国性民情，也是近于东方式，而与西欧诸国异趣的。自从查理曼在第九世纪初年复兴罗马帝国之后，罗马帝国的名号，就更成为日耳曼民族的战胜品，东罗马帝国承嗣古罗马的资格，也就更形不足了。

文化上的东罗马帝国

但它虽做不到政治上的罗马承嗣人，而古希腊罗马文化的承嗣人，却又是非它莫属。十字军的时候，它曾以古文化的甘露，去报答西欧蛮族的蹂躏。意大利文艺复兴时，它又曾贡献了许多希腊古

①原文译为吕森湖。

籍和希腊学者。佛罗伦萨的希腊古学大宗师克利梭拉，也是君士坦丁的一个钦使。所以若欲追溯西欧近世文化的渊源，东罗马帝国也自是其中的一个。

君士坦丁城的古名，是拜占庭（Byzantium）[①]。中古之时，东罗马帝国与西罗马帝国，在政治、宗教、文化等各方面，既已分道扬镳；而东罗马帝国承嗣罗马帝国的资格，亦既因查理曼的复兴罗马帝国而消灭，于是便有许多历史家为求名实相符起见，把东罗马帝国称为拜占庭帝国（The Byzantine Empire），以示它与罗马的没有关系。本书则因东罗马帝国的一个名词，吾国历史界沿用已久，甚不欲标无关重要的异见，以增读者的困难，故仍用旧名。

十一世纪时，塞尔柱突厥（Seljuk Turks）兴于亚洲的西方。他们先把小亚细亚从东罗马皇帝的手中抢了过来，又虎视眈眈地向着君士坦丁窥望。这可把东罗马皇帝吓昏了，他便不住的遣使向教皇乞援。后来教皇怎样的组织十字军，东罗马帝国怎样的反为十字军所骚害和宰割，我们都已在中古史中看见过了。后来塞尔柱突厥势力衰落，奥斯曼土耳其（Ottoman Turks）[②]代兴，他们渐渐的由小亚细亚侵入欧洲，把东罗马帝国的领土蚕食起来，于是偌大一个东罗马帝国，竟只剩下君士坦丁城及黑山（Montenegro）[③]的一个小邦了。在一四五三的那一年，君士坦丁遂为土耳其所灭，这便是

①原文译为贝山汀。
②原文译为奥托曼突厥。
③原文译为孟德尼格罗。

历史上所说的东罗马帝国的灭亡。这个灭亡的性质，是与千年前西罗马的灭亡相同的。它们都是积势的结果，不是一朝一夕的事。

土耳其与近世欧洲

自此以后，土耳其便上了欧洲政治和历史的舞台，后来俄国兴起之后，土耳其的地位，便更日见重要，而巴尔干半岛（Balkan Peninsula）的问题，也就成为欧洲的一个大症结了。在一九一四年的欧洲大战中，这个半岛问题，也是一个大原因。

六、其余各国

近世的重要列国 英法西葡 瑞士 土耳其 奥地利 匈牙利 瑞典、挪威、丹麦 俄罗斯

在十五世纪的末年，英法西葡四国，可以说是羽毛丰满的完备国家了。日耳曼和意大利，则因神圣罗马帝国的缘故，在政治上仍是两个四分五裂的国家。但日耳曼的地土上，却于此时产生了一个瑞士联邦。而同时在东罗马帝国的故土上，亦产生了一个西亚式的土耳其。此外近世列国之已透芽或已成立于十六世纪以前者，则有：（一）奥地利（Austria）。（二）匈牙利（Hungary）。这两国都是在中古末年成立的。匈牙利是一个久经内忧外患的国家；奥地利是哈布斯堡家的根据地，此时靠了与西班牙和勃艮第大公的结合，势力却是蒸蒸日上了。（三）北欧的瑞典、挪威[①]和丹麦三国。这三国时合时分，在十五世纪末年时，它们却尚是同受治于丹麦国王之下的。到了十六世纪的中叶，瑞典首先反叛，成为一个独立国家，挪威则仍受治于丹麦国王。（四）俄罗斯。为成吉思汗所征服的俄罗斯，在十五世纪的末年，也已回复了它的自由，成为一个独立国家了。但它的文化，却仍

①原文译为那威。

波兰

是鞑靼式的。（五）波兰。波兰与俄罗斯一样，是同属于斯拉夫民族的。但波兰内有争乱之忧，外有强邻的侵迫，实是一个可怜的弱国。它在未来欧洲历史上的地位，也是受动而非自动的。

本章所述各国，或系旧国新建，或系胜国代兴，或由城市所合成，或由荒漠之中，突然崛起；它们的性质虽然各异，然它们的创造近代的欧洲历史，则是一样。此外如普鲁士等，也是近代历史的主人翁，但它们出世较迟，所以不在本章范围之内了。

第三章
宗教革命前的欧洲

十六世纪初年的欧洲

一千五百年——十五世纪的末一年——版图奄有欧洲大半的查理五世出世。若是这个婴儿能睁眼看一看，他将立刻觉得他的世界是与他的祖宗的世界完全不同了。那时哥白尼已在天上发现了一个新宇宙，哥伦布亦已在地上发现了一个新大陆；那时印刷术已走遍了西欧，新文艺也已造成了一个新文化，而那位一代大儒伊拉斯谟的荣誉，也正如日到中天。在政治方面，英法已有强固的政府，而东罗马帝国又已让位于那个回教的新势力土耳其。这种种情形，都是欧洲未来历史的重要背景，现在却同时等待在那个婴儿查理的摇篮之旁。

宗教革命的开始

但在十六世纪初年，日耳曼又发生了一件事，遂使当时人士的耳目，离开了上述各项形势，而注意到它的身上去。这件大事便是一五一七年马丁·路德（Martin Luther）的发表他的宗教论文（theses）。当路德将他的九十五条论文张贴于北欧某教堂的壁外时，一千年来专制全欧思想，统一全欧信仰，干涉全欧政事的罗马教会，便顿如破屋遭了风雨，飘摇分裂起来，后来终至酿成那个旷古绝今的宗教大革命。因为这个革命是普及于宗教、政治、经济、社会，及智识各方面的，所以十六十七两世纪的欧洲，便亦完全笼罩于这个宗教革命的云雾之下了。即上面所说的查理五世，及他的后人的政治新局面，也如小沟的汇入大河一样，退到了旁支的地位去。

一、宗教革命的意义和原因，二、十六世纪的欧洲政治

因此之故，本章首当通论这个宗教革命的意义和原因，次再略述十六世纪的欧洲政治，作为下章的一个背景。下章所述的，也有二段：其一是这个宗教革命在每一国所经过的行程，和它的总结果；其二是这个宗教运动的又一方面，即是罗马教会自身的改革。此外欧洲在十七世纪时的政治社会各种问题，则当包容于此两大事迹之内，随处散见，不能分述了。

宗教革命的原因

宗教革命（The Religious Revolution）——又名新教的反叛（The Protestant Revolt）——实是欧洲中古历史的一件特产品，然若使它的意义和原因都以宗教为限，那么，这件事除了对于基督教徒之外，殆将无叙述的必要。但它的意义实非宗教所能范围，它实是一个普遍的大革命。它的原因也是十分复杂的，虽然宗教的分子，仍不失为这个运动的一个重要原因。

（一）人民对于宗教观念的复活

欧洲自十二三世纪发生一度的宗教狂热后，一般人士对于宗教的热心，似乎便渐渐的淡下来了。后来文艺复兴又以一大打击，给予出世的人生观，于是希腊的酒神和爱神，渐有代基督的上帝而兴的趋势。但这个漠视宗教的态度，是不能久长的。何以故？则因（一）中古的基督教，已是一种人生化的宗教，它是已经穿肤入骨，深入于人民生活的内部了。人民自呱呱坠地，以至老死，举凡一切活动，一切思想，都已受惯了宗教的干涉，他的生命已不啻是永在那个宗教铁网之内。所以短时间的忘怀，决不能使它抛弃它历来所处的地位。（二）当十五世纪的末年，人民因受文艺复兴的影响，生活方

式日趋奢侈、享乐，人生的弊病，也日益显著，于是中古所崇奉的俭朴制欲的风俗，又如炎天的冰室，为一般厌恶现世者所欢迎了。意大利文艺复兴时的一位怪僧萨伏那洛拉（Savonarola）[①]，便是代表这个态度的一个人。他在佛罗伦萨城的影响，虽只是昙花一现，但已颇能指出当时人民回到宗教的一种趋势了。（三）适当这个时期，欧洲忽又出现了三件可怕的事：其一是土耳其人的侵入欧洲疆土，及一四五三年东罗马帝国的灭亡；其二是一五三一年夏间彗星的长期出现于日耳曼及瑞士；其三是魔鬼来临的恐惧。后二者本是此时代欧洲人民的公有迷信，而土耳其人又适于此时来肆侵寇，于是一般人民更以为祸兆毕集，大难将临了。在这种心理状态之下，爱神及酒神，当然又要遭人民的厌弃，而让位于那救苦救难，天国中的圣父和圣子了。

但这是人民对于宗教观念的复活，他若没有其他原因的掺入，那么，他的结果，便当以朝拜圣地，及乞食行善为限；至多亦不过背上十字架，去打打土耳其人便罢，他又何至于走入革命的道路呢？固然，在十五六世纪时，以朝拜圣地等为发泄这个宗教感情的，仍有其人；但他们却居少数，已不像十二三世纪时能为群众的代表了。代表这个宗教复活的潮流的，此时却有两大派：其一是改革派，其二是革命派。这两派的性质，都较朝拜圣地派为复杂，因为在他们复活的宗教情感中，又已加上了许多别的分子了。现在所欲述的，便是这个所谓别的分子中之尤为重要者。

①原文译为萨服那洛拉.

（二）教会的腐败

宗教革命的第二个原因，是属于教会本身的。此时教会内部的腐败，已日益显著；而自教皇以下，个人道德的丧落，亦差不多不能笔之于书。而教皇又专以一己的私生子及亲戚去补充肥厚的教会官缺。此外卖官赎罪，举凡一切弄钱之法，亦是无所不用其极。教会的人格，至此既已完全丧失，人民对它的信仰，当然也就渐渐的变为憎恨了。加之自教皇与皇帝争执失败之后，教皇的领袖资格，已经丧失，而教皇的迁入法境，及后来的教会分裂，更足以使人民对于教皇的神圣发生怀疑之心。

（三）智识的解放

第三个原因，是属于智识方面的。自希腊古学复兴后，批评和求真理的精神，遂渐侵入欧洲的思想界。中古的教会，本是一只纸老虎，全靠束缚人民的思想，来维持它的威严，它又岂能禁得住这个精神的试验呢？比如中古时所用的《圣经》，纯是经过教会的曲解和附会的变体拉丁文。此时一般人士，用了文艺复兴的口号，却口口声声地要追根溯源（Go to the original source）起来。

（四）基督教的政治化

第四个原因，是中古基督教的政治化。关于这一层，我在中古历史中，已经详细论过，此处可以不说。但到了中古末年，列国已经兴起，政权自当物归原主；教会固然不愿，国君又岂肯舍？所以在反抗教会者之中，又加上一个有力的分子了。

（五）教会的经济特权

第五个原因，是教会的经济权。中古时的教会，不但是独立的地主，并且可以不出国家的租税，而自己又可以任意剥削农民。但这个情形又岂能久远呢？

基都教会的功罪

总而言之，亘中古之世，宗教不啻是欧洲人生的唯一元素。它如天罗地网一样，任你高飞深蹈，出生入死，终休想逃出它的范围来。但这个张网特权，也自有它的代价。教会的所以能获得如此大权，实是由于中古初年时，它能保护人民，维持秩序，和继续燃烧那将息未息的一星古文化。换句话说，教会的大权，乃是它的功绩换来的；但此时它却忘了它的责任，但知暖衣美食，去享它的快乐幸福。这已在无形中取消了它那张网的权利了。而适在这个时候，从前因蛮族入寇而消灭的几个权府，却又重兴起来，向教皇索取那久假不归的种种权势。于是新兴的列国国君，便向它要回法庭独立权，要回敕封主教权，要回国家在教会产业上的收税权；人民也举起手来，向它要回思想自由权、读书自由权、判断善恶的自由权、生的权和死的权；一般困苦的农民，更是额皮流血的叩求教会，去减少他们的担负。可怜那个气焰熏天、不可一世的教会，此时竟是四面受敌了。

但这又何足奇呢？教会的实力，本只是一个基督教义。它如小小的一颗明珠，本来是应该让它自由发光的。可恨此时它已是不但重锦袭裹，被它的收藏家埋藏起来；并且那个收藏家，又是匣外加匣，造巨屋，筑围城的去把它看守着，致使一般人士不见明珠的光华，但见一个围城重重、厚壁坚墙的巨堡；堡外所见的，是守卒卫兵的横行肆虐。所以宗教革命的意义，不啻便是这个拆城毁壁的事业。国王欲取回本来属于他们的城砖屋瓦，人民要挥走那般如狼如虎的守卒，信徒又要看一看那光华久藏的明珠。于是一声高呼，群众立集，虽各怀各的目的，但他们的摩拳擦掌，却是一致的。他们的共同目的，乃是在拆毁这个巨堡。因此之故，宗教革命的范围便如是其广大，位置便如是其重要，影响便如是其深远了。

改革派悬崖转石

各方面对于教会，虽因上述的种种原因，而发生不满，但在最初的时候，他们尚无反叛之心，他们的态度，都是倾向于和平的。无奈一方面则有教会的怙恶不悛，它不但不知改悔，反以严刑酷罚来钳制反对者之口；他方面又因教会的复杂性质，遂至牵一发而动全身，使欲改良它的一部分者，有欲止不得之感。于是除去少数忠于教会之人，仍主张以缓进之法，去改良教会外，大多数的人，便铤而走险，如悬崖转石，欲罢不能，终于演成那个世界无有、欧洲少见的惨剧，宗教革命了。

宗教革命与北欧民族

宗教革命的所在地，大抵在欧洲的北部，这又是什么缘故呢？原来北欧民族的性情，本与南欧的拉丁族不同，所以文艺复兴的雨露，落在意大利的地上时，便发出享乐人生的春花来；但它们落到北欧的土上时，却又培养出一林苍松古柏来了。这些老气横秋的松柏，当然是不能欣然微笑的。他们对于人生的观念，是十分庄严的。他们所欲研究的，是那个生死的大问题。于是他们便以宗教为发泄他们才华的唯一道路了。第二个原因，是此时北欧印刷术的盛行，因此《圣经》的流入民间，也是异常的迅速；而人民的诵读圣经，却又是中古教会的一个致命伤。第三个原因，是因为北欧人不及南欧人的富于保守性质，所以宗教革命的潮流，也就特别的泛滥于欧洲的北部了。

宗教革命与日耳曼

在北欧各国中，日耳曼之于宗教革命，犹之意大利之于文艺复兴，它不但是那件事迹的老家，并且它所受的影响，也是比他处为深。但这个情形，却也不是偶然的。以神圣罗马帝国的关系，教皇在日耳曼的势力，是十分浩大的。凡日耳曼的教士，差不多都是由罗马派来的意大利人。这些外来的教士，既不能为上帝牧那一群北方的羊子，又复苛税重征，视土人的痛苦，若秦越人的漠不相关。日耳曼的人民受此隐痛，已经数百年，那久经郁窒的怨恨情绪，岂有不望宣泄的呢？加之国内又无一强有力的君主，来代他们导泄这一股不平之气，来保护他们，俾不为外来的虎狼所吞噬。所以路德的反声一呼，全国中便如野草着火一般，蓬蓬勃勃，顿时火头四起，成为燎原的局势，甚至延烧及于欧洲各处了。但在我们分别去观看这个大火之前，我们应当先察一察那个满布干草的欧洲原野，在未烧及着火时的大概情形。

十六世纪的欧洲政治

西班牙

一千五百年时，欧洲最富而又是表面上最强的国家，要算是西班牙了。一四九二年，西班牙统一成立；而同年，哥伦布又发现了北美洲的东南群岛。自此以后，西班牙的旗帜，便飘扬于新大陆之上，而自哥伦布以后，凡自新大陆归者，莫不满载金宝，以奉献于西班牙王与王后的御座。由此，西班牙的国库，便日益充溢，它的海外的版图，亦日益扩大，它已俨然成为欧洲的霸主了。

查理五世的版图

不但如此，西班牙的王室，此时又获到了一个重要的婚媾，因此它在欧洲的版图，也顿时飞加了数倍。它的国君查理一世，即是独承这个海外与海内的巨大产业之人，亦即是后来成为神圣罗马皇帝查理五世之人。我殊不愿以帝王世系表来占本书的篇幅，但述及这位查理时，却又有明白他的世系的必要；不然，我们对于十六十七两世纪的欧洲政治，是永不能了解的。

表十五　查理五世的世系

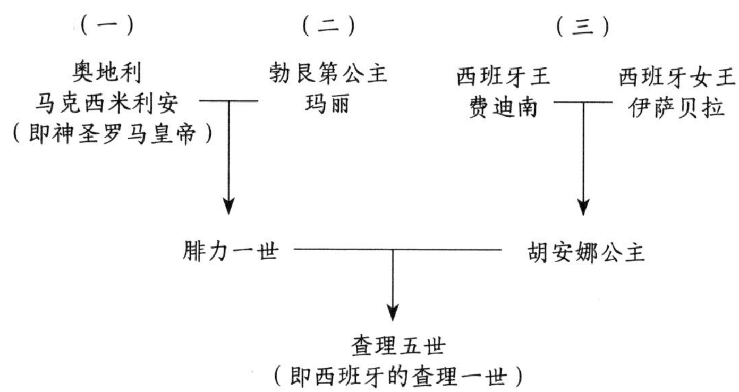

观乎上表，可知查理所承产业的广大了。他的产业可以分作三大部：其一是属于他的外祖父母，即是西班牙的国王及女王的，包有西班牙全境，意大利南部，及西班牙在美洲的属地；其二是属于他的祖父，即是神圣罗马皇帝的，包有奥地利，及附近各小邦；其三是属于他的祖母玛丽的，包有勃艮第及尼德兰（Netherlands）[①]。后来马克西米利安死后，那个神圣罗马的皇冠，又落到了查理的头上，于是一个未满二十岁的少年，除了肩负如许领土重担之外，又加上了一个日耳曼政治首领的责任了。后来日耳曼所受宗教战争的灾害，比了他处为尤大，这位挂名而不负责任的领袖，实在也不能辞咎。

法兰西

此时与西班牙对抗的势力，是法国。我们在第二章中，已经看见法国此时的内政，是怎样的日渐进步；它的王权，是怎样的日

①原文译为尼得兰。

弗兰西斯一世

益巩固；它的国君，又怎样的转眼外向，把武功作为重要政策了。一千五百十五年，那位雄心勃勃的弗兰西斯一世，又践了法国的王位。于是在这位国君与查理五世之间，便随处发现到冲突的机会。

法西两国之争

最重要的是：（一）神圣罗马帝国位号的争夺，结果是查理得胜。（二）意大利南部领土权的争执。（三）尼德兰领土权的争执。这两个地方本是属于查理的，但欧洲的小国主人，本无一定，野心家又何在不可以找到他的祖宗占领某某地土的证据呢？所以弗兰西斯与查理两人，便因领土的争执，及势力的冲突，成为终身仇敌了。而西班牙与法兰西两国间的战争，也是直待这两位国王死后，才算告了一个结束。意大利在此时的地位，不用说，又和中古时教皇与皇帝争执时一样，成为双方争杀之场，成为两块磨石中间的米粉了。

这个大国为磨石，小国为糜浆的情形，是千古历史上的一个污点，但在近世的欧洲历史中，这个情形尤为显著。现在单举一个小国来做一个例罢。这个小国是意大利南部的那不勒斯，及海岛西西里。它们统名为两西西里国（Kingdom of the Two Sicilies）。它们最古的历史不用说，但说在十一世纪时，它们是诺曼人的属地；后来又先后的归入了教皇、神圣罗马皇帝，及法王权力之下。后来两部又分属于法西两国，自此，它们便成为这两国战争中的一个目的物。在十六世纪的初年，它们又合并为一，作为西班牙王的领土了。我们知道那不勒斯和西西里，是意大利文化最低的地方；但它们的愚暗，恐怕也是与它们这个不幸的历史有点关系罢。

西班牙与宗教革命

到了十六世纪的中叶，这两位魔王，先后死去。于是查理的产业，便分裂为二：奥地利及附近小邦，及神圣罗马帝国的位号，归入了查理的兄弟掌中；西班牙及它的美洲领土，以及勃艮第公国、尼德兰、意大利南部等，则归入查理的儿子腓力二世（Philip Ⅱ）①的名下。腓力是一个宗教狂的君主，褊狭骄横，而又生当宗教问题笼罩全欧之时，所以西班牙的历史，自此便不能与宗教革命分述了。

法兰西与宗教革命

此时承继法国王位者，为弗兰西斯的儿子亨利二世。亨利死后，法国便渐渐陷入于内乱之境，因为弗兰西斯的三个儿子，都是没有子嗣的，而适在这个时候，宗教革命的潮流，又自日耳曼、瑞士等处，流入了法境，他遂立被那个不幸的政治情形利用去了。所以法国此后的历史，也便汇入了宗教革命的大河之内。

英格兰与宗教革命

一千五百年时，英国也和法国一样，是一个内部日固、王权日盛的独立国家。它此时的国君，是都铎朝的始祖亨利七世。一千五百零九年，亨利七世死后，他的儿子亨利八世接位，于是为了这位国王的婚姻问题，英国也就正式的被牵入宗教革命的潮流了。

西法英三国与宗教革命

所以这三国——西班牙、法兰西、英格兰——此后的历史，一方面是同被卷入于宗教革命潮流之内，一方面是彼此的暗斗明争。再仔细点说来，在宗教潮流之内，英国是显然以维新自命的，西班牙是显然以挽狂澜之责自任的，法国则处于两者之间，但以政治上的利害，来决定它临时的宗教态度。它们彼此的争斗，也是循着历史上的一个寻常轨道的，即是两个较弱的势力合并起来，去抵敌那个最强的势力。所以结果便是法兰西与英格兰的同时与西班牙为难。

①原文译为腓力布第二。

下面的表，当可以更明显地把此段的意思表示出来。

表十六　西欧各国与宗教革命

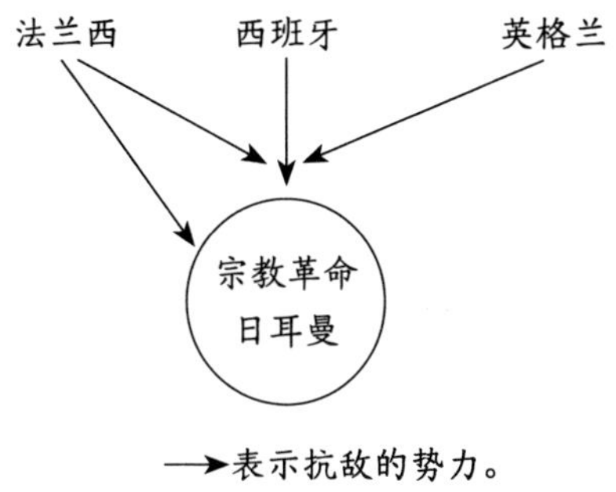

其余各国与宗教革命

西英法三国，是十六世纪时欧洲最强的国家，它们既都被卷入宗教革命的旋涡，其余诸国更不用说了。所以我们现在不妨丢开这个横行的列国形势，而转眼去看一看那个纵行的宗教革命。

第四章

宗教革命附宗教改革

一、日耳曼

马丁·路德（1483—1546）

十六世纪的初年，教会的腐败，既已日印于人心，而学者们的改革呼声，亦已日高一日。但教皇不但不睬，反遣使四出，持赎罪的符纸，兜售于欧洲四境。不料此事却触怒了一位日耳曼教授的良心，他的名字是马丁·路德（Martin Luther）。路德本是一个僧侣，但他在二十五岁时，又做了萨克森国内维腾堡（Wittenberg）[①]大学的神道学教授。当时的萨克森国王，对于宗教是不尚专制的，对于教皇是不甚服从的，对于路德是十分敬爱的。路德处于这个适宜的环境之下，又具有天赋的才智胆量，所以他见了教皇专使的售卖赎罪券，不觉便怒发冲冠地起了一个与罪恶作战的决心。在一千五百十七年的十月三十一日，路德凭了这个意见，作了九十五条论文，贴于维腾堡的一个教堂的墙上，预备给一般学子教士做一个讨论的根据。

①原文译为韦吞堡。

路德的逼上梁山

当路德揭贴他的抗议之时，他尚不曾想到要与教皇作战，他所反对的，尚只限于教会的腐败。不幸教皇不谙此时群众的心理，不明时势的变迁，仍欲以数百年前的压制手段来处理这个抗议。他先召路德到罗马去。路德不曾忘了罗马的教刑架子，且幸喜有萨克森王为护身符，便拒召不去，反而更加大胆的攻击教皇起来。教皇大怒，立把路德驱逐出教。路德并不惊慌，反从容地在群众的面前，把教皇的谕旨焚毁了，这是人民公然反抗教皇的第一次。从此以后，路德便不自知地做了日耳曼群众心理的代表，做了这个惊天动地大运动的领袖了。

前乎路德的宗教革命家，最著名的，有英国的威克里夫(Wycliffe)，和波希米亚的胡斯（Huss）[①]。但这两个人都生得太早了一点，当时群众革命的心理尚未成熟，所以这件大业，只得让路德来开始了。与路德同时负有盛名的宗教革命领袖，亦有几个，而其中尤以法人加尔文（Calvin）的势力为最大。但他和其他领袖与路德不同之点，大抵是属于神道学的，我们用不着去研究他。所可注意的，是加尔文教义的传布，乃比路德的教义为更广大，英美两国的清教徒（Puritans）、法国的胡格诺教徒（Huguenots）[②]、苏格兰的长老会徒(Presbyterians)，以及在北欧和日耳曼所称为改良教徒(Followers of the Reformed Faith）的，都是这个教义的信徒。

①原文译为赫斯。
②原文译为胡巨拿教徒。

日耳曼的武士与宗教改革

路德既与罗马教会断绝关系，便受庇于萨克森王的宫堡之中，专心一意的去把那本希腊原文的《圣经》，译成日耳曼方言。这件事在文学方面看来，也是一个大成绩。当此之时，路德尚无激成革命之心。不幸一般衔恨教会的无赖武士，此时忽然利用了路德的教义，任意地去把教堂抢劫焚烧，把教会的产业也霸占起来。此为利用宗教以争据地盘的开始，亦即是所谓宗教战争的开始。到了一五二五年时，那一群久受教会剥削的日耳曼的贫苦农民，

农民的反叛

又因误解了路德的演说，忽然反叛起来，要求废止佃奴，及减轻租税。城市的工人，更继续响应，作为他们的后盾。这些工人们的要求，是削减教会的特权，及以教会的产业充作公益之用。这虽比农民的要求为更激烈，但在我们二十世纪人的眼光看来，也不能算是什么洪水猛兽；然在当时人的眼光中，却是一个很可怕的反叛了。加之这一群农民和工人，又大都不守规律，但知仿效那般野蛮武士，任意把教堂焚烧，把教士杀戮。这个情形直把路德气得发昏。他对政府说道："不要可怜那些苦人罢！刺死他们，击死他们，缢死他们，谁都是可以的。"结果不用说，是诸侯的胜利，及叛徒的惨杀了。自此以后，日耳曼农民的命运，便更不如前。

宗教革命的社会化

但在这个农民的反叛中，宗教性质实在不多，它简直可以说是完全属于经济性质的，路德的演说，不过是一个导火线罢了。他们实在还不曾知道要求信教自由，但那班打锣敲鼓的宗教革命家，又何尝知道要求信教自由？他们所求的，不过是政治上和经济上的独立权罢了。不然，路德新教的专制气焰，又何至于不亚于罗马旧教呢？

新旧教的对抗及日耳曼宗教革命的政治化

这个反乱在政治方面的影响，是使日耳曼信奉罗马教的诸侯，联结起来，成为一个旧教同盟。同时，赞成路德教义的诸侯，为着巩固势力起见，也结成了一个新教同盟。自此以后，两方面便对垒起来，俨然成为敌国了。不幸此时日耳曼的皇帝查理五世，又是一位专务武功，不理内政之人，于是日耳曼更是群龙无首，混乱的情形，便更日深一日。而举凡诸邦中间的政权之争，王位之争，便都蒙上了宗教的色彩，来酿成一个混战局面了。直到那个残惨不堪的三十年战争之后，这个局面才算告了一个结束。但我们在叙述这个战争之前，当先看一看这个宗教革命在西欧其余各国的行程。

一五二九年，查理五世武事少闲，他便回到日耳曼来，下了一道谕旨，禁止诸侯及人民的反对罗马教的礼仪。这类诸侯的人数既不甚多，他们无力反抗，只能写出一个抗议（Protest）。这个抗议的大旨，是说，每一个诸侯，在他领土之内，是有自由制定信教条件之权的。凡是签名于这个抗议上的人，人们便把他叫作抗议者（The Protestants）。后来这个名词，便应用到一切反叛罗马旧教者的身上去了。所以我国人对于这个名词的普通译名，是新教徒，而以旧教徒的一个名词，加之于罗马教徒。前者即是俗名的“耶稣教”，后者即是俗名的“天主教”。

二、英格兰

英国改革的和平顷句

英国早在第十四世纪，已经出过一个宗教革命的领袖，那便是威克里夫。后来文艺复兴的潮流流入英国后，一般古文学者，如科雷、莫尔[1]等，都因研究古学之故，对于现行的宗教，未免发生不满之心。但他们的态度，大抵是倾向于改良教会的，他们并无反叛教皇之心。况且英国与罗马教皇的关系，向来不甚深切，人民所受的痛苦，因之也不甚大。十六世纪的初年，又正值英国内乱初平，国君和人民，方向建设的路上走去的时候，所以路德的宗教革命呼声，不但不曾得到一个好的回响，反使一般人士惊惶失措，甚至于激起了那位《乌托邦》的作家莫尔先生的抗辩。但此时英国中反对新教最甚的，却又适是那位后来与罗马教皇脱离关系的国王亨利八世。

亨利八世与宗教革命

亨利八世是都铎朝的第二代国王。他的第一个妻子凯瑟琳[2]，本是他的寡嫂，比他大了好几岁，所以后来他便借口她的没有儿子，要求与她离婚。教皇不许。于是亨利便蒙私愿以公义，忽然打起了宗教独立的旗帜，把教皇的威权驱逐出他的岛外去了。同时，亨利又侵夺寺院的产业，把它们来赏赐幸臣。这些幸臣的贪敛，视教士有过之无不及，所以自从教会产业充公之后，那些农民的命运就更苦了。亨利又毁灭了许多寺院，杀戮了许多僧侣，抢夺了教堂中的许多珍宝。这是英国的宗教革命。

『换汤不换药』的英国国教

罗马教皇在英国的势力本不甚大，经此一来，便如朝阳下的露珠，竟竟消灭于无形了。但英国的宗教问题，却不曾就此解决。原来这个新定的英国国教（The Anglican Church），与罗马教会不同的地方，大抵在形式而不在精神。它的信条也没有什么改变，所改变的，乃是以英王来代替教皇，作为它的至高的首领罢了。所以在一方面，这个

①原文译为摩尔。
②原文译为加撒林。

英国国教既因与罗马分离之故，拒绝了罗马教徒的加入；在他方面，又因宗教革命的潮流，此时已自日耳曼、瑞士等处，侵入了英国全境，这个换汤不换药的改革，又实不足以餍一班真正改革家的愿望。所以英国的教会，在名义上虽已正位中宫，俨然成为英国的国教，但在实际上，它却已有两个可畏的仇敌了。这两个仇敌，其一是旧教，其二是此时势力日增的加尔文派的新教，而其中尤以后者为与后来的历史有重大的关系。因为此时的宗教改革，不过是改一个名义，直到亨利以后，那个改革实际的事业，才渐渐成熟起来。

新旧教势力的交相起伏

但这个新旧交替的事业，也不是轻易成功的。亨利死后，女王玛丽曾把英国教会复献于教皇的座下。玛丽的丈夫，又是那位宗教狂的西班牙王腓力二世，所以在她治世之时，残杀新教徒的事，又发生于英国，一如亨利八世的残杀罗马教徒一样。玛丽死后，继位的便是那位伊丽莎白女王。她是一位很聪明的人，她以模棱两可的宗教态度，来对付她那新旧教同样盛行的国家，所以在她治世之时，总算不曾有宗教战争发生。但新教的真义，可以暂时被压于玛丽，可以暂时闭眼于伊丽莎白之前，但它又岂能永远安眠呢？果然到了十七世纪中叶时，它便与那时的政治问题联合起来，终于酿成那个英国的空前大革命了。由此可知，推翻或改良一个制度的形式，是一件比较容易的事，但是推翻或改良一个制度的精神，便不能那样的简单了。

三、法兰西

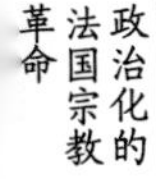

宗教革命在法国所走的路程，起初是与英国一样的，是但有文艺复兴派的改良思潮，而无流血的危险的。不幸此时法国的王系，

日渐衰弱起来，遂致引起了一个旁支的垂涎。加之正系之中，兄死弟继，都是没有儿子的；于是在死哥哥的戚族，与活弟弟的老母之间，又发生了许多暗斗的机会。这个复杂和龌龊的政治情形，岂不正是那个方在焚烧中欧原野的宗教战争的导火线吗？于是那个王统的旁支，希望他日承受宝座的波旁（Bourbon）家，便打起了加尔文派的新教旗帜，来号召一般人民；而一个已死国君的妻舅，又打起了罗马教的旗帜，来维持他的势力。这可苦了那位当朝的国母——美第奇家的凯瑟琳——了。她处于两大之间，便朝新暮旧的使尽狡计，来对付她的两种敌人，来培植她母子的势力。但她的手腕虽厉害，却总还是制不住那个伏根深远的内乱。而这个内乱又是残酷不堪的，那个历史上有名的血案，圣巴托罗缪日（St.Bartholomew's Day）[①] 的残杀，即是这个内乱中的一幕。传说一日之内，杀死的新教徒，单单在巴黎的，已在两千以上，后来又在各省同样的杀戮了数万人。这个三角形的内战，足足延长了五十余年，直到一五八九年，三党之中死了两个领袖，第三党的领袖，践了王位，法国才有了一点平和的希望。

这位新法王，便是波旁朝的始祖，叫作亨利四世的。他本是一个新教徒，他现在王位既得，目的已达，他又觉得不便固执了。于是他便自己改归了旧教，而同时却仍以信教自由之权，赐予他昔日的同志。他死之后，路易十三继位，旧教徒黎塞留（Richelieu）[②] 摄政，于是法国的宗教内乱，便算告一结束。

①原文译为圣巴多罗妙日。
②原文译为吕希留。

四、瑞士

政治化的瑞士宗教革命

宗教革命在瑞士所走的途径，与法国一样，亦是内乱，而内乱的真原因，亦是属于政治的。不过法国的内乱，是以争执王位为根源，瑞士的内乱，却是联邦各城的互争政权。这个新旧宗教战争的正式交锋，发生于一五三一年，但它除了流血之外，并无特殊的结果。瑞士的宗教，至今仍和它的民族和语言一样，是属于复杂性的。

五、荷兰

荷兰政治革命中的宗教分子

荷兰的对西班牙宣告独立和战争，实是一种政治的革命。但因为腓力二世政策中的宗教色彩太浓厚了，因为宗教专制是他一切行为的原动力，因为荷兰的人民，又是倾向于新教义的，所以这个政治革命，也就归入了本章的范围。

尼德兰

中古之时，荷兰与比利时，是同属于一个主权之下的，它们的共同名字，是尼德兰（Netherlands），位居日耳曼的西北。在中古末年，尼德兰的诸省（The Netherland Provinces），是以商业和工业著名的。后来在百年战争时，助英攻法的弗兰德斯工业城邦，便是其中的一部分。

尼德兰的诸主人翁

但这些城邦虽然靠了它们的财富实力，曾从它们的诸侯手中，获得了种种自由权，但在政治方面，它们尚是跟着这些诸侯，朝为东家奴，夕作西家仆的。在十四十五两世纪中，它们是勃艮第大公的属地；后来便做了大公的一个女儿的陪奁，归入了奥地利的版图；后来皇帝查理五世兼戴了奥地利及西班牙的王冠之后；尼德兰便归入了神圣罗马帝国的名下。查理五世死后，他的帝国中分为二，尼德兰便又随着西班牙，同隶属于查理的儿子西班牙王腓力二世了。

荷兰对于西班牙的革命

不幸尼德兰的民情和政情，都是与西班牙不同的，西班牙王的君临其地，已足以使这个北方民族不乐。而日耳曼宗教革命的潮流，此时又适澎湃汹涌地向着他们直冲而来，于是尼德兰的北部诸省，便成为新教的信徒了。腓力对付他们的方法，是纯粹的压制和酷刑。同时，西班牙又复任意征税，苛刻不堪。因此两个原因，尼德兰便不得已地起来与腓力反抗。后来腓力怎样的派了一位刽子手似的大公叫作阿尔瓦大公（Duke of Alva）[1]的到尼德兰去；这位大公怎样的屠戮北部的叛城，和剥削南部的顺民；这个手段又怎样的迫使尼德兰南北部联合起来，与西班牙奋斗，此处都不能细述了。

荷兰的获得独立

我们只需知道，这个反叛的结果，即是荷兰成为一个独立的国家。它是由北部七省联成的，它的领袖是奥兰治[2]亲王威廉（Prince Willam of Orange）。在一五八一年，这个新邦对于西班牙正式宣布独立，但这个独立的正式承认，却在六十年之后——一六四八年，这是近世欧洲历史上政治革命的第一声。至于南部诸省，则此时仍隶属于西班牙，到了十九世纪时，才独立而为比利时国家。

总看起来，宗教战争的火焰，此时已烧着了不少的国家了。虽然火焰有高低，热度有小大，但震乱各国人民的心神，则是一样。

①原文译为亚尔伐大公。
②原文译为乌伦居。

我们现在且再回看一看那个起火的场所日耳曼，看那里的火焰，此时又燃烧到了什么程度。

六、三十年战争（一六一八至一六四八）

三十年战争的远近原因

我们已经述过，此时日耳曼的政争，怎样的蒙上了宗教革命的色彩，在诸侯中间，成立了两个同盟，一是新教同盟，一是旧教同盟。这事便是三十年战争的伏根。战争的开始，是发现于异教徒胡斯的故土波希米亚的。这个地方在政治方面，本已有独立的倾向，而此时它既又成为一个新教的坚堡，所以它便向日耳曼皇帝要求种种的特权了。皇帝不许，反把新教的教堂焚烧起来。于是在一六一八年，波希米亚便反叛起来，为上面两个同盟做一个开战的先锋。

战争中的外来分子（一）北欧三国

此时欧洲极北的挪威、瑞典、丹麦三国，亦都已成为新教国，且又羽翼渐丰，颇有南侵的意思。所以这几国的国君，此时便挟着这个宗教与政治的双关目的，乘日耳曼内乱之际，先后的长驱南下，打着救护同教的旗帜，来扩充他们的势力了。这是日耳曼三十年战争中的一个外来分子。

（二）法兰西

第二个外来分子，是法兰西。此时法兰西的国王，是波旁朝的路易十三，但法国的政治实权，却在旧教主教黎塞留的手中。黎塞留是一个野心的政治家，他眼见此时日耳曼的内乱，以为这正是与法国王室的世仇哈布斯堡家重新开衅的好机会。于是他便挟着一个扩充版图的目的，与西班牙开始宣战了。此时西班牙的王朝，既也是属于哈布斯堡家的，他在这个战争中的态度，当然便与日耳曼的皇室是一致的了。所以黎塞留对他的宣战，即不啻是对哈布斯堡家的共同宣战。有些历史家以为三十年战争是欧洲王朝战争（The Dynastic Wars）的开始，便是由于这个缘故。

战争性质的复杂

这是三十年战争分子渐多的原因。同时战争的性质，也是日渐复杂了；因为它不但兼有政治、宗教，及社会革命的性质，并且在每一方面之下，同时又有许多不同的目的，和利害的冲突。比如怀着政治野心而加入战争的瑞典与法兰西，在他们自己中间，又何尝不是充满了彼此畏忌之心呢？又如新教徒，他们此时的党派，也就日多一日了，而在他们中间，亦是充满了厌恨与畏忌的。所以路德教徒便视加尔文教为邪教，加尔文教徒也不能与路德教徒合作。因为他们所争的，并不是信教自由的原理，所以结果仍不过是入主出奴，以一个新威权，来代替一个旧威权罢了。

这个不明原理，但顾利害的入主出奴的愚笨行为，在历史上的例子极多：以路德的教义作为金科玉律，来代替那个中古式的基督教义是一例；中古末年，一般人士以亚里士多德来代《圣经》，作为思想学术的标准，也是一例；十八世纪末年，法国革命时，毁神弃教，而以理智为至高无上之神，举国之人，崇拜之一如上帝，又是一例。总之，自身为奴隶时，便日思反叛，待一得自由，成为主人时，则又立刻以反叛为大逆不道了。身体上的自由如此，精神和思想上的自由，又何尝不是如此？不然，为什么一群高唱言论自由，思想自由的青年，遇着一个他们所不喜欢的外国人来演讲，便要立刻板起了面孔，下逐客令呢？历史所给我们的教训，如是如是！

战争的结果——威斯特伐利亚和约

这个目的日益复杂，分子日益加多的宗教战争，足足的在日耳曼地土上猖獗了三十年，直到一六四八年，各方才停止干戈，订立了一个和约。因为这个和约是在日耳曼的威斯特伐利亚订立的，所以历史家便把它叫作威斯特伐利亚和约（Peace of Westphalia）[①]。它的条件差不多规定了欧洲一百余年的国际政情，所以现在不妨把它的重要地方分举一下。但三十年战争的重要原因，既是政治与宗教，这个和约的规定，也就可以分为宗教与政治的两大部。

关于宗教的条文

在宗教方面，最重要的条文，是加尔文派的新教徒得与路德派的新教徒受到同样的待遇。而皇帝的法庭中，此时也可以有新教徒的法官了。这两件事是信教自由的开始，虽然当时的人还不曾注意到这个原理。

关于政治的条文

在政治方面，最重要的条文，第一，是日耳曼各邦君主独立权的规定。他们可以任意宣战及媾和，并不须得到皇帝的同意。所以自此以后，日耳曼的分裂，就更彻底，统一的事业，也就更形困难了。第二个重要条文，是瑞典和法兰西的胜利。他们不但都瓜分到了一点日耳曼的地土，并且都以新得地主的名义加入了皇帝的议会，来干涉日耳曼的内政了。这也是瑞法两国后来雄霸北欧和西欧的一个原因。第三个重要条文，是从前瑞士对于神圣罗马帝国的独立，荷兰对于西班牙的独立，此时都得到了这两个主人翁的正式承认。这不啻为政治革命开一条大道。从此以后，奴属的地方，就更有前例可征了。此外如普鲁士版图的扩充，和它在政治上势力的加增，

①原文译为威斯非立和约。

也是于后来的历史有极大的影响的。

战争的实际结果

但一个战争的实际结果，绝不是几张条约所能代表的，何况残酷凶恶如这个三十年的战争呢？所以除了上面条约的规定外，这个战争的效果，尚有值得我们注意的几个要点。其一，是欧洲统一机会的完全消灭。其中罗马教会统一权的消灭，当然是由于新教的兴起。至于神圣罗马帝国，它在三十年战争之前，本已是形存神亡的了。但自此以后，因日耳曼各邦独立权的规定，因哈布斯堡家的被败于波旁家，这个帝国就更到了入墓的时期。从此以后，欧洲群龙无首，列国并等的形势完全成立，无限止的国际竞争和战斗，也就由此开始。

（一）无限止的国际战斗

第二个结果，是日耳曼的完全沉沦。它在政治上的分裂，在上面条约中已看见了。在社会方面，则人民的痛苦，农夫的担负，也都是比战前加增了许多。在这两个情形之上，又加上了战争时群众精神上所受的恶影响——战争的影响，是没有不降低道德的标准的——于是日耳曼人的人格，亦与它的政治地位一样，堕落到了深渊里去。它对于欧洲的文化，是绝对不能有所贡献的了。此外如繁盛城镇的焚烧，无辜小民被惨杀，和人民死亡的众多，等等，也都是内乱的当然结果，此处不用细述。

（二）日耳曼的沉沦

第三个结果，却可以算是良好的，但它并不是战争的正果，乃是一个反动。原来当时深思之士，眼见三十年战争的残酷，及灾祸的蔓延，以为非有一种可以共同遵守的战时条约，必不能保护一般无辜人民。这个思想的结晶，是荷兰人格劳秀斯（Grotius）[1]的《战

（三）国际公法的起点

①原文译为格老秀斯。

争与和平法》[①]。这是第一本关于国际公法的杰作，亦犹之他的著者，是第一个国际法学家。这实是混乱政局中的一线光明。它的光线虽甚微弱，虽仍时时为黑暗所搅乱，但它在黑暗中奋斗的功绩，是不可淹泯的。

现在且作一表，来说明宗教战争完结时欧洲基督教的派别和分布。

表十七 宗教革命末年欧洲各国的教派

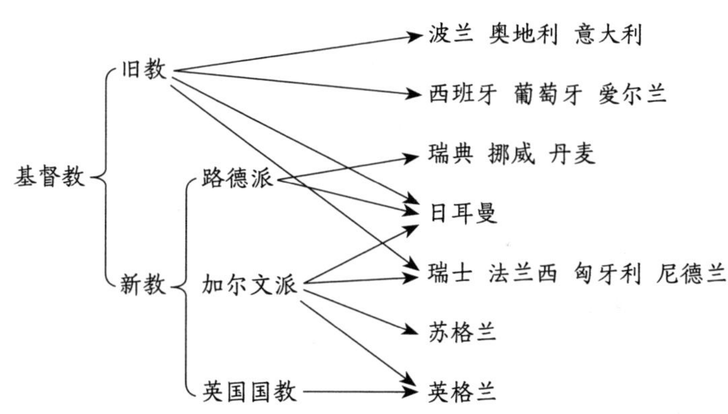

七、宗教改革

平和的宗教改革

十六世纪宗教运动的又一方面，是平和的改革。但因为这事的范围较狭，它的宗教色彩亦较为纯粹厚重，所以它在基督徒所读的

①原文译为《战争与平和的法律论》。

历史中，虽有一个重要的地位，然我们于此却尽可不必多说，但简述一点大概情形便够了。

信奉旧教的诸国

宗教战争后，仍旧尽忠于罗马教的国家，是南欧的拉丁诸国，和奥地利等处。这个理由也很简单。意大利是罗马教的老家，而且历来的教皇，又大都是意大利人；西班牙则因历来与回教战争之故，对于罗马教已不胜其眷慕之情，所以但觉其可爱，不见其可憎了；法兰西则因新教徒对于政治多不轨的行为，所以罗马教便无形中的成为专制政体的一个坚堡。此外如奥地利、爱尔兰、波兰等，则大抵是强邻四逼的国家，它们的尽忠于罗马教会，也正是一个自救之道。不但如此，新教是侧重理智的，而旧教却是侧重情感的，所以上面诸国信奉旧教的缘故，除去上述各种原因之外，它们的民族性，也是一个强有力的分子。

改革运动的重要分子

平和改革宗教的运动，虽不曾以此诸国为限，但它的成功，却当然是在这几国之内了。这个改革运动的分子也很复杂，但大别之可得三种：一是个人，一是教皇及教士，一是列国的君主。

（一）个人

个人的运动改良教会，并不始于此时，在中古时已经有之。但他们的成绩，并不是一时的胜利——他们大抵是失败者——乃是对于后来人心的影响。后来文艺复兴的潮流，又由意大利越过阿尔卑斯高山，分流于北欧各地，于是向阳的春水，便一变而为苍幽的冷泉；而日耳曼、法兰西、英格兰等处的人文学者，也就同时成为宗教改革的领袖了。这些学者对于基督教会，大抵是不思反叛的，但他们对于教皇的态度，却不甚一致。有的是始终忠服的，有的却不承认教皇的威权为至高无上。他们以为在教皇威权之上，尚有圣经，尚有教士会议，尚有个人的信心。路德起初亦是主张以个人的信心为得救的唯一条件的，即是所谓“信心的得救”（Justification by faith）。由此可知，改革家与革命家，本是同出一源了。

伊拉斯谟（约1466—1536）

这类志在改良教会的人文学者之中，以英国的莫尔（More）、法国的拉伯雷（Rabelais），和日耳曼的伊拉斯谟（Erasmus）为最有名，而尤以伊拉斯谟的势力为最大，影响为最远。伊拉斯谟之于宗教改革，不啻彼特拉克之于文艺复兴，他实是这个运动的灵魂。他的事业的根据地虽在日耳曼，但他乃是一个国际的天才，他的人格功业的影响也不曾以日耳曼为限。他的著作极为丰富，又适当印刷术通行的时代，所以当时的人文学大家，如莫尔、拉伯雷等，莫不受到他的影响，而尤以他在英国的影响为最大。他对于莫尔等，是甚为赏识的。

伊拉斯谟与路德

伊拉斯谟是一个主性善说者，他深信人类的理智，是能导人入于天国的。路德却是一个主性恶说者。他以为唯有靠了至诚的信心，唯有无条件的降服上帝，人类方有得救的希望。伊拉斯谟对于路德的改革志愿，起初本是很表同情的，但两人的见解既有此根本的不同，他们后来的分道扬镳，成为仇敌，也自是一件不能避免的事。

罗耀拉及耶稣僧社

纯粹尽忠于教皇和教会的个人改革运动，当以西班牙的罗耀拉（Loyola）为最好的代表。他是耶稣僧社（Jesuits）的创造者。耶稣僧社是以教育和宣传为改良教会的方法的，他是那时罗马教的一个大砥柱，靠了他的不懈的宣传和努力，罗马教会确曾阻止了不少新教的蔓延。但他也和中古时的别的僧社一样，不久也就压堕于自己势力之下，终于废止了。

耶稣僧社的活动范围，是不以欧洲为限的，它的传教士，曾东来印度和我国。明朝末年来华的天主教徒，即是属于此一派的，至今上海徐家汇的天文台，尚是他们的一个大纪念。

（二）教皇和教士

改良运动的第二个分子，是教皇和教士。他们此时鉴于异教势力的蔓延，为了自救，实在不敢不痛改前非了。于是昔日坐于教皇宝座上的花花公子，此时乃不得不让位于虔诚洁身的宗教领袖，结果不啻是为教会官吏——自教皇以至教士——行一个火洗礼。自此以后，他们在智识方面、行为方面，确都能向前努力，向前求进。

这个火洗礼对于腐臭的霉毒物，固有扫除的功效；但火焰所着之处，也有玉石不分之弊。自来狭义的改良，和愚昧的尽忠，都不免要有不好的结果，这个火洗礼自然也在例内。它的恶果之最著的有二：其一，是中古残酷教刑的复活和加甚，此在西班牙为尤发达，即是历史上所说的“西班牙的教刑”（The Spanish Inquisition）；其二，是禁书书目的颁行，凡在此书目上之书，罗马教民都不许阅看，这便是所谓“罗马禁书目”（The Roman Index）。它是至今仍旧存在的，但它的势力只能及于罗马教徒，故所做的孽尚不如教刑的深大。

（三）列国的君主

第三个改良分子，是列国的国君。这时各国君主对于罗马教的态度，可以分为两派：其一，是忠于教皇的；其二，是反叛的。后者的代表，是英王亨利八世，前者的代表，是西班牙王腓力二世。但忠顺也罢，反叛也罢，他们的目的，却并不在宗教——腓力虽不失为一个至诚的教徒，但他的政治目的也极显著——他们是以罗马教会为一种工具的。如这个教会能助他们达到他们的目的，那么，他们便对他跪拜；如他是于他们无用的，那么，他们便以冷面孔待他；如他是不但于他们无益，而且是有碍于他们的幸福或威权的，那么，他们便以老拳饷他。

现在且作一表，来说明这个改革运动的分子和趋向，作为本章的结束。

表十八　宗教改革运动

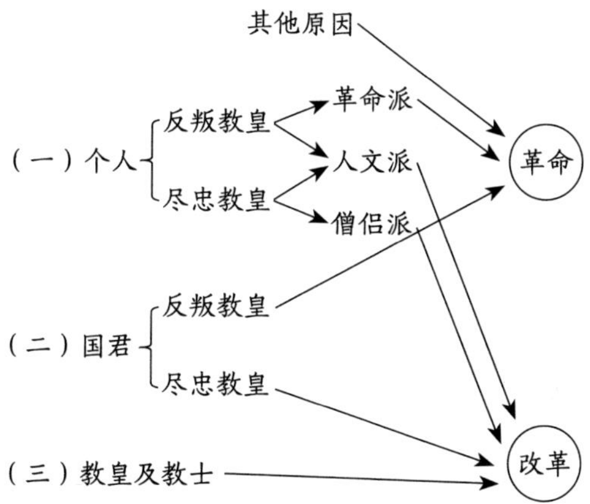

第五章

地理上的大发现及殖民地的竞争

地理上的发现与文艺复兴

历史家常以为意大利的文艺复兴，乃是等于“人的发现”和“宇宙的发现”。其实宇宙的发现，亦是人的发现的一个结果，因为若不是靠了古学的复兴，和人类理智的复活，那地理上和天文上的大发现，也是不会产生的。所以地理上的发现，便应归入文艺复兴章中，和天文上的发现一样。但是，因为它的范围的广大，因为它的结果与近代的西洋史有重要的关系，因为它是新帝国主义的渊源，因为它曾把世界各国多少的拖入了西洋史范围之内，所以它的位置，也由附庸蔚为大观，而我们也就不得不另辟一章来论列它了。

本章的两大时期

本章的事迹，可以分为两段叙述。其一，是大发现时期，约自十四世纪至十六世纪，在这个时期中，舞台上的重要角色，是葡萄牙和西班牙。其二，是大发现既经成立之后，列国抢夺新地的时期，即是历史家所说的殖民地的竞争（Colonial rivalry）时期。这个时期始于十五世纪的末年，到了十八世纪的下半叶，它算暂时告了一个结束。在这个时期中，舞台上的主人翁，向出口走的，有葡萄牙和西班牙，由入口上台的，则先后有荷兰、法兰西、英格兰，而尤以英格兰所占的地位为最重要。

现在先论第一期，即是地理上的大发现的自身古事。

第一、大发现的时期（约自十四至十六世纪）

这个大发现的动机，是一个极普通的人类活动，即是新土的开拓。这个活动的需要，历史上自有人类之后，即已表现，所以地理上的发现，并不是一件新异的事。但此次的发现，却有数点与从前不同。

大发现的性质及范围

其一，从前的开拓目的，是大抵偏于政治或经济的，而此次的开拓目的，则兼有一个甚强的宗教分子。其二，从前欧洲的开拓，是以地中海沿岸为限的，而此次的开拓，则遍及东西两半球。因此，在性质及范围上，此次的开拓，便成为世界历史上的一个破天荒了。

大发现的原因

上面说过，若不是靠了古学的复光，和人类理智的复活，这个大发现是不能成立的。这是什么缘故呢？原来中古时的地理学，是和其他上古的文化一样，亦被蒙罩于愚暗的威权之下的。直到古学复兴之后，上古地理学大家托勒密的地理学说，及他的准科学式的地图，才重新见了天日，来代替了中古的荒诞怪异的地图。而靠了科学的复兴，详明可靠的航海图，也渐渐出现了。所以狭义的文艺复兴，也是这个大发现的一个原因。这个情形最显著的结果，是马可·波罗（Marco Polo）供职于元朝，和他回国后所著的游记。这部游记是欧洲有史以来第一本对于东亚诸国的确实记载，它的影响的伟大，但观哥伦布的成绩便可以明白。因为哥伦布若不是受了这本游记的深刻的刺激，他的“西行达东”的伟大梦想，是不会成熟的。因此种种原因——十字军，元朝的兴起，旅行便利的加增，和上古地理学的复活——大发现的事业便已到了瓜熟蒂落的时候，专待采者的一举手了。

第一个举手来采此成熟之瓜的，乃是葡萄牙，而它的目的，却是偏于经济的。原来中古末年的重要商务，乃是由南洋各岛运入欧洲的各种香料。而执这个商务的牛耳的，在欧洲则有意大利的威尼斯等城邦，在亚洲则有印度的回教商人。同时，葡萄牙的里斯本（Lisbon）城，因为位在欧洲南北水道交通的中心点，商务也渐渐的发达起来了。但东向的商路，是已经为意大利人所霸占，于是绕道非洲而直达印度的一个念头，遂成为葡萄牙商人的唯一希望。在十四世纪的中叶，葡萄牙的商船，已发现了大西洋西岸的加那列等诸岛。到了十五世纪时，葡萄牙又出了一位航海大家亨利亲王（Prince Henry the Navigator）。他把绕行非洲作为一生的事业，他的成绩是把葡萄牙的商船带到了圭亚那（Guinea）[①]的沿岸，那里是离赤道很近的了。

我们从这位亲王带回欧洲的物件中，便可以明白葡萄牙航行非洲的真正目的。据说他带至欧洲的物件，有黄白黑三种。黄者黄金，白者象牙，黑者黑奴。黄金象牙的属于为利，是不待言的了。至于黑奴，表面上是为着救他们的灵魂，所以把他们带到欧洲去受洗礼的，实际上却亦不过是贪图他们的一点身价，或他们的劳力罢了。所以葡萄牙的发现新地，在目的上既是寻求新商路，在结果上也是丰厚的财富，它的经济分子的强烈，是最明显的了。但其中也未尝没有宗教的分子，即如亨利亲王的联络东非基督教国，以夹攻回教的计划，也是促他成功的一个势力。

①原文译为基尼亚。

葡萄牙的成功及殖民地

自此以后，葡萄牙的探求新地和新商路的事业，便愈益积极地向前进行了。一四八六年，迪亚斯（Diaz）[①]初达非洲的最南端好望角（Cape of Good Hope）。一四九八年——其时哥伦布已发现新大陆——达·伽马（Vasco da Gama）[②]初绕非洲以达印度的西岸。一五一九年，麦哲伦（Magellan）[③]又由葡萄牙西行，绕过南美洲的麦哲伦峡，发现了太平洋，又再东航以达菲律宾群岛。后来麦哲伦虽被那里的土人杀死，但他的船舶及同事，却终于一五二二年成就了他绕行地球的志愿，回到了葡萄牙。所以麦哲伦的功绩，不但在确实的证明地球是圆的，并且又证明了新大陆之非为亚洲。同时，在一五〇〇年，葡萄牙人卡布拉尔（Cabral）[④]，正在向非洲西南岸进行之时，忽然被风吹流到了南美洲的巴西（Brazil）东岸，于是葡萄牙又于无意中在新大陆上得到了一块立脚地。

所以到了十六世纪的初年，葡萄牙不但达到了与印度直接交通的目的，打倒了威尼斯及回教商人的霸权，而且又得了下列的殖民地：（一）巴西东岸；（二）大西洋诸岛；（三）非洲各岸；（四）印度及波斯湾的入口；（五）太平洋南部的群岛。

（二）西班牙

继葡萄牙而起经营殖民事业的，则有西班牙。西班牙与葡萄牙本有许多相同之点，但在这项事业上，却亦有不同的地方。因为西班牙不临大洋，企业之心不盛；而同时，则因它与回教久战之故，对于宗教的观念，却是非常深烈的。一四九二年，它既打败了回

①原文译为帝阿士。
②原文译为达加马。
③原文译为马汲伦。
④原文译为加伯拉。

教，完成了统一的事业，便不期然地想把它那个救本国人民灵魂的工具——基督教——公之于天下了。正在这个时候，那位意大利的航海家哥伦布（C. Columbus）又适以“西行达东”之说进。哥伦布曾屡次以他的计划，游说于意大利诸邦及葡萄牙。但葡萄牙正在向东进行，不愿西向，意大利诸邦更无暇来听此无稽之谈。所以这件成就哥伦布大业的功绩，便归到了西班牙王斐迪南及女王伊莎贝拉的身上去了。

哥伦布

一四九二年，哥伦布既得到这两位君主的赞助，便同了他的水手，乘着三只帆船，直向大西洋的西方航去。他在途中经过了不少的海洋风波，尝到了不少的人心叵测，卒于十月二日望见了新大陆外的一个小岛。他把西班牙的国旗，高插于那个海岛之上，把它叫作圣萨瓦多（San Salvador），后来他又发现了古巴（Cuba）等各岛。他前后共来往西班牙与新大陆四次，但他至死尚以为他所发现的是亚洲，圣萨瓦多等各岛即是东方的印度。后来人们悟到了新大陆不是亚洲时，才把这群海岛的名字，改为西印度群岛（The West Indies），但美洲的土人，却就从此得到“红印度人”（The Red Indians）的一个名称了。

哥伦布发现西印度群岛（1492）

亚美利加（America）洲的名字的由来，是完全出于偶然的。哥伦布、卡波脱、加伯拉等，虽前后发现了新大陆的边岸，但却没有人以为它不是亚洲。在一五〇〇年时，有一个意大利人，叫作阿美利哥（Amerigo Vespucci）的，曾到巴西去了一次，回来后，他便公布了一封信，把这个新发现的地方，叫作“新世界”（The New World）。人们便以为他是发现这个新世界的人，因此便把他的名字，给了这个世界，叫它做阿美利加。

但新大陆的发现，也并不始于哥伦布。在第十世纪的时候，格陵兰（Greenland）是已被欧洲的北人（Northmen）所据有了。那时他们的殖民地中，尚有所谓维兰（Vinland）者，现在经学者们的证明，知道这块地即是北美洲东北角上的拉布拉多（Labrador）。但哥伦布乃是第一个深信地圆说之人，又是第一个直航过大西洋之人，所以他的发现新大陆，是有科学性质的，与从前的偶然的发现完全不同。

西班牙的殖民地

自此之后，西班牙的武士，便蜂拥蚁集地向这个多金藏宝的新大陆进发了。他们佩着利刃，携着《圣经》，怀着得土得宝的大欲望，陆陆续续到那一块西班牙的新土上去。他们先把那里土人的肉身残杀了，然后又把他们的灵魂超送到他们向来不认识的救主上帝处去。他们这个救世行为的报酬，是无限的新土地，和无限的金银财宝。因为在十六世纪初年时，南美洲的沿岸——连秘鲁（Peru）在内——及墨西哥（Mexico）等，已都屈服于西班牙刀锋之下了。而其中尤以墨西哥及秘鲁为最富宝藏，因此，他们所受的苦痛，也最为深烈。此后南美洲便归入了西班牙的文化范围之内，至今南美各国虽已独立，然他们的语言风俗，及其他文化，尚都是属于西班牙式的。

墨西哥及秘鲁，乃是美洲的两个古文明国，但当西班牙人来临时，这两国的文明，似乎都已在走下山的路程，只留下了一点古迹，来证明他们先人的荣光了。征服墨西哥的领袖，是科尔特斯（Cortez）①，

①原文译为科德司。

征服秘鲁的领袖，是皮萨罗（Pizarro）[①]。他们两人对于土人的行为，我不忍细述。总之，它是西班牙历史上的一个大污点罢了，他们的同事，和手下的人，也都是强盗与武士的化合品。

武士式的殖民事业

自此以后，西班牙便俨然以西半球的主人翁自居了。它在新土上的政治，完全是武士式的，谁能用刀剑得到土地，谁便是那块土地的主人。所以西班牙开拓的动机，虽与葡萄牙的略有不同，虽它的宗教动机，是很真虔的，但见财流涎，及持着利刃来救人灵魂的两个态度，却是与葡萄牙完全一样的。

西班牙与葡萄牙的平分地球

这两国开拓新土的兴致，似乎是一天胜似一天了。不幸地球究竟是圆的，它们一个向东，一个向西，永不间断地向前走去，到后来自然免不了要撞个满怀。于是它们便争吵起来了。于是那位惯作和事老的教皇，便想出了一个好法子，他把地球分为两半个，西面归西班牙，东面归葡萄牙。但这个纸上空谈，又怎能遏止双方武士的短兵相接？又怎能消灭它们利益的冲突？直到一五八〇年，西班牙王腓力二世合并葡萄牙之后，这两国的竞争，才暂时消灭。后来一六四〇年，两国重新分裂时，它们的殖民事业，却又到了下山的途径，因为欧洲的新国荷兰，此时却又自后追上它们来了。

（三）荷兰

荷兰殖民的目的，是纯粹属于经济的。我们当还记得，十五世纪至十六世纪，乃是荷兰为着要求独立，向西班牙作战的时代，当时腓力二世，曾利用他的兼王葡萄牙的机会，把葡萄牙的海岸关闭起来，不许荷兰商船的经过或停留。荷兰本是以商立国的，它对于

①原文译为比撒罗。

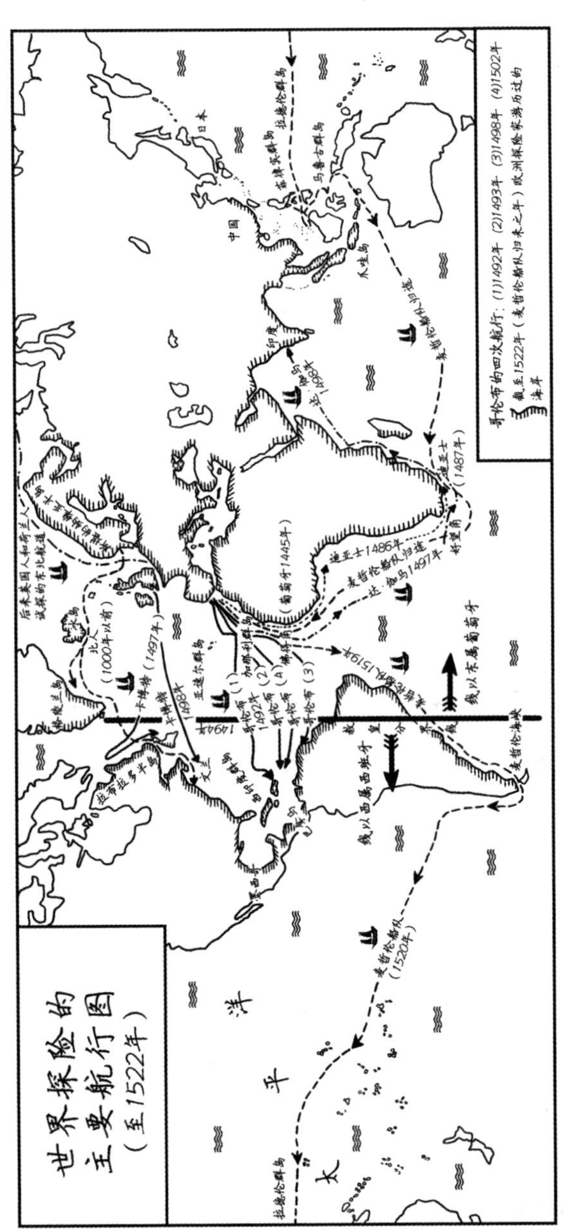
世界探险的
主要航行图
（至1522年）
哥伦布的四次航行：(1)1492年 (2)1493年 (3)1498年 (4)1502年
截至1522年（麦哲伦船队归来之年）欧洲探险家游历过的海洋

这个致命伤，又怎样不求一个救补的方法呢？所以腓力的遏止政策，反激起了荷兰的殖民事业，使荷兰的势力，遍布于南洋群岛。此时在东方的葡萄牙人，已是利令智昏，有些不中用了。荷兰人乃怀着报仇于异地之心，放出他们的商业手段来，组织了东西两个印度公司（The East and West Indian Companies）。这两个公司是兼有政治性质的，它们有宣战及讲和的全权，在它们的背后，又有每年从祖国出发的舰队。于是荷兰便挥起这个双拳来，它向东一拳，打倒了葡萄牙，向西一拳，击伤了西班牙。到了十七世纪时，荷兰便代替葡萄牙做了南洋群岛的主人翁了。

（四）法兰西

这三国在舞台上所演的武剧，渐渐的不免惹动了法国的技痒。法国的开拓性质，又与上三国不同。它是完全属于政治的，而注意这项事业之人，也是限于它的君主和政府，人民是不甚关心的。与查理五世作对的法王弗兰西斯一世，是第一个以政治的眼光，来观察殖民事业之人。他曾遣人去测量北美的东岸，以自己的名义占据了它。但他死之后——一五四七年——法国忽又内乱了数十年，殖民的事业，也就无形地被阻滞了。直到路易十四时，法国的王家，才重新拾起了那根丢在地下的线索，把它继续纺织起来，但此时英国又久已上了舞台了。

（五）英格兰

英国的插足于新大陆，始于一四九七年卡伯特（Cabot）[①]的发现纽芬兰（Newfoundland）[②]。它的开拓的动机，又与上数国不同。因为最初到新大陆的英国人民，甚少求利之心；又不曾佩着利刃来

①原文译为卡波脱。
②原文译为纽峰兰。

救他人的灵魂；也不是由于王家的派遣，来为他们的国王求一块新领土。他们最初的目的，是纯粹的为求自由。政治自由固然是他们所要的，而宗教自由尤是他们的目的物。因为那时英国的国教，是十分狭窄的，罗马教徒既在摒弃之列，清教徒（Puritans）战栗教徒（Quakers）等的新教徒，也未尝见容于国教的教会。于是他们便只有舍弃了那不自由的祖国，到新大陆上来，凭着良心去崇拜上帝了。一六二〇年，乘了五月花（Mayflower）的船到新大陆的人，便是英国殖民者的最好代表。他们是新英格兰（New England）的创造者，是美国历史的太上老祖。他们对于新大陆的期望，是新大陆足以自豪的一件事，因为从此以后，欧洲人民中，凡有要求自由和发展天才的机会的，就都把北美洲看作他们的目的地了。

殖民于新大陆的性质与印度不同

但英国殖民的目的，也不是纯粹属于要求自由；因为贸利的商人，曾与各种虔诚的教徒，平分开拓北美洲的功劳。但这个经济的目的，在赴印度的英国商人中，尤为显著。因为新大陆的殖民性质，本与印度不同：前者地广人稀，故为移民的良好地方；后者则本系一古文明之国，人民繁庶，商业兴盛，是一个最好的商场。所以欧人赴印度的目的，便不如他们赴新大陆的目的之复杂，竟可以说是纯粹属于经济的了。

此外新起的国家如瑞典等，也未尝不想到新大陆上来觅一块立足之地，但因为他们的努力是很微弱的，所以他们的成绩也就很小，此处可以不述。

大发现的结果
（一）大西洋代地中海而兴

这个新土地的发现，和欧洲各国殖民活动的结果是什么？第一，它曾把地中海在交通及商务上的霸权抢了过来，把它转赠与那个苍茫无际的大西洋。于是大西洋沿岸各国，也便乘运兴起，代替地中海沿岸各国为欧洲商务的主人翁了。而其中尤以条顿人种为最占优胜。

（二）激起人类的诗情和希望

第二个结果，是激起人类的诗情和希望。中古的欧洲人民，比如久闭于暗室的人，十字军的东征，已经使他们目眩神惑，惊讶天地之大了。如今忽然在天涯海角之处，发现了一个灿烂庄严的新世界，又怎能叫他们不目注云山，心游天外呢？这个诗情的刺激，和新希望的怒茁，也是欧洲新文艺的一个大源泉。

（三）帝国主义的伏根

第三，是帝国主义的伏根。国际间猜忌和竞争，本是欧洲列国成立后的一个普遍现象，但此时在那一群狗的中间，忽然又自天上抛来了一块又肥又大的鲜肉，于是他们便更振作精神，大叫大闹起来，彼此的厮杀，就不免更加利害了。因他们个个想去独占那一块肥肉，所以便产生了那个我们常常听到的帝国主义。它的工具，是明抢暗夺，即是所谓殖民地的竞争；它的牺牲品，是那块肥肉，即是世界上的其余各国——我们中国亦在其内。

（四）欧洲文化的被及全世界

第四个结果，是欧洲文化的被及全世界。它如海潮一般，既挟着伟丽的波涛，也含着污浊的物质，它不问高山低谷，直把全世界里里外外，全都浸没。它的伟丽的分子，固能为它所浸之处，加添了许多美观；但它的污浊的分子，也尽足使它所着的地方霉烂腐败，使它们更加丑恶。

欧洲文化浸荡全世界的工具，也不止一个，其中有的是武士政客，有的是商人，有的是传教士，或教育家。凡以上各类人物势力所到之处，那里便不免成为白人的属地。但如武人政客的势力，弱于商人或教士等的势力，那么，白人所到之处，尚能多少保持他们的自由权。

不过承受欧洲文化的一件事，却仍是不能免的。换句话说，即是现在地球上的各处，无论是自由的，或是欧洲的殖民地，他们是没有不在承受欧洲文化的了。

这四个结果中，以世界人的眼光看来，尤以最后两项为最重要，所以我们现在应该把它们再去细看一看。但这却把我们带到本章的第二段——殖民地的竞争——来了。

第二、殖民地的竞争时期（约自十五至十八世纪）

上面已经说过，殖民地正式的竞争，是始于十五世纪末年，葡萄牙和西班牙的中分地球的。这两国竞争的行程和结果，上面也已说过，不用再说了。后来荷兰加入之后，靠了它的商业天才和工具，它竟把葡萄牙打倒，做了爪哇、苏门答腊，及其他南洋各岛的主人。这事我们也已略略说过。这三国的竞争，可以说是殖民地竞争的开端。现在我们所要说的，是继此而起的竞争它的时间，是十七十八两世纪；它的重要地点，在西方是北美洲，在东方是印度；它的分子，则除了上述三国之外，尚有法兰西和英格兰，但尤以后两国的竞争为最剧烈和重要。

对于这个巨大竞争的细节，我们现在不能去看，且也用不着去看。我们所欲知道的，是这个竞争在西洋历史上的位置。换句话说，即是这个竞争的结果，和所以致此结果的原因。但欲明白这两件事，却又不能不看一看这个竞争的大略行程了。

东半球的殖民竞争

在东半球方面，继葡萄牙而起，逐鹿于南洋群岛和印度的国家，凡有三个：一为荷兰，二为法兰西，三为英格兰。但荷兰已在南洋群岛上占到胜利，对于印度未免便有些漠视，于是印度便成为英法两国竞争的焦点了。在西半球方面，西班牙在北美洲的势力，本不

西半球的殖民竞争

甚大，到了十七世纪时，更是日渐衰落起来。荷兰在北美洲，也有几处殖民地，但在十七世纪时，也就陆续的归入了英国的掌握。所以此时的北美洲，也就成为英法两国的大战场了。

美国东方著名繁荣的纽约省，本也是荷兰的一个殖民地，原名叫作新尼德兰（New Netherland）①，而纽约城的原名，则叫作新阿姆斯特丹（New Amsterdam）②。一六六四年，英王查理二世自荷人手中把这块地方夺来之后，才把它及它的大城改成今名。著者在此省留学时，曾时时遇见荷兰人殖民的遗迹，地名即是其中的一个，而纽约省居民的源出于荷兰者，亦颇不少。

英法殖民大竞争的开始

所以到了十七世纪末年时，英法两国在印度和北美赛武的舞台，都已预备整齐，专待他们的出场了。我们现在便要问一问，这两国对于这个大赛武，可欢迎吗？不用说，欢迎极了。这是为什么呢？原来法国与英国，本来不是好朋友，而法国在欧洲的势力，自十七世纪以来，又复浸浸日上，英国见此，更不胜其畏忌之心。不幸到了十七世纪的中叶，在两国的王朝上，又各产生了一件不利于两国交谊的事情。法王路易十四，是一位雄才大略，好武喜功的君主，在他的长久治世之下（一六四三——一七一五），法国的王权，固已达到了极点，法国的国威，也足使欧洲各国目眩神迷。正在这个时候，英国忽然又发生了一个革命，在一六八八年时，国会竟推倒了

①原文译为纽尼得兰。
②原文译为纽亚姆斯顿。

法王的好友詹姆斯二世，把荷兰王威廉三世请来，做了国王。荷兰本是法国的仇家，于是英法两国便撕破了面皮，重新去开始他们的断杀了。

这个战争，历史家曾把它叫作第二次的百年战争，因为自从一六八八年之后，两国在欧洲及东西两半球上，直陆陆续续打了八九十年的仗。直到一七六三年，七年战争完结之后，才算告了一个收束。所以这个战争所占的时间，固已甚久，但它延地之广，更是亘古未有。我们现在可先看一看它在印度和北美的大略情形和结果，至于它在欧洲方面的经过，且待下章再述。

这个长期的战争，实由无数的短期战争所组成，此时凡是发生于欧洲的战争的导火线，差不多都是王位继续的问题；而在北美及印度发生的战争，则差不多都是由于殖民地和商场的争夺。

表十九　英法第二次的大战

时间 地点	欧洲本土	印度	北美
一六八九至一六九七	奥格斯堡同盟之战		威廉王之战
一七〇二至一七一三	西班牙继位之战		安妮女王之战
一七四〇至一七四八	奥地利继位之战	杜布雷与克莱武指挥下之战争	乔治王之战
一七五六至一七六三	七年战争（法印战争）		

英法在印度的竞争

印度在十七世纪时，表面上是一个统一的帝国，它的君主是一个土耳其人，但他却自称是帖木儿的后人，所以到那里去的英国人，便把他叫作蒙古大帝（The Great Mongul）。但在实际上握有印度政权之人，却是许多独立的诸侯，叫作 nabob（地方行政长官）和 rajah（旧时印度的邦主）的，因为印度帝国的分裂，此时已到了成熟的时候了。

英人的最后胜利

与土人结欢，本是法国殖民者的特点，此时他们就更利用印度分裂的机会，去与各地的诸侯联络，以求巩固他们自己在印度的地位。但英国人的自治能力和商务天才，却又远在法人之上；在荷葡英法的许多东印度公司（The East Indian Companies）中，英国的东印度公司是最为兴旺富强的。同时英国的政府，又能以海军来作为这个公司的后盾。因此种种原因，英人在印度的势力，便蒸蒸日上。后来殖民人物之中，又出了一位多才多能的青年领袖，叫作克莱武（Clive）① 的。在十八世纪的中叶，他竟把那位法国老将杜布雷（Dupleix）② 打败，把法国在印度的势力，根本的摇动了。一七六三年，欧洲大陆上的七年战争完结之后，法国在印度更受到了军事行动的限止。从此以后，法人建立印度帝国的梦想，便成为一个泡影，而英国统治印度的基础，也就日固一日。所以十九世纪时维多利亚女王所戴上的印度皇冠，实不啻是二百年来英国商战的一个胜利品。

一六八八年英法两国在北美的殖民情形，可用表来说明如下。

①原文译为克来武。
②原文译为度普雷。

表二十 英法在北美殖民情形的比较

情形＼国别	英国	法国
殖民的数目	约三十万人	约二十万人
殖民的性质	多商人及教民	多军人及商人
殖民的地点	大西洋沿岸的新英伦	（一）今加拿大东部 （二）密西西比河流域
殖民分布的情形	团聚在一处	分散于各地
殖民所持的实力	殖民地的民力	王家的军队
与土人的关系	不见好于土人	见好于土人

这是一个大略的比较。但新大陆的真正主人，究竟不是欧人，所以无论哪一国在那里的地位，都是没有充分的理由的；而同时，攻伐敌国领土的口实，也是随处可以找到的。所以英法两国的胜负，仍当视它们的实力为定了。法国占地多而人口少，已犯了外强中干的毛病，而英国的海军力，又远在法国之上，所以经过数十年战争之后，法国的势力，便不觉日益消损起来。后来在欧洲的七年战争完结之后，英国不但在欧洲和印度获得了优胜，即在北美，它也从法兰西及西班牙的手中得到下列各地：加拿大、新斯科金（Nova Scotia）[①]、密西西比河（Mississippi River）[②]的东岸，及佛罗里达（Florida）。于是二三百年来欧洲列国对于新大陆的

①原文译为新苏格斜。
②原文译为米失失必河。

逐鹿，此时才算告了一个结束。葡人的势力，本限于南美的巴西；西班牙的势力，也大部分在西印度和中美南美，它在北美的几处殖民地，后来也就如烟入层云一样，渐渐被英国殖民地所吸取了。荷兰在北美的殖民地，是久已挂上了英国旗帜的。至于法国呢？它枉自辜负了历来君主的经营，及此次的血战，只落得保存大西洋东岸边的几个小岛，及南美洲的小小一块土地——法国属的圭亚那（Guiana）。在此一群垂头丧气的败鸡群中，独有一战胜者伟然独立，满挟其战胜品以傲视他的同伴，这便是那位同时在印度得到胜利的英格兰。

澳大利亚的发现

一七七〇年，英人库克（Cook）又发现了太平洋南部的一个大洲澳大利亚（Australia）。英政府便把它当作一个安放罪人的地方，但不久又在那里发现了巨大的金矿，和牧羊的利益。于是这个诸大洲中的最小妹妹，便以黄金、白羊，和犯人的三种物品著称于世了。

殖民事业告一段落

十八世纪下半叶，英国在东西两半球殖民地的大胜利，及它的领土的狂增飞加，实是欧洲列国对于殖民地竞争的一个大结束，而欧洲殖民的事业，至此也就告了一个段落。自此以至十九世纪的下半叶，欧人对于殖民事业的热心，便忽由沸度降为零度。因为他们不但是彼此筋疲力尽，心灰神丧，鼓不起二百年前的勇气；并且美洲合众国对英独立，也足使劬劳为母者的灰心，不复能再如从前的废寝忘食，甚而至于折臂断腕的，去养育这一群儿子了。不但如此，此时欧洲的政治学说，亦一变其从前的干涉政策的论调，而主张放任。英国的亚当·史斯密（Smith）[①]、法国的杜尔哥（Turgot）[②]，便是这个新学派的最好代表。因此，列国对于他们的殖民地，不免也就趋向于放任一路，一任各地的自由发展了。这个情形直到十九世纪工业革命之后，才又发生了一个反动，开始了那个欧洲殖民戏剧的第二幕。

①原文译为亚当·斯密司。
②原文译为堵加。

第六章

列强政局的开始

自威斯特伐利亚和约至法国大革命

自威斯特伐利亚和约（一六四八）以至法国的大革命（一七八九），其间所经过的时间，共有一百四十余年。这一百四十余年中，欧洲的历史上，凡有两个重要的事迹：其一，是欧洲各国在海外殖民地的竞争；其二，是在欧洲本土上列国对于政权及土地的争夺。前者的结果，是英国成为海外殖民的霸主，此在上章中已经略略述过。后者的结果，是促成一个列强（The Powers）战争的新形势，为此后数百年的欧洲政治立一个不幸的新基础。

国际竞争的政治影响

因国际竞争的加剧，欧洲列国的武备，也就日大一日。同时，因战争方法的改变，武备的费用也就无限止的增加起来。但是除了苦百姓之外，谁还是这个重担的承受者呢？这个情形的结果，凡有两种：其一，是人民的反叛；其二，是君主以专制的手段来强迫人民担负重税。在君权根基不强，人民已有宪法保障的国家，列国武力竞争的结果，便是人民的反叛。但在君权素来强盛，人民无力抵抗的国家，君主专制的成功，却又是一个当然的结果了。前者的最好例证，是英格兰；后者的例证，则有法兰西、奥地利、俄罗斯、普鲁士等诸国，而其中尤以法兰西为最能以专制的榜样给予全欧各国。

专制政体的主要分子，是君主的人才，我们但看十七十八两世纪的列国君主，便可以深深的悟到“时势造英雄，英雄造时势”的意味了。因为这时期中的君主，大抵是奇才异能之士，如法国的路易十四、奥国的女王玛丽亚·特蕾西亚[①]、俄国的彼得大帝、普鲁士的腓特烈大帝[②]等，都不是仅仅以武功显著的，他们也都是大政治家，是历史上第一等的君主。他们的专制，也不尽恃暴力，如普王腓特烈、奥皇约瑟夫二世、西班牙王查理三世等，都是所谓开明专制的君主。他们都能以改良政治和社会自命，他们的计划虽未能全部成功，但他们的意志，是很不错的。此外如俄女皇叶卡捷琳娜、法王路易十五等，虽无改革的决心，但也都能趁着热闹，打起锣鼓来，助成那个开明专制的局势。所以十七十八两世纪的专制政治，并不真如法国革命后一般人心目中的那样坏，它确曾为欧洲做了几件拨乱反正的大事业，使那个七疮八孔的欧洲社会渐有更生的希望。

一、君主专制国——法兰西及其他

法兰西专制的基础

法兰西乃是威斯特伐利亚和约中得胜者的一个，自此之后，欧洲政治的牛耳，便由西班牙归入了法兰西的掌握了。其时法国的内政，已靠了首相黎塞留（Richelieu）的经营，为专制政治立下了一个好基础，有反叛嫌疑的胡巨拿教徒，既已被削去从前所得的种种特权，而诸侯的宫堡，此时也已削为平地。黎塞留的继任者马萨

①原文译为梅丽德利姗。
②原文译为勿烈特大王。

林（Mazarin），更能萧规曹随的去竟成黎塞留的功业。所以到了路易十四成年亲政之时，法国的国君已成为至尊无上的政治领袖，从前跋扈作乱的诸侯，此时也就成为宫中的侍从，专以争宠求媚于一人为事业了。

根衰叶茂的法国国情

同时，自百年战争以来，法国的国君即有统治军队，及征收军税的特权，所以国内的三级会议，也就退到了无关轻重的地位去。这个情形固非一般中等阶级所愿，但没有宪章的保障，没有诸侯的助力，没有历史上留下的成例，他们又何能为呢？不但如此，法王为求软化诸侯起见，曾以免税及种种的特权赐予他们，使他们心荡神迷于王宫的繁华场中，不复再关心国家的大事。但国家的收入是不能减少的，诸侯的租税既经蠲免，平民的负担，也就要照例的增加了。这个情形的结果，是使法国的社会成为一棵叶茂根枯的大树。但此时全国之中，上自君主，下至走卒，方正在赞美鉴赏那一丛丰茂的树叶，他们又谁肯留意到那躺在地下的枯根呢？

路易十四

路易十四是享受和点缀这丛茂叶的最好人物。他的久长的治世（一六四三至一七一五），他的“朕即国家”的观念，他的好大喜功的性情，他的长驾远驭的才能，此时却都成为专制政治的最好滋养料。他实是欧洲专制政治的一个结晶，列国君主的一个模型。他们赞美他，摹仿他，大自政事的实施，小至服饰饮食的风度，宫殿起居的格式，莫不惟路易十四的嗜好是尚。

关于这位专制魔王的事业，可以分做二层来说：其一，是他的外交；其二，是他的内政，而其中尤以前者为与后来的历史有重要的关系。

路易的外交政策

路易十四的外交政策，是很简单的，即是所谓恢复法兰西的“天然界限”（natural boundaries）。这个天然界限的界说，是东至莱茵河，南至阿尔卑斯山，西南至比利牛斯山，西北至大洋。但这个恢复天然疆界的政策，虽甚简单，而欲实行它时，却又随处可以发现困难了。于是侵寇邻邦——东侵日耳曼，南侵西班牙，北侵荷兰及西班牙的尼德兰——便成为路易十四一生的目的和事业。

路易对外的胜利

我们现在无暇去细论他的穷兵黩武的事迹，但述一述他的结果便够了。法兰西的第一批战胜品，是位于日耳曼与法兰西之间的阿尔萨斯（Alsace）[①]，及比利牛斯山麓。他的第二批战胜品，是西班牙属下的弗朗什孔德（Franche-Comté）[②]。他的第三批战胜品，是日耳曼帝国内的自由城市斯特拉斯堡（Strasburg），及莱茵河东岸的土地。对于他的这个抢夺的行为，西欧各国也未尝不曾反抗；但日耳曼皇帝方在应付土耳其的西侵，西班牙是与路易有姻戚的关系的，英王查理二世又是与法王表同情的，只余下一个小小的荷兰，来承受这个螳臂当车的责任，路易十四武功的结果，又安得不踌躇满志呢？

西班牙继位之战

但到了一六八八年，情势又不同了。那时与法王为敌的荷兰王威廉已代查理二世做了英国的君主。于是英国与法国的关系，便骤由与国变为敌国。到了一千七百年时西班牙王又忽然死去。他是没有兄弟子嗣的，所以他的王冠，便照例落到了他的两个姊妹婿的身上。这两个候补人，不幸又适是路易十四和日耳曼的皇帝。后来西

①原文译为亚尔萨斯。
②原文译为法兰斯孔德。

班牙王便遗命路易的孙儿来承受他的王位。他虽曾声明，西法两国的王冠，不许戴在一个头上，但这又岂能减少英国和日耳曼的畏忌呢？结果是开始了那个大规模的战争，即是叫作西班牙继位之战的（War of Spanish Succession）。加入这个战争的分子，一方面是路易十四的法兰西，一方面是英格兰、荷兰、日耳曼，及其他小国。这个战争凡延长了十一年（一七〇二至一七一三），结果是那个重要的国际条约，叫作乌得勒支条约（Treaty of Utrecht）[①]的成立。

乌得勒支条约

这个条约的重要条文是：（一）西班牙的尼德兰，归入日耳曼皇帝的老家奥地利属下，改名为奥地利的尼德兰，而西班牙在意的属地，如那不勒斯、米兰及撒丁岛等，亦为奥地利所得。这是奥国植势于意大利的起点。（二）荷兰的所得，是几个坚堡。（三）英格兰的所得，可以分做两部：其一，是新大陆上面的法国属地，此在第五章中已经述过了；其二，是在欧洲本土的，则有从西班牙手中得到的梅洛卡（Minorca）[②]，及直布罗陀（Gibraltar）[③]的两个重要炮台。（四）西班牙的王冠，仍落在路易十四的孙儿头上，但仍以一头不戴西法二王冠为条件；于是法兰西的波旁家，便代替了奥地利的哈布斯堡家，成为西班牙的主人翁了。（五）勃兰登堡的选侯，成为普鲁士国的国王，为后来普鲁士的勃兴立下一个基础。（六）意大利的萨伏依（Savoy）[④]公国，得到了西西里岛，成为萨伏依王国；后来萨伏依王又以西西里去交换了撒丁岛，于是萨伏依及撒丁岛便

①原文译为友得勒克条约。
②原文译为米喏卡。
③原文译为吉布罗陀。
④原文译为萨服。

合而为一，为后来意大利独立时的一个重要势力。

路易十五和他的战争

战争中止后二年，那位不可一世的专制老魔王路易十四，也就在万民诅咒的声中溘然长逝了。但他虽死，法兰西人民的灾祸，却不曾因此消灭。因为他的继位者，仍是一个穷兵黩武之人，这便是他的五龄重孙路易十五。路易十五遗传到了他的曾祖父的狂妄和荒唐，而不曾遗传到他的才能与魔力。他挥霍了那已经空虚的法国国库，去与英奥等国重开战端。他的战事中之尤为重要的，是奥地利继位之战（一七四〇——一七四八），和七年战争（一七五六——一七六三）。在奥地利继位之战时，法国仍是奥地利的敌国；但到了七年战争时，法奥两国又忽然捐弃了二百年来的世仇，成为同盟国，合力的去与那个新起的强国普鲁士抵抗了。

路易十四和路易十五的长期战争，是不仅限于欧洲的，在印度和新大陆上，同时也有战争发生。不过法国在欧洲的重要敌国，是奥地利，而它在海外的重要敌国，却是英格兰。在欧洲战争的性质，是属于王朝的，在海外战争的性质，却是属于殖民的。读者到此，须参观第五章的后半段，方能了解这个复杂的欧洲政情。

法兰西的衰落

奥法二国的同盟抗普，足以证明此时执欧洲政治的牛耳，而使人畏忌者，已不是哈布斯堡或波旁家，乃是普鲁士国的霍亨索伦（Hohenzollern）家了。自此以后，法国在欧洲国际上的威信，固然是日堕一日，而它的内情，也因久年战争的结果，成为一个民穷财尽的情势。但它的君主仍不觉悟，仍是纸醉金迷的庆乐升平。于是法国革命的伏根，遂日深一日了。

除了法兰西之外，欧洲专制国中之重要者，则有新兴的俄罗斯、普鲁士，以及旧国奥地利。

俄罗斯的起源

俄罗斯（Russia）是斯拉夫民族的国家，但它的开国始祖，却是第九世纪时的一个北人，叫作罗立克（Rurik）的。后来俄国又遵奉了希腊教，采取了拜占庭（Byzantine）式的文化。十三世纪时，经过钦察汗国的侵寇和征服，它的文化又成为所谓鞑靼式——的文化。十五世纪时，钦察汗国势力衰弱之后，莫斯科（Moscow）的侯王，便强大起来。而莫斯科城也就成为当时俄国的政治中心点。这些侯王中，以十六世纪时的凶恶的伊凡四世（Ivan the Terrible）[1]为最有名。

彼得大帝（1672—1725）

当西欧列国正在开始他们的激烈竞争时，俄国也忽然出了一位异常的君主，他的名字是彼得，又叫作彼得大帝（Peter the Great）。他是罗曼诺夫（Romanoff）[2]朝的第三代君主。他生平的目的，凡有两个：其一，是欧化俄罗斯，即是用法兰西式的文化，来代替那久据俄国社会的鞑靼文化；其二，是为俄国觅一个向海的出口——当时的俄国是没有海岸的——即是他所说的“开一个窗户”的大事业。

彼得是一个天才甚高，雄心极大，而又富于坚忍力的人。他因为要达到他的这两个目的，不惜卑身屈志地到西欧各国去学习，甚而至于到一个荷兰的船厂中亲自工作。他又遣派俄国的青年子弟到西欧各国去留学。

①原文译为伊文。
②原文译为罗门喏夫。

彼得的两大事业(一)欧化俄国

在他这两个巨大的目的中，欧化俄国是比较简易的一件事。在他改革国内一切风俗礼仪之时，他虽免不了遇到各种的抵抗——平和的，或是流血的——但靠了他的大刀阔斧的专制手段，种种困难和阻力，也就日益减少，以至于消灭了。他把他的都城，自那个鞑靼化的莫斯科，移到了一个新从瑞典获得的地方上去，使西欧的学者和工匠，与俄国的土人，平等的居住下来。这个新都城，便是直到此次欧战后才改名的圣彼得堡（St. Petersburg）。在他势力之下，西欧式的文化，是能得到自由发展的机会的了。

彼得所引进的西欧文化，有些是甚肤浅的。他曾以强迫的手段，命国内的男子，剃去那鞑靼式的长须；他又使那些以深闺为天地的妇女，自由与男子交际。这种肤浅的改革，在他的本身上，本无什么价值可言。但他的意义却是很深远的。此外对于行政系统的整顿，道路市镇的改良，教育及工业上的种种建设，也都可以算是彼得欧化俄国的成绩。

(二)『开通窗户』

但为俄国开一个窗户，却不能如此简易，因为你如要由俄国内地打通一条赴海的路径，你便免不了要践踏到你的邻居的境内去。你的邻居能和和平平地让你走过吗？这个情形的结果，当然只有战争的一条路了。阻碍俄国向海发展的国家，凡有三个，而东方的中国，尚不在内。这三个国家是：瑞典、波兰，和土耳其，但其中尤以瑞典为最利害。因为瑞典历来的君主，是好武善战的，而与彼得同时的少年君主查理十二，尤是一个数一数二的战将。于是彼得便与波兰和丹麦结合起来，与查理作战。查理初虽曾把他们打败，但最后的胜利，却仍在彼得一方面。结果是俄国得到了瑞典的利沃尼亚（Livonia）[①]，及爱沙尼亚（Esthonia），于是他便在波罗的海的东岸上开了一个大窗户。

> 同时，彼得也曾想在黑海及里海开几个朝南的窗户，他虽不曾成功，但近二百年来俄国与土耳其的长期冲突，却自此开始了。不但如此，彼得的眼光，亦并不以西方为限。西伯利亚的开拓，也是他的一个成绩；而中俄的国际交涉，也是由此引起的。当时的中国君主，也是一位雄才大略的人物，他便是康熙皇帝。但两国相距究竟太远，彼得与康熙，又各有其他的要务，所以两国略战之后，便订了一个条约，来划分中俄疆界，这即是我国历史上所说的尼布楚条约。

叶卡捷琳娜二世（1762—1796）

彼得之后三十年，女王叶卡捷琳娜二世（Catherine Ⅱ）[②]继位。她也是一位雄才大略的君主。她的对内成绩，是肤浅的改良内政，和奖励文学。她曾与法国的伏尔泰等通信。在外交一方面，她却仍是秉承了彼得的遗志，专以削邻肥己为事。那时在俄国的三大敌国中，瑞典是已经受过创伤了，而波兰与土耳其，也是日薄崦嵫，日趋于衰弱的途径。于是她便与奥地利和普鲁士，把波兰瓜分起来。

叶卡捷琳娜对外的胜利

此事待到述波兰时再说。她与土耳其的关系是战争，战争的结果，是俄国从土耳其手中得到了黑海北岸——开了一个通地中海的窗户——及航行土属的自由权。而俄国保护土境内希腊教徒的特权，

①原文译为利服尼亚。
②原文译为加撒林第二。

也是在此时得到的。这个俄国胜利的意义，我们到十九世纪时，便明白了。

俄罗斯的强盛

所以靠了彼得与叶卡捷琳娜的努力，到十九世纪开始时，俄国已由一个鞑靼化的弱国，成为一个欧化的强国了。那时在它的三个敌邦中，波兰固然是烟消火灭，瑞典也已经丧失了在波罗的海的霸权，只存下一个垂头敛翼的土耳其，战栗栗的专待它的宰割。

普鲁士的起源

与俄国同时突兴于东欧的，则有普鲁士（Prussia）。普鲁士的源起，可以简述如下。十三世纪时，十字军中有叫作条顿武士的，在波罗的海的南岸，征服了斯拉夫族的一块土地。那块土地的名字，便是普鲁士。这是日耳曼人殖民于那里的起点。同时，日耳曼诸侯中，有姓霍亨索伦（Hohenzollern）者，曾于十五世纪初年，从日耳曼皇帝的手中，买到了勃兰登堡选侯的位置。勃兰登堡与普鲁士，本是东西相望，中间只隔了一块波兰的土地。十七世纪时，普鲁士侯的子嗣，忽然中绝，于是勃兰登堡侯因姻戚的关系，便做了这个公国的承受人。这是普鲁士合并于勃兰登堡的选侯霍亨索伦家的起点。一七〇一年，日耳曼皇帝又擢升勃兰登堡的选侯为王，这位选侯便择定了普鲁士国王（King of Prussia）的一个位号。于是一个不足轻重的霍亨索伦家，此时在政治上既得了一个选侯的重要权势，在领土上又获到了普鲁士的土地，他的势力的扩张，便如朝阳般的一刻盛似一刻了。

普鲁士的君主

时势已是这样的助成普鲁士的强盛了，而同时，它又接连得到了几个奇才异能的君主，来助长它的势力。普鲁士的第一个有名君主，是腓特烈·威廉一世（Frederick William I）。他是一个心雄才大的君主，也是一位专制的魔王。他的内政方针，是中央集权，他以自己为一切政事的领袖。他的外交方针，是扩张军队，侵寇邻邦。但他的事业的大成，却有待于他的儿子腓特烈二世，即是普通称为腓特烈大帝的（Frederick the Great）。与腓特烈大帝同时的，是奥女王玛丽亚·特蕾西亚、俄女皇叶卡捷琳娜，这三位都是才大心雄、眼明手辣的第一等专制君主。欧洲列国间的猜忌竞争，本已够发生无量的混乱了，又岂禁得起加上这几位辣手狠心的人才呢？又况这三人中的两人所代表的，又是新兴的俄罗斯和普鲁士呢？所以自此以后，欧洲弱国的命运——如波兰——固是朝不保暮，而这几个强国间纵横离合的局势，也就五花八门，日益复杂起来了。

腓特烈大帝（1740—1786）

腓特烈对外的胜利

腓特烈大帝的事业，对于外交，是从奥地利的手中获得了西里西亚（Silesia）[①]，及第一次瓜分波兰的赃品。他又是奥地利继位之战及七年战争中的重要人物。在前一个战争时，法国尚是普鲁士的同盟，到后一个战争时，法奥两个世仇，却又忽然联合起来，去与腓特烈抵抗了。这是普鲁士势力浸盛的一个证据。自此以后，那个新兴的霍亨索伦家，便代替了法兰西的波旁家成为哈布斯堡家的世仇。

腓特烈对内的建设

但腓特烈不但是一个军人，他也是一个政治家。他曾通渠填土，振兴工业，改良法制，奖励文学，使他的人民日趋于富庶安乐之境。他曾邀请当时的法国大文学家伏尔泰到他的宫中来。但不幸这两个人的性情，都太燥烈了一点，他们彼此忍气吞声的敷衍了两三年，终于不乐的分开了。但伏尔泰虽然悻悻地离开了普境，法国文化在普鲁士的影响，却始终不易消灭。

①原文译为西利西亚。

普鲁士的强盛

一七八五年，腓特烈大帝死时，普鲁士的领土，已比他即位时增加了一倍。他靠了瓜分波兰的所得，竟把勃兰登堡及普鲁士的旧土联合起来。而靠了内政的改良，及军队的整顿和扩充，普鲁士也就大为欧洲各国所畏忌，它已差不多要代替奥地利来做日耳曼的主人了。于是它便益更得意起来，便益更以武力来作为它的立国根基。

日耳曼帝国的解体

日耳曼帝国自经三十年战争之后，在社会方面，则人民日益穷苦，日益退化；在政治方面，则帝国分裂的现象，日益深著，诸侯武士的势力，亦日益猖獗；在领土方面，则因政治上没有团结力之故，也就成为两三强国的争夺品。所以这时期的日耳曼历史，是没有记载的价值的。

奥地利的政治势力

但日耳曼的皇帝却有一个强盛的老家，那便是奥地利的哈布斯堡家。此时日耳曼的皇位，名义上虽仍是由诸侯选举，实际上却是已经成为哈布斯堡家的世袭品了。因此之故，奥地利便不啻成为日耳曼的灵魂，而它的历史，也就与日耳曼的历史合为一物。

奥地利的版图

但奥地利的势力，却不以政治为限。在领土方面，它不但是日耳曼诸邦中最强大的，并且也是欧洲各国中的一个强国，是法兰西的眼中钉。它靠了战争和婚媾，到十八世纪初年时，它的版图已包有下列各地：（一）奥地利本土；（二）波希米亚；（三）匈牙利；（四）尼德兰；（五）意大利的米兰，及两西西里国。这些地方的人民，是复杂不一的，其中有的是日耳曼族，有的是斯拉夫族，有的是马扎尔族（The Magyars）。他们除了尊奉同一的君主——奥地利君主——外，是没有一点共同的地方的。这是奥地利立国的一个根本弱点，但此时他的君主，可还不曾觉着。

玛丽亚·特蕾西亚（1740—1780）

十七世纪时，奥地利的最大的危险，是土耳其的侵寇。但自一六八三年，波兰来替维也纳解了土耳其之围后，这个危险的程度，便日小一日了。不幸到了一七四〇年，奥王——即是日耳曼皇帝——又死而无嗣，他便破例的命他的女儿玛丽亚•特蕾西亚(Maria Theresa）来继了他的王位。于是普法两国便结合起来，想趁奥地利女主当位之时，去瓜分那散漫广大的哈布斯堡的产业。这便是上面屡次提过的奥地利继位之战的开始。但靠了玛丽亚·特蕾西亚的才能，和她的人民的忠诚，除掉失去一块西利西亚的土地外，其余的疆土，终算被她保全。

奥地利继位之战

加入这个战争的国家，除了上述三国之外，尚有英格兰（助奥）、西班牙（助法）、巴威略（助法）等诸国。他们的目的虽很复杂，但有两个是最显著的：其一，是奥法的仇恨；其二，是英法在殖民地的竞争。这两件事的本身，本是绝无关系的，但因为列国国际间关系的复杂，于是这些国家，也就不免甲拉乙，乙拖丙的大家跌入一个泥窝中，混打起来了。这个性质复杂，分子混乱的战争，实是此后欧洲列国战争的一个好代表。

七年战争

可怜欧洲的人民，喘息未定，第二次的大规模战争又开始了。那便是上面也曾屡次提过的七年战争（一七五六——七六三）。加入这个战争的重要分子，除去奥地利和普鲁士两个对敌之国外，尚有荷兰、法兰西、萨克森、俄罗斯，这几国都是助奥地利的。此外尚有英格兰。英国的心里，也是想帮帮奥地利的忙的，但因为它的仇敌法国已经加入，它便不得不转到普鲁士一方面去了。这个大战的结果，在海外方面，英国成为北美和印度的主人翁，为英国他日雄飞世界立下一个基础。在欧洲方面，是英格兰的同盟国普鲁士的打倒奥地利在日耳曼的势力，为后来普国统一日耳曼和雄霸欧洲的事业立下一个基础。

此外各国

瑞典

此外十八世纪欧洲的重要国家，除去英格兰当别论外，尚有瑞典、土耳其，和波兰。瑞典的强大，是纯恃武力的。自三十年战争以来，它曾以武力领袖北欧，但因此之故，国内民生凋敝，商业衰落，经济破产，政务废弛，但它的君主尚不觉悟，尚发狂似的去刮削人民，来达到他们武力征服异邦的主张。但是你能用武力，人家也能用武力，而两武相见的结果，当然又是新国胜于旧邦了。又况此时以武力与瑞典争胜的新国，有俄罗斯及普鲁士的两国呢？所以瑞典虽又产生了一位力拔山兮气盖世的好武善战的君主查理十二，他终不曾免得最后的败亡。自一七〇九年，这位魔王被俄王大彼得战败之后，那个立国于武力之上的瑞典国，也就立刻由第一等的强国，降为一个第三等的贫弱国家了。

土耳其

土耳其自从十五世纪占据君士坦丁城后，俨然成为东欧的一个强国。在十六十七的两世纪中，它的版图，已包有匈牙利等中欧之地；又复猛进不已，于一六八三年，进窥奥地利的都城维也纳，但终于被那位波兰名王索别斯基（Sobieski）[①] 驱逐走了。此事便促成了奥地利、波兰、罗马教皇，及威尼斯的合力抵抗；而土耳其的势力及版图，也就由此日蹙一日。后来俄国兴起，土耳其更多了一个仇敌，于是它便不能再打人了。它只有拿着双手，东遮两掩的去

①原文译为沙比斯基。

抵挡他人如雨一般的拳点了。一七六八年至一七七四年，它与俄国战争的结果，在上面俄国节下，已经略略说过。自此以后，这个以武力征服东欧的土耳其，这个内政腐败的强国，也就跟了它的同志，沦到了弱国的阶级中去。

波兰

在十八世纪初年时，波兰的领土是很广大的。但它外无可守的天险，内无坚固的政府，所以俄普两个强邻兴起之后，它的命运便成为朝阳下的露珠了。在这个不幸的情形之下，又加上了宗教的纷争，民族及语言的庞杂不纯；又因贫民与贵族间贫富苦乐的悬殊，国内更少团结的实力，于是波兰便成为列强的一个傀儡，但它的最大弱点，乃在它的政治制度。第一，它的君主是选举的，因之更是弊端百出。且自十七世纪以后，这些君主差不多都是外国人，所以波兰就更成为外人势力下的物品，更无独立的精神了。第二，照它的宪法的规定，凡贵族中有一个人反对某条法律者，那个法律便不能实行。波兰贵族的数目，约有一万，要这一万人的全数同意，岂不比俟河之清还要难吗？结果是使波兰的内政，等于无政府，而外国植势的机会，因此也就更加成熟。

波兰的瓜分及灭亡

波兰北界波罗的海，东界俄罗斯，南界奥地利，西界普鲁士。自俄普两国兴起之后，它便如一只弱羊，为三只虎狼所包围了。果然到了一七七二年，俄女皇叶卡捷琳娜便与普王腓特烈商量，要去分割波兰的边疆。奥女皇玛丽亚·特蕾西亚最初是不愿宰割波兰的，但她的两个强邻既已动手，她又岂甘落后呢？这一次的分割，便是历史上所说的波兰的第一次瓜分。这虽曾激动了波兰的爱国志士，使他们努力去进行恢复及改革的事业；但志士的热血，终敌不过列强的奸丑的计谋，及狠毒的武力。所以经过二十年痛苦艰难的

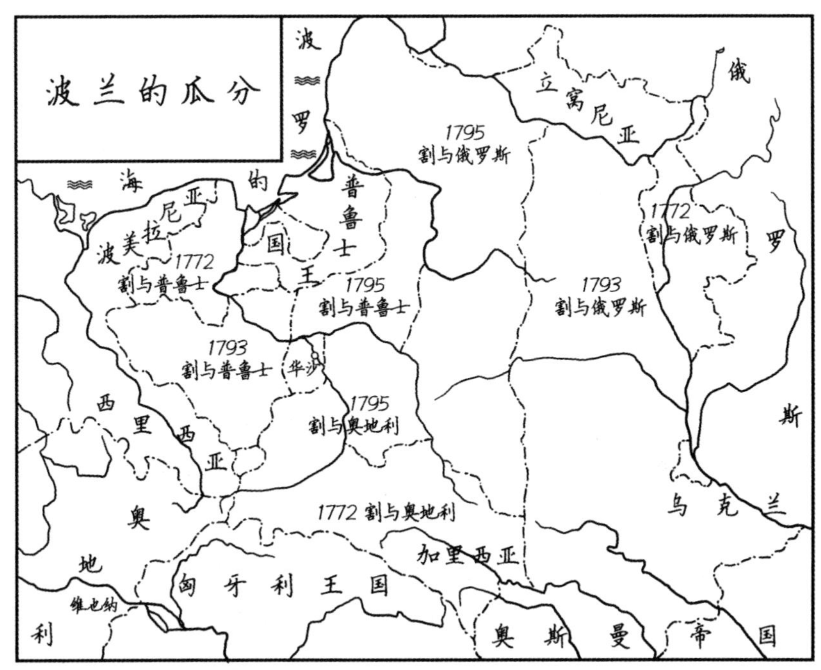

生命之后，这个不幸的国家，终于被它的强邻普俄奥三国侵肌及髓，再割（一七九三）三割（一七九五）的瓜分干净了。自此以至一九一八年，欧洲的地图上，便不复再有波兰出现；但波兰的文化及民族，却不曾因此消灭。

二、君主立宪国——英格兰

方欧洲各国正向专制的路上进行之时，英国忽然走入了立宪的别径。这条别径最初是很狭窄的，是绝少有人注意的，但自英国努力把它加广增长之后，到了十九世纪时，它已不但成为欧洲列国所走的政治大道，且又为世界各国所取法了。所以英国在这时期中的历史，实有值得我们另眼相看之处。

都铎朝的专制

伊丽莎白朝的兴盛及它的反动

英格兰在都铎朝时（一四八五——一六〇三），是专制最盛的时代。但英国历史的背景，是不宜于专制政体的发达的，又况前有大宪章的成立，后有百年战争后议会得到政治实权，为立宪制度加一层更深的基础呢？在伊丽莎白女王的治世之下，靠了她对于西班牙的战胜，又靠了她的天才，及浪漫式的人格，专制政治曾蒙着五彩缤纷的美服，在英国又得势了数十年。英国的人民，也受了女王的感化，忘怀了专制的可憎，但知歌舞升平的去发达他们的文艺天才。而此时又适值意大利文艺复兴的潮流正向英国流入之时，所以结果是使这时期的英国文化达到了它的黄金时代。但自伊丽莎白逝世之后（一六〇三），专制政治便如丑人剥去了绣衣一般，大为英国人士所憎恶了。于是那素重实行的英国人民，此时也就抛弃了他们的文艺美梦，回复了他们向来对于政治的兴味。这个情形的结果，当然是于专制不利的。

英国立宪的阻力

但立宪在英国既已早有了好的基础，它的发达似乎应该甚易，似乎用不着再以流血来作为它的代价了。但英国的立宪的大成功，却仍是靠了数次革命及一次的大流血才得到的。这是什么缘故呢？原来十七世纪是欧洲专制大盛之时，又值英国专制政治之后，所以除去民性及历史的背景外，此时要说立宪，实是一件违反时势之事，它的发达，也就不能不有相当的代价了。这是第一个原因。第二个原因，是因为这时英国的君主，是新从苏格兰来的斯图亚特（Stuarts）朝。这朝的君主既是异邦人，在他们与英国人民之间，便已没有什么好感，不幸他们又大抵是不善机变，迂拙呆笨的人物。他们但知空言君权神圣，而不知所以笼络人心，于是在他们治世之下，那个专制政体也就不能无疾而终了。

英国革命中的宗教分子

在这个政治情形之上，又加上了一个宗教的分子。我们在第四章中，已经看见亨利八世的宗教改革是怎样的不彻底，新旧两教争执的根子是怎样的潜生滋长于英国社会之内的。斯图亚特朝的詹姆斯一世（一六〇三至一六二五）和查理一世（一六二五至一六四九），都是倾向于旧教的。他们与崇奉旧教的法兰西和西班牙表同情，又使国内的教会恢复了许多旧教的仪式，而且查理的王后，又是一个旧教徒。斯图亚特朝的君主，本已不得民心，此时又加上了这个宗教的差异，于是在国王与代表新教和金钱势力的下院议员之间，便发生了一种很深的仇视心了。

权利情愿

一六二八年，议会因查理的种种不法行为，遂草成了一个权利请愿（The Petition of Rights），要求他的允诺。这个请愿中的重要条文是：（一）不得议会的同意，国王不能向人民擅征租税，或要求贡礼。（二）除了按照大宪章所规定之条文外，不得擅拘或刑罚自由人民。（三）平和之时，不得使用军法。（四）不得任意令兵士占据民房。这个请愿在宪法史上的地位，实不亚于那个大宪章。查理对于它虽曾勉强允诺，但这又岂是他的本心呢？果然隔了一年，他竟因下院的拒绝加税，把议会解散了。自此以至一六四〇年，英国的议会政治，便暂时消灭；但政治上的风云，却也自此日急。此时在一方面，既有查理的妄用威权，擅征种种不法的税则：在他方面，又有那一群袋满金钱，信奉新教的中等社会在那里蓄势聚力，以待一决。

查理一世与议会

一六四〇年，查理又因干涉苏格兰人信奉新教之故，酿成苏格兰的反叛。于是他为了征收军费之故，不得已重把议会召集了；

但不久便又把它解散。这便是历史上所说的短期议会（The Short Parliament）。但此时在英国的专制政治，似乎已经折了飞翼，它虽竭力的挣扎，想独自高飞，却总是飞不起来。查理不得已，又召集了一个议会，这个议会共延长了二十年（一六四〇至一六六〇），即是历史上所说的长期议会（The Long Parliament）。

长期议会与革命

这个长期议会的生命，是充满着风云和刀兵的。它曾杀去查理的两个心腹大臣；又宣布查理的罪状，废除了他的许多不法税则和法律；又自规定：不问国王曾否召集他们，这个议会每三年总当聚集一次。查理见此种种，气极了，他便来拘捕这个议会的几个领袖，不图又扑了一个空。于是双方便磨刀霍霍，严阵以待起来，英国的革命，自此便如箭在弦上了。

这个革命是兼有宗教、政治，及社会的三个性质的，此意可用表来说明如下。

表二十一　英国革命中的冲突势力

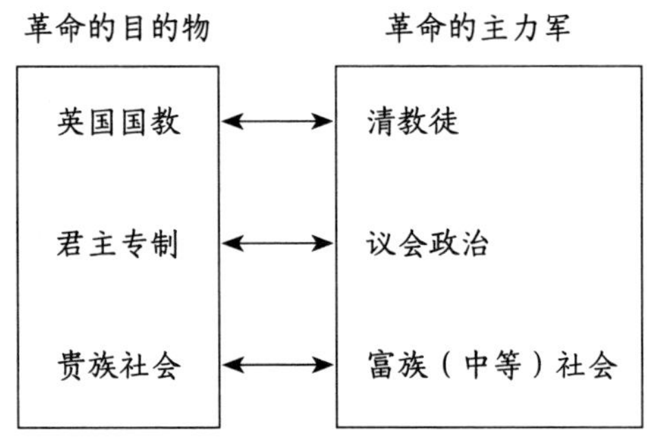

革命的结果

此时民党的领袖，是克伦威尔（Cromwell）[①]。他是一个严酷而正直的清教徒。在他指挥之下，民军时时得着胜利。到了一六四六年，他们又把查理捉住了。于是议会便与那位被囚的专制君主开始和议，但此时议会已被激烈的分子占据，和议已无希望。一六四九年的正月，完全为激烈分子所占据的议会下院，即是历史上所说的臀部议会（The Rump Parliament）[②]，竟以人民代表的名义，宣布了查理的罪状，把他送上了断头台。他们又宣布英国为共和国，废除了君主和议会的上院。

克伦威尔（1599—1658）

但克伦威尔与那个臀部议会，也不能水乳相融的合作。他既用了狠辣的手段，把爱尔兰及苏格兰征服之后，便于一六五三年把那个议会解散了。他随即另行召集了一个议会，不久，那个议会便把一切大权奉之于克伦威尔的手中，称他为英国的摄政君（Lord Protector）。自此以至一六五九年五年之中，克伦威尔除了名义之外，在实际上实不啻即是英国的君主。

人民的反抗及王室的复辟

靠了克伦威尔的铁腕，英国在商业及战争方面，均能从法兰西、西班牙，及荷兰的手中获得胜利；而国内的工业，也因秩序的恢复，渐渐的振兴起来。但是清教徒的严酷的人生观，既已把英国人的生活压迫得透不出气来，而摄政政府的行为，又未必能比查理的行为更受到民众的欢迎。所以人民对于这个新政府的态度，便初由欢迎变为怀疑，又由怀疑变为憎恶。同时，英国民众对于查理的感情虽不好，但把他处于死刑的一件事，却也不是多数人民所愿意；所以

①原文译为克林威尔。
②原文译为臀根议会。

此时他们眼见摄政政府的专制，便更觉得彼善于此了。一六五九年，克伦威尔既死，国内的大权，便落入了军人掌握之内。于是查理一世的儿子查理二世，便由王军的推戴，于一六六〇年重回英国，恢复了那君主的制度；而一个两院制的议会，也于此时重行召集了。

查理二世

詹姆斯二世及1688年的革命

威廉三世及权利宣言

查理二世比了他的父亲，要聪明多了。他在即位之前，即允诺议会，愿意遵守大宪章及权利请愿中的条文；对于议会的宗教政策及加税特权，他也答应不去干涉。因此，他总算安然做了二十五年的君主，于一六八五年“寿终正寝”。但他的继位者詹姆斯二世，便不如他的聪明，尤其是詹姆斯的旧教倾向，为最不满英国人民之意。所以他登位才及三年，国内便又起了一个革命。他们拥戴了詹姆斯的女婿，那位崇奉新教的荷兰领袖乌伦居的威廉（William of Orange），来与他们的国君对抗。詹姆斯见机不佳，便向法国逃走。于是议会便以英国的王冠奉于威廉夫妇，使他们继承那斯图亚特朝，作为英国的国君。这个新王的王号，是威廉三世。他报答英国人民的礼品，是允诺那个议会拟好的权利宣言（Declaration of Rights），又名权利议案（Bill of Rights）。在这个宣言之内，他允为英国的人民保障那大宪章及权利请愿所给予他们的权利；他又允服从这两个宪章对于君权的限制。

立宪基础的固定

英国自经过这两次革命之后，议会的权力就更大了。它已杀了一个君主（查理一世），逐去了一个君主（詹姆斯二世），又迎进了一个君主（威廉三世）。它忽视了王系的正统，使詹姆斯二世的儿子出亡在外，而迎进了一个女系的威廉。所以自此以后，英国君主的命运，便不啻握在议会的掌中。在宪法方面，则除了议会的实权外，尚有权利请愿及权利宣言的两个大保障，来巩固及扩大那个大宪章所立下的宪法基础。自此以后，英国的立宪制度，便建筑到了一个坚固岩石之上，任它风飘雨淋，不能损及它的基础了。

此时英国议会的性质，与中古末年时的议会，亦略有不同。中古末年时的议会权力，是以贵族为中心点的，而那个大宪章的主动人，也是上等社会的诸侯。此时议会的实权，则已归入了代表中等社会的下院，他们已代替了那势衰力尽的贵族，来与国君争政权了。所以此时的议会政治，也可以说是一个富族政治。它虽是平民政治的一个基础，但它自己却尚不是平民政治。不过从原理上说来，议会总是代表民意的，由原理到事实，是一件比较容易的事。所以此后英国的佃奴及劳工也就有所凭借，来争求他们的权利了。

女王安妮（1702—1714）

威廉的继位者，是他的姨妹——即是詹姆斯二世的次女——女王安妮（Anna）[①]。苏格兰的正式合并于英格兰，是于此时（一七〇七）成功的。自此以后，英格兰、爱尔兰，和苏格兰的三国，便统一在一个政府之下，成为大不列颠王国（Kingdom of Great Britain）了。

汉诺威朝与议会政治

安妮死而无嗣，英国的王冠，便归到了安妮的一个表亲日耳曼的汉诺威（Hanover）[②] 选侯的头上。这位选侯在英国的王号，是乔治一世。他是此时尚在君临英国的汉诺威朝的始祖。但他及他的儿孙，都是不能说英语，不谙英国人情风物之人。所以在他们治世之

①原文译为安娜。
②原文译为汉啱威 。

下，英国的政权便更落到了议会的手中，因为议会的赞助，此时已代了君王的喜悦，成为内阁生命的要素了。这便是责任内阁——对于议会负责的内阁——的开始。

英国在这时期的海外事业

除了确定宪法的基础外，这时期中英国的大事，尚有海外殖民地的争执。其中第一件事，是英国与法国的长期战争，结果是英国的雄飞印度和北美。这已在第五章中述过了。第二件事，是一七七六年北美合众国对英独立，此事当在合众国章中另述，此处亦可不说。

三、本时代中的文艺

都铎朝及斯图亚特朝的英国，路易十四时代的法国，是各有他们的文艺贡献的，此处虽因限于篇幅，不能细述，但亦不妨略微一提。

伊丽莎白时代的英国文艺

女王伊丽莎白时代的英国，是充满着意大利的文艺复兴的精神的，那时不但文学十分发达，而且上自宫闱，下至人民，都能像春花向荣一般，欣欣然以享乐人生为事。在文学一方面，则有西德尼（Sidney）[①] 等的小说散文，斯宾塞（Spenser）[②] 等的浪漫诗章，莎士比亚（Shakespeare）及琼森（Jonson）[③] 等的戏剧，而其中尤以莎士比亚为最有千秋不朽的价值。靠了他们及伊丽莎白朝的繁华，戏剧的一件事，也就登峰造极，达到了艺术的无上仙境了。在科学方面，则有弗兰西斯·培根（Francis Bacon）。他的归纳方法，

詹姆斯一世时代的《圣经》

①原文译为息特尼。
②原文译为斯班塞。
③原文译为佳生。

是名学及科学上的一个大事件。斯图亚特朝对于文学的最大贡献，乃是在詹姆斯一世时代所译成的英文《圣经》，它的文学的价值，至今仍不曾减少。

革命时代的文艺

英国专制时代的文艺所代表的，是文艺复兴的潮流，但自专制倾覆之后，宗教革命的精神，又占据了英国的文艺思想了。这时期中的最好代表，是大诗人弥尔顿（Milton）[①]。他的著名长诗《失乐园》（*Paradise Lost*）[②]，是充满着宗教色彩的。弥尔顿之于这时期的文学，犹之克伦威尔之于这时期的政治，他们两人都是严厉清教宗派（Puritanism）的最好代表。

复辟时代的文艺

君政恢复之后，在英国的社会及文学上，又发生了一个反动。此时人民又尽反清教徒的所为，专以寻求快乐为目的了。结果是产生了一个“快乐的英格兰”（Merry England），及一个复辟时代的文学。但这个文学徒有炫目的光华，绝无可贵的本质，它已是属于堕落派了。自此以至十八世纪末年，英国的文艺界，便益无特点可言。

法兰西的文艺

路易十三及路易十四时代，是法国的文学及戏剧全盛之时。莫里哀（Molière）[③]、高乃依（Corneille）[④]，及拉辛（Racine），是当时最著名的文学及戏剧领袖。散文大家塞维涅夫人（Madame de Sévigné）[⑤]，也是这个时代的人物。而这时的君主及他的大臣，又能以奖励文学及科学为己任，那个有名的法兰西学院（The

①原文译为米儿顿。
②原文译为《极乐园的失去》。
③原文译为摩利尔。
④原文译为科奈耶。
⑤原文译为塞维耶夫人。

French Academy），即是路易十三的首相黎塞留所创立的。

日耳曼的诗人

此外如日耳曼的诗人歌德（Goethe）[①]，及戏剧家莱辛（Lessing）[②]，也都是这时期中文学家的明星。

①原文译为哥德。
②原文译为勒辛。

第七章

法国革命

法国革命的性质

一七八九年的法国革命，犹之意大利的文艺复兴，日耳曼的宗教改革一样，是不以法国为限的。它的性质虽是偏重于政治，但也并不以政治为限，它是兼含有社会革命及经济革命的意义的。因此之故，虽然前乎它的，已有荷兰对西班牙的革命，英国的议会革命，但它们与这个革命相较，便不免限于一地一国。它们的意义，也不能像它的这样深远，延地也不能像它的这样广阔，影响也不能像它的这样浩大了。

法国革命的意义

法国革命的根本意义，是对于所谓旧制度（ancient regime）的一个大反抗。这个旧制度是普遍于欧洲各国的，不过它的普遍的程度，及势力的厚薄，不是到处一样罢了。法国因专制大盛之故，便成为这个旧制度的坚堡。所以当它倒坍之时，法国也就首当其冲，被它重重的压倒，成为它的第一个牺牲品了。

『旧制度』

这个旧制度的性质，可以在法国者为代表，简述如下。在政治方面，则有漫无限止的专制君权，以“朕即国家”（L'état，c'est moi）的观念，来滥施威权。在财政方面，则因路易十四和路易十五的穷兵黩武，国内已造成了一个空虚的府库，和紊乱的金融。在法律方面，则法院如鲫，法制纷乱，人民无法律的保障，国王和他的大臣，可以一纸文书，随意拘捕及监禁任何人民。在社会方面，则一切情形，可以“不自由”“不平等”的六个字来作为代表。此时社会上的人民，大抵可以分为有特权的（the privileged）和没有特权的两个大阶级。有特权的人，不出租税，坐享膏腴。他们可以做官，可以任意剥削人民。没有特权的人，又可分为三种：一是下级僧侣——这一种在名义上是有特权的，但在实际上，却与平民一样；二是靠了商务及工业革命而兴盛的中等社会（the bourgeoisie）；三是贫苦的农民和工人。这些都是反对旧制度之人，而其中尤以中等社会为最坚强有力。现在可用一表来说明这个社会上的阶级。

表二十二　旧制度下的法国社会

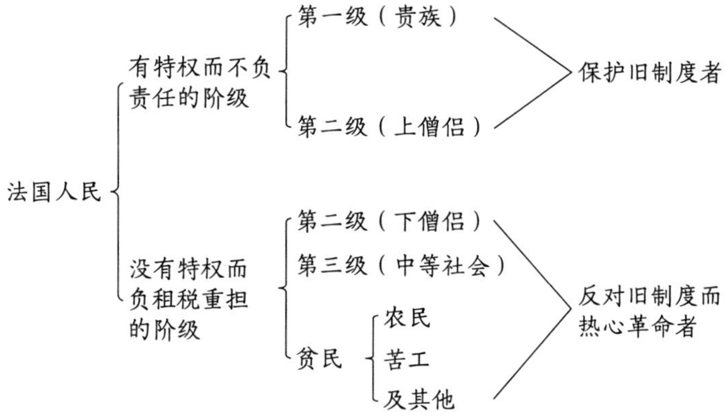

旧制度下的平民

上表中的中等社会，虽没有特权，但他们尚有脑力和财力，他们的命运，尚不若贫民的可悯。单就农民而论，据当时调查的报告，法国农民的收入，有五分之四是用来付作王家、教会，及当地诸侯的租税的，所以此时法国的经济情形，犹如一个金字塔一样，全塔的重量，都压在那最下一层的基石上；愈在上层的，愈可不负经济的担子，却愈可放眼天空，享乐光明。工人则大抵是聚集于各大城市的，而其中尤以在巴黎者为最多。他们中有很多是失业无食的，他们是法国革命中最激烈的分子。

此时法国的农民，既因贫穷和愚暗之故，有苦说不出；而工人又是徒有暴动的能力，而无脑力与实力，所以领袖法国革命的事业，便落到中等阶级的身上去了。但若使在他们之前，没有一班思想家来给全国人士做一个心理及智识上的预备，那么，这个革命的产生，便不能如此之速，它所走的路程，也将另是一个样子了。

这一群促成法国革命的思想家，即是历史家所称为哲学家（The Philosophers）的。原来专制的压力，尽可以摧残一般普通人士的思想，但它决不能阻止奇才异能之士的反抗。当十八世纪，欧洲的专制威焰，正是炙手可热之时，当列国的君主，正在煎民膏，吸民血，剥民财产，用来争城夺地之时，当他们正把人民视如小虫，践之蹈之，绝不动容之时，正当这个时候，法国忽然出了一群大思想家、大哲学家。他们凭着坚强的学理及美好的文学，去攻击那个不平等的旧制度。此时受旧制度压迫的民众，正已到了水尽山穷之时，怨毒之气，郁结已深，溃堤的危险，已是迫在眉睫了。此时忽然得到了这班哲学家的引导，他们又岂有不奔腾汹涌，如决大川的去做那毁堤拆坝的事业呢？所以这班哲学家，实是破坏旧制度的一个原动力。不但如此，他们的影响，在革命的成绩中，也是随处可以见到的。所以从破坏和建设两方面看来，他们都可以算是这个革命的精神领袖。

孟德斯鸠（1689—1755）

卢梭（1712—1778）

狄德罗（1713—1784）

但关于这些哲学家的人物及学说，此处却只能粗述大概。第一个是孟德斯鸠（Montesquieu）。他曾在《论法的精神》[①] 及其他著作之内，阐明他的政治学说，其中的要点是：第一，法律是理性（reason）的施于实用；第二，是立法行政司法三权的应当独立。他是醉心英国政治的一个代表。第二位哲学大家，是卢梭（Rousseau）[②]。他的学说的中心点，是“回到天然”（go back to nature），在教育上面、政治上面、经济上面、社会上面，他是一律主张回到天然去的。他以为文化乃是一种灾祸。他那本名著《社会契约论》（*The Social Contract*）[③] 上的开头第一语，即是：“人是天生自由的，但现在他却处处都在锁链中。”这最足以代表他的学说。第三位哲学家，是那位百科全书派（The Encyclopedists）的领袖狄德罗（Diderot）[④]。他和他的同志的主张，是最为激烈的。他们不但反对教会，并且反对上帝和宗教；他们不但反对腐败政府，并且反对一切政府。他们在百科全书中为政府的一个名词所下的界说，是最能代表他们的主张的。他们说道：“政府是压制人民的一群光棍。”

伏尔泰（1694—1778）

但这些哲学家中，负名最盛影响最大的，当推伏尔泰(Voltaire)。他的学说的中心点，是理性。他用了锐利的眼光，把理性去估计法国一切制度文物的价值，于是他便觉得样样不对了；尤其是那个补苴弥缝，不合理性的教会，更使他发生反抗之心。于是攻击教会——冷嘲热骂的攻击，针针见血的攻击——便成为他一切著作

①原文译为《法意》。
②原文译为卢骚。
③原文译为《民约论》。
④原文译为帝特洛。

的目的。他的影响是极大的，普鲁士的腓特烈大帝曾邀他到他的宫廷去，俄女皇叶卡捷琳娜也曾以得与他通信为荣。他之于法国革命，实不啻彼特拉克之于文艺复兴，伊拉斯谟之于宗教革命。他是不仅属于法国的，他可以说是彼伊二氏以后欧洲的第三位国际大文豪。

哲学家的共同主张

这几位和其他哲学家的具体主张，虽各不同，但他们却有两个共同之点。其一，是凡事须合于理性；其二，是崇拜天然，以天然的回复为救世的唯一方法。这种学说虽亦不免有它的流弊，但对于当时的旧制度，却是一个绝妙的对症药方；因为旧制度的全副精神，即是不合理，即是矫揉造作，即是与天然的律例大相背驰。

路易十六及他的改革

十八世纪的下半叶，靠了这类哲学家的学说，又靠了一班新经济学家的主张——也是近于回复天然的放任学说——那个多病多痛的法国社会上，已渐渐的发出一种要求改良之声了。一七七四年，路易十六即位。他是一位懦弱年轻，而尚知要好的君主。他及他的大臣，眼见国内财政的紊乱，民生的凋疲，社会上要求改革声浪的日高，便慨然有改良的志愿。他任用了那位主张放任政策的经济大家杜尔哥（Turgot）。杜尔哥改革的第一步，即是去减少王室的经费，及宠臣的恩饷。他又废除了许多琐细繁苛的税则，使农民及工人都能自由买卖，自由择业。他又以出版自由和信教自由给予人民。但自由平等是旧制度所最忌恶的，一个懦弱的路易十六的赞成，又怎敌得过一位骄恣王后，及一班受旧制度福惠的特权阶级的反抗呢？所以杜尔哥的改革尚不曾实行，而他却已受了免职的处分了。

杜尔哥

内克

自此以后，改革与旧制度的两种势力，便把那位路易交换的占据起来。当改革的志愿把路易占据之时，他又引用了内克（Necker）[①]为财政大臣。无奈内克辈的势力，终敌不过那在路易左右的王后及贵人，他的改革，也就和杜尔哥的一样，一无结果。

路易的王后，便是那位奥国女王玛丽亚·特蕾西亚的女儿，叫作玛丽·安托瓦内特（Marie Antoinette）[②]的。她是一个年少骄恣的宫主，她的国籍，及她的奢侈的习惯，都是使她失欢于法国人民的理由。法国人民对于路易，本无什么恶感，或者还可以说有些好感；但因这位王后的缘故，路易也就不能不背上一个见恶于民的十字架了。

预备召集三级议会

但国王及王后的费用，是不能减少的。改革的一条路既已走不通，路易便只得向那个法国的议会（Parlement）的——与英国的议会（Parliament）的意义完全不同——去开口要钱了。这个法院便要求路易将那久同废置的三级会议重行召集。后来路易又起用了内克，听了他的劝谏，允许人民于二年之后——一七八九年——召集那个三级会议。但此时革命的风云，已经布满全国，仅仅召集一个会议，已经不能医治那个已溃的毒疮了。

革命第一期 预备立宪时代

革命的第一期，是预备立宪时代（一七八九—一七九二）。因为法国的君主政体此时虽已暗地里宣告了破产，但在表面上，却仍是无恙。人民所要求的，也不过是一个平和的改革；他们的唯一希

①原文译为芮可。
②原文译为梅丽安都纳脱。

望，便是法国能仿照英国采行一个君主立宪的制度。所以这个革命的最初三年，可以称作预备立宪时代。

三级会议的召集

预备立宪的第一步，便是去召集那个三级会议。这个会议自从一六一四年之后，不曾召集过，所以此时它的召集，实不啻即是专制王权的自己宣告破产。到了召集的那一天——一七八九年的五月四日——全法国的人士，上自路易十六，下至村农市工，都欢喜庆祝，以为法国的救星到了。便是那被召集的三级人士——贵族、僧侣，及中等社会——也差不多人人把法国的救星自待。

会议中的问题

这个会议的第一个问题，便是投票的方法。因为旧法是以级为单位的，但这个投票方法的结果，势必是使那占有二票的两个特权阶级，超过那只有一票的第三阶级，那渴望改革的中等社会，岂肯甘心呢？反过来说，若使会中的投票是以人为单位，那么，以六百余人的第三级，至少总抵得过每级只有三百人的贵族僧侣两级了；又况还有许多下级的僧侣，是表同情于改革的呢？所以这个似乎不足重轻的投票方法，便成为三级会议的第一个争端。争执的结果，是第三级的离开大会，自由聚集。他们自己称为国民会议（The National Assembly）。他们曾到一个网球场去，宣了一个誓言，说他们非待把法国的宪法制定后，是永不能分散的。这便是历史上所说的“网球场的誓言”（The Tennis-Court Oath）。

国民会议的成立

但这个国民会议，是没有法律上的资格的，他们所恃以为抵抗路易及贵族等的唯一武器，即是他们的毅力。后来他们又得到了一个胆大的领袖，叫作米拉波（Mirabeau）的，他藐视了路易的解散命令，确定了一个反叛的形势。但我们已经知道路易十六是怎样的一个人。此时他见他的命令不行，忽然又软化了。他便下令给贵族和僧侣，叫他们去加入那个国民会议。他们中间虽有不从这个命令的，虽有几个迂执的贵族，常常一人踱到三级会议的旧地，关起门来，去自己与自己聚会；但大多数的人，终算加入了。于是那个国民会议，此时也就得到了法律上的资格，开始去实行他的制宪的誓言，因此之故，这个国民会议，又叫作国民制宪会（The National Constituent Assembly）。

巴士底狱的打破

当这个会议正在想以宪法来救国的时候，那位懦弱的路易，忽又听了王后的说话，把内克免了职，又把王宫附近的军队增加起来；于是巴黎的群众，便始而惊惧，继而暴动起来了。他们暴动的目的，乃是打破巴士底狱（The Bastille）①，因为巴士底狱不但是政府压制人民的一个象征，并且还藏着许多军火。所以在七月十四的那一天，那一群巴黎的暴民，便携棍带斧的去攻那个古堡。他们残杀了看狱的兵士们，打破了巴士底狱，这是法国革命所流的第一滴血。自此，法国革命中的暴民政治就开始了；但是，旧制度也是半毁了，大革命的形势，此时也已到了悬崖转石的地位了。

我们若欲了解法国的革命，不可不知道此时巴黎的情形。巴黎本是常常充满着游手好闲的流氓的，在一七八八年时，法国又忽然遭了一个大荒年，于是一班贫苦的农民，便由四方聚集到巴黎来，去加增那一群巴黎游民（The Paris Mob）的数目。同时，巴黎又是革命家宣传的地方，但他们的主义无论如何高尚，待到它吹入一班流氓的耳

①原文译为巴士的狱。

朵里时，便终不免成为他们暴动决心和胆力的滋养品了。有此两个原因，巴黎便成为激烈革命党的中心点，而它的游民，也就成为法国革命中的一个重要分子。革命中的破坏事业，大半是要归功和归罪于他们的。

国民会议的难题和成绩

医治一个千疮百孔的病症，本已不是易事，又岂禁得起狂风暴雨的骤然侵临呢？国民制宪会此时负起了改良法国的重担，承受了各方人士的属望，已正有些才尽力竭；因为此时上自君主，下至平民，已差不多人人以一个万应药方去期望这个会议。法王和政府，希望宪法一成，那空虚的府库，便可立时充满财宝；人民又希望宪法一成，租税可以从此不出，面包可以不劳而获。但一纸宪法，又岂有点金之术呢？同时，人民要平等，有特权的人，又不肯平等，这个平等又该插到宪法的哪一条呢？正在这个为难的时候，打破巴士底狱的消息，又传来了；各省各村农民反叛的消息，也日多一日了。这些农民此时仿效着巴黎的游民，去把他们主人的当地宫堡焚烧劫掠起来，以求一泄他们历年来的郁结不平之气。这事却把贵族们吓慌了，他们便在国民会议中，连夜的（八月四日之夜）将贵族僧侣们历来所享的种种特权废除，其中最重要的，是佃奴制及各种私税的废止。这实是法国封建制度的末日，而所谓旧制度，也就从此失去了它的中心点。

（一）特权的废除

同时，这个会议又依凭了各地人民的改革条陈叫作开夷（Cahiers）的，草成了一个《人权宣言》（*Declaration of the Rights of Man*）。这个宣言的精神，是人类的一体平等和自由，从前几位哲学家的影响，此时很可以在它的字里行间洞察出来了。它是此后数十年法国

（二）《人权宣言》

宪法的根基，犹之废止特权，是代表革命的破坏方面一样，它是代表革命的第一件建设事业的。它们都是这一期革命的良好成绩。

开夷是人民向政府诉苦及要求改革的一种公文，是历来法王用来测知民意的一个工具。当三级会议开会之前，路易也曾用了这个祖宗老法，去命各地的人民，把他们所感的痛苦，及对于改革的意见，一条一条地写出来，俾作为政府改革的一个依据。我们综观这些开夷的大意，知道那时法国各地人民的痛苦和希望虽不同，但却有几点差不多是全体一致的。那便是：（一）对于国王仍旧忠敬，并无反叛之心；（二）反对当时种种不自由及不平等的旧制度，要求把它们废除；（三）要求仿照英国，实行君主立宪。

（三）宪法的制订

国民制宪会的第三个成绩，是为法国制定一个破天荒的宪法。他们费了两年的工夫，消耗了一千余人的口才心力，到了一七九一年的九月，才把那个宪法制成了。它的重要条件，便是君主立宪，行政的元首，虽仍是君主，但立法权却是独立了。它的机关叫作立法议会（The Legislative Assembly），它只有一院，会员是由有选举权的人民公举的。

（四）其他

此外如划一法国的行政区域，改良教会的腐败内政，也是这个会议的良好成绩。国民所期望于这个会议的，起初也不过是制定一个宪法，和改良各种不平的制度；现在宪法是制定了，特权是废止了，法国革命的事业，似乎已告了成功，可以无须再流血了。但是为什么不久又演出一出更烈的革命惨剧呢？这个原因是很复杂的，现在且择要略说几句罢。

第二次革命的原因（一）第一次革命的本身

促成第二次革命的第一个原因，乃在第一次革命的本身上。俗语说的，“做天难做四月里天”，国民制宪会所代表的革命性质，是比较和缓的，它实是一个中等社会的革命，但这又岂能使人人满意呢？有特权的人，既已嫌它太激烈，下等的贫民，又嫌它太和平、太偏窄。他们见宪法制定之后，面包仍不能不劳而获，不免大大的失望起来。因此，第一次革命的花尚未结果，第二次革命的种子，却已深深的伏在土中了。不但如此，国民制宪会曾把教会及寺院的产业一律充公，而代之以固定的薪水，又迫使僧侣们宣誓，遵守这个会议所定的宪法。此事不但深深刺伤了僧侣们对于宗教的良知，并且触犯了历来群众对于教会的尊仰心，于是这个会议，便不自知的为一班反对革命者加添了无数生力军了。

（二）路易和贵族的行为

促成第二次革命的第二个原因，是路易和贵族的行为。自各处农民反叛后，即有许多贵族纷纷离国出境。但他们的态度，却绝对不是消极，他们以王弟阿托伊子爵（Count of Artois）[①]为领袖，聚集在莱茵河的岸边，一面招兵买马，一面又游说外国的君主，请他们来干涉法国革命。他们想这样依靠武力和外援，去恢复他们已经失去的特权，和已经毁伤的旧制度。

路易在这一期中的举动，是最可笑而又可鄙的。他自罢免内克激起了巴黎暴民的反动后，曾又经过了一度的软化。他承认了巴黎市民所组织的政府，叫作巴黎市政府（The Paris Commune）的；他又承认了那个政府所组织的民团（The National Guard）及他们的团长——即是那位曾经参加美国革命的少年将军拉法耶特侯

①原文译为倭都瓦子爵。

爵（Lafayette）[①]——他又亲到巴黎去，戴上革命的三色帽，以表示他对于革命的同情。但是，不久他又归到王后势力之下了；而以武力来破坏革命成绩的谣言，也就重新布满了巴黎城。那一群易怒易动的巴黎游民，见了这个情形，又受了新闻家及演说家的煽动，便聚集了许多妇女，打着一面大鼓，蜂拥到王宫所在的凡尔赛（Versailles）[②]去。他们竟把路易及他的王后带到了巴黎，口中还不住嚷着："现在我们已经捉到这个制面包的师父和师母，和这个小厨子（指王子），我们可以不愁没有面包吃了。"制面包的师父既到了巴黎，制宪法的国会，自然也就跟着去了。这是打破巴士底狱以后巴黎游民的第二个大胜利。从此以后，革命的事业，便落到了他们的掌中，此事是如何的不幸，我们后来便能明白。

> 巴黎市民所组织的政府，是由民选的，便是后来所谓恐怖时代的出发地。它曾为各地所效法。它们的成立，是王权衰落的一个铁证。巴黎的民团，后来也成为各地的模范，当王家军队无力维持秩序，各地贫民时时暴动之时，这些民团却成为社会上的唯一救星了。

瓦伦之逃

但那位住居在巴黎的面包师父，在名义上虽仍是法国君主，在实际上却已成为一个囚犯了。于是他便学着那些贵族，于一七九一年的七月，同着他的师母，改了平民的装束，趁着黑夜，离开巴黎，向东北方逃去。不图到了瓦伦（Varennes）[③]地方，又忽然被人觉察，

①原文译为拉法夷得。
②原文译为凡塞尔。
③原文译为发稜。

中途捉回。但这个逃走虽未成功，却发生了一个相反的结果：即是路易的威望，在一般人的心目中，更形堕落，主张共和者的势力，也就从此日强一日。现在且用表来说明路易在这时期中的狼狈行为是怎样的影响于他的地位和革命的前途的。

表二十三　路易地位的升降

（第二次革命的可能性适与路易的地位为反比例）

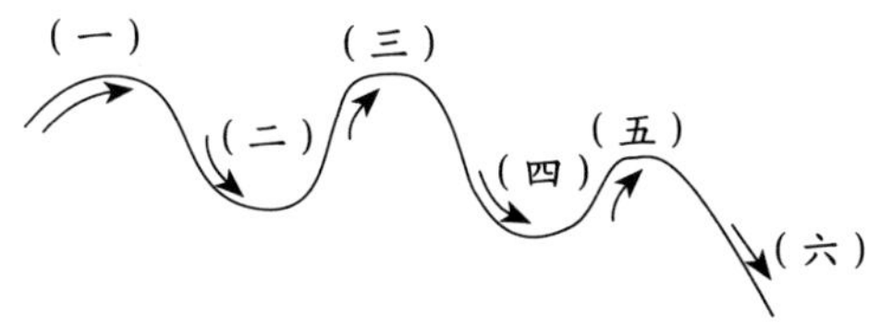

（一）路易对于国民会议的让步（一七八九年六月）。

（二）罢免内克等（一七八九年七月）。

（三）到巴黎去戴三色帽（一七八九年七月）。

（四）又思用武力（一七八九年十月）。

（五）由凡尔赛到巴黎（一七八九年十月）。

（六）瓦伦之逃（一七九一年七月）。

（三）列国君主的态度

促成第二次革命的第三个原因，是外国君主的态度。但我们欲明白这一层，却须先了解这时期中各国的政治及社会情形。

十八世纪的欧洲政治

十八世纪的欧洲，除去英国之外，是一个专制极盛的时代。即在英国，受到那立宪的恩泽的，亦尚是限于有产的阶级，平民的困苦，却仍不曾因此减少。不但如此，此时英国的议会自身，也是弊端百出。它的选举制度，也是日益腐败。所以在面子上，英国虽已成为列国的政治先进，但在实际上，它的政治改革的需要，正也不亚于它的社会。

列国对于法国革命的态度

从政治方面说来，最不愿见法国革命成功的，当以奥地利为第一。因为它不但与法国一样，是专制政体的一个坚堡；并且它的皇帝，又是法后的兄弟，对于法国王室的命运，自然更为关心了。其余如普鲁士、俄罗斯、西班牙、葡萄牙等，虽然因政治上的关系，它们对于法国王室的厄运，怀着不同的喜怒，但对于专制政体的倾覆，却是一致的反对的。英国对于法国的这个革命，起初却是表同情的，因为人家既那样的崇拜你的宪法，一心一意的要以你为模型，你又岂有不心花怒放的引为知己呢？但英国虽是立宪，究竟尚有君主，所以待法国革命的进程超过了英国的政情时，英国大多数人士的态度，也就陡由赞成一变而为反对了。

十八世纪的欧洲社会

从社会及经济方面说来，欧洲自从经过十四、十五、十六几世纪的种种农民叛乱以后——一三五八年的法国农民之乱（The Jacquerie），一三八一年的英国农民叛乱（The Peasants'Revolt），一五二五年的德国农民战争（The Peasants'War）——社会上忽然起了一个反动，农民又忽然变为平和服从了。这个情形的原因是很复杂的，但因新大陆的发现，贫苦人民在生活上所得到的新机会；及因宗教战争之后，自由思想及平民领袖的摧残，却是这个现象的主要原因。但十七十八世纪的欧洲农民，虽然不再暴动，他们的命运，却是非常困苦的；他们比了法国的农民，更为痛苦。即以英国而论，有许多农民，曾被所谓圈地议案（Enclosure Acts）将他们的田产没收，流为贫民。同时，欧洲的大地主，又能利用科学方法去改良和增进他们的农产品。贫苦的农民既无力引用新法，他们又岂能与大地主竞争呢？所以他们生活的艰难，就更日益增加，而无业贫民的数目，也就日多一日了。

法国革命与欧洲社会

所以到了十八世纪下半叶，欧洲的贫民问题，又重新复活了。但各国的君主，却仍是钩心斗角的，以平民的膏血，作为他们彼此战争的代价，所以那个含有社会革命意义的法国革命呼声一响，这些受压的平民，遂群起表示欢迎了。法国革命的宣传家，此时又打起了自由平等和博爱的旗帜，想把这个革命的精神传到欧洲各国的社会去，于是这个革命的潮流，这个初由巴黎流入法国全境的革命潮流，便又由法国直向欧洲各国冲流去了。

列国以武力干涉法国革命

列国君主初见法国由专制改为立宪，已是十分惊惶失措，此时忽然又见这个社会革命的潮流汹涌而来，岂有不更魂飞天外呢？于是反对法国革命的一件事，便成为他们的共同心理。后来法王路易临逃被执的消息传到了他们的耳中，他们可真忍不住了，他们可真不能再任这样大逆不道的法国人民来贻祸全欧了。于是他们的反革命的心理，便立刻更进一步的成熟而为一个武力干涉的行为。自此以后，法国革命的一件事，便成为一个国际问题。

革命第二期——共和时代

这个染有国际色彩的法国革命，便是大革命的第二期（一七九二至一七九八）。它的主要现象是法国的对外战争，及它内部的改为共和，和共和以后所发生的种种困难和冲突。在这一个时期中，那个造成第一期革命的中等社会，已退到了旁观的地位去，舞台上的正角，已为各种不满意于第一期革命的分子所占据了。这些分子，即是上面所述造成第二次革命的四种人物。他们对于革命的态度，也可大别为二：其一，是王室，贵族，及列国，他们是反对革命的；其二，是平民，他们是嫌革命太和缓的，在他们的眼光中，革命是尚不曾成功的。这个复杂的心理冲突已足使革命的前途发生种种危险了。不幸适在这个时候，以稳健平和著名的平民领袖米拉波忽又逝世（一七九一年四月），从此以后，便更无人再能调和于法国王室及各级之间。米拉波的势力是很大的，靠了他的疏通和调解，法国的革命还有平和之望，他死了，这个希望也就跟着他走了。于是全国之中，上自路易，下至巴黎的游民，便任性赌气的各走极端起来。路易的临逃被执，即是这个各走极端的一个结果；而欲以武力来干涉法国革命的各国，到此时也就更是师出有名了。

对外战争的开始

一七九一年的八月，奥皇与普王出了一个通告，大意是说，他们愿意与欧洲列国的君主联络起来，去维持法王的权力及法国的幸福，即使为了此事要用武力，他们也是不恤的。这便是那个有名的皮尔尼兹的通告（Declaration of Pillnitz）[1]。它在法国人民心理上的效力，实不啻是斗牛面前的一块红布，直使他们狂跳起来，于是仇外及怨恨路易的心，就日深一日了。此时国民制宪会已遵守了自己所立的宪法，自由解散，而让位于应法诞生的一个立法议会（Legislative Assembly）。立法议会的会员，大抵是血气有余，而经验不足的青年，他们对于君主的存在，本已不甚赞成，本已想把法国革命的精神宣传到欧洲列国去。所以列国的武力干涉，不但不能骇倒他们，却反使他们对于自己的主张更加坚决。于是他们便在一七九二年的春间，强迫路易与奥国宣战。自此以至一八一五年，拿破仑在滑铁卢战败之后，二十三年之中，法国与欧洲列国间不曾有过真正的和平。

君主政治的末日

开战之后，因法国兵士遵守自由平等的教义，军队秩序混乱，胜利之风便倾向到奥普的联军方面去。法国人民见此，又惊又气，那巴黎的游民，便又重去攻打路易所居的宫，路易便逃到了立法议

①原文译为匹尔尼次的通告。

会去，但此又何异于飞蛾的扑火？于是立法议会便立刻宣告，说君主政体此时已经自己覆亡了，而这个议会的自身，也因君主立宪的灭亡，应当立刻依法解散。他们主张另召一个合法的国民大会，来解决一切国家大事。

巴黎市政府与革命

从八月十日至九月二十一日，是一个青黄不接的时代。此时君权已经推倒，而所谓合法的国民大会又未成立，于是法国的政权，便归到了那个巴黎市政府里去。这个政府的中心人物，是丹东（Danton）①、马拉（Marat），及罗伯斯庇尔（Robiespierre）②三个激烈分子。那个有名的九月的残杀（The September Massacre），即是在这时期内发生的。在这个可怖的行为之下，凡是有王党嫌疑的人，都不曾经过法律的手续便被杀戮了。据说在三日之内，所杀之数，竟在两千以上，这实在是后来恐怖时代的一个先锋。

国民大会的成立及成绩

但到了九月二十一日，那个所谓合法的国民大会（The Convention）便产生了。自此以至一七九五年的十月那个会议自行解散为止，此三年中的法国政权，是在那个会议的掌握中的。在这个时期中，法国曾经过了无数的风波，渡过了无数的险津，经过了无量数的国家生命的试验，但我们又何能一一的细述呢？现在且择几件较为重要的事略说一说罢。

（一）改建共和

这时期中的第一件要事，是法国政体的改为共和。此事是在国民大会召集后一天成立的。所以一七九二年的九月二十二日，是法兰西共和国的元年元月元旦。

①原文译为但登。
②原文译为洛白斯比。

（二）路易的死刑

第二件大事，是路易的受死刑。此事是在一七九三年的正月举行的。同年十月间，那位众怨所集的王后，也跟着她的丈夫做了断头台上的冤魂。

（三）与英国宣战

第三件大事，是法国的与英国宣战。此事的发生，在路易死后不到一月，从此以后，法国便又添了一个劲敌了。

（四）恐怖时代的诞生

第四件大事，是所谓恐怖时代（Reign of Terror）的诞生。自法国与英国宣战之后，与战的列国，便互弃旧怨，协力的去与法国抵抗起来，结果是法军的大败。于是人民因惧生怒，对于凡有王党嫌疑的人，便如狂犬一般，恨不立刻把他们撕成片片。国民大会顺从了这个心理，组织了一个公安委员会（Committee of Public Safety），主张以严厉的手段，去对付外面的仇敌和内部的异己。这个严厉的政策，是颇有效果的，因为不到几时，战争的胜利，又转向法国来了。而对内政策的实行，却又是那个恐怖时代的开始，在这个时期中，凡有反对革命嫌疑的人，就都有上断头台的希望了。

（五）内乱的遏止

第五件大事，是内乱的遏止。因会内党派的分歧，及激进派的驱逐温和派，有很多表同情于温和派的城市，便反叛起来了。同时，爱戴君主之心，尚不曾消灭于法国的穷乡僻壤中，他们对于国民大会的杀死路易，本是已经忍无可忍，又岂再禁得起重税及征兵的苛政呢？于是因各种不同的原因，法国的许多城市及农民便揭起反旗来，与巴黎的政府为难，但国民大会却靠了军队之力，把一切叛党打败了。

这个会议中的分子，差不多都是热心革命的，但他们的手段，却颇有缓急的不同。其中最激烈的一派叫作左党，又叫作山岳党（Mountains），他们大抵是雅各宾俱乐部（Jacobin Club）的会员。

他们的领袖，是丹东、马拉，及罗伯斯庇尔三个人。第二是平和派，叫作右党，又叫作吉伦特派（Girondists）[①]。他们的领袖，大抵是温文尔雅的文人学者，那位为革命而上断头台的罗兰夫人（Madame Roland），即是其中的一个。第三派叫作中党，又叫作平原党（Plain），他们是中立的，但也是一个“举足左右”的党派。第一派所代表的，是贫民，是巴黎的暴民政治；第二派所代表的，是反对暴民政治的中等社会。后来第一派战胜了第二派，把第二派逐出了大会，这也是上面所说的内乱的一个原因。公安委员会中的人物，是大抵属于第一派的，而其中尤以罗伯斯庇尔为最激烈。他的政见曾使这派的内部分裂，他的专政的结果，一方面是使他自己上断头台，一方面是使这个大会对于恐怖时代发生一个厌恶的反动。

（六）宪法的重制及其他

此外如改良教育，改建行省制度，编纂法典，以及统一法制及量数制等，也都是这个会议的建设成绩。后来它又重制定一个平允的宪法，即是所谓共和纪元三年的宪法。其中的重要规定，是一个两院制的立法院。它又规定上院的议员，必须年过四十，方为合式。行政的大权，则由一个由五人所组成的执政府（Directory）来执行，这个五人是由那个立法院所选举的。凡此种种，都可以显出法国人民在政治上的经验，此时已由儿童的理想期渐入于成年的应用期了。

此时的各种改革，大抵是忽略历史背景，而专从合理与否一方面着想的，这亦是革命前哲学家的一个影响。这种改革有些是很有价值的，

①原文译为吉洛地党。

如以十进法来计算量数的一件事，至今已为欧洲大陆所采用。但在此时所改良的历法——即是以一七九二年九月二十二为自由纪元元年元月元旦的历法——则始终不能通行。废除先生夫人的称谓，而代之以"市民"的一件事，也是在此时实行的。那位穷侈极奢的路易王后被杀后，所用的葬费，在公家账上的记录是："付市民甘丕（路易之姓）的寡妇棺材价五法郎。"这真是历史与贵人们所开的一个大玩笑了。

现在且用一表来总结这三年中法国革命的进程与它和法国内忧外患的关系。

表二十四　法国革命的进程及它与内乱外患的关系

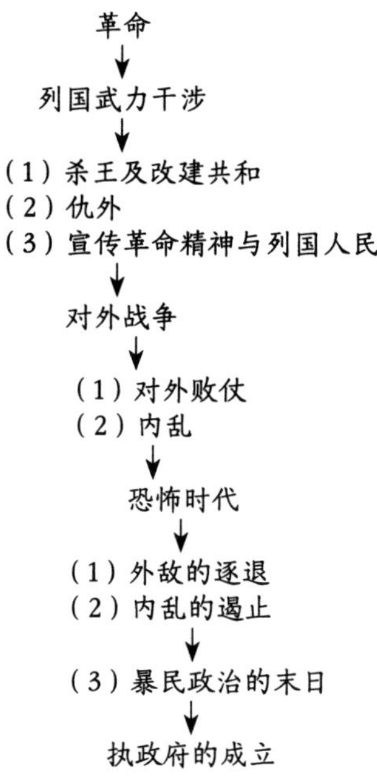

执政府的失败

执政府是第一次法兰西共和国的最后一个政治试验。此时法国的内情，已到了药石难救的地步，反动派的王党和激烈派的劳动者，对于共和的不满意，既不曾因宪法的改制而减少，财政的紊乱，和国库的困穷，也是日趋于绝境。而对外的战争范围，又是只有扩张，没有收敛，遂使法国的财力及民力日益消耗，日益不支。执政府对此种种烦难，不但束手无策，反而卖官鬻位，贪得无厌。于是这个少数执政的政体，又跟着君主立宪及暴民共和的两个政治试验而同归于失败了。

时势与英雄

凡此种种情势，都是造成英雄的一个绝好机会，又况此时又适产生了一个能造时势的英雄呢？无怪拿破仑·波拿巴（Napoleon Bonaparte）[①] 的个人传记，此时不但与法兰西的历史分不开，并且要与欧洲的历史合而为一了。

拿破仑（1769—1821）

拿破仑是于一七六九年生于法国南岸的科西嘉（Corsica）海岛上的。那岛此时虽已属于法国，但从历史背景说来，它却完全是意大利的一部分，而拿破仑的家世，也是纯粹属于意大利的。他幼时曾进过法国的陆军学校，他对于军事及政事的兴趣，自幼已是十分显著的。

拿破仑的征意及坎坡福米奥条约

一七九五年执政府成立之时，法国的对外战争，已满拉着顺风之帆，向胜利的一方面进行了。此时普鲁士、荷兰与西班牙，已与法兰西共和国缔结和约，法国的仇敌，遂只剩有奥地利、英格兰和撒丁岛三国。一七九六年，执政府任命拿破仑为征意总指挥，于是他先设计把撒奥的联军隔离，再迫使撒丁岛以萨伏依（Savoy）

①原文译为拿破仑波那帕脱。

及尼斯（Nice）二地相让。撒丁岛既已屈服，而拿破仑与奥军作战的结果又是屡战屡胜。遂于一七九七年与奥订立和约使它以尼德兰相让。威尼斯共和国此时则被瓜分为二：一部分归入了奥地利，一部分则与米兰等几个北意城邦糅合成为一个奇萨尔皮尼共和国（Cisalpine Republic）[①]，归入了法国保护之下。这便是历史上所说的坎坡福米奥的条约中的要文。这个条约有两个重要性质，足以代表拿破仑时代的历史现象：其一，是诸大国——尤其是法国——的任意分割或糅合弱小之国，以求合于他们利己的政治计划；其二，是法国革命精神的普及于欧洲，它此时跟着拿破仑的马尾，居然由宣传时代而入于实行时代，到处为法兰西共和国去制造小姊妹，来作为法国的精神上的护卫了。

拿破仑的征埃及

1799年的政变及拿破仑的成为首席执政官

自征意大胜之后，拿破仑便立时成为法国的神人和欧洲的魔王了。但他是一个眼光极远、心思极锐之人，他此时虽凯旋回了巴黎，但他深信他的时机尚未成熟，况且此时法国的敌邦中，尚有一个英国负嵎不下。于是拿破仑便决计去征埃及，如此，一方面既可以作为一个大征印度的准备，一方面又可以达到他离开国内政治漩涡的目的。但当他深入埃及之时，英国又与奥地利及俄罗斯联合，与法国在欧洲本土作战了。此时拿破仑既远在埃及，不用说，败仗便归入了执政府的成绩簿内。一七九九年，拿破仑闻信，便自埃及悄然回国，此时那个腐败愚弱的执政府，已在这个短时期内把他前次征意所得的战胜品轻轻失去了一大半；而联军又已反守为攻，法国自己的生命，又已到了危险的时代。这位少年将军见了这种种情形，

①原文译为息斯亚儿布共和国。

岂有不赫然大怒的呢？他知道此时民众的心理，已不向执政府了，于是他便与他的同志暗商，乘政府不防之时，突然以武力去把立法院中的异己驱散，其余的议员，便在拿破仑兄弟的领袖之下，重行集会，他们以行政大权奉之于三个执政官（Consuls）。第一位执政官，即是拿破仑，其余二人，不过做做陪客罢了。于是拿破仑便与几个议员重制了一个宪法，这便是所谓共和纪元第八年的宪法。这个宪法，在表面上是以民众选举为原则的，但在实际上，则一切大权，都在那三个执政官的手中，而尤以首席执政（The First Consul）的权为最重大，他此时已不啻成为法国的独裁者了。

法国革命的小结束

自一七八九年路易十六召集三级会议起，至此次拿破仑政变（Coupd'état）止，恰是十年有半。法国革命经过了此十年的惊波骇浪之后，到此也算告了一个小小的结束。从此以后，它已成为一个普遍于欧洲的革命，不以法国为限了。而它的代表，也由法国的中等阶级，一变而为那位以武力传布法国革命，以武力制造欧洲历史的拿破仑。法国革命至此，可以说是已经到了花谢籽实，布种于他乡的时期，此后我们再与它相见时，便另是一番景色了。

十年来法国革命的结束

此十年来，法国革命的成绩，虽未能达到从前一班哲学家的理想，但也自有它的良好结果。法国革命所举的标鹄，是自由、平等，和博爱。佃奴制和特权制的废止；根据着人权主义的宪法的成立；法制的统一和改良；言论自由，出版自由，及信教自由的获得；凡此种种，实是自由平等实现于法国社会的表征。而博爱的意义此时却又与爱国的观念融合为一，成为一种仇外爱内的狭义爱国主义。这个主义的流弊虽然很大，但在法国革命期内，它实是一个巩固内部，抵抗外侮的救国大势力。由此可知，十年来的法国革命，虽不免流了许多血，闯了许多祸，委屈了许多人士，做了许多可笑的改革，但对于它所举的三个标鹄，大致终算是达到了。

但法国的人民可是个个满意吗？不平等不自由的旧制度是打倒了，这是不错的；但受到革命的实惠的，却仍不是那些苦工和农民，乃是那个有产业有势力的中等社会。换句话说，即十年来法国革命的结果是：（一）旧制度的毁灭；（二）平民的失望；（三）中等社会的大交洪运。第一项是一件收束已往的史迹，第二第三两项，却又是此后百年间欧洲社会上的一个大问题的开端。法国革命在欧洲历史上的位置，如是如是。

第八章

自拿破仑至梅特涅

欧洲大革命时代

中等社会在革命中的位置

自十八世纪的法国革命起，至十九世纪中叶时普遍欧洲的革命潮流止，此六十年实可以算是欧洲的一个大革命时代；而开这时期之端的，却是那个代表中等阶级革命的法国革命。但这个长时期革命的性质，却不是始终一律：贵族及受旧制度庇荫之人，始终是革命的牺牲者；下级的贫苦农民和工人，也始终是革命的打鼓敲锣者；但中等社会在这个革命中的位置，却前后不同。在这个革命的上半期中，他们是那个运动的重要主人翁，平民不过做做他们的马前卒，为他们摇旗呐喊，助助威风罢了。及至法国革命成功之后，他们的目的已经达到，他们对于革命的一件事，便由热心变为冷淡，又由冷淡变为厌恶，因为他们此时已代替了旧时代中的贵族，而俨然自成一个富族及新贵族的阶级，他们已成为社会上享有特权之人了。到了这个时候，他们还愿意革命吗？

下等社会在革命中的位置

中等社会是“得其所哉”了，但还有下等社会呢？因工业革命速率的增进，及社会主义学说的发达，十九世纪上半叶的工人，在革命中的地位，已渐有由走卒升为大将的趋势。同时，旧制度庇荫下的贵族，既已成为僵蚕，不复有重上舞台的能力，而新制度庇荫下的新贵族——即是中等的有产阶级——此时又复施行那过河拆桥的伎俩，唯知深堡坚垒的去保守自己新获得的特权，而置他们从前的糟糠伴侣于不顾，那么，这一班失望的平民，对于他们的忌妒及怨愤，又岂能弱于他们自己从前对于王侯公子们的忌妒怨愤呢？所以到了它的下半期中，这个大革命便改变了性质，它的主人翁，已不是中等社会，已是那个贫苦的下等社会了。中等社会此时已由革命的主动者而成为革命的目的物了。

这个中等社会改换地位的一件事，正像其他历史上的事迹一样，并不是骤然的。它的变换，犹如彩虹里的颜色一样，是渐渐移化，而不着十分深异的痕迹的。所以即在一八四八年平民色彩已甚显明的大革命中，中等社会尚显然是革命的朋友，尚显然不是革命的牺牲者；但在实际上，它们的兴趣及地位，则确已与数十年前不同了。

表二十五　革命与反革命势力的消长

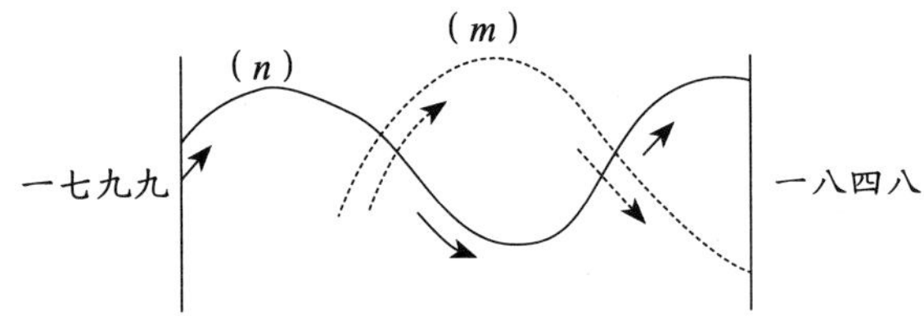

◎说明

一、直（实）线代表革命势力（中等及劳工）。

二、点（虚）线代表反革命势力。

三、（n）代表拿破仑势力最盛之时（一八〇四至一八一〇）。

四、（m）代表梅特涅势力最盛之时（一八一五至一八二二）。

注意：梅特涅势力最盛之时，亦即是革命势力最为消沉之时。

拿破仑与梅特涅

拿破仑及梅特涅，是这个时期中的两个重要人物：前者所代表的，是革命的正面，后者所代表的，乃是它的反面——对于法国革命的反动心理。自一七九九年至一八一五年，是拿破仑的势力逐渐上升，又逐渐衰弱的时代，可以作为本章的第一期。自一八一五年至一八四八年，是梅特涅的势力逐渐上升，又逐渐衰落的时期，可以作为本章的第二期。而那个在一八四八年所开始的革命，却又是梅特涅势力衰落的一个具体表征。上表就是说明这五十年中这几个势力的消长。

现在先说第一期，即拿破仑时代。

拿破仑是世界上的一个怪杰，他的功罪问题，至今尚是历史家一个争点；但此书既不是他的传记，我们不妨将这个问题置开，但就事论事，略述一述他的成绩便够了。

拿破仑的成绩

拿破仑的成绩，可以分为二层说：其一是他的对外事业，其二是他的对内事业。对外事业的要点，是武功，及武功的旁产品；对内事业的要点，却是肯定法国革命的建设，及穷兵黩武的恶影响。

拿破仑的武功

当一七九八年拿破仑正征埃及之时，英奥俄三国又与土耳其等联合起来，与法国战争。拿破仑既被举为首席领政（First Consul），便立以驱逐外敌为事。一八〇〇年，拿破仑战胜奥地利，其余诸国见势不佳，也就陆续地偃兵讲和起来。自一八〇一年至一八〇三年，欧洲算是享到了两年的和平。但拿破仑的野心，又岂能即此就止呢？他对外既想统一欧洲，对内又知非借武功不足以维持他的威信和地位，于是重开战端的一件事，便成为他此时的唯一目的了。一八〇三年，拿破仑便重与英国开战，其余如俄奥普及瑞典等国，起初尚持中立的态度，但后来他们见拿破仑的野心未已，也就由不得重与英国结合，与这位魔王再以兵戈相见，而奥地利不幸又首撄了拿破仑的刀锋。一八〇六年，普国又在耶拿（Jena）打了一大败仗。普奥两个强国既遭失败，其余各国除了英格兰之外，就差不多都屈伏于拿破仑威力之下了。此后奥地利等虽又曾做过几度的反抗，但拿破仑的风帆正顺，败仗仍是归到了他的敌邦方面。

十年来恶战的结果

这几次的大战，是各有一个条约来作为收束的。但这些条约的性质，即大体是属于暂时的，我们也就尽可不去详论它们，但择其中之有历史价值者略说一说便够了。

（一）神圣罗马帝国的废止

十年来恶战的第一个结果，是神圣罗马帝国的废止，而此事的成功，却是由于拿破仑战胜后版图的变更。原来一八〇六年拿破仑既战胜了奥地利，他便去帮助日耳曼诸邦的独立。于是那八百余岁的苍老帝国，那个久已墓木高拱的帝国，此时也就连它的那个形存神亡的躯壳都失去了。那位神圣罗马皇帝弗兰西斯二世，见了这个情形，也就只得抛弃了那个空虚的尊称，而把他那个奥地利王的位号，改为奥地利皇帝，来与他自己及他的祖宗儿孙解解嘲。

（二）日耳曼统一的伏根

第二个结果，是日耳曼统一的伏根。第一，因一八〇一年神圣罗马皇帝曾以莱茵河左岸的日耳曼土地割让于法国，日耳曼的许多小城邦，便被神圣罗马皇帝拿来作为赎赔莱茵河左岸失地诸侯之用。这个情形的结果，是使日耳曼城邦的数目骤然减少，这是于后来统一的事业大有裨益的。第二，普鲁士因在耶拿大打败仗之故，他的政府便在那位大政治家施泰因（Stein）① 指导之下，一心一志的去

①原文译为斯台。

把内政改良起来。同时，他们又废除了佃奴制及买卖土地和贸易的限制，使全国的社会立于一个坚强的基础上。而人民的国家观念，也因此次的失败，而得到了一个强烈的觉悟。于是他们便与政府合作，以全力去整顿武备，遂使普鲁士成为日耳曼诸邦的霸主，成为后来完成那件统一事业的领袖。

（三）法兰西帝国的成立

第三个结果，是所谓法兰西帝国的成立。一八〇八年，是拿破仑武功极盛的时代，此时拿破仑既已正式为皇帝，而法兰西帝国的版图，也达到了它的最高度——南至罗马城，北至北海之滨，西至比利牛斯山麓，东至莱茵河。但拿破仑尚不以此为足，他又将他的兄弟姊妹及朋友遍封为西班牙等国的国王，使法兰西除了自身之外，更得到了几层可靠的屏障。

此时乘龙而兴的天潢贵胄，可约举如下。皇兄约瑟夫，是意大利的两西西里国国王，后来又升为西班牙王。皇帝路易，是荷兰国王。皇帝热罗姆（Jerome）[①]，是拿破仑在普国地土上新建的威斯特伐利亚国王。皇妹爱丽丝（Elise）[②]，是意大利北部托斯卡纳（Tuscany）[③]公国的女君。皇妹婿缪拉（Murat）[④]，是约瑟升为西班牙王后的继位者。皇义子欧仁妮（Eugène）[⑤]——即拿破仑夫人的前夫之子——是代表拿破仑的意大利国王。此外如普鲁士从前瓜分波兰所得的土地，此时亦为拿破仑抢来，把它改为一个华沙公国（Grand Duchy of

①原文译为基洛。
②原文译为伊丽思。
③原文译为多思加纳。
④原文译为穆拉。
⑤原文译为尤金。

Warsaw）。而他的好友撒克逊国王，也就受命去做了那新国的君主。凡此种种，都可以证明当时法兰西的版图虽尚不算十分广大，但他的政治势力，却真是遍布于欧洲了。

（四）法国革命精神的传入欧洲

第四个结果，是法国革命精神的传入欧洲。凡是拿破仑武力所及之地，自由平等和爱国观念，便仗了他的力量，在那里生出根芽来。他们把旧制度废止了，又宣传人类平等的新义，使拿破仑的法典成为欧洲法律的模型。又如爱国的一个观念，乃是后来意大利及日耳曼统一的一个重要原动力，而唤醒此观念于这两国人民之心中者，却是拿破仑。而废止西班牙残酷的教刑，及欧洲各国封建制度下的种种烦琐税则，以及其他代表旧制度的风俗法律，也都是拿破仑的成绩。虽然拿破仑败亡之后，全欧洲曾经过了一度强烈的反动，但法国革命的精神，却已深深的伏根于各国人民的心中，外面的压力，已是不能阻止它在暗地里的发芽展叶了。

拿破仑之以法国革命精神宣传于欧洲各国的真正目的，是很难说的，但我们若知道他对于这个精神所索的代价，便觉得有点不能恭维他了。原来他表面虽打着宣传自由平等的旗帜，而其中却怀着搜刮钱财及强募军队的目的，俾他的黩武事业，可以靠着各国人民的血汗而成功。这个代价是何等重大啊！因此，法国革命的精神虽曾跟着拿破仑的马蹄走遍了欧洲的大半，但这只可以说是他穷兵黩武的旁产品，不是他的至诚目的。但法国的人民，却已深深地受到他的愚弄了。

拿破仑与法国人民

拿破仑对内事业的要点，上面已经说过，凡有两件：其一，是肯定法国革命中的建设事业；其二，是对外滥战的恶影响。从前者说来，他尚不愧为一个建设家，从后者说来，他却又是法国人民的大罪人了。但是建设也罢，罪人也罢，他在法国人民心上的魔力，却是始终十分强大的。他们崇拜他，信服他，把他尊为皇帝，用狂热的呼声去颂扬他的武功，这个情形又岂是偶然的呢？拿破仑的所以能如此得到民心，原因固甚复杂，但他的品性及事业，和法国当时政治及社会的情形，却是两个最大的原因。

法国人民欢迎拿破仑的理由

拿破仑是一个天生的民众领袖，而他对外的武功，又足以满足法国人民的虚荣心。他不但给他们防止了外来的侵寇，并且又从各国人民的荷包内获得了巨量的财宝，用来补充那空匮的法国国库。法国人民当此，岂有不心花怒放的呢？同时，法国人民经过了十余年革命痛苦之后，人心已是十分厌乱，他们但求有一强有力者来肩负国家大事的责任，使他们能安居乐业，此外他们是都愿牺牲的了。在这种心理状态之下，忽然来了一位武功辉煌的拿破仑，人民对于他的欢迎，又岂有不像大旱后的云雨呢？于是他便由将军升为首席领政（一七九九），再升而为终身执政（一八〇二），三升而为法兰西的大皇帝了（一八〇四）。

拿破仑对内的建设

但拿破仑对内的建设事业，却也有些是有永久的价值的，而其中尤以《拿破仑法典》（*Code Napoléon*）的影响为最远大。这个法典的汇集，虽是始于国民大会，但综其大成者，却是拿破仑。他的精神是根基于人类平等的原理的，虽然他所给妇女的地位，仍是不平等，虽然用二十世纪人的眼光看来，他仍有不少的缺点，但他实是当时法律上的一个大建设。他不但统一了法国的法制，并且成为普鲁士、荷兰、意大利、比利时等各国近代法律的模型。此外如修筑道路及运河，制定中央教育制度，与教皇修好，废除无意识的改革，赦免亡命的贵族，俾他们可以安然回国，及创设荣誉军（Legion of Honor）等，也都是他对内事业的大端。这些事业的建设价值虽不一致，但它们的影响，却是至今尚存留于法国社会。

拿破仑覆亡的原因（一）民众离心

但是区区建设事业，又怎抵得过那穷兵黩武的恶影响？况且自从拿破仑正位为皇帝之后，他的专制气焰，也就日大一日，法国人民之初以神人崇拜他者，到此也渐觉得他已不是他们的代表，觉得他已成为他们的压迫者了。于是社会上就不免渐有怨言发生，拿破仑见了这个情形，便一面加紧鞭儿地更加专制起来，一面又饮鸩止渴地更加努力武功，去维持他在国内的威信和地位。这个情形的结果，除了覆亡之外，还有什么别的道路呢？

（二）外敌渐得势

拿破仑的覆亡，是始于外敌的，而外敌之中，尤以英国的力量为最大。原来英国靠了强大的海军，即使拿破仑不能走进那个预先筑好的胜英凯旋门，这个魔王便不得不另想别法了。他的别法，是使在他势力下的欧洲各国，与英国断绝商务上的交通。这便是所谓大陆的封禁（Continental Blockade）。但因此受到商业上损失的，却不止英国一国，所以拿破仑的仇敌，此时便更决心与他拼命了。这是拿破仑覆亡的一个经济原因。尚有一个大原因，是他的违背国家观念。原来拿破仑的任意以欧洲各国分封他的戚友，及他在各国的聚敛和募兵，都是违拂当时各国人民心理的事；所以他们起初虽尚忍受，后来却也渐渐觉悟，陆陆续续起来与他反抗了。这个反抗的开始，是一八〇八年西班牙的反对约瑟夫为国君。虽然靠了拿破仑的武力，西班牙终被征服，但皮球的面上，却已破了一个小孔，它的毁灭，也就不过是一个迟早的问题了。

自俄国至圣赫勒拿

一八一二年，拿破仑又征俄大败，在冰天雪地中逃奔而归。明年，又为俄普奥的联军战败于莱比锡（Leipsig）[①]。自此以后，屈伏于他威力下的日耳曼、荷兰、西班牙等国，便像春天的蛰虫一样，一个个伸腰抬头，掀土翻泥地起来恢复他们的生命了。而他的皇兄皇弟，此时也就都抱头鼠窜，做了丧家之狗。一八一四年三月，各国联军直入巴黎，把路易十六的兄弟重新安放在法国王座之上，又把拿破仑放逐到了地中海的厄尔巴（Elba）岛上去，又很滑稽地把他封为那岛的君主。但是不到一年，他又逃回巴黎，收集残部，重与英普联军相见于滑铁卢（Waterloo）战场之上。结果是这位混世魔王的被逐到那个炎威熏天的非洲海外的圣赫勒拿（St.Helena）[②]岛上去，断送他的生活。

于是反动的潮流，便充满了欧洲的政治界，而代表这个潮流的人物，则有奥地利的首相梅特涅（Metternich）。

维也纳会议

一八一四年拿破仑第一次大败之后，英奥普俄诸国的君主或代表，曾聚集于奥都维也纳，去求解决战后的一切问题。这便是那个有名的维也纳会议（Congress of Vienna）。后来虽因拿破仑的逃归，这个会议曾暂时中止，但不久也就重行聚集了。这个会议的重要问题，是怎样去恢复法国革命以前的欧洲政情和版图，不用说，恢复原来状态（Status quo）的一件事，便成为他们的唯一宗旨了。

①原文译为来普锡。
②原文译为圣赫伦那。

会议的成绩——版图的恢复

对于原有版图的恢复，是维也纳会议中的一件大事，但仅仅恢复，尚不是列强的目的。他们的真实目的，乃是按着他们各自的利害，去把拿破仑所建的帝国重新分派起来。假如恢复某处原有的版图，是可以达到这个目的的，他们便把那块土地归还它的原主；否则他们便不问民族，不问地理，不问政情，任意地把各处土地支离割裂，以求达到他们利己的目的。所以因为英国在战时曾得到了几个荷兰殖民地——锡兰、南非洲，及圭亚那的一部分——那会议便把奥地利的尼德兰——即是后来的比利时——给予荷兰，作为赔偿，而这两国的民族宗教及政情是怎样的不同，他们却完全置诸不问。同时，奥地利因为失去尼德兰，便做了意大利北部的主人翁，成为意大利统一的一个大障碍。此外如瑞典、俄罗斯、普鲁士等，亦莫不靠了这个赔偿的原则，各得到了许多新领土。总而言之，维也纳会议中所谓重造欧洲（Reconstruction of Europe）的事业，在实际上，却仍是玩的那一套历史上的老把戏，一套强国为刀俎，弱国为鱼肉的老把戏。

维也纳会议中的重要国家，是英、俄、普、奥四国。法国本是被摒于外的，但靠了它的外交大家塔列朗（Talleyrand）[①] 的手腕，它不但达到了加入这个会议的目的，并且塔列朗又能利用那四个胜国在分赃时争执和嫉妒的机会，使法国的代表——即是他自己——成为一个举足左右的重要人物，使法国从前在外交上的地位得以重行恢复。

①原文译为塔力兰。

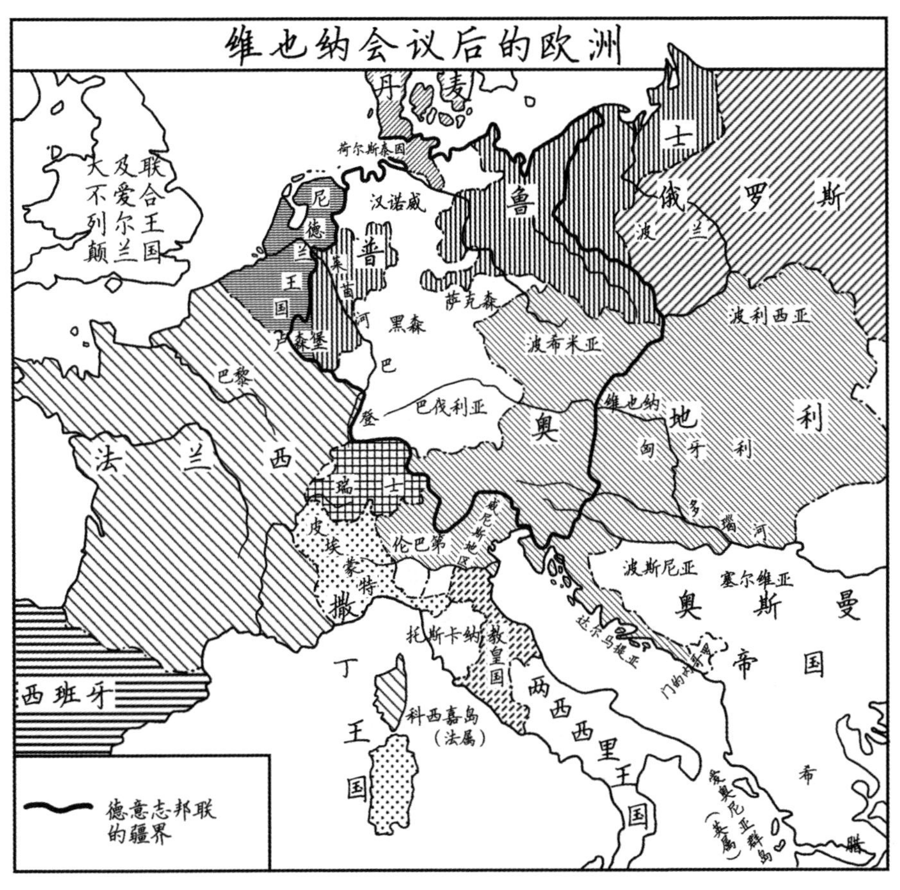

会议的成绩——政治情状的恢复

关于政治上原来状态的恢复，维也纳会议却只能开一个端。它曾把法王路易十八重放在法国王座之上。此外如西班牙王及荷兰王的恢复王位，萨伏依王的恢复他的撒丁岛及皮埃蒙特（Sardinia and Piedmont）[①] 的领土，教皇的重为意大利中部的地主，也都是这个会议的恢复成绩。

①原文译为皮特孟德。

旧制度的恢复

但这个政治上的恢复，是与社会上旧制度的恢复有密切的关系的。所以自此以后，西班牙的教刑，也复活了；意大利在封建制度下的苛税，也重兴了；日耳曼人民的言论及出版自由，也失掉了。最后的一例，尤足为梅特涅反动政策的代表，而那个在一八一九年所宣布的《卡尔斯巴德决议》（*Carlsbad Resolutions*），即是表示这个政策的法令，在这个法令之下，不特一般人民失去了种种自由，即大学校教授的言论举动，也在政府监视之下了。此外如英国的政权，此时也归入了守旧党之手，议会所立之法，也是公然偏袒大地主，公然采取压制手段的。在俄国方面，则素以开明维新自命的亚历山大皇帝，此时也忽然成为一个反动者，成为一个自由的压迫者了。凡此种种现状，都是与维也纳会议的恢复原来状态的政策是一致的。

四国同盟与恢复政策

这个恢复旧状的一件事，是梅特涅时代欧洲诸大强国的共同政策，而所谓四国同盟(Quadruple Alliance) ——英、俄、奥、普——即是这个共同政策的具体表示，亦即是此后许多国际会议的中心点。这类国际会议的目的，是与维也纳会议一样的，是以压迫自由思想及保存旧状为事的，而梅特涅却是他们的神经中枢。

此时在四国同盟之外，尚有所谓神圣同盟（Holy Alliance）者，为俄、普、奥三国的一种带有宗教性质的同盟。它的主动者，是那位带有宗教狂的嫌疑的俄皇亚历山大。他组织这个同盟的宗旨，是在以基督教的福音来拯救欧洲的陆沉。这个同盟在历史上的地位，实不如四国同盟的重要；但因为它是带有宗教和感情的色彩的，所以人们对于它，反比对于四国同盟更为注意了。

自一八一五年至一八二二年，梅特涅曾以这个四国同盟为主体，召集了四个国际大会议。一在艾克斯拉沙佩勒（Aix-la-Chapelle）[①]（一八一八），一在特罗保（Troppau）[②]（一八二〇），一在莱巴赫（Laibach）[③]（一八二一），一在维罗纳（Verona）[④]（一八二二）。它们的共同目的，是压制欧洲各地人民的革命举动。

反动心理的来源

平心而论，梅特涅的政策，在当时亦自有它产生的原因。其一，梅特涅自身既是一个贵族，又眼见法国革命时暴民政治的情形，他对于革命的反感，当然便很深烈了。其二，因为拿破仑曾右手持刀，左手擎着法国革命的旗帜，把欧洲的政界及社会扰乱蹂躏了十余年，于是法国革命的一个名词，在当时人的心目中，便不啻等于武力主义。梅特涅及他的同志见此情形，自不免以拿破仑的黩武行为归罪于法国革命。因此，他们遂深信唯有靠了反革命的政策，唯有靠了那个不自由不平等的旧制度，欧洲始有重见和平的希望。

梅特涅失败的原因（一）违反要求自由的潮流

但人民要求自由平等的愿望，已被法国革命所激动，此时如被阳光所融解的春天岭雪一样，还有什么力量能阻止它的奔流呢？若使欧洲各国的政府聪明一点，能先去为它把堤岸筑好，那么，浩浩荡荡，水流平原，滋田利土，将但见其利，不见其害了。可惜梅特涅及他的同志不能预见及此，他们当这个要求自由的潮流冲田决岸之时，不但不知道因势利导，去把这个猛激的水流引入

①原文译为爱斯拉夏伯。
②原文译为特洛波。
③原文译为来巴克。
④原文译为威洛那。

正当的河道，反以乱砂横石去阻遏水的流行，这样，梅特涅政策的失败，还能免吗？

（二）违反国家观念

（三）忽略工业革命

梅特涅失败的第二个原因，是与拿破仑的失败相同的，即是忽视那个正在发达的国家观念。这个情形在意大利尤为显著。他的失败的第三个原因，是忽略那个正在势力日增的工业革命，因为这个革命的结果，正是打倒梅特涅威权的一个大武器，我们到下面便能明白了。

所以梅特涅虽然脚蹈在列强协助的磐石之上，手持专制的金杖，想去把欧洲的社会重建在一个静而不动的基础上；但因他违反了人民要求自由的潮流，因他忽略了国家观念的发达，因他不能预知工业革命的趋势，他的一生事业就终不免归于失败了。

平原下的火山

梅特涅的时代，是一个新旧冲突的时代：旧的代表，是他自己及列国的君主；新的代表，却是那些要求自由，要求国家独立的人民。在这个时代的初年，旧的势力是很占优胜的，但新的势力也正在养精蓄锐，以图抵抗。意大利的秘密结社——如烧炭党（The Carbonari）之类——是一例，日耳曼大学生的政治活动，又是一例——那个《卡尔斯巴德决议》的成立，即是这件事所促成的。凡此都能证明，即在旧派得胜的时代，反动的势力，也仅能达于政界及社会的表面；在这个表面之下，反抗的火焰，那个以国家观念及自由平等为燃料的火焰，却仍是不息地燃烧着，它是迟早要把那个表面的建筑焚烧干净的。

火焰的爆发：第一次——西班牙等处的革命

这个火焰的第一次爆发，是一八二〇年西班牙，及那不勒斯等处的革命，但不久它也就浇灭于法奥普俄的军队之下了。它的第二次爆发，是一八二一年希腊人对于土耳其的革命。此事初起时虽

第二次——希腊革命

也遭了失败，但希腊人的毅力同心，以及他们的牺牲精神，终于得到了英法俄诸国的同情。他们经过了八年的苦战，牺牲了万千的生命，终于一八二九年成就了他们的梦想，成为一个独立的希腊王国。

> 因为上古的希腊曾经有过一个美丽的历史，所以它的独立战争，也能引起人们的特别同情，而尤以浪漫派的文学家所受到的刺激为最深。那位英国诗人拜伦（Byron）[①]，即是于此时投笔从戎，为助成希腊的独立，而客死于其地的。曾经我国近人屡次翻译的那首《哀希腊》诗，即是当时的诗人文士对于这件事的情绪的最好表示。

第三次——1830年的革命

一八二九年希腊革命的成功，实是梅特涅政策失败的预兆。自此以后，那个隐在表面下的烈焰，便更东烧一孔，西冒一烟的大肆其威起来了。一八三〇年，即是它的第三次大爆发的年份，而最先爆发的地方，却仍是那个革命老家法兰西。

法王路易十八

路易十八虽是一位复辟的君主，但他尚不十分愚笨，他于接位之时，即以一个宪法叫作《宪章》（*The Charter*）的给予人民。其中的重要条文，即是根据着《人权宣言》的原则的。在他庇荫之下，法国人民在法律上是一体平等的；对于租税的担负，也是平等的；个人及信教的自由，也是不能侵犯的。总而言之，无论路易十八的目的是什么，但他的这个《宪章》，却总算是能保存法国革命的根本精神了。

①原文译为摆伦。

查理十世与七月革命

但这样的政策，当然不能使一般旧党满意，他们此时仍跟着他们的领袖——即是革命时代的贵族领袖阿托伊子爵——时时刻刻的去运动法国政府，做种种反革命的行为。一八二四年，路易十八既死，阿托伊便承位为查理十世，于是法政府的反动行为，便日益加增，而人民的反抗心理，也就日强一日。这个冲突的结果，是一八三〇年的七月革命（July Revolution），及查理十世的被逐。于是那位表同情于革命及中等社会的路易·菲利普（Louis Philippe）[①]，便应人民的要求，登了法国的王位。路易·菲利普的治世时代（一八三〇至一八四八），即是法国中等社会的得胜时代。此时他们的地位，已是日固一日，他们已无再行努力的必要了。自此以后，革命的责任，便移到了另一阶级身上去。

路易·菲利普与中等社会

其他各国的革命

此次法国的重行革命，适当欧洲的革命机会成熟之时，所以霎时之间，这个火焰便到处燃烧起来了。于是那个被维也纳会议强合于荷兰的奥地利的尼德兰，便立刻揭起了革命的旗帜，宣布对荷独立，它终于得到了英法诸国的同意，即在举事之年，获得了独立的资格，成为一个君主立宪的比利时国（Belgium）。此外在意大利及日耳曼诸邦中，也都有革命的举动，他们有的借此得到了宪法，但有的却仍是完全被压于梅特涅武力干涉之下。但梅特涅自己此时也有点精疲力竭，苦于应付了。

英国的政治改革

这个革命的潮流虽不曾侵入英国，但它的守旧党的政府，此时却也让步于进步党了。因为商务上的关系，英国对于梅特涅的反动政策，向来并不曾一致的赞助——如因欲得商务上利益之故，他曾

①原文译为路易腓力布。

违反了他自己的对欧政策，去赞助南美各国对于西班牙的独立。此时则因工业革命势力日增的缘故，英国政府的行为便更与梅特涅的政策日趋于相反的途径。一八三二年，进步党曾靠了国王的赞助，在议会中通过了一个改革议案（Reform Bill）。此案是照着时势的需要，去把那久已不合代表性质的议席分配法及选举的标准从根本上改革的。从此，英国议会政治的中心点，也便归到了那个代表中等社会的进步党。

当一六八七年，英国人民有意把信奉旧教的詹姆斯二世驱逐下位时，议会中曾产生了两大党派：其一，是忠于王室而倾向守旧的，绰号叫作托利党（The Tories）[①]；其二，是反对英国重与教皇联络，倾向于进步的，绰号叫作辉格党（The Whigs）。这两党在英国的议会中曾迭执政权。自一八三二年议会通过那个改革议案之后，这两党中的鸿沟便划得更清了。于是托利党便采用了保守党（Conservative Party)的名目，辉格党也以改革社会之责自任，取名为进步党(Liberal Party）。这是这两个大党在英国议会中的历史背景。

1830年革命的结果——中等社会的普遍胜利

所以一八三〇年是欧洲的中等社会获得普遍胜利之时，此时在各大强国中，执政治的牛耳者，不是他们自己，即是与他们表同情的贵族们。从此以后，中等社会的已往仇敌——旧制度下的贵族——可以说是完全打倒了，但是看啊！他们的未来仇敌——劳动阶级——却又整旗击鼓的上台来了。

①原文译为托来党。

劳动阶级的走上政治舞台

劳动阶级走上政治舞台，虽是工业革命的一个结果——此节须待下面再述——但以自由平等为旗帜的法国革命，也曾在无意中为这个运动下了一个种子。因为自由平等的意义，本是普遍的，人类在法律上既当一体平等，即当同享各种的自由权，那么，劳动阶级又岂能屏除在外呢？这个劳动阶级要求与中等社会平分政权的运动，是十九世纪的一件大事，它是那个新兴的民主主义（Democracy）的一个表示。

近人有把民主主义的一个字直译作德谟克拉西者，它的来源，是希腊“民治”一字。但当初的所谓“民”，是以自由市民为限的，直到十九世纪工业革命的效果大著之后，这个“民”字的意义，才渐渐的推广起来。到了现在，它已不但能代表一切成年的男子，并且在许多先进国中，女子们也得受到这个“民”字的尊称了。

第四次的革命——1848年

英国的劳工运动

这个劳工要求政权的运动，在一八三〇年以后，便已正式开始。它在英国的表示，是一八三八年至一八四八年的宪章运动（Chartist Movement）。那个《宪章》是劳工们对于政治的第一次成文要求，其中最要之点，是普遍选举权，及废除以财产为议员当选资格的制度。这个运动虽终于失败，但它的主义是不曾因此死亡的；它后来终在英国的宪法中找到了一个容身之地。

法国的二月革命

劳工运动在法国的表示，是推翻那个代表中等社会的路易·菲利普政府。这个革命是发生在一八四八年的二月的，即是历史上所说的二月革命（February Revolution）。那时法国的政情虽甚复杂，

路易·拿破仑

反对路易的分子，虽有正统派（Legitimates）[1]、共和派、社会主义派等的种种不同；但劳动分子与这个革命的关系，已是很显著的了。后来路易弃位逃走，巴黎城中便同时有两个地方，起来宣布法国的重为共和国家。这两个地方，一是在西城的劳工聚会，一是在东城的代表中等社会的下院议员。最初，这两派尚能合作，但他们终于决裂，终于以武力相见于巴黎的通衢了。结果是劳工派的失败，但得胜的中等社会，却也因此觉悟到社会改良的必要。一八四八年，他们重制了一个宪法，规定全国人民有选举大总统之权。但不幸到了选举之时，又因党派众多，意见纷乱之故，大总统的位置，忽又为一个野心家所攫得。这位野心家，便是拿破仑的侄儿路易·拿破仑（Louis Napoleon）。

其他各国的革命

在这个革命以前，欧洲各国已因维也纳会议的违反国家主义原则，已因工业革命后劳动界要求政权的热烈，已因中等社会对于政治的野心尚未十分满足，欧洲各国已因这几个原因，在社会上及政治上，常常呈现出不安的状况了。及路易·菲利普弃位远逃的消息传出之后，这个不安的状况，便顿时到了震播倾覆的程度，于是意大利及匈牙利，便开始对奥地利作革命的运动；在日耳曼的各邦中，也同时发生了要求出版自由，君主立宪，及统一日耳曼的革命运动。结果是日耳曼各邦的获得宪法，及意大利、匈牙利等成为共和国。但隔不多时，这个掀天翻海的大运动，却又压服于专制兵力之下了。于是除了普鲁士、瑞士等国所得到的几个宪法之外，欧洲的政治及社会，便仍走到了它们在革命以前的轨道上去。

①原文译为法统派。

1848年革命的结果

但这个革命在表面上虽是失败，在实际上却也不是没有影响的。第一，它曾在奥地利的都城打倒了那位专制魔王梅特涅，把他赶到了英国去。第二，它曾把胜利的昙花在劳工们的眼前晃了一晃，使他们对于民主主义更是热心，更愿去做那为它努力的准备。第三，它曾使许多君主觉悟到内政改革的重要。这个改革的结果，在普鲁士及皮特孟二邦尤为显著，而这两邦在此时所立定的宪法，也就成为后来日耳曼及意大利宪法的基础了。所以从各方面看来，这个一八四八年的欧洲革命，实是与此后欧洲的历史有深远的关系的。

第九章

一八四八年后的欧洲

十九世纪的欧洲历史

因史迹的加多、史料的丰富，及欧史的世界化，又因时间的接近，十九世界的欧洲历史，实有自成一书的需要。但本书既是一种近代史的通论，对于近代六百余年的历史，便只能平等叙述，不能让最近的一百年去独占篇幅了。因此之故，本书对于十九世纪的欧洲，只能给以三章的地位。其一，即是上章，它是属于十九世纪上半叶的。其二，是本章，它是属于十九世纪下半叶及二十世纪初年的。这两章所论的，都是欧洲内部的情形。其三，是下章，它所论的，是欧洲历史的世界化，所采入的，即是与世界全体历史有关系的几件重要的欧洲史迹。

但二三万言的地位，又怎能收入数十万言的事迹呢？所以这三章所述的，实只能算是十九世纪欧洲历史的一个大纲；至于对于各种史迹的详细叙述，对于因果的精深探究，则须待他日另著专书时，方能达到这个目的了。

本章的史迹

自一八四八至一九一四年，此六十余年的史迹，虽是万丝纷乱，但具有提纲挈领的资格，足为本章选择的标准者，亦不过两三种。其一，是日耳曼及意大利的统一；其二，是巴尔干问题；其三，是此六十余年中欧洲各国的重要史迹。此外十九世纪的大事，如科学的兴起、工业革命、社会主义及新帝国主义的产生等等，则因它们对于现代的世界曾经及正在发生重大的影响，所以就都归到了下章的范围中去。

一、日耳曼及意大利的统一

日耳曼统一的新旧阻力

一八四八年日耳曼诸邦的革命运动虽然终遭失败，但人民的国家观念，人民对于日耳曼统一的希望，是不曾因此消沮的。日耳曼统一的大阻力，本是神圣罗马帝国的存在，及独立小邦的众多；但自从拿破仑战争之后，这两个阻力已无形的消灭了（见第八章）。所以此时日耳曼统一的阻力，已不是那个已死的帝国，或是那个衰弱的封建势力，乃是统一领袖的争执。

奥地利与普鲁士在日耳曼的地位

此时有统一日耳曼领袖资格的国家，凡有两个：其一，是它的旧领袖奥地利；其二，是它的新兴强国普鲁士。一八四八年革命后所召集的法兰克福会议（Frankfort Assembly），曾以日耳曼的皇号进呈于普鲁士国王，但普王始终未敢接受。后来革命运动既遭失败，奥地利便又恢复了它的首领地位，普鲁士作为领袖的希望，也就更加稀少了。

国家观念及对于自由的要求，是这个革命中的重要元素。革命失败之后，便有许多渴望自由的分子迁徙到了美国去，于是国家主义便成为日耳曼社会上的唯一新势力了。而在各邦之中，尤以那个民族纯粹的普鲁士国为能以坚堡厚基给予这个势力。适在这个时候，普鲁士又忽然出了一位政治大家，叫作俾斯麦（Bismarck）的，他本是一个反对自由，而且反对国家主义的人；但后来他见奥地利是怎样的在阻止日耳曼的统一，他便改变了意见，成为一个爱国的日耳曼人，成为这个统一事业的领袖了。

普鲁士与丹麦及奥地利之战

于是奥地利与普鲁士的战争暗潮，便日积月盛起来。一八六四年，因普鲁士与丹麦争执石勒苏益格—荷尔斯泰因（Schleswig-Holstein）[①]二地的领土权，俾斯麦便很狡猾的去请奥地利来与普鲁士一同与丹麦宣战。结果自然是丹麦的失败。但在处理这两处战胜品的时候，俾斯麦又施用他的外交手腕，把奥地利弄得喜怒不能自主。但俾斯麦的目的，是要他发怒的，于是奥地利便果真发怒了。发怒的结果，是普奥两国在一八六六年的开战，这便是所谓七星期的战争。战争的结果，是那个枪新炮利的普鲁士的大胜；但俾斯麦对于奥地利既不愿逼之太甚，那位素来屈服于俾氏意志之下的普鲁士王，也就只能勉从其愿了。于是这两国便订了一个条约叫作布拉格条约（Treaty of Prague）的，其中的重要条文是：（一）石荷二地归并于普鲁士；（二）从前的日耳曼各邦联盟完全解散，另由普鲁士组织一个北日耳曼联盟（North German Federation），但此同盟中却不许奥地利的加入。这个宽宏条约的结果，不特使普鲁士保存了奥地利的友谊，为它将来的一个大助力，并且它又使普鲁士成为北日耳曼诸邦的实际领袖，成为真正日耳曼民族的统一主人翁。

普法战争的原因

奥地利是打败了，但尚有法兰西哩。此时法国大总统路易·拿破仑久已学了他的叔父，做了法国的皇帝，他正想找一个机会来立点武功，以巩固他的地位。同时，俾斯麦既深忌这个法兰西的

①原文译为息列斯威及好斯敦。

强邻，又因日耳曼初行统一，民心未能一致，所以也正想找点机会来与法国作战，希望不但借此可以把法国的威势打倒，并且还可以使新被统一的诸邦一心对外，为自身的团结加一层势力。大凡两方面在这种心理状态之时，相打的机会总是不难找到的。果然，到了一八六八年，西班牙忽然起了一个革命，那革命军把他们的女王驱逐下位，又去请了普王的一位远亲来做他们的国君。但普王终因法大使的反对，拒绝了这个请求，这事似乎可以平和过去了。

不幸普法两国的政府，都是不愿平和的，于是法政府便又令他的大使要求普王允诺以后西班牙的王冠永不许霍亨索伦家之人戴上。普王当然不能应此无理的要求，于是路易·拿破仑和俾斯麦便各摩拳擦掌的预备厮打了。

酿成这个战争的情形，是最能表显军人政客愚弄人民的罪恶的，现在不妨将他略述一下。普王对于法大使的那个无理要求虽然不能允诺，但在他与法大使会面之时，双方却都是十分客气的。后来普王将这次会面的公文——叫作爱姆斯公文（The Ems Dispatch）的，因为那时普王在爱姆斯——送与俾斯麦，并授以任意修改之权。那时俾斯麦适与几个军人会议，那些军人便对他说，打仗的事是久已预备好了，胜利是已经操在他们的掌握之中了。于是俾斯麦便把那张公文改为一个“激怒高卢雄牛的一面红旗”。这便是说，从这个经过修改的公文上看来，法人便将以为法大使是受到了普王的侮辱，而大发其怒的。法国的人民见了这个公文，果然如雄牛见了红旗一样，群聚在巴黎的大街上，发狂似的要求法政府与日耳曼宣战；而法国的陆军大臣又对路易·拿破仑说，一切都预备好了。于是普法两国的人民，便很愚蠢地去为他们的军人政客作战了。但这个爱姆斯公文的罪案，并不是历史上稀有之事，他不过不幸被我们知道罢了。尚有千千万万已往及未来未曾被人觉察的爱姆斯公文，此时还正在打着正义人道的旗帜来愚弄我们，欺负我们呢！

普法战争及结果

这两国的开战，是在一八七〇年的七月，结果是普鲁士的大胜。他们捉住了路易·拿破仑，又长驱直入，把巴黎围攻起来。法国人民羞愤之余，立把帝国制度废止，重行宣布了一个第三次的共和。但帝国所召进来的敌人，又岂能因它的改建为共和而却退呢？所以到了一八七一年的正月，巴黎城经过四月余的坚持之后，终于陷入普鲁士人之手了。于是在普鲁士的刀光之下，双方订了一个和约，叫作《法兰克福条约》（Treaty of Frankfort）①。在这个和约之下，法国不但须出五千兆（5，000，000，000）②法郎的巨大赔偿——在未曾偿清此款时，法国人民须容受及供养敌军于境内——并且失去了阿尔萨斯全州及洛林州的东北部，于是普法两国的仇恨，遂愈积愈深了。

日耳曼统一的成功

同时，在一八七一年正月十八日，当普军正在围攻巴黎的时候，普王威廉一世在法王旧宫凡尔赛之内，于刀光剑影之下，拥戴欢呼声中，戴上了一个日耳曼皇帝的冠。于是那个日耳曼人所梦想的统一帝国遂行实现，而小小的一个普鲁士，也就从此执了这个新成帝

①原文译为勿兰克福条约。
②此处的“兆”是民国用法，对应“百万”。

国——日耳曼——的牛耳，成为它的势力的中心点了。普鲁士势力的根据，是纯粹的武力，所以这个日耳曼帝国，也就筑在一个纯粹的武力基础上。

意大利的建国三杰

意大利自经拿破仑以国家观念引入后，一班爱国志士，远慕已往的罗马光华，近叹现在国势的衰落及领土的分裂，不觉慨然兴起，从事于统一意大利的运动。这些爱国志士中之最杰出的，当推马志尼（Mazzini）[①]、加里波第（Gariboldi）[②]，及加富尔（Cavour）三个人。马志尼是一位高尚纯洁的理想家，他所希望的，是一个共和的意大利。加富尔是一位深沉厚重的实行政治家，他所希望的，是一个以撒丁岛王为领袖的君主立宪意大利。加里波第是一位赤心热血的豪爽军人，他的唯一希望，是意大利的统一，共和或是君主，于他是没有分别的。这三人的性情主张虽各不同，但他们的爱国，他们的期望意大利的统一，却是一致的。他们对于这件统一事业的功绩，在表面上虽显然有大小之分，但在实际上，他们却都须平分重建意大利的荣誉。

意大利的革命运动与马志尼

意大利统一的大阻力，是奥地利及教皇，但奥地利尤为意大利人所厌恨；所以意大利统一运动的唯一目的，便是扫除奥地利在意大利的势力。它曾在一八二〇年及一八四八年两度做过革命的举动。在这个时期中，马志尼却是一个重要领袖。他曾组织了一个少年意大利（Young Italy），来作为达到他的目的的工具。他对于意大利统一的最大贡献，是在激起人民的志气，及鼓动他们的爱国观念，

①原文译为玛志尼。
②原文译为加里波立。

若没有他的革命运动，加富尔的统一事业，也是不能彻底成功的。但从正面看来，这个革命运动，却是绝对的失败。虽然在马志尼领袖之下，罗马在一八四九年曾一度成为共和国，但经过昙花一现之后，这个古城也就仍复归入教皇掌握之内了。

意大利的统一与撒丁岛

以人民为中心点的统一运动既遭失败，于是它便不得不转以邦国为中心点了。这个统一中心点的邦国是撒丁岛，此时它的国王是维克托·伊曼纽尔二世（Victor Emmanuel Ⅱ）[①]。他自一八五二年任命加富尔为首相之后，便推心置腹的以改良内政之事属之于这位政治大家。于是加富尔便通商惠工，造铁道，废寺院，将国内的社会安放在一个康强富庶的基础之上；然后他又张眼四顾，欲在外交方面去找一个统一的机会。

加富尔的外交及意大利的统一

适在这个时候，俄罗斯与土耳其的战争叫作克里米亚战争（The Crimean War）的又于一八五四年开始，于是加富尔便从了英法两国之后，加入了支持土方联军。撒丁岛与俄土的战争，本无什么关系，加富尔加入战争的目的，实想在战胜之后，在外交席上占一重要的地位。后来果然联军大胜，于是加富尔便果然与英法代表高坐于巴黎的和议席上，以意大利的委曲诉之于列强之前了。后来他又与路易·拿破仑秘密缔约，去与奥地利作战。一八五九年，奥国果与法撒二国开战。结果是奥地利的失败，及撒丁岛版图的加增；但萨伏依及尼斯（Savoy and Nice）二城，却归入了法国的版图，作为意大利对于它的报酬了。同时，北意大利的城邦，也自愿的合并于撒丁岛，后来加里波第又以大军去征服了意大利南部。于是除了教皇辖地及奥属威内司邦之外，

①原文译为维克多·爱曼纽儿第二。

意大利此时便统一在撒丁岛王权之下了。一八六一年二月，意大利的第一次国会成立，他们便代表民意，请撒丁岛国王做了这个统一的意大利君主；但加富尔却在此胜利声中溘然长逝了。

一八六六年普奥战争时，意大利又加入了普军方面，后来普国得胜，意大利便从奥地利的手中取回了威内司邦。一八七〇年，意大利又乘普法开战，法军调离罗马的机会，把罗马城占据起来，把它作为意大利的首都。虽然这事有点对不住教皇——他此时已气愤地退到了梵蒂冈中去，自称为“梵蒂冈的囚犯”（Prisoner of the Vatican）——但意大利的统一事业，却是完全成功了。

二、巴尔干问题又名近东问题

巴尔干问题的症结

巴尔干半岛（The Balkan Peninsula）是土耳其在欧洲领土的总名，占有古希腊、古马其顿，及多瑙河北岸诸地。但因巴尔干内的宗教民族是异常复杂的，而土耳其的武力又不能永无衰落之时，所以土耳其在这个半岛上的势力，也就始终不曾着到一个深根。十八世纪俄国兴起之后，土耳其又得到了一个可畏的强邻；而十九世纪国家观念发达之后，巴尔干各族人民要求独立之心，也就如春草的怒发，到处呈出蓬勃的生气来了。欧洲列强对于这个情形，却是甜酸苦辣，自己也辨不出滋味来。因为在一方面看来，土耳其是一个异教异族的国家，他们例应顺天应人的去助巴尔干的基督教民族脱离这个异族主人的羁缚。但从又一方面看来，土耳其的失败，即是俄国的胜利，而强大的俄国，又是英法诸国所最害怕的；况且英法诸国自己此时也正各想去执这个半岛的牛耳。不但如此，这个半岛内受压的各民族，又是互相猜忌，不能合作，遂使垂亡的土耳其常常得到复活的机会。因此种种原因，欧洲列强对于巴尔干诸邦的独立，及俄土的冲突，便不知取什么态度了。因他们态度的不定及不一致，以及巴尔干各民族的自相猜忌，所以巴尔干问题便日益纠纷起来。这是这个问题在欧洲近代史上占得重要地位的大原因。

希腊独立的影响

在希腊独立战争之前，巴尔干内的基督教民族，已曾藉了俄国的暗助，对于土耳其作过革命的运动；但一八二九年成立的希腊王国，却是第一个离土独立的国家。这事的成功，是其他受压民族的一个巨大激刺，于是他们对于叛土的事业便更热心了。

巴尔干内的宗教，凡有两大种，即是回教与基督教。这个基督教是属于希腊派的，与俄国所奉的希腊教没有什么分别，巴尔干内民族，却比它的宗教更为复杂，大别之，则除去优胜的土耳其人之外，尚有希腊民族、斯拉夫民族，后者又包有塞尔维亚人（Serbs）[①]，及保加利亚人（Bulgars）[②]；此外尚有阿尔巴尼亚人（Albanians）、犹太人，及自称为罗马人之后的罗马尼亚人（Rumanians）等等。但这些分别都是表面上的，在实际上，则凡在巴尔干内的基督教民，是都含有杂质在他们血脉之内的。这些民族中最占多数的，又当推那个斯拉夫民族，所以因宗教及民族的相同，土耳其境内受压人民与俄国的关系，便不啻小兄弟之于大哥哥了。

①原文译为塞尔比。
②原文译为保尔加人。

俄土的两次战争即巴尔干战争（1854—1913）

一八五四年，因俄国与土耳其争执保护土境内基督教民之权的缘故，两国开战于克里米亚（Crimea）；后来英法及撒丁岛又各因利害的关系，加入了土耳其方面，于是俄国便不得不败了。结果是黑海的开放为欧洲各国之用，但这又岂能解决巴尔干的问题呢？俄土的怨仇，既是愈积愈深，半岛内民族要求独立之心，也是日深一日。一八七八年，俄国再战胜土耳其之后，勉从了西欧列强的要求，在柏林与土耳其订了一个和约。其中的重要条文，是土属塞尔维亚（Serbia）[①]、罗马尼亚（Rumania），及门的内哥罗（Montenegro）三国的独立，及波斯尼亚和黑塞哥维那（Bosnia and Herzegovina）[②]二地的归入奥地利。到了一九〇八年，保加利亚（Bulgaria）经过几次战争之后，也宣告了对土的独立。一九一二年，土耳其又与希腊等诸邦开战，这便是所谓巴尔干战争（Balkan Wars）的开始。结果是除了君士坦丁及它的附近之外，土耳其在欧洲的领土完全失去。但得胜的巴尔干各邦，却又因分赃难均的缘故争执起来了。这便是第二次的巴尔干战事。其间一方面是希腊、塞尔维亚、门的内哥罗，及罗马尼亚四国的联军；他方面是保加利亚。后来虽因保加利亚的打败，双方订了一个和约（一九一三年），但巴尔干诸邦彼此畏忌仇视之心，却未尝因此减少。所以此时土耳其的势力虽已差不多完全被逐于巴尔干半岛之外，但巴尔干问题的本身，却仍是不曾解决的。

①原文译为塞尔比亚。
②原文译为波斯尼亚和黑塞果维那。

巴尔干问题与欧洲大战的关系

果然战后不到一年，奥地利的太子，忽被两个塞尔维亚青年刺杀于波斯尼亚的首都萨拉热窝（Sarajevo）[①]城内。波斯尼亚本是柏林和约所给予奥地利的赃品之一，但它的人民大抵是塞尔维亚人。所以他们抗奥的爱国运动，当然是与那个在塞尔维亚本国内的抗奥运动是一气相通的。于是奥地利皇帝大怒之后，便把这个罪案坐实到了塞尔维亚政府的身上，即在一九一四年的七月，向塞政府下了一个哀的美敦书[②]，这便是那个延时四年余，杀人数千万，影响及于全球的欧洲大战的导火线。

三、法俄英奥及其他各国在这六十余年中的略史

路易·拿破仑及第二度的法兰西帝国

法国 一八四八年的革命，既把法国改为第二度的共和国，那位混世魔王拿破仑的侄儿路易·拿破仑遂被选为总统。路易·拿破仑没有他叔父的天才，但颇受到了他叔父虚荣心的感化，所以他此时的唯一目的，便是在摹仿他的伟人叔父，使他自己也成为一个法国的皇帝。他利用了金钱与甜蜜的语言，使法国的人民崇拜他、信仰他，使他们先把他的任期展至十年，后来（一八五二年）又把他正式的选为法国大皇帝，使那个第二度的法兰西共和国让位于一个第二度的法兰西帝国。

路易·拿破仑的内政

此时路易·拿破仑的大愿既偿，他也就不得不通商惠工，修城筑路的去做一点建设事业，来笼络人心，和点缀他的帝都了。

①原文译为萨拉几佛。
②原为哀的美顿书，即“最后通牒”。

一八五五年的巴黎赛会[①]，是他的荣誉达到最高度的一个表征。此时国内的人民，及国外的君主，差不多没有不把他当作一位和平的使者，文化的功臣，及一位善于建设的大政治家了。不幸他不死于此时，终使他后来的伤民黩武事业来戳破了他的这个西洋镜，这岂不是天公对于伟人的恶作剧吗？

路易·拿破仑的黩武及结果

他的黩武事业，是开始于一八五四年的克里米亚战争的。那时法国实没有加入这个战争的必要，但他的大皇帝既要借此增加他一己的威信，及维持他的地位，那么，法国的小百姓也就不得不流血成河，积骨成山的去成就他们主人的志愿了。在意大利独立战争之役，路易·拿破仑也凭了同样的心理，把许多法国的青年埋葬到了阿尔卑斯山的南野。这两次战争，都如太阳光中的玻璃球一样，他在法国人民的眼前闪烁着，使他们赞美崇拜持此彩色缤纷的玻璃球的人。不幸到了普法战争之时，这个玻璃球却又忽然破裂，于是那些受愚的法国人民，也就真正认识到这些玻璃球的价值了。他们又愧又气，便把路易·拿破仑的皇号立行废止，又把法国改为一个第三度的共和国。

第三度的法兰西共和国

但这是表面上的事，在实际上，则国会中忠于波旁家的王党议员，及忠于拿破仑家的皇党议员的数目，尚远超过于热心共和的议员。同时，此时势力日积的劳动分子，却又对于这个中等阶级的共和政体不能满意，所以这个共和国的幼弱生命便处在一个风雨飘摇的危险环境中了。后来靠了：（一）王党的各派及皇党的不能合作；（二）劳工们因在巴黎的暴动，自己去毁灭了人民的同情；

①即巴黎世界博览会。

及（三）共和主义宣传者的热心及成功——他们的代表是甘必大（Gambetta）——所幸靠了这三个情形，法兰西的第三度共和国终于得到了最后的胜利，遂得发荣滋长，直至于今日。

十九世纪的俄国外交

俄国 俄国自从十八世纪时打倒了瑞典及瓜分了波兰之后，已俨然成为欧洲的一个强国了。于是它的眼光便专注到了它的第三个仇邻，那个老残的土耳其身上去。

但它对于土耳其的武力主义，既因英法的干涉，一挫于克里米亚之役，又因英法意奥及日耳曼的干涉，再挫于一八七八年的柏林会议，它遂不得不弃明就暗，专心一意的去运动巴尔干的斯拉夫民族来与土耳其反抗，以求达到它的目的了。所以一九一四年奥地利太子的被弑，直接的嫌疑犯，固然是塞尔维亚，间接的嫌疑犯，却不能不远溯到那位斯拉夫民族的大哥哥俄罗斯帝国。

十九世纪的俄国内政

在内政方面，则因俄国皇帝的性情的不同，遂不能如它的外交政策的始终一致。在亚历山大二世治世的上半期，改革的阳光，是曾经一度照过俄国的社会的。在一八六一至六六年间，亚历山大曾释放了全国的农奴及家奴，他又改良法制，使人民在法律之下一律平等。不幸这些改革不但不能满足人民的要求，反使他们对于革命的运动更加热烈。后来又遭到了一个波兰革命。于是亚历山大气忿失望之余，便一变而为一个反革命的专制魔王了。后来他的继位者亚历山大三世及尼古拉二世，又都是采取专制手段之人，于是俄国革命之机，便更如箭在弦上，欲止不能了。

1905年和1917年的俄国革命

一九〇五年俄国革命的主动者，大抵是学生、农民，及工人；它的性质，是与一九一七年俄国的劳农革命相同的。俄国的政府，当时虽靠了武力，把这个革命的潮流暂时阻止，但这又岂能使它不再重来呢？加之在宣传方面，既有文学家的鼓吹，及虚无党员（Nihlists）的活动；在实行方面，又有恐吓党员（Terrorists）的以手枪炸弹为恐骇政府的工具；所以那个一九一七年的俄国革命，便成为一件不可避免之事了。

英国在十九世纪时的重要政策

英国 在十九世纪的下半叶，英国在政策方面，凡有两个相反的大潮流：其一，是新帝国主义，这是一个务外的政策；其二，是改良内政，这是一个重内轻外的政策；而这个政策的中心点，却是爱尔兰问题。代表务外政策的英国政治家，是那位保守党领袖迪斯累里（Disraeli）[①]，及他的继任人索尔兹伯里（Salisbury）[②]。代表务内政策的政治家，是那位进步党领袖格莱斯顿（Gladstone）[③]。这两党在这三位领袖之下，互相起伏，交握了三十余年的英国政权。其间保守党注重新帝国主义的结果，当于下章再论；进步党注重内政的显著结果，则在爱尔兰问题一方面。

爱尔兰问题的因果

爱尔兰所以成为英国内政的巨大问题的原因，最重要的是它的民性风俗宗教与英国的不同，及英国的强把它合为一体。自一八〇〇年英国把爱尔兰的国会合并于英议会之后，爱尔兰的反叛心理就更加激烈了。格莱斯顿既以整顿内政为他的唯一政策，所以《爱尔兰自治法案》（*Home Rule Bill*）[④]便成为他执政时的一个重要议案。这个议案虽然屡次被拒于上院，但后来经过下院的三次通过后，他便依照了那个方才修正的议案法成为法律了。但这个议案亦不曾

①原文译为迭士来利。
②原文译为萨立斯布里。
③原文译为格兰斯顿。
④原文译为爱尔兰自治案。

真正的解决爱尔兰问题，因为爱尔兰人民的本身此时实尚不曾达到完全团结的地位。他们一方面既有所谓新芬党（Sinn Fein）[①]的运动——新芬党的意义，是“我们自己”，意思便是对英国说，一切让我们自己罢，用不着你来多管——来要求一个比自治案范围更大的爱尔兰独立；一方面又有与大多数爱尔兰人宗教不同，经济利害相反的阿尔斯特（Ulster）[②]人民，希望爱尔兰始终受治于英国的政府。所以自治案成立之日（一九一四年），就成为爱尔兰内乱开端之时了。但在这个时候，欧洲的大战忽又开始，于是联合内部以御外侮的心理，总算把这个内乱暂时平息。

奥地利的最大问题——人种的复杂

奥地利 奥地利的最大问题，是它版图内人种的复杂，其中最占重要地位的人种，是：（一）日耳曼人；（二）马扎尔人（Magyars）；（三）斯拉夫人；（四）捷克人（Czechs）[③]。此外如意大利人、波兰人等等，虽然人数不多，势力不厚，但也足为扰乱内部的分子。日耳曼人是奥地利本部的主人翁，马扎尔人是匈牙利的主人翁，捷克人是波希米亚的主人翁。但在每一地域的主人翁之下，又常有一两种的弱小民族，他们对于那里的重要民族，是常取反抗的态度的。所以在奥地利全境之内，在一号主人翁日耳曼人之下，固然有马扎尔人等的反抗，但在匈牙利一国之内，在马扎尔人之下——马扎尔人做主人翁的资格，在奥地利是二号，但在匈牙利却是一号——又有斯拉夫人等的反抗了。同时，那些反抗马扎尔人的小民族，因利害的关系，却又是常能与

①原文译为新芬。
②原文译为厄尔斯德。
③原文译为吉克人。

他们的太上主人翁日耳曼人联络的。因此之故，奥地利民族的复杂，及彼此的仇视，在根本上固然是它的一个大弱点，但在当时，却反成为维持这个帝国生命的一个重要势力；因为这些民族的互相仇害，实是他们自己势力消杀的原因，所以奥地利的势力，反能日益增加了。但这个情形又岂能持久呢？所以欧洲大战在奥地利帝国的影响，便是它本身的分裂。

奥地利与匈牙利

这些民族中最占多数和势力的，除去日耳曼人之外，当以匈牙利的马扎尔人为第一，所以奥地利内政的第一问题，便是匈牙利的反抗。直到一八六七年时，奥地利才得了一个解决的方法，这就是把奥地利国王去作为匈牙利的君主，成一个所谓兼君政体（Dual Monarchy）。在这个政体之下，除去外交及宣战之外，这两国是彼此独立的，他们的关系，完全系在那位君主的身上。靠了这个办法，又靠了奥地利与匈牙利两国对于俄国的畏惧和仇恨，这两国的结合，总算维持了数十年，直到欧战以后，匈牙利才与奥地利脱离关系，成为一个独立的共和国。

兼君政体的制度，是欧洲的一个特产，我国人怕不容易了解它；但在我国家庭制度中，却可以找到一个比喻，那便是一子双祧的办法。换句话说，兼君政体，也不过是一个国君的双祧两国的君位罢了。在一子双祧的制度下，那个男子是常有兼聚两位太太的权利的，这两位太太，一居东府，一居西府，除了公有丈夫之外，是完全独立，彼此不相干的。奥地利与匈牙利在兼君政体下的关系，便与这两位太太的关系差不多！

瑞典、挪威和丹麦

（一）这三国在政治上的地位

北欧三国 瑞典、挪威和丹麦三国，在近世的初年，是统治于丹麦君权之下的。在十六世纪时，瑞典首先宣告独立，后来它怎样靠了武力，日渐强大，又日渐衰弱，以至于为俄国所打倒，沦为一个不足轻重的国家，我们在第六章中已经略略说过，此处不用再述了。挪威在拿破仑的时候，尚是属于丹麦的，但因为丹麦曾经帮助过拿破仑，所以拿破仑战败之后，列强便把挪威转送与瑞典，作为后者尽忠于它们的一个酬赏。但这两国的合并，实是违反挪威人民心理的一件事，所以到了一九〇六年，这两国便很平和的分了家了。

（二）这三国在文学上的地位

这三国在近世欧洲政治上的地位，是很不足轻重的，但他们在文学上的贡献，却可以算是第一等。他们的文学，不但大大影响了欧洲的思想界及人生观，并且已经越山超海的侵入我国的青年界了。挪威的易卜生（Ibsen），已成为我们的老朋友，不用说了；此外如瑞典的童话大家安徒生（Andersen）、戏剧家斯特林堡（Strindberg）、挪威戏剧家比昂松（Björnson）、丹麦的批评家布兰代斯（Brandes），都是不单属于一国一洲的人士，他们是应为全民界人所公有的。我国研究文学者，对于这几位人士，大约已经熟知的了。

十九世纪的西班牙和葡萄牙

此外如西班牙、葡萄牙、荷兰、比利时、瑞士等国，在此时期中的历史，因为篇幅所限，除了与世界全体有关的一两件史迹之外，其余只好不说了。西班牙在十九世纪中的大事，是失去它的在美洲的一切属地，及在一八九八年与美国的宣战。结果是不但失去了古巴等各岛，并且连那在太平洋中的菲律宾群岛，也为美国所攫得了。葡萄牙的历史，也与西班牙的相同，除了衰弱及一部分殖民地——巴西——的失去，是没有值得特别注意之点的。但到了一九一〇年时，它却忽然起了一个革命，把政体改为共和。但这只能说是葡萄牙内政问题的开始，因为共和既引起了许多新的问题，而它对于旧的问题，又不能一时解决，于是新仇旧恨，便都齐集到这个小小的海国身上去了。

比利时和瑞士

比利时和瑞士，是欧洲列强所公认的中立国。欧战时日耳曼人的侵犯比利时，实是前者失败的一个道德上的原因。瑞士国的命运，却与比利时的相反，它不但始终保守着它的中立，并且自从十九世纪的末年，它又成为国际主义的中心点，成为许多国际会议的集合地了。后来日内瓦（Geneva）被选为国际联盟（League of Nations）的所在地后，瑞士便更确实地成为国际主义的一个慈母了。

荷兰

此外与日内瓦平分国际和平运动的光荣的，尚有荷兰的海牙(Hague)，它是国际法庭（Court of Arbitration or The Hague Tribunal）的所在地。

最近六十余年欧洲的国际混乱状态

上面所述的，乃是最近六十余年欧洲列国的大概情形，其中尤有几点是值得我们的特别注意的。其一，是自从一八七一年之后，在列强之间，不曾发生过战争。此事在表面上，似是列强弃武修文的一个表征，但在实际上，却又是它们的一个厉兵秣马的时期。所以有些历史家便把这四十三年（一八七一至一九一四）称为欧洲的武装和平时代。和平而须受制于武装之下，那个和平的价值，也就可想而知。它的生命的危险，也就不啻是朝阳下的露珠了。其二，是这六十余年来，列强的争点，已由欧洲的内部转移到全世界上去。它们此时的唯一目的，即是到海外去多多的攫取一些殖民地。因此之故，下章所论的新帝国主义，便成为这时期中欧洲列强间的最大问题了。即在本章中所述的巴尔干问题，从他方面看来，也可以说是新帝国主义的一个产品；因为它的主要原因，乃是由于俄英奥德等国的希求扩张势力于本国之外。其三，是列强间的新结合。自从意大利及日耳曼统一之后，那个产生于维也纳会议的欧洲国际状况已被打破，于是因利害的关系，欧洲的列强，便不能不去另谋新结合了。这些新结合是时时解散，又时时与其他新分子重行联结的。他们的朝菌般的生命，本不值得我们的注意；但下面的两个结合，却是与最近的大战有巨大的关系的。其一，便是所谓三国同盟（The Triple Alliance），它是意大利、日耳曼及奥地利三国的同盟。其二，是俄英法三国的联盟（The Entente），它是与那个三国同盟立于对抗的地位的。这两个团体中的分子，未必彼此都是仇敌，但乙先生既做了甲先生的朋友，他对于甲先生的仇人丙先生，也就不得不取仇视的态度了。于是欧洲的几个强国，便我牵你拉地一齐骑到了虎背上去。现在且用一表来说明这两个同盟组成的主要动力。我们看了它，便更容易去了解此次欧洲大战中的分子了。

表二十六　三国同盟及三国联盟组成的动力

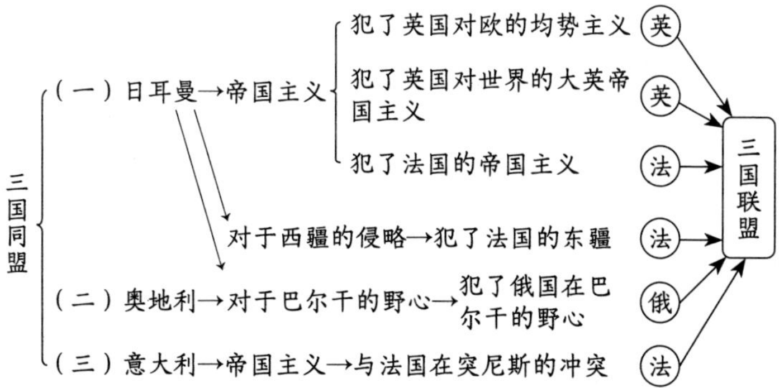

因为彼此同盟的牵制，因为彼此对于殖民事业的新冲突，因为彼此对于军备的竞争，因为彼此的外交是都秘密的握在几个不负责任的军人政客的掌内的，又因为彼此的民族是都催眠于国家主义暗示之下的，所以欧洲列强间战争的种子，便因四十三年的和平，反而伏得愈深，长得愈坚，终至酿成那个一九一四年的大战了。

第十章
欧洲与世界

欧史世界化的原因

自十九世纪下半叶以后，欧洲历史的重心点，已由欧洲本土渐渐移向世界，所以我们对于这时期中欧洲历史的注意点，也就侧重在它与世界的关系了。这个改变重心点的原因，虽甚深远而且复杂，然其中最重要的，却仍不外乎工业革命。因工业革命之故，欧洲的历史上便产生了两件与世界有直接关系的现象。其一，是交通便利及速率的骤增，结果是使全地球愈缩愈小，而地球上各国的关系，也就日益加密起来。其二，是因工业革命之故，欧洲列国对于殖民事业的兴趣忽又重新复活，结果是所谓新帝国主义的产生，遂使全球各国，无大无小，没有一个不被牵入欧洲势力漩涡之内。因此两个现象，十九世纪的欧洲历史，便成为世界化，而世界的历史，也就不得不以欧洲为中心点了。

科学与十九世纪的欧史

工业革命的最大原因，乃是十八世纪以后科学的发达，及它的应用于工业，所以科学又是十九世纪时一切史迹的中心点，也即是欧史所以世界化的更远更深的原因。同时，因欧洲与世界关系的加密——交通便利及帝国主义的结果——十九世纪欧洲的文化，如民治主义等，也就无限止的输入了世界各国了，这也是助成欧史世界化的又一原因。

现在且作一表来说明及引申上面的意思。

表二十七　科学与十九世纪文化的关系

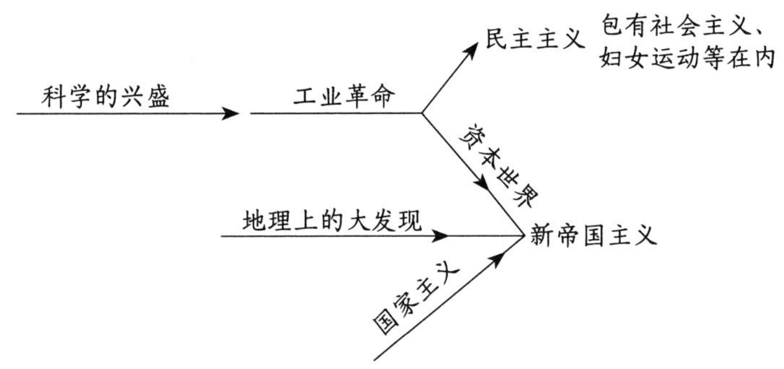

◎**注意一**　本表上的科学、工业革命，及民主主义、国家主义等，现在也都已成为世界的共同文化了。

◎**注意二**　本表上各件史迹的因果，并非真能如此简单，比如工业革命的原因，并不以科学为限，它的结果，也并不止民主主义及帝国主义的两件事，它们不过是它的最重要的原因及结果罢了，望读者勿将此表看呆。

本章的段落

我们看了上表，不但可以明白这几件重要史迹的相互关系，并且也可以知道本章结构的所在了。现在且照这表的意思把本章分成以下各节：（一）科学的发达；（二）工业革命及社会主义；（三）新帝国主义；（四）其他近世文化的特征，如民治主义，妇女运动，国际主义等；（五）结论。

一、科学的发达

科学的基础

在第一章中，我们已经看见科学是怎样跟着文艺复兴的潮流复兴起来的；我们又已看见，最初脱离中古迷信威力的科学，乃是天文学。同时，靠了文艺复兴时代的许多科学兼哲学家的努力——最初的科学，是与哲学分不开的，所以那时的科学家，大抵也是哲学家——注重观察和实验的科学精神，又已渐渐的浸入了一般学者的心目。而归纳方法的发明及应用，更是促进科学发达的一个重要工具。所以到了十七世纪时，在原理方面，既有弗兰西斯·培根，及法国哲学家笛卡儿（Descartes）——即是主张怀疑学说者——等的提倡；在实际方面，又有哥白尼等几个天文学家的具体贡献，科学的基础，已经是打得很稳固了。

数学、天文学及物理学

最初发达的科学，是数学，及以数学为基础的天文学及物理学；所以最初的科学大家，在成绩方面，虽有偏重于某一种的不同，但对于这三种学问，他们却大都是兼能俱知的。其中对于天文学贡献最多者，则为文艺复兴时代的哥白尼、伽利略，及开普勒（Kepler）[①]。对于数学有特异的贡献者，则为发明解析几何的笛卡儿，及发明微积分的德人莱布尼茨（Leibnitz）[②]。对于物理学贡献最多者，则为发现万有引力的牛顿（Newton），而牛顿的发现，尤能在物理学界立一个不拔的基础，为科学界开一新纪元。

化学

继物理学而兴的科学，是化学。化学的前身，是炼金术（Alchemy），到了十八世纪时，它才脱壳而出，变为一种真实的科学。它的创

①原文译为刻布勒。
②原文译为来布尼兹。

始者中之尤有功者，为法人拉瓦锡（Lavoisier）[①]及英人卡文迪什（Cavendish）[②]。他们发明了分解水中原质的方法，及发现了氧气的存在，为此后的化学界打开了一条新道途。

地质学及生物学

十九世纪的中年，地质学及生物学，又从物理学及化学之外，为科学开辟了一个新疆土。那个根据着进化（Evolution）原理的赖尔（Lyell）[③]名著《地质学原理》（*Principles of Geology*），及达尔文（Darwin）的《物种起源》（*Origin of Species*）[④]，尤为这个新科学成立的大功臣。

进化论及达尔文

进化论虽非始创于达尔文，但他实是能使进化论确立的一个人。这个学说的影响，是不仅以科学界为限的，在一方面，他既打破了上帝造人的传说，对于宗教及人生观发生了一个巨大的革命，使宗教界终不得不去曲解或改释他们的《圣经》，以求合于这个新学说；在他方面，他的物竞天择的原理，又不啻去为那已经充满着竞争空气的人类社会做一个担保，加一种努力的决心，终使忧时之士如克鲁泡特金（Kropotkin）者，不得不另创一协助（Cooperation）学说来补救这个学说的流弊。这个进化论力量的伟大，及影响的深远，也就可以想见了。

医学

医学的发达，也是近代科学的一个大贡献。因为科学式的医学，及外科医学，是建筑于化学、物理学，及生理学之上的。十七世纪时，哈维（Harvey）[⑤]凭了实验的工夫，发明了血液循环之理，为

①原文译为拉瓦谢。
②原文译为恺文迭喜。
③原文译为来儿。
④原文译为《物种由来》。
⑤原文译为哈阜。

医学界开通了一条新道路。及十九世纪时，法人巴斯德（Pasteur）①又发明了微生物学，遂使无数传染险症，靠了种菌的方法，得以减少，以至消灭。而麻醉剂及防腐剂的发明，尤能为外科增加两个可贵的工具，间接的为人类减少了不少的痛苦。所以到了二十世纪初年时，科学已不但把医学领到了一个永进无疆的区域去，并且又能为人类减少疾病，延长生命，为文化的前途产生一个美丽的希望了。

电学

电学乃是由物理学的附庸而蔚为大观的一种科学。而美人富兰克林（Franklin）②、意人伽伐尼（Galvani）③，及伏特（Voita）、英人法拉第（Faraday）④、法人安培（Ampere）⑤等，却都是这个科学的创造者。他们的贡献虽大抵限于原理方面，但同时以电气施于实用的基础，却也是他们所树定的。所以他们也可以算是工业革命第二期的始祖——工业革命的第一期，是机械的发明及应用；他的第二期，乃是电力的发明及应用。

科学之利

由此可知，近代的科学，直接的既已成为一切学问的基础，一切进步及人类谋求幸福的工具；间接的又靠了工业革命的势力，成为工业、商务，以及政治、社会，一切事业的原动力。它实是近代文化的中心点。不但如此，它又能不问宗教，不问民族，不问语言，不问天然或地理的限制，但知以真理赐予全世界的人类，所以科学又是一个可贵的国际势力。

①原文译为巴斯都.
②原文译为勿兰克令。
③原文译为加法尼。
④原文译为法拉弟。
⑤原文译为安比。

科学之弊

但如此巨大的一个势力，又岂能无弊呢？物竞天择说的流为弱肉强食是一例；工业革命所产生的种种社会问题，又是一例；而因科学发达之故，物质文明的势力，尤能霸占近代西方的文化。物质文明固自有它的贡献，但种种残酷不幸的情势，如最近的战争方法及它的惨绝人寰的结果，却也未尝不是物质文明所贻的祸害。由此可知，一个工具的本身，实没有善恶的可言，免去恶果，而得善果的权力，却是完全操在运用这个工具的心情、脑力，及手腕之内的。

二、工业革命附社会主义

工业革命与科学

工业革命的原始，本是由于科学的发达，但后来靠了科学家的分工——有些专门研究纯粹科学，有些却以科学家而兼作发明家及工程师——它也就离弃了试验室而独立了。

机器的发明与工业革命

工业革命的开始，约在法国革命前二十年。那时英国忽然产生了一群发明家，他们依据着前人所已发明的粗模，发明了许多机器，使他们代了人工，来做开矿、纺织、制造、耕种，及交通的种种事业。于是工厂的一件东西，便成为这个新时代的中心点了。机器的生产力，既远非人工的生产力所能比拟；而工厂制度的成立，又足以促成所谓近代城市（The Modern City）者的产生，使工人们别成为一个强有力的阶级。同时，因交通便利的骤然加增，人类的相互关系也就日益复杂起来。所以这个机器发明的一件事，初虽仅以工业界为限，但不久它的影响，也就普及于社会的各方面，在人类的生活上，发生了一个复杂而巨大的变化，造成一个自有历史以来所未有的社会大革命。因此之故，历史家便把这个工业界的大变动叫作工业革命（The Industrial Revolution）。

> 近人曾有把这个工业革命叫作机械革命（Mechanical Revolution）的，而以工业革命的一个名词用之于与那个机械革命同时产生的社会上及经济上的种种变化。但我以为这人区别殊嫌太纤琐了一点，我的意思是：机械革命乃是工业革命的中心点，但并不是另一件事。

工业革命发源于英国的原因

这个革命的发源地，为什么会在英国呢？第一，因为英国是以工业立国的。第二，因为英国位于大西洋之滨，而近来又成为殖民地的霸主，所以它的商务的发达，便更有一日千里之势；因此，出产货品的需要，当然也就比例的增加起来，而机器的发明，即是应此需要而诞生的一件事。第三，因为英国人民的性情，本是偏于实用的，所以科学到了他们中间，也就常常的离弃了他的试验室，走到工场中去了。第四，因为英国是一个富于煤铁之地，所以以煤铁为根本的机器时代，当然也就在那里开始。

机器势力的蔓延

一七六五年，瓦特（Watt）[①] 所发明的蒸汽机，是此后一切新工业的基础。它先影响了棉花及羊毛的制造，继又影响了煤铁的工业，后来又影响了交通的方法，把轮船火车来代替了那些艰难笨重的马车及帆船。到了十九世纪的初年，不但在英国的本土上已是遍布工厂，即在欧洲各国中，机器的势力，也如春草一样，广蔓深入于他们的穷乡僻壤了。

①原文译为瓦德。

工业革命的结果

这个情形的结果，可以分做三方面来说。第一，是属于资本家的；第二，是属于劳动家的；第三，是属于资本劳动间的关系的。

（一）属于资本家的

自法国革命以来，资本家——即是中等社会——靠了数十年来革命的运动，终于把欧洲的旧制度打倒了。他们已把政治的实权攫到了自己的掌中；他们把欧洲的专制政局打破，把代议制的立宪基础植定，为世界的政治史开一个新纪元。所以从资本家一方面看来，工业革命确是一件幸事。

（二）属于劳动界的

但是劳动界所得到的工业革命的影响，却又与资本家不同了。十八世纪末年时，欧洲大多数的人民，已因这个革命之故，抛弃乡村生活而成为城市的居民。这些做工的男子与许多妇孺，成日如牛马一般的在那污秽狭窄的厂中工作，晚上则睡于同样的厂旁小屋之内。厂主人则但求出品的加多，绝不关心工人的待遇。所以当十九世纪初年时，一般工人的生活情形，是极不卫生、极不合理、极多使人堕落的机会的。而此时又是一个放任学说盛行的时代，一般人士，深信个人的行为，有绝对的自由，他人没有干涉的必要；于是工厂制度所产生的种种罪恶，遂更得在欧洲的社会间横行无忌了。

（三）属于资本与劳动的关系的

从资本家与劳动界的关系看来，则工业革命的结果，乃是使他们显然划分为两个阶级。因为巨大的资本既是机器工业的一个重要元素，此时工厂的主人，便不能如从前工场主人的容易做到，而工人也就不能如从前工人的易有成为主人的希望了。资本劳动的阶级，既随着这个工厂制度而产生，而工厂所得的盈余，又不幸归到了厂主的腰包之内，于是资本与劳动之争，便成为工业革命后的一个大问题了。

工厂立法与劳动情形的改善

一八〇二年，英国贵族皮尔（Peel）[①] 曾建议以法律来改良工人的待遇，这是所谓工厂立法（Factory Legislation）的起点，也即是绝对放任主义的一个反动。自此以后，工人做工的时间，儿童做工的年龄，及其他与工人卫生及幸福有关的事件，均先后得到了法律的保障。而这些法律，因劳动界在政治上势力的加增，尤能日渐进步，日渐为劳动界获得更好的待遇，更大的利益。他们虽不能完全解决工厂制度在劳动界上所发生的问题，但靠了他们的进行，二十世纪初年的工人生活，与他们百年前兄弟的生活比较起来，却又不啻如九霄之于泥壤了。

社会主义的源起

但工业革命所产生的最大问题，却是资本家与劳动界的争执及仇视。此时深思之士，既眼见这两级人民的苦乐不均，又眼见工厂盈余的分配是怎样的不平等，于是他们便创言个人——指资本家——的幸福应当屈服于社会全体——指劳动界——的幸福之下。他们是根本上反对绝对的放任学说的，他们的目标，乃是社会的幸福。因此，人们便把他们叫作社会主义者（Socialists），而以社会主义（Socialism）的一个名词赐予他们所标的主义。

乌托邦派的社会主义

关于这些社会主义家的学说，此处不能细述，但把其中的几个重要名字举一举罢。英人欧文（R. Owen）[②]，是第一个以改良工人生活为怀的资本家。法人圣西门（St. Simon）及傅立叶（Fourier）[③]，也是当时主张这个社会新学说的领袖。他们改革的方针，大抵是

①原文译为庇耳。
②原文译为欧温。
③原文译为傅立耶。

属于自上至下的慈善性质。他们又被称为乌托邦派的社会主义家（Utopian Socialists），因为他们是深信人类为善的可能性是无限止的。法人路易·勃朗（Louis Blanc）[①]，也是社会主义的一个先进，但他是主张国有政策，及以政府为改革的主动的，与上说的乌托邦派略有不同。

科学派的社会主义

与乌托邦派对峙，而盛行于近世的社会主义，乃是科学社会主义（Scientific Socialism），而马克思（Karl Marx，1818—1883）及恩格斯（Engels）[②]，乃是这派的首创者。他们在一八四八年刊行了一本小册子，叫《共产党宣言》（*Communist Manifesto*）[③]。其中的大意，是要劳工阶级联合起来，去向现政府争求政治上、经济上、社会上，及教育上的种种权利。这个宣言的结句是："劳工们所失者，只有锁链，而所得者，乃是一个世界，世界各国的工人们，联合罢！"观此可知，这个学说是以阶级争斗为中心点的，是以利益的得失为努力的目标的，是以劳工的自动为争斗的方法的，这实是马克思主义的骨髓。

自马克思以后，社会主义的发达，既是一日千里，而它的性质及分派，也就日趋于复杂之途了。但此书既非社会主义的历史，所以关于此层，也就只能略说几句。第一，马克思的学说，后来曾靠了拉萨尔（Lassalle）[④]等的助力，造成了一个社会民主党（Social

①原文译为路易白兰。
②原文译为盎格尔斯。
③原文译为《共产宣言》。
④原文译为拉萨耳。

Democratic Party）。此党初盛于日耳曼，后来便蔓延及于全欧了。第二，国际社会主义的运动叫第一国际（The International Working Men's Association）的，也是开始于马克思的，但后来它也就分裂了。

无政府主义

除了社会主义之外，尚有所谓无政府主义（Anarchism）者，它是主张以废除政府制度为改良社会的方法的。它的领袖，先后有英人戈德温（Godwin）①、法人蒲鲁东（Proudhon），及俄人巴枯宁（Bakunin）。其中蒲氏是主张用平和手段的，而巴氏则主张以激烈及暴动的手段来达到他的目的。

这两派改革社会的学说——社会主义及无政府主义——同是工业革命的产物，但他们的主张及手段，却是绝对不同的。在十九世纪的历史上，社会主义乃是二者中之得胜者。

与此两个主义同时产生的劳动新形势，则有工人的组织，其中尤以商行组合（Trade Union）及工团主义（Syndicalism）为最重要。商行组合是以各行为联合的标准的，如木行与木行，石工与石工之类。工团主义则是以一件工业为联合的标准的，如在一个铁路同业中，则凡属于这个事业的工人，不问他是木工，或是铁工，他们是都在合作范围之内的。它的重要工具是罢工（Strike）及毁物（Sabotage），它实是无政府主义对于经济方面的一个具体表示。

①原文译为加得温。

工业革命的第二期——电力作用的发明

机械的发明，是工业革命的第一期，它的第二期，是电力作用的发明。在十七世纪时，即有人研究磁电的作用，但电力的施于实用，则第一当推莫尔斯（Morse）① 辈在十九世纪中叶时所发明的电报。自此以后，海底电线、电话，及无线电等，便相继的为科学家所发明，在传递消息的方法上，开出一个伟大的新纪元。到了现在，电气的应用，便愈推愈广，它的势力，已差不多遍布于人类生活的全部，不但发光、举重等的种种事业均已归入了它的管辖之下，即从前工业革命的主人翁，那个凡百机械的主动力——汽力——在这个电力盛行的时代，也有些立脚不住了。但是科学家又告诉我们说，电力的应用，尚正在它的幼稚时代哩。那么，这一段的叙述，恐怕也不过能作为工业革命史中的一个楔子罢。

三、新帝国主义

新帝国主义的原因（一）工业革命

我们在第五章中已经看见，到了第十八世纪的中叶后，欧洲列强对于殖民的事业是怎样的日渐冷淡起来的。但自十九世纪中叶以后，工业革命的效果日渐显著，于是列强对于殖民的一件事业，忽又由冷淡变为热心了。原来大规模的制造——工业革命的一个效果——是须靠了大宗的原料及巨大的商场方能成功的。所以此时欧洲的列强，便因经济上的关系，重去做他们的抢夺土地的事业了。因这个抢夺土地的事并非开始于此时，乃是大发现以后列强对于殖民地竞争的一个复活，所以历史家便把这件史迹叫新帝国主义（New

①原文译为模斯。

Imperialism）。

（二）国家主义

新帝国主义，又叫民族帝国主义（National Imperialism），因为除了工业革命之外，民族主义（Nationalism）——即是国家主义——也是欧洲列强对于殖民地的竞争重新复活的一个原因。十九世纪本是一个国家主义的时代，它在欧洲本土之内，已曾统一了日耳曼及意大利，已曾分裂了巴尔干半岛，现在它却又到海外去为欧洲制造新的历史了。于是英人便以太阳永不离开他们的国旗为莫大的荣耀；而欧洲的其余各国，亦莫不以殖民地的获得为己国强盛的招牌。不但如此，此时欧洲的人口，又是日益加多，而殖民地却又是一个转移剩余人口的好尾闾。因此，这个国家观念，便与经济的原因联合起来，去造成一个新帝国主义的世界了。

（三）传教事业

此外如传教士的宗教目的，也是新帝国主义成功的一个重要动机。虽然这些教士的利害，有时要与商人及政客的利害冲突，但从大体上看来，这三种人却仍是互相倚赖、互相协助的。

新帝国主义的目的物

这个新帝国主义的目的物，不用说，是欧洲以外的世界各国了。其中南北美洲是已经欧化的大陆，澳大利亚洲亦久已成为英人的禁脔，所以在地球大陆之上，此时却只存有亚非二洲来承受这个主义的势力。结果是非洲的完全成为欧洲列强的瓜分品，及亚洲各国的或沦为白人的奴属，或承受欧化以自救。

新帝国主义最大的目的物，既是大宗的原料、投资的机会，及消耗盈余出品的商场，于是我们中国便成为他们最好的目的物了。原来我国的原料是最为丰富的，投资的机会是最为广大的，人民是不但繁庶，而且又是最能消耗“洋货”的，这岂不是列强资本家的乌托邦吗？

西班牙及葡萄牙的殖民事业

西班牙及葡萄牙，本是殖民事业的领袖；但自从十七世纪以后，他们的领袖资格，便让与英格兰了。到了十九世纪的初年，西班牙在南美洲的属地既已相继独立，而葡萄牙的巴西也于一八二二年与母国脱离了关系。所以在这个新帝国主义的时代，这两个国家便完全成为过去的人物。

英格兰的殖民事业

但英格兰的命运，却与西葡两国相反。它在十九世纪中，不但不曾失掉属地，并且靠了战胜拿破仑之故，反而获得了许多新的殖民地。一八七七年，女王维多利亚成为印度女王，是英国执到殖民地事业牛耳的一个具体表征。此外旧殖民国如法兰西及俄罗斯，新殖民国如日耳曼及意大利，也都是这个新帝国主义的信徒。现在我们当分别把他们略述一点，而其中尤以英国所占的地位为最重要。

英国殖民地中的自治分子（一）加拿大

十九世纪时，英国殖民地中之重要者，有下列诸处。一曰加拿大，这是英国的一个旧殖民地。一八四〇年，加拿大的诸部合并为一；七年之后，又遵照了英人杜伦爵士（Lord Durham）[①]的主张，成为一个自治之邦。邦内一切政事，除去外交及宣战等以外，均由加拿大自己的政府——国会及责任内阁——处理，英政府完全不问。这是英人富于政治常识及行政能力的一个证据，也是不列颠帝国得以保存于民主主义时代的一个理由。自此以后，凡是白人多于土人的英国殖民地，便都学了加拿大的样子，成为不列颠帝国中的自治分子了。

（二）澳大利亚

澳大利亚也是得到自治权的一个殖民地，一九〇〇年，澳属各部既合并为一，它便于同年得到了与加拿大同样的自治特权。第三个自治殖民地，是南非联邦(South African Union)。南非的好望角，

①原文译为都伦。

（三）南非 本是属于荷兰的，但自从维也纳会议把它转赠与英国之后，英国在南非的势力，便日盛一日了。它把那里的荷兰人叫巴尔人（Beors）的逼入了内地，等到他们把内地开垦成功之后，它又去把他们的地方抢来。于是巴尔人忍无可忍，终与英国开战，这是一八九九年至一九〇二年的巴尔战争（The Boer War）。结果是南非各地的合并为一，及得到与加拿大同样的自治权（一九〇九年）。在这个自治政府之下，巴尔人是与英人平等的。

（四）新西兰（五）纽芬兰 此外新西兰（New Zealand）[①]及纽芬兰（Newfoundland），也与上述三邦一样，都曾在二十世纪的初年得到了自治的特权，成为不列颠帝国中的自治分子。

除去上面的五个自治殖民地之外，英国的重要属地及被保护国中，尚有印度和埃及。

印度 印度是英国的一个旧殖民地，但自从一八五八年英国议会把东印度公司管辖印度之权取消后，它便成为王家的产业了。一八七七年，维多利亚女王成为印度女王（Empress of India），即是这个新政策的一个结果。印度对于这个异族的主人翁，虽不免也想反抗；但因国内宗教及民族的复杂，内部的团结就非常的困难。所以英国保存印度的机会，也就不易失掉了。

埃及 埃及在十九世纪初年时，曾从土耳其获得了独立权。不幸到了十九世纪中叶，因国王的奢侈，及不善理财之故，国内的财政，便到了破产的地位。于是英法两国便去收买了它的苏伊士运河的股票，成为它的债主。一八八二年，英政府又用武力去平定了埃及的内乱；

①原文译为纽西兰。

于是埃及的军事及财政实权，便都归入了英政府的手内。埃及的人民虽不愿受治于异种人之手，但在一九一四年欧洲大战之时，埃及却反正式地成为英国的被保护国（Protectorate）了。

其他英国属地

此外英国殖民地之在非洲者，尚有苏丹（Sudan）、不列颠之东非（British East Africa），及散处于非洲西岸的各地。所以英国不但在全地球上执有殖民地的牛耳，即在非洲的一处，他的殖民地也是最为优美，最为广大的。

俄罗斯的殖民事业

俄国的殖民事业，也是始终于十九世纪以前的。它的目的地，本有欧洲及亚洲二处，但自克里米亚战争失败以后，它的眼光，便老实的由西方移到东南了。

法兰西的殖民事业

法国对于殖民兴趣的复活，开始于路易·菲利普时代的侵征阿尔及利亚（Algeria）。在第二帝国时代，它又得到了亚洲的交趾支那。但它的殖民地的大部分，却是在第三共和时代得到的，其中最重要的，是非洲北部的突尼斯（Tunis）、非洲东南岸的马达加斯加（Madagascar）岛，及亚洲的安南。在这些殖民地之上，又加上了非洲的广大沙漠，及法国在十九世纪以前原有的殖民地，于是法国遂成为英国以外的第一个大殖民国了。

日耳曼及意大利的殖民事业

日耳曼和意大利，是欧洲最新的国家，所以当他们走入帝国主义的门内时，那里已是杯盘狼藉，只剩有一点残羹余肴来餍足他们的饿腹了。但他们又岂肯甘心呢？于是，日耳曼便使尽气力，终于得到了非洲的东部及西南部，即是所谓日耳曼的东非（German East Africa），及日耳曼的西南非（German South-West Africa）的。意大利所得的，却只有非洲东北岸的一条狭地。

此外如西班牙、葡萄牙等，眼见英法各国在地球上这样的抢夺，也曾忘了自己的已成为过去人物，忽然老当益壮起来，各自伸指到非洲去，分到了一点鸡肋。

新帝国主义的结果（一）资本家的满意

这是十九世纪末年时欧洲列强瓜分非洲及侵夺亚洲土地的大概情形。我们看了它，便可以得到下面的几个结语。其一，是这个争夺的结果确曾满足了列强资本家的一部分的欲望。我们但看现在世界上所谓“洋货”的满坑满谷；但看贫弱国家如我国者是怎样的倚赖借贷外债为度日及兴业的唯一道路；我们再看一看，列强的资本家是怎样的牺牲弱国，来达到他们贸利的目的的——如私运军火以助我国的内乱之类——我们便可以明白列强资本家对于帝国主义是怎样的感谢了。

（二）列强竞争的加甚

我们的第二个结语是：在这个国家化的帝国主义之下，欧洲列强间的竞争机会是日益加多、日趋复杂的。因为凡在两个强国的殖民地接触之处，现在便都可以发生冲突了。上面所说介于英俄势力之间的阿富汗是一例，介于日俄势力之间的满洲又是一例。而一八九八年间所发生的法绍达事件（Fashoda Affair）①，亦即是英法在苏丹势力冲突的一个结果。此事幸未酿成战争。但法兰西与日耳曼在摩洛哥（Morocco）的冲突，意大利与法兰西在突尼斯的冲突，当时虽也不曾酿成战争，但在此两件事中，法兰西却都是占得胜利者；它既不似在法绍达事件中之能与英国彼此相让，于是意大利及日耳曼对于法国的蓄恨，也就日益加甚，后来终在欧洲大战之中找到一个发泄怨毒的机会了。

①原文译为发绍达事件。

我们对于帝国主义的第三个结语是：地球的面皮有限，而列强的欲望无穷，所以全世界的贫弱国家，除了已做资本家的牺牲品之外，并且还都有成为这个主义在政治方面的牺牲品的希望了。非洲土人在列强瓜分他们土地时所受到的痛苦，不用说，即以旧文化所被的亚洲而论，那里的人士，又何曾能受到白人的另眼看待呢？在这个情形之下，亚洲的人民，却只有三条道路可走。其一，是效法列强的武备以自救；其二，是因不肯效法而沦为列强的奴属；其三，是凭着自己的天才，另去创造一个新道路。第一类的代表，是日本；第二类的代表，是印度；而彷徨于这两条歧路之间，而又未能另自创出一条新道路者，则有我们的中国。

这个帝国主义在我国所发生的不幸结果，我们大约是都已知道的了。远者如鸦片战争及它的结果，近者如威海卫的割于英，大连湾的割于俄，胶州湾的割于德，以及拳民乱后我们国民对于列强所负的巨债，岂不都是帝国主义在这个老大国家身上所留的伤痕么？帝国主义是这样的来逼我们像日本一样的以武力自救了，我们果愿受它的命令，去以武力自救，为“卖灵魂以得邦国”之举呢？还是宁学印度成为白人的奴属呢？还是在这同样丑恶的两条道途之外，我国的人士，能另去想出一条自尊而又能自救的新道途呢？这个新道途是可以找到的，但却不是容易找到的。我们如要躲懒，不愿努力，那么，我们还不如索性去抄抄日本或印度的现成药方，不必再想去做什么创造的事业，再想去为世界的文化负什么使命了。

四、其他十九世纪文化的重要表征

国家主义与民主主义

源本于欧洲列国现象的国家主义（Nationalism），自法国革命以后，它的形体便发达得更完备了。它与民主主义（Democracy）同是十九世纪历史的重要势力。但民主主义的源起，却较国家主义为迟——古希腊的民主主义，范围太狭，与近代的民主主义不同——它是法国革命及工业革命的一个共同产品。法国革命既以自由平等的旗帜震动了一般人民的心目，而工业革命的效果，又使劳动者发生参与政治的野心，所以自一八四八年全欧大革命之后，民主主义的势力，便一天增似一天了。

这两个势力本是不易相容的，但在十九世纪初年时，它们尚如两株未曾长成的小树，彼此的冲突尚未显著。在十九世纪上半叶时，国家主义的势力，尤能远胜于民主主义。日耳曼的统一，不成于法兰克福会议之时，而成于普法战争之后，即是民主主义不敌国家主义的一个证据。而一八四八年，日耳曼的有志青年——他们是日耳曼的民主主义的运动者——的离弃祖国而西徙，更足为民主主义失败于国家主义的一个证据。

但在意大利统一事业之内，民主主义却与国家主义占到了一个平等的地位。因为我们知道，意大利诸邦的与撒丁岛合并，大抵是取决于人民的公意的。此外如社会主义的兴起、妇女运动的进行等，也都可以说是民主主义的支流。它们都是不问国界，不分种族的，它们对于狭义的国家主义，至少在原理方面，当然是不能表同情的了。

国家主义的成绩

国家主义在十九世纪历史上的成绩，最显著的，是日耳曼及意大利的统一、巴尔干半岛诸小国的独立，及奥地利帝国的分裂；此外如促成新帝国主义的诞生，及增加那个欧洲的痼疾——列国竞争的局势——也都是国家主义在近代历史上所留的纪念。

民主主义的成绩（一）奴隶制的消灭

奴隶制的消灭，是民主主义的一个良好成绩。十八世纪末年时，法国的释放属地的黑奴；十九世纪初年时，英国的禁止黑奴的贩卖；及十九世纪中年时，俄国的释放农奴，都是欧洲列国顺从民主主义潮流趋势的一个证据。自此以后，欧洲各国便都能把奴隶制度视为一种违法反情的事件了。而因废奴问题所引起的美国南北内战，更足为这个废奴运动做一个富有剧情的结束。

（二）妇女运动及其胜利

妇女运动的原动力，也是从民主主义得来的，它也是法国革命及工业革命的一个结果。这个运动的始祖，是英人玛丽·沃斯通克拉夫特（Mary Wollstonecraft）[1]女士。她的名著《妇女权利的辩护》（*Vindication of the Right of Women*），是关于妇女问题的第一本杰作。这本书的大旨，是说妇女是与男子一样的，她们同是具有个性的人物，故她们在智识方面、经济方面、政事方面等，均当与男子得到同样的机会。

一般人士对于这类的论调，最初当然只有非笑，但后来民主主义的势力既日渐加增，占有人民半数的妇女问题，当然也就不容社会的永久忽视了。不但如此，靠了工厂制度的兴起，妇女已能获得经济上的独立，而靠了教育的普及，妇女的智识及能力，也能日益加增，使他们在人生生活各方面都能与男子分工及竞争。因此之故，在教育方面、经济方面、职业方面、政事方面，妇女们现在是确已与男子争到了平等的地位，而其中尤以女子参政权的运动及获得为

①原文译为武斯冬克拉夫。

妇女运动得胜的最明显的标志。现在世界先进各国的妇女，差不多是都有选举权及被选举权的了。

> 人们常有把女子参政运动视为妇女运动的唯一事业者，这是一个大错误。女子参政固是妇女运动中的一件事，但它决不足以代表妇女运动的全部。这个理由是很简单的，因为，第一，政治上的活动，不过是人生活动的一部分，它不但不能代表人生的一切活动，并且不是人生活动的中心点。其二，参政权的争得，虽亦自有它的需要，但它仍不过是一件比较肤浅的事。妇女们如欲与男子们争到真正的平等，根本上尚以自己智识的解放、能力的修养，及人格的提高为最重要。待智识能力既经充足，而因历来奴伏于男子威权下所养成的可怜的人格，亦已涤净提高之后，那么，一切事业，一切权利，一切机会的大门，当然便会立刻自己打开来，欢迎她们进去的。第三，我们知道，英国人是一个富于政治性的民族，所以在英国发源的妇女运动，当然也是以参政为中心点；这犹之文艺复兴的潮流，到了日耳曼，便成为宗教革命一样。我们既不能因此便说，凡是文艺复兴，都当采取宗教的道途，那么，我们又岂能说，凡是妇女运动，都当以要求参与政治为中心点呢？总之，人生的活动是多方面的，人类的嗜好及倾向，也是各个不同的，所以热心妇女运动者的最大责任，即是去帮助我们的青年姊妹们，使她们能发挥她们各人的天才于最适当的道途，至于参政运动，却不过是这些道途中之一罢了。

国际主义

超越于国家主义及民主主义之上，而使二十世纪的文化表征异于以前者，则有国际主义。国际主义之表现于政治方面者，则前有海牙的和平会，近又有欧洲大战后的国际联盟（League of Nations）。国际主义之表现于社会方面者，则有现在的种种国际学术及慈善事业，如洛氏基金团、卡内基基金团，及诺贝尔奖奖金之类。这个在政治上及社会上的国际运动虽都尚在萌芽时代，但他们实是世界文化的一个最大希望，也即是二十世纪历史上一件最足自荣之事。

> 此处本尚有十九世纪的文艺一段，但下笔之时，忽觉到这个题目范围的广大，及它的内容的复杂，以为不述则已，欲述，则非有一章的地位，是不能以一个明了的观念给予读者的。为求免于敷衍的罪戾起见，所以只好索性不述了。但因此之故，著者对于十九世纪西洋文艺界的大小明星，却不能不深深地道歉，因为著者对于这个题目的兴趣，是十分浓厚的，是极不愿把它遗弃在本书之外的；但这或者也即是著者不敢在此动笔的一个原因罢。

五、结论

西方文化的三大变迁（一）希腊罗马时代

自希腊以至二十世纪，西方的文化，曾经过了三个大变迁。最初之时，为希腊及罗马的文化时代，其中希腊文化的精神，为和谐与审美的态度，及中庸的人生观。它的具体贡献，是文学、艺术，及科学、哲学。罗马文化的精神，则是侧重在实行方面的秩序和组织。它的具体贡献，是法律，及社会上的种种组织——包含政府在内。这两派的文化虽不同，但他们的以入世眼光来观察及处置人生，却是一样的。

（二）中古时代

到了中古之时，因蛮族的侵凌，及社会秩序的毁灭，人民对于生命，便只能感到苦痛了。于是以出世观念号召人类的基督教，便应时兴盛起来。这个出世观念，实是中古文化精神的中心点，而重灵轻肉的生活方式，也即是这个观念的施于实用。此外如由罗马文化所传到的一尊观念，及自日耳曼民族中所得到的个人主义，也是中古文化的两个基本精神。这三种精神——出世观念，一尊观念，和个人主义——的具体表示，是教皇和皇帝的统一制度，封建的分裂制度，以及僧社和十字军的成立。

（三）从文艺复兴到现代

西方文化的第三个变迁，是开始于文艺复兴的。那时的人文学者，既已把上古的入世观念打倒了中古的出世观念；而因个性复活之故，一尊的偶像也就在无形中被毁几尽，于是个性的表现，便成为这时期文化精神的中心点了。这个精神的意义，是把一个动的人生观去代替一个静的人生观，它不啻是说，现在人们是不愿再做人生舞台的观客了，他们是要去做做那里的主人翁了。这个活的动的人生观，这个果敢有为的精神，实是近代西方文化的精彩。它的最大的效果，是文学艺术的复兴，及科学的发达；而其中尤为科学一项为能在最近的西洋史上发生重要的影响，因为我们已经看见，凡是近代文化的具体表征，如工业革命及效果，如民主主义、帝国主义等，都是科学兴盛后的结果——直接或间接的。

科学的两个相反结果

科学发达的最大影响，在一方面是把欧洲的历史世界化，是使欧洲的文化成为世界的公有品，为近代的文化开一个亘古未有的新形势，此意在上面已经略略说过了。但因地球上人类言语风俗的不同，彼此了解的程度，尚在幼稚时代，又因军人政客及资本家的常欲利用及加增各种民族间的新仇旧怨，以为达到一己虚荣心及贸利心的目的，所以在又一方面，社会上靠了科学所得到的种种新组织及新势力，反有时为帝国主义所利用，成为人类互相残杀的最可怖的工具了。

帝国主义与国际主义势力的冲突

这个分裂科学的成绩，而为两种相反结果的势力的存在，即是现代文化上的一个矛盾情状——帝国主义与国际主义势力的冲突。介于这两个势力之间者，则有国家主义。国家主义固是造成帝国主义的一个重要分子，但它若能把它的自身扩大，升高，涤净，那么，它也未始不能与国际主义合作，使这个近于理想的势力更容易实现。所以国际主义与帝国主义势力的未来胜负，固已成为现代文化的一个生死问题；而国家主义又足以决定这两个势力胜败的所在，然则国家主义与人类未来命运的关系，岂不重且大么？

在这两个势力中的国家主义

国家主义之所以能或为善或为恶者，乃是由于它的解释不限于一说之故。比如有些人对于这个主义的观念，是以坚甲利兵去霸据地球，或是以尚武精神去增加己国在世界上的地位。这一类的解释，都是很危险的，因为他们都是帝国主义的最好滋养料。反过来说，亦有人以己国对于文化的贡献，视为国家荣誉的标准者，于是他们便能以藏兵毁甲为发达国家个性的第一个步骤了。这犹之高尚孤洁之士的不以富贵利禄而以一己的人格来作为生命成败的标准一样。它是在实际上可以成立的一个现象，并不是乌托邦家的梦想。

战争与和平

国际主义的目的，是在求人类的彼此了解，及各国文化成为世界的共产；它的重要工具，是世界的永久和平。帝国主义的目的，则适与国际主义的相反，它是以增加人类的误解及怨仇为任务的；

它的重要工具，是战争。所以这两个现代文化势力的竞争，即不啻是战争与和平的竞争。使国际主义而能战胜帝国主义，那么，和平的梦想，即可实现，人类的自救，亦将更有希望了。否则，若使帝国主义终于战胜国际主义，若使战争之神终于打倒了和平之神，那么，人类的前途，除了自杀之外，还有什么道路可走呢？

所以帮助和平之神去打倒战争之神的一件事，实是现代全世界的人士所应负的一个最大的责任。这事初看上去，似乎是一件旋天转地的大事业，但在实际上，它却并不是做不到的。读者且把下面译的一段文字来与第九章中所述的爱姆斯公文的故事比较一下，便可以明白战争的引起或避免，是一件怎样简易的事了。

> 美国的内战是已经开始了，英国因与北部诸州的争执，看上去似乎也要牵入战争的漩涡了，于是路索爵士便以一个极严重的公文送呈女王（维多利亚）。但是亲王（阿尔伯特）[①]觉得，若不把这个公文的语气改变一下，战争将不可免。在十二月一号的早晨七点钟，他从床上起来，用战抖的手写了一些意见，使这个公文的语气可以变为缓和，而这个问题的解决，也可以因此得到一个和平的道路。这些意见幸为政府所接受，战争因此遂以避免。这是这位亲王最后的手迹（译自斯特雷奇〔Strachey〕[②]的《维多利亚女王传记》）。

但是因为列国政府中，像这个亲王的人太少了，像俾斯麦及路

①原文译为阿尔白特。
②原文译为斯德拉吉。

易·拿破仑一类的人太多了，所以国际和平运动的前途，与战争的前途相较，仍不免有道高一尺魔高一丈之感。我们研究西洋历史的人，对于这个情形，应该发生什么感慨，什么努力的决心呢？

附录一　一部开山的作品

学者　胡适

近年以来，研究中国史的学者颇有逐渐上了科学方法的路的趋势；但研究西洋史的学者却没有什么贡献。这大概是因为中国学者觉得这条路上不容易有什么创作的机会，所以不能感觉多大的兴趣，所以不曾有多么重要的作品。

依我看来，其实不然。研究西洋史正可以训练我们的治史方法，正可以增加我们治东洋史的见识。著述西洋史，初看来似乎不见得有创作的贡献，其实大可以有充分创作的机会。

史学有两个方面：一方面是科学的，重在史料的搜集与整理；一方面是艺术的，重在史实的叙述与解释。我们治西洋史，在科学的方面也许不容易有什么重大的贡献。但我们以东方人的眼光来治西洋史，脱离了西洋史家不自觉的成见，减少了宗教上与思想上的传统观念的权威，在叙述与解释的方面我们正多驰骋的余地。试看今日最通行的西洋通史只是西洋人眼光给西洋人做的通史；宗教史只是基督教某派的信徒做的西洋宗教史；哲学史只是某一学派的哲学家做的西洋哲学史。我们若能秉着公心，重新演述西洋的史实，这里面的创作的机会正多呢。

陈衡哲女士的《西洋史》是一部带有创作的野心的著作。在史料的方面她不能不倚赖西洋史家的供给。但在叙述与解释的方面，她确然做了一番精心结构的工夫。这部书可以说是中国治西史的学者给中国读者精心著述的第一部《西洋史》。在这一方面说，此书也是一部开山的作品。

可惜我匆匆出门，不曾带得此书的上册。单就下册说，陈女士把六百年的近世史并作十个大题目；每一题目，她都能注重史实的前因后果，使读者在纷繁的事实里面忘不了一个大运动或大趋势的线索。有时候她自己还造作许多图表，帮助文字的叙述。

在这十章之中，有几章格外见精彩。“宗教革命”的两章，“法国革命”的一章，要算全书中最有精彩的。陈女士本是喜欢文艺的，所以她作历史叙述的文字也很有文学的意味。叙述夹议论的文字，在白话文里还不多见。陈女士在这一方面的努力很可以给我们开一个新方向。我们试举（下册）第三章的两段做个例：

> 总而言之，亘中古之世，宗教不啻是欧洲人生唯一元素。它如天罗地网一样，任你高飞深蹈，出生入死，终休想逃出它的范围来。但这个张网特权，也自有它的代价。教会的所以能获得如此大权，实是由于中古初年时，它能保护人民，维持秩序，和继续燃烧那将息未息的一星古文化。换句话说，教会的大权乃是它的功绩换来的；但此时它却忘了它的责任，但知暖衣美食，去享它的快乐幸福。这已在无形中取消了它那张网的权利了。而适在这个时候，从前因蛮族入寇而消灭的几个权府，却又重兴起来，向教皇索取那久假不归的种种权势。于是新兴的列国国君，便向它要回法庭独立权，要回敕封主教权，要回国家在教会产业上的收税权；人民也举手来，向它要回思想自由权，读书自由权，判断善恶的自由权，生的权和死的权；一般困苦的农民，更是额皮流血的叩求教会，去减少他们的担负。可怜那个气焰熏天、

不可一世的教会，此时竟是四面受敌了。

但这又何足奇呢，教会的实力，本只是一个基督教义。它如小小的一颗明珠，本来是应该让它自由发光的。可恨此时它已是不但重锦袭裹，被他的收藏家埋藏起来，并且那个收藏家，又是匣外加匣，造巨屋，筑围城的去把它看守着，致使一般人士不见明珠的光华，但见一个围城重重、厚壁坚墙的巨堡；堡外所见的是守卒卫兵的横行肆虐。所以宗教革命的意义，不啻便是这个拆城毁壁的事业。国王欲取回本来属于他们的城砖屋瓦，人民要挥走那般如狼如虎的守卒，信徒又要看一看那光华久藏的明珠。于是一声高呼，群众立集，虽各怀各的目的，但他们的摩拳擦掌，却是一致的。他们的共同目的，乃是在拆毁这个巨堡。因此之故，宗教革命的范围便如是其广大，位置便如是其重要，影响便如是其深远了。

这样综合的，有断制的叙述，可以见作者的见解与天才。历史要这样做，方才有趣味，方才有精彩。西洋史要这样做方才不算是仅仅抄书，方才可以在记述与判断的方面自己有所贡献。

叙述西洋史近世史，最容易挑动民族的感情。陈女士是倾向国际主义与世界和平的人，所以她能充分赏识国家主义的贡献，同时又能平心静气地指出国际和平是人类自救的唯一道路。

用十万字记述六百年的西洋近世史，本是不容易的事。陈女士的书自然不能完全避免某些错误。例如（下册）第一章第四节中，前面已说伽利略（Galileo）发明了望远镜，于是哥白尼（Gopernicns）的学说“乃得靠了科学的方法而益证实”；下文却又说“科学方法却仍不曾改良：他们所用的仍是亚里士多德的演绎方法。……直到弗兰西斯·培根（Francis Bacon）时，科学方法才得到了一个大革命”。这是错的。科学方法的改善是科学家逐渐做到的，与培根无关；没有一个科学家是跟培根学方法的。哈维（Harvey）发明血液循环之理在十八世纪，也是错的。可惜我行箧中没有参考书，不能为此书细细校勘了。

此书是一部很用气力的著述。它的长处在用公平的眼光，用自己的语言，重新叙述西洋的史实。作者的努力至少可以使我们知道西洋史的研究里尽可以容我们充分运用历史的想象力与文学的天才来做创作的贡献。

一九二六年七月二十七日

附录二 我幼时求学的经过——纪念我的舅父庄思缄先生

进学校的一件事，在三十年前——正当前清的末年——是一个破天荒，尤其是在那时女孩子的身上。我是我家中第一个进学校的人，故所需要的努力更是特别的大。虽然后来在上海所进的学校绝对不曾于我有什么益处，但饮水思源，我的能免于成为一个官场里的候补少奶奶，因此终能获得出洋读书的机会，却不能不说是靠了进学校的一点努力。而使我怀此进学校的愿望者，却是我的舅父武进庄思缄先生。

我的这位舅父是我尊亲中最宠爱我的一位。大约在我五六岁的时候，舅父便同了舅母和表兄表弟到广西去做官。但因为外祖母是住在武进原籍的，所以舅父也常常回到家来看望她。那时我家已把自己的大房子出赁了，搬到外祖母家的一所西院中住着（我家虽然仍从湖南的籍贯，但因祖母也是武进人，故她曾在常州置有房子）。

每逢舅舅回家省亲的时候，我总是一清早便起身，央求母亲让我去看舅舅。舅舅向来是喜欢晚睡觉的，我走到外祖母家时，总是向外祖母匆匆地问了安，便一口气跑到舅舅的房里去。舅舅总是躺在床上，拍拍床沿，叫我坐下来。“今天我再给你讲点什么呢？”舅舅常是这样说，因为他是最喜欢把他的思想和观察讲给我听的。那时他做官的地方，已经由广西改到广东。广东省城是一个通商大口岸，它给他很多机会看见欧美的文化，尤其是在医学方面。那时他很佩服西洋的科学和文化，更佩服那些到中国来服务的美国女子。他常常把他看见的西洋医院、学校，和各种近代文化的生活情形，说给我听。最后的一句话，总是："你是一个有志气的女孩子，你应该努力去学西洋的独立女子。"

我是一个最容易受感动的孩子，听到舅舅的最后一句话，常常是心跑到嘴里，热泪跑到眼里。我问他："我怎样方能学得像她们呢？"舅舅总是说："进学校呀！在广东省城里有一个女医学校，你应该去学医，你愿意跟我去学医么？"

有时舅舅给我所讲的，是怎样地球是圆的，怎样美国是在我们的脚底下，怎样从我们的眼睛看下去，他们都是脚上头下的倒走着的！又怎样在我们站的地方挖一个洞，挖着挖着，就可以跑到美国去了。有时他讲的，是中国以外的世界，世界上有什么国什么国。我常常是睁大了眼睛，张开了嘴听他讲话，又惊奇，又佩服。他见到我这个情形，便笑着说我是少见多怪。但在实际上，恐怕他心里是很高兴有这样一个忠诚的听者的。有时我又问他："舅舅怎能知道这么多？"他便说："你以为我知道的事情多吗？我和欧美的有学问的人比起来，恐怕还差得远呢。"他又对我说，他希望我将来能得到他没有机会得到的学问——对于现代世界的了解，对于科学救人的知识，对于妇女新使命的认识等等。

"胜过舅舅吗？"天下哪有此事？我就在梦中也不敢做此妄想啊！但舅舅却说："胜过我们算什么？一个人必须能胜过他的父母尊长，方是有出息。没有出息的人，才要跟着他父母尊长的脚步走。"这类的说话，在当时真可以说是思想革命，它在我心灵上所产生的影响该是怎样的深刻！

我们这样讲着讲着，常常直到外祖母叫舅舅起身吃早饭，方始停止。可是明天一早，我等不到天亮，又跑到舅舅那里去听他讲话了。这样，舅舅回家一次，我要进学校的念头便加深一层，后来竟成为我那时生命中的唯一梦想。

在我十三岁的那年，我父亲被抽签到西南的一个省份去做官。我因为那地方来得僻远，去了恐走不出来，又因进学校的希望太热烈，便要求母亲，让我不到父亲那里去，却跟着舅舅到广东进学校去。那时父亲已经一个人先到做官的地方去了，母亲正在收拾行李，预备全家动身。她是一位贤明的母亲，知道我有上进的志愿，又知道舅舅爱我，舅母也是一位最慈爱的长者，故并不怎么反对。可是，又因为我年纪太小，又不怎么赞成我离开她。每当我要求她让我跟舅舅到广东去的时候，她总是说："让我想想看，慢慢再说吧。"

那年秋天，舅父回来省亲之后，又要回到广东去了。临走的那一天，我跟着母亲送他到外祖母家的大门外，我说："请给舅母请安。"

舅舅说："你不是要到广东去吗？你自己亲身去请安吧。"

我回头问母亲："我真的能到广东去么？"

母亲说："你自己想想能吗？"

我说："能！"

我就对舅舅说："我一定亲身到广东去给舅母请安。"

舅舅说："这是你自己说的啊，一个有志气的孩子，说了话是要作准的。"

我说："一定作准。"说完了这句话，我全身的热血都沸腾起来了，眼泪像潮水一般的流了下来。我立刻跑回到自己的卧室去，伏在桌子上哭了一大场。这哭是为着快乐呢，还是惊惧，自己也不知道。但现在想起来，大概是因为这个决议太重要了，太使我像一个成年的人了，它在一个不曾经过情感大冲动的稚弱心灵上，将发生怎样巨大的震荡啊！孩子们受到了这样的震荡，除了哭一场之外，还有什么别的方法呢？

就在那年的冬天，母亲同着我们一群孩子，离开了常州，先到上海。那时我们有一家亲戚正要到广东去，母亲便决定叫我跟着他们到舅舅家里去。在上海住了几天，母亲同着弟妹们上了长江的轮船，一直到父亲做官的地方去。我也跟着母亲上了船，坐在她的房舱内。母亲含着眼泪对我说："你是一个有上进心的孩子，将来当然有成就；不过，你究竟还是一个小孩子啊！到了广东之后，一切要听舅父舅母的话，一切要小心，至少每个星期要给我和父亲写一封信来，好叫我放心。"我不待母亲说完，已经哭得转不过气来。母亲见了这个情形，便说："你若是愿意改变计划，仍旧跟我到父亲那里去，现在还来得及，轮船要到明天一早才开啊。"

现在回想起来，那时我心中的为难一定是很大的。可是对于这心灵上自相冲突的痕迹，现在却一点也记不得了。所记得的，是不知怎样下了一个仍旧离开母亲的决心，一面哭泣着向母亲磕了一个头，一面糊里糊涂地跟着我的亲戚，仍旧回到那个小客栈里去。回去了以后，整整的哭了一晚，后悔自己不曾听着母亲的话，仍旧跟着她去；但似乎又有一种力量，叫我前进，叫我去追求我的梦想。

舅母是我自小便认识的，因她和母亲的友好，我们和她都很亲热。但是，一位从前常常和我一同游玩的表兄和一位比我小两三岁的表弟，现在却都死了。我到广东时，舅舅的家庭中是有了三位我不曾见过的表妹和表弟，故我便做了他们的大姐姐。其中最大的一个是二小姐，下人们便把我叫“大二小姐”——因为我自己也是行二——而他们三人也都叫我做“大二姐”。这一个称呼，看上去似乎无关轻重，实际上却代表了这个家庭对于我的亲爱。我不是表姐，而是两个二姐中的大的，这分明是舅父舅母把我当作自己的女儿看待了。这对于一个刚刚离开母亲的十三岁的女孩子，是给了多大的温情与安慰！至今舅母家的下人们，还是把我叫“大二小姐”，表弟表妹们也仍旧把我叫“大二姐”。而我每听到这个称呼时，也总要立刻回想到幼年在舅舅家住着时，所得到的那一段温情与亲爱。

因为这三位表弟妹都是生在广西的，舅母家的下人，说的又都是桂林话，而小表弟的奶妈，说的又是桂林化的湖南话，故我最初学习的第二方言，便是桂林化的国语。至今在我的蓝青官话中，常常还带有一点西南省份的口音，便是由于这个缘故。

我到广东不久，便央求舅母到医学校去报名。虽然在我的心中，知道自己是绝对不喜欢学医的，但除了那个医学校之外，还有什么别的学校可进呢？有一个学校可进，不总比不进学校好一点吗？可是，自我到了广东之后，舅舅对于我进学校的一件事——他从前最热心的一件事——现在却不提起了。等我对他说起的时候，他却总是这样的回答：“我看你恐怕太小了一点，过了一年再说好不好？在此一年之内，我可以自己教你读书。你要晓得，你的知识程度还是很低。并且我还可以给你请一位教师，来教你算学和其他近代的科学。这样不很好吗？”

舅舅的不愿意我立刻进学校，当然是由于爱护我，知道我年纪太小，还不到学医的时候，知识又太低，而立身处世的道理又一点不懂。故他想用一年的工夫，给我打一点根基。后来想起来，这是多么可感的一点慈爱，不过那时我正是一个未经世故的莽孩子，对于尊长们为我的深谋远虑，是一点不能了解的。我所要求的，仍是“进学校”。

后来舅母和舅父商量之后，只得把我带到医学校去，姑且去试一试。我同舅母一进学校的房子，便有一位女医生，叫什么姑娘的，出来招呼舅母，并笑着对我点点头。舅母对她说了几句广东话，那女医生就用广东话问我：“今年十几岁了？”

我回答她：“十三岁，过了年就算十四岁了！”

她摇摇头，说：“太小了，我们这里的学生，起码要十八岁。”

这些话我当然都不能懂，都是舅母翻译给我听的。我就对舅母说：“我虽然小，却愿意努力。请舅母替我求求她，让我先试一年，看行不行再说。可以不可以？”

舅母便把这话对她说了，她说：“就是行，也得白读四五年，反正要到十八岁的时候才能算正科生。”她又用广东话问我，“懂广东话吓懂？”

我也学了一句广东话回答她：“吓懂！”又赶快接着说，“可是我愿意学。”她听见我说“吓懂”两个字，笑了。她又对舅母说了一阵广东话，说完了，便大家站了起来。她给舅母说声再见，又笑着对我点点头，便走进去了，我只得跟着舅母带了一颗失望与受了伤的心，回到舅舅家里去。

晚上舅舅回家后，舅母把白天的经过告诉了他，舅舅听了大笑说：“是不是？你不听我的话，现在怎样？你只得仍旧做我的学生了！”

舅舅是一位很喜欢教诲青年的人，这也不能不说是我的好运气，因为在那一年之内，他不但自己教我书，还请了一位在广东客籍学校教数学的杭州先生，来教我初步数学。不但如此，他又常常把做人处世的道理，以及新时代的卫生知识等讲给我听。我对于他也只有敬爱与崇拜，对于他说的话，没有一个字是不愿遵行的。比如说吧，他要我每晚在十时安睡，早上六时起身。但是，晚上是多么清静啊！舅舅是常常在外宴会的，舅母到了九时便要打瞌睡，表弟妹是早已睡着了，我自己也常是睡眼蒙眬。可是，因为舅舅有这么一个教训，我便怎样也不敢睡，非到十时不上床。

我到了广东不过三个月，舅舅便调到廉州去，将文作武，去统带那里的新军了。我跟着舅母在广东又住了约有三个月，方大家搬到了廉州。舅舅的职务是很繁忙的，但每天下午，总抽出一点工夫，回家来教我读书。他常穿着新军统领的服装，骑着马，后面跟着两个“哥什哈”，匆匆的回家，教我一小时的书，又匆匆地走了。有时连舅母自己做的点心也不暇吃。舅母是一位最慈爱的人，对此不但不失望，反常常笑着对我说：“你看，舅舅是怎样的爱你，希望你成人啊！他忙得连点心也不吃，却一定要教你这个功课！你真应该努力呀！”

我不是木石，舅母即不说明，我心里也是明白，也是深刻感铭的。舅舅所教的，在书本方面，虽然只是那时流行的两种教科书，叫作《普通新知识》和《国民读本》的，以及一些报章杂志的阅读；但他自己的旧学问是很有根基的，对于现代的常识，也比那时的任何尊长为丰富，故我从他谈话中所得到的知识与教训，可说比了从书本上得到的要充足与深刻得多。经过这样一年的教诲，我便不知不觉，由一个孩子的小世界中，走到成人世界的边际了。我的知识已较前一年为丰富，自信力也比较坚固，而对于整个世界的情形，也有从井底下爬上井口的感想。

虽然一切是这样的顺适与安乐，但它们仍不能使我取消进学校的一个念头。后来舅舅被我纠缠不过，知道对于这一只羽毛未丰而又跃跃欲飞的鸟儿，是没有法子去阻止她的冒险了。就在那年的冬天——正当我到舅舅家里的明年——乘舅母回籍省亲之便，舅舅便让她把我带到上海去。临走之时，又教训了我许多话，特别的指出我的两个大毛病——爱哭和不能忍耐——叫我改过。他说："我不愿在下次见你的时候，一动又是哭呀哭的，和一个平凡的女孩子一样。我是常常到上海去的，一定常去学校看你。但我愿下次再见你的时候，你已经是一个有坚忍力，能自制的大人了。别的我倒用不着操心，你是一个能'造命'的女孩子。"

舅舅叫我到上海进一个学校，叫爱国女校的，因为那是他的朋友蔡孑民先生创办的，成绩也很好。我正不愿意学医，听到这个真是十分高兴。到了上海后，舅母便把我送到一个客栈里，那里有舅舅的一位朋友的家眷住着。舅母便把我交托了那位太太，自己回家去了。但那位太太是什么都不知道的，我只得拿了舅舅写给蔡先生的信，自己去碰。不幸左碰右碰也找不着蔡先生，我只有忍耐着，以为蔡先生总要回来的。多年之后，才知道那时蔡先生已经不在爱国女校了。正在这个时候，上海又产生了一个新的什么学校，因为种种的牵引，我就被拉了进去。这是后话了，现在不必去说它。所可说的，是我在那里读书三年的成绩，除了一门英文功课外，可以说是一个大大的"零"字！但那位教英文的女士却是一位好教师。

我跟着她读了三年英文，当时倒不觉得怎样。可是，隔了几年之后，当清华在上海初次考取女生时，我对于许多英文试题，却都能回答了。后来我得考中被派到美国去读书，不能不说是一半靠了这个英文的基础。

民国三年，我在上海考中了清华的留美学额，便写信去报告那时住在北京的舅舅。可是，他早已在报上看见我的名字了。他立刻写信给我，说："……清华招女生，吾知甥必去应考；既考，吾又知甥必取。……吾甥积年求学之愿，于今得偿，舅氏之喜慰可知矣。……"

我自幼受了舅舅的启发，一心要进学校。从十三岁起，便一个人南北奔走，瞎碰莽撞，结果是一业未成。直到此次获得清华的官费后，方在美国读了六年书，这是我求学努力的唯一正面结果。但是，从反面看来，在我努力过程中所得到的经验，以及失败所给予我的教训，恐怕对于我人格的影响，比了正面所得的知识教育，还要重大而深刻。而督促我向上，拯救我于屡次灰心失望的深海之中，使我能重新鼓起那水湿了的稚弱翅膀，再向那生命的渺茫大洋前进者，舅舅实是这样爱护我的两三位尊长中的一位。他常常对我说，世上的人对于命运有三种态度，其一是安命，其二是怨命，其三是造命。他希望我造命，他也相信我能造命，他也相信我能与恶劣的命运奋斗。

不但如此，舅舅对于我求学的动机，也是有深刻的认识的。在他给我的信中，曾有过这样的几句："吾甥当初求学之动机，吾知其最为纯洁，最为专一。有欲效甥者，当劝其效甥之动机也。"有几个人是能这样的估计我、相信我、期望我的？

民国九年，我回国到北大当教授，舅舅那时也在北京。我常常去请安，请教，很快乐的和他在同城住了一年，后来我就到南方去了。待我再到北京时，他又因时局不靖，而且身体渐见衰弱，不久便回到原籍去终养天年。隔了两三年，我曾在一个严寒的冬夜，到常州去看了他一次。却想不到那一次的拜访，即成为我们的永诀，因为不久舅舅就弃世了，年纪还不到七十呢！

我向来不会做对联，但得到舅舅死耗之后，那心中铅样的悲哀，竟逼我写了这么一副挽联来哭他：

知我，爱我，教我，诲我，如海深恩未得报；

病离，乱离，生离，死离，可怜一诀竟无缘。

这挽联做得虽不好，但它的每一个字却都是从我心头的悲哀深处流出来的，我希望它能表达出我对于这位舅父的敬爱与感铭于万一。

陈衡哲

一九二七年八月

附录三 | 译名对照表

外文	原译名	今译名
Abelard	亚波拉	阿伯拉尔
Adrianople	亚得里雅那堡	亚得里亚堡
Agincourt	阿金古	阿让库尔
Aix-la-Chapelle	爱斯拉夏伯	艾克斯拉沙佩勒
Albert II	亚勃德第二	阿尔贝特二世
Albertus Magnus	麦那	大阿尔伯图斯
Alcibiades	亚基皮地	亚西比德
Alessandra of Florence	亚历山特拉	亚历山德罗（Alessandro）
Alexander	亚力山大	亚历山大
Alfred the Great	阿弗烈大王	阿尔弗烈德大帝
Alsace	亚尔萨斯	阿尔萨斯
Alva	亚尔伐	阿尔瓦
Ampere	安比	安培
Andersen	安得生	安徒生
Andronicus	安德络奈卡	安德罗尼卡
Anglo-Saxon Chronicle	《盎格鲁撒克逊史记》	《盎格鲁撒克逊编年史》
Anjou	安如	安茹
Anna	安娜	安妮（Anne）
Antigonus	安梯果尼	安提柯
Apollo	亚波洛	阿波罗

Aquitaine	阿奎丹	阿基坦
Arabia	阿剌伯	阿拉伯
Aragon	亚拉冈	阿拉贡
Archimedes	亚奇米得	阿基米德
Argos	亚各斯	阿尔戈斯
Ariosto	亚利奥斯多	阿里奥斯托
Aristarchus	亚利司太克	阿里斯塔克
Aristophanes	亚利司多芬	阿里斯托芬
Aristotle	亚里斯多德	亚里士多德
Assur	亚叙	亚述
August	奥古士都	奥古斯都
Austria	奥地利亚	奥地利
Avignon	亚威农	阿维尼翁
Bagded	报达	巴格达
Bavaria	巴威略	巴伐利亚
Benedictine order	般那地僧社	本尼狄克僧社
Boccaccio	朴伽邱	薄伽丘
Boniface VIII	邦那费第八	卜尼法斯八世
Bosnia and Herzegovina	波斯尼亚和黑塞果维那	波斯尼亚和黑塞哥维那
Botticelli	波提奇利	波提切利
Brandes	白兰得斯	布兰代斯
Brittany	不列他尼	布列塔尼
Brutus	勃罗托	布鲁图
Bulgars	保尔加人	保加利亚人
Burgundy	布根底	勃艮第

Byron	摆伦	拜伦
Byzantium	贝山汀	拜占庭
Cabot	卡波脱	卡伯特
Cabral	加伯拉	卡布拉尔
Caesar Borgia	凯撒巴及	恺撒·波几亚
Calais	加莱	加来
Cambyses	甘比西	冈比西斯
Canterbury Tales	《坎特布里古事》	《坎特伯雷故事集》
Capetian	甘丕兴	卡佩
Carolingian	加洛林基	加洛林
Carthage	加太基	迦太基
Cassandra	佳姗特拉	卡桑德拉
Cassius	卡细司	卡修斯
Castile	卡斯提	卡斯蒂利亚
Catherine II	加撒林第二（加撒林）	叶卡捷琳娜二世（凯瑟琳）
Cavendish	恺文迭喜	卡文迪什
Cervantes	塞文蒂	塞万提斯
Chancer	绰塞	乔叟
Charles Martel	查理马特	查理·马特（铁锤查理）
Chrysoloras	克利梭拉	赫里索洛拉斯
Cicero	细细洛	西塞罗
Cisalpine Republic	息斯亚儿布共和国	奇萨尔皮尼共和国
Clermont	克罗孟	克莱蒙
Clive	克来武	克莱武
Cologne	科伦	科隆

Communist Manifesto	《共产宣言》	《共产党宣言》
Consul	康索	执政官
Cordova	哥多瓦	科尔多瓦
Corneille	科奈耶	高乃依
Corsica	哥尔塞牙（科西嘉）	科西嘉
Cortez	科德司	科尔特斯（Cortés）
Cosimo	加司莫	科西莫
Coster	加斯脱	科斯特（Koster）
Count of Artois	倭都瓦子爵	阿托伊子爵
Crecy	克里西	克雷西
Cromwell	克林威尔	克伦威尔
Cyrus	凯洛司	居鲁士
Czechs	吉克人	捷克人
Danton	但登	丹东
Darius	大连斯	大流士
Declaration of Pillnitz	匹尔尼次通告	皮尔尼兹通告
Delos	的洛	提洛
Diaz	帝阿士	迪亚斯
Dictator	迭克推多	独裁者
Diderot	帝特洛	狄德罗
Diocletian	戴克利先	戴克里先
Disraeli	迭士来利	迪斯累里
Dominican	度明哥僧社	多明我僧社
Don Quixote	《吉诃德先生》	《堂·吉诃德》
Draco	德洛哥	德拉古

Duke of Alva	亚尔伐大公	阿尔瓦大公
Duke of Saxony	撒克森大公	萨克森大公
Dupleix	度普雷	杜布雷
Durham	都伦	杜伦
East Goths	东俄特人	东哥特人
Egbert	爱格波	埃格伯特
Elam	伊兰	埃兰
Elba	厄尔巴	厄尔巴岛
Elise	伊丽思	爱丽丝
Elizabeth	伊利沙伯	伊丽莎白
Engels	盎格尔斯	恩格斯
England	英吉利	英格兰
Epicureanism	佚乐派	伊壁鸠鲁派
Erasmus	依洛司马（伊拉斯莫）	伊拉斯谟
Eratosthenes	依洛陶德	厄拉多塞
Eschylus	爱司凯拉	埃斯库罗斯
Etruscans	曷端斯康人	埃特鲁斯坎人
Eugène	尤金	欧仁妮
Euphrates and Tigris	阿付腊底斯和底格里斯	幼发拉底河和底格里斯河
Euripides	幼利披笛	欧里庇得斯
Faraday	法拉弟	法拉第
Fashoda Affair	发绍达事件	法绍达事件
Federick Barbarossa	红胡子腓得烈	红胡子腓特烈(腓特烈一世)
Ferdinand	勿迭南	斐迪南

Flanders	勿兰德斯	弗兰德斯
Florence	佛罗稜司	佛罗伦萨
Fourier	傅立耶	傅立叶
Franche-Comté	法兰斯孔德	弗朗什孔德
Francis Bacon	勿兰息斯培根	弗兰西斯·培根
Francis I	勿兰息司第一	弗兰西斯一世
Franciscan order	兰西僧社	芳济僧社
Frankfort	勿兰克福	法兰克福
Franklin	勿兰克令	富兰克林
Frederick II	腓得烈第二	腓特烈二世
Frederick the Great	勿烈特大王	腓特烈大帝
Galileo	加立里	伽利略
Galvani	加法尼	伽伐尼
Gariboldi	加里波立	加里波第
Ghiberti	基柏提	吉贝尔蒂
Gibbon	葛朋	吉本
Gibraltar	吉布罗陀	直布罗陀
Girondists	吉洛地党	吉伦特派（Girondin）
Gladstone	格兰斯顿	格莱斯顿
Godfrey	格勿留	戈弗雷
Godwin	加得温	戈德温
Goethe	哥德	歌德
Gothic style	歌德式	哥特式
Granada	格拉那达	格拉纳达
Gratian	格拉兴	格拉蒂安

Gregory I	格雷哥第一	格列高利一世
Gregory the Great	格雷哥大皇	大格列高利(格列高利一世)
Gregory VII	格雷哥第七	格列高利七世
Grotius	格老秀斯	格劳秀斯
Guinea	基尼亚	圭亚那
Guttenberg	哥登堡	古登堡
Hammurapi	汉米拉比	汉谟拉比
Hannibal	汉尼保	汉尼拔
Hanover	汉喏威	汉诺威
Harvey	哈阜	哈维
Herodotus	喜洛多达	希罗多德
Hildebrand	赫德白兰	希尔德布兰德
Hippocrates	黑朴格拉底	希波克拉底
Hittites	赫悌	赫梯
Home Rule Bill	爱尔兰自治案	爱尔兰自治法案
Hopsburg	哈布士堡	哈布斯堡（Habsburg）
Horace	何洛斯	贺拉斯
Hugh Capet	休甘丕	于格·卡佩
Huguenots	胡巨拿教徒	胡格诺教徒
Huss	赫斯	胡斯（Hus, Jan）
Hyksos	海克萨	西克索（人）
Ionia	伊奥尼亚	爱奥尼亚
Innocent III	因诺曾第三	英诺森三世
Irene	绮吕	伊林娜

Isabella	伊萨伯拉	伊莎贝拉
Ivan the Terrible	伊文	伊凡四世
Jerome	基洛	热罗姆（Jérôme）
Joan d'Arc	若安	贞德
Jonson	佳生	琼森
Justinian	佳司丁	查士丁尼一世
Kepler	刻布勒	开普勒
Khufu	恭甫	胡夫
Lafayette	拉法夷得	拉法耶特侯爵
Laibach	来巴克	莱巴赫
Lancaster	兰客斯妥	兰开斯特
Lassalle	拉萨耳	拉萨尔
Lavoisier	拉瓦谢	拉瓦锡
Legitimates	法统派	正统派
Leibnitz	来布尼兹	莱布尼茨
Leipsig	来普锡	莱比锡（Leipzig）
Leo the Great	利阿大皇	利奥一世（大利奥）
Leonidas	李阿尼达	列奥尼达
Lessing	勒辛	莱辛
lingua romana	罗曼思语	罗曼语
Livonia	利服尼亚	利沃尼亚
Livy	里维	李维
Lombards	伦巴人	伦巴第人

Lombardy	伦巴底	伦巴第
Lorenzo	罗稜索	洛伦佐
Lothaire	洛塞	洛泰尔
Lotherii regnum	洛塞林根	洛塔林吉亚
Louis Blanc	路易白兰	路易·勃朗
Louis Philippe	路易腓力布	路易·菲利普
Lucerne Lake	吕森湖	卢塞恩湖
Lyell	来儿	赖尔
Madame de Sévigné	塞维耶夫人	塞维涅夫人
Magellan	马汲伦	麦哲伦
Magyars	马加人（麦野人）	马扎尔人
Maine	梅因	缅因
Major of the Palace	宫相	宫廷主管
Marathon	马拉敦	马拉松
Marcus Aurelius	马可司（马克斯）	马可·奥勒利乌斯
Maria Theresa	梅丽德利姗	玛丽亚·特蕾西亚
Marie Antoinette	梅丽安都纳脱	玛丽·安托瓦内特
Marx	马克斯	马克思
Mary Wollstonecraft	武斯冬克拉夫	玛丽·沃斯通克拉夫特
Mayence	马因斯	美因茨
Mazzini	玛志尼	马志尼
Medici	美地奇	美第奇
Memphis	孟非司	孟斐斯
Merovingian	谋洛维基	墨洛温
Mersen	墨森	墨尔森

Michelangelo	米开兰基罗	米开朗琪罗
Milton	米儿顿	弥尔顿
Minorca	米喏卡	梅洛卡
Mississippi River	米失失必河	密西西比河
Molière	摩利尔	莫里哀
Montenegro	孟德尼格罗	黑山
More	摩尔	莫尔
Morse	模斯	莫尔斯
Murat	穆拉	缪拉
Napoleon Bonaparte	拿破仑波那帕脱	拿破仑·波拿巴
Navarre	那瓦	纳瓦拉
Necker	芮可	内克
Nero	尼洛	尼禄
Nestorians (Nestorinans)	聂斯托良	聂斯托利
Netherlands	尼得兰	尼德兰
New Amsterdam	纽亚姆斯顿	新阿姆斯特丹
New Netherland	纽尼得兰	新尼德兰
New Zealand	纽西兰	新西兰
Newfoundland	纽峰兰	纽芬兰
Nippur	尼坡	尼普尔
Nova Scotia	新苏格斜	新斯科金
Nuremberg	纽连堡	纽伦堡
Odoacer	俄陶开	奥多亚塞
Orange	乌伦居	奥兰治

Origin of Species	《物种由来》	《物种起源》
Orlando Furioso	《奥兰度的怒狂》	《疯狂的罗兰》
Orleans	乌良	奥尔良
Otto I	鄂多第一	奥托一世
Ottoman Turks	奥托曼突厥	奥斯曼土耳其
Palestine	巴勒士坦	巴勒斯坦
Paradise Lost	《极乐园的失去》	《失乐园》
Pasteur	巴斯都	巴斯德
Peace of Westphalia	威斯非立和约	威斯特发里亚和约
Peel	庇耳	皮尔
Peloponnesus	伯罗邦内苏	伯罗奔尼撒
Pergamum	坡加曼	帕加马
Pericles	白律苛司	伯里克利
Petrarch	彼脱拉克	彼特拉克
Philip	非力布	腓力
Philip II/Philip Augustus	腓力布第二（腓力布大王）	腓力二世（奥古斯都）
Piedmont	皮特孟德	皮埃蒙特
Pindar	平达	品达罗斯
Pisistratus	必瑟司	庇西特拉图（Peisistratos）
Pizarro	比撒罗	皮萨罗
Poitiers	普华叠	普瓦捷
Pompeii	邦贝依	庞贝
Pompey	庞贝	庞培
Ptolemy	多洛梅	托勒密
Pyrenees	庇里尼斯山脉	比利牛斯山脉

Pythagoras	毕达可拉斯	毕达哥拉斯
R. Owen	欧温	欧文
Rabelais	拉勃雷（拉布留）	拉伯雷
Raphael	拉飞尔	拉斐尔
Rhine	莱因	莱茵
Rhone	龙因	罗讷
Richelieu	吕希留	黎塞留
Robiespierre	洛白斯比	罗伯斯庇尔
Roger Bacon	路加培根	罗吉尔·培根
Romagna	罗曼宁	罗马涅
Romanoiff	罗门喏夫	罗曼诺夫（Romanov）
Romulus Augustulus	罗木拉	罗慕路斯·奥古斯图卢斯
Rousseau	卢骚	卢梭
Rudolf	路达夫	鲁道夫
Rurik	罗立	留里克
Salisbury	萨立斯布里	索尔兹伯里
Sappho	沙复	萨福
Sarajevo	萨拉几佛	萨拉热窝
Sardinia	萨丁（萨的尼亚）	撒丁岛
Savonarola	萨服那洛拉	萨伏那洛拉
Savoy	萨服	萨伏依
Saxons and Angles	撒克逊及盎格鲁人	撒克逊及盎格鲁人
Schleswig-Holstein	息列斯威及好斯敦	石勒苏益格—荷尔斯泰因
Scipio	西平	西庇阿（大）

Seleucus	苏鲁克	塞琉古
Seljuk Turks	塞柱突厥	塞尔柱突厥
Semitic tribe	塞米族	闪米特部落
Serbia	塞尔比亚	塞尔维亚
Serbs	塞尔比人	塞尔维亚人
Shinar	先那	希纳尔
Sicilies	细细利	西西里
Sidney	息特尼	西德尼
Silesia	西利西亚	西里西亚
Simon de Montfort	西门孟福	西蒙·德·孟福尔
Sinn Fein	新芬	新芬党
Smith	斯密司	史密斯
Sobieski	沙比斯基	索别斯基
Sophocles	索福克	索福克勒斯
Spenser	斯班塞	斯宾塞
St.Bartholomew's Day	圣巴多罗妙日	圣巴托罗缪日
St.Benedict	圣般那地	圣本尼狄克
St.Bernard	圣波那	圣伯尔纳
St.Dominic	圣度明哥	圣多米尼克
St.Francis	圣佛兰西	圣弗朗西斯
St.Helena	圣赫伦那	圣赫勒拿
St.Louis	圣路易	圣路易斯
Stein	斯台	施泰因
Stoicism	制欲派	斯多葛派
Strachey	斯德拉吉	斯特雷奇
Strindberg	斯得林堡格	斯特林堡

Suez Canal	苏彝士运河	苏伊士运河
Sumerians	苏末	苏美尔
Talleyrand	塔力兰	塔列朗
Templars	庙士	圣殿骑士
Thales	赛勒司	泰勒斯
The Aryans	亚利族	雅利安族
The Bastille	巴士的狱	巴士底狱
The Celts	克勒特人	凯尔特人
The Chaldeans	加堤人	迦勒底人
The Hanseatic League	汉西同盟	汉萨同盟
The International Working Men's Association	国际工团	第一国际
The Medes	末的亚人	米堤亚人
The New Life	《新生命》	《新生》
The Prince	《王者》	《君主论》
The Republic	《共和国》	《理想国》
The Rump Parliament	臀根议会	臀部议会
The Social Contract	《民约论》	《社会契约论》
The Tories	托来党	托利党
Thebes	底布士	底比斯
Themistocles	德米司脱苛	地米斯托克利
Theodoric	帝多利	狄奥多里克
Theodosius	狄多西	狄奥多西
Thermopylae	色木巴里	温泉关
Thucydides	都息笛第	修昔底德

Tiber	第表尔	台伯河
Tiberius Gracchus	郭克	提比略·格拉古
Tiryns and Mycenae	梯伦城和梅细尼城	提林斯城和迈锡尼城
Tours	都尔	图尔
Treaty of Frankfort	勿兰克福条约	法兰克福条约
Treaty of Utrecht	友得勒克条约	乌得勒支条约
Treves	德里佛斯	特雷夫斯
Troppau	特洛波	特罗保
Troy	脱洛城	特洛伊城
Turgot	堵加（都加）	杜尔哥
Tuscany	多思加纳	托斯卡纳
Tutenkhamon	都坦哈门	图坦卡蒙（Tutankhamen）
Ulster	厄尔斯德	阿尔斯特
University of Bologna	包龙大学	博洛尼亚大学
Vandals	万达人	汪达尔人
Varennes	发稜	瓦伦
Vasco da Gama	达加马	达·伽马
Venice	威内萨（威尼斯）	威尼斯
Verona	威洛那	维罗纳
Versailles	凡塞尔	凡尔赛
Ves-Pasian	阜司巴新	韦斯巴芗（Vespasian）
Victor Emmanuel II	维克多·爱曼纽儿第二	维克托·伊曼纽尔二世
Virgil	佛吉	维吉尔
Voltaire	福尔特	伏尔泰

Wales	威耳司（威尔士）	威尔士
Watt	瓦德	瓦特
Wessex	威撒克司	韦塞克斯
West Goths	西俄特人	西哥特人
Wittenberg	韦吞堡	维腾堡
Wyclif（Wycliffe）	威克立夫	威克里夫
Xerxes	善克司	薛西斯
Zeus	焦士	宙斯
《战争与平和的法律论》		《战争与和平法》
克利地		克里特
阿尔白特		阿尔伯特
俄陶开		鄂多亚克
《法意》		《论法的精神》
那威		挪威
哥仑布		哥伦布

附录四 西洋史大事年表

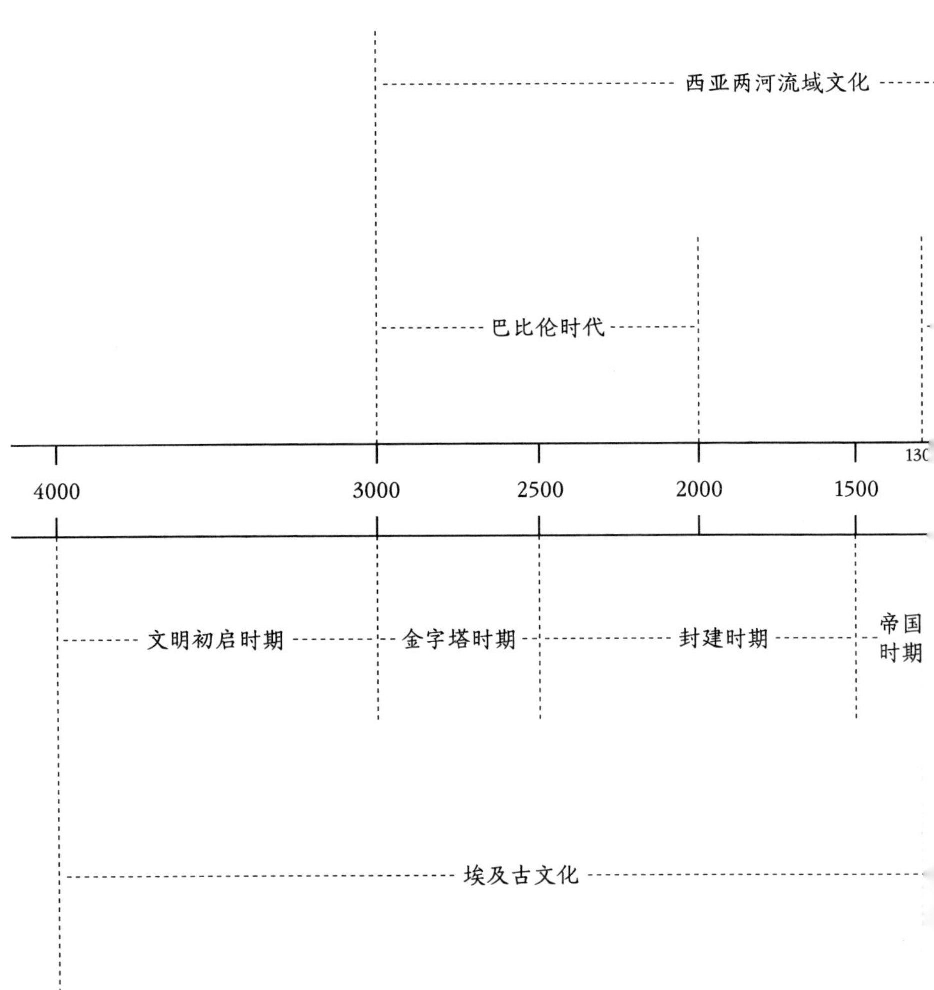
西亚两河流域文化
巴比伦时代
130
4000
3000
2500
2000
1500
文明初启时期
金字塔时期
封建时期
帝国
时期
埃及古文化

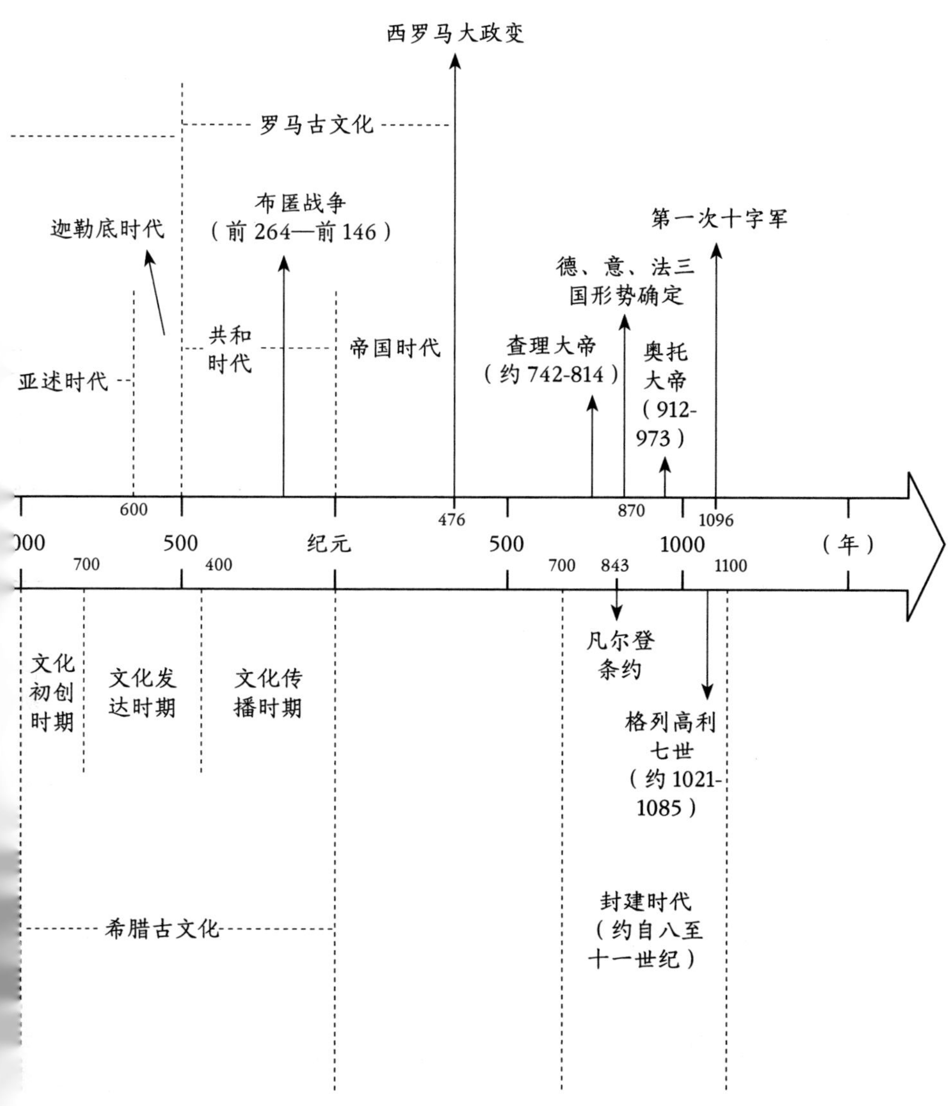

西罗马大政变
罗马古文化
布匿战争
（前 264—前 146）
迦勒底时代
第一次十字军
德、意、法三
国形势确定
共和
时代
帝国时代
查理大帝
（约 742-814）
奥托
大帝
（912-
973）
亚述时代
600
476
870
1096
000
500
纪元
500
1000
（年）
700
400
700
843
1100
凡尔登
条约
文化
初创
时期
文化发
达时期
文化传
播时期
格列高利
七世
（约 1021-
1085）
封建时代
（约自八至
十一世纪）
希腊古文化

附录四 西洋史大事年表（续）

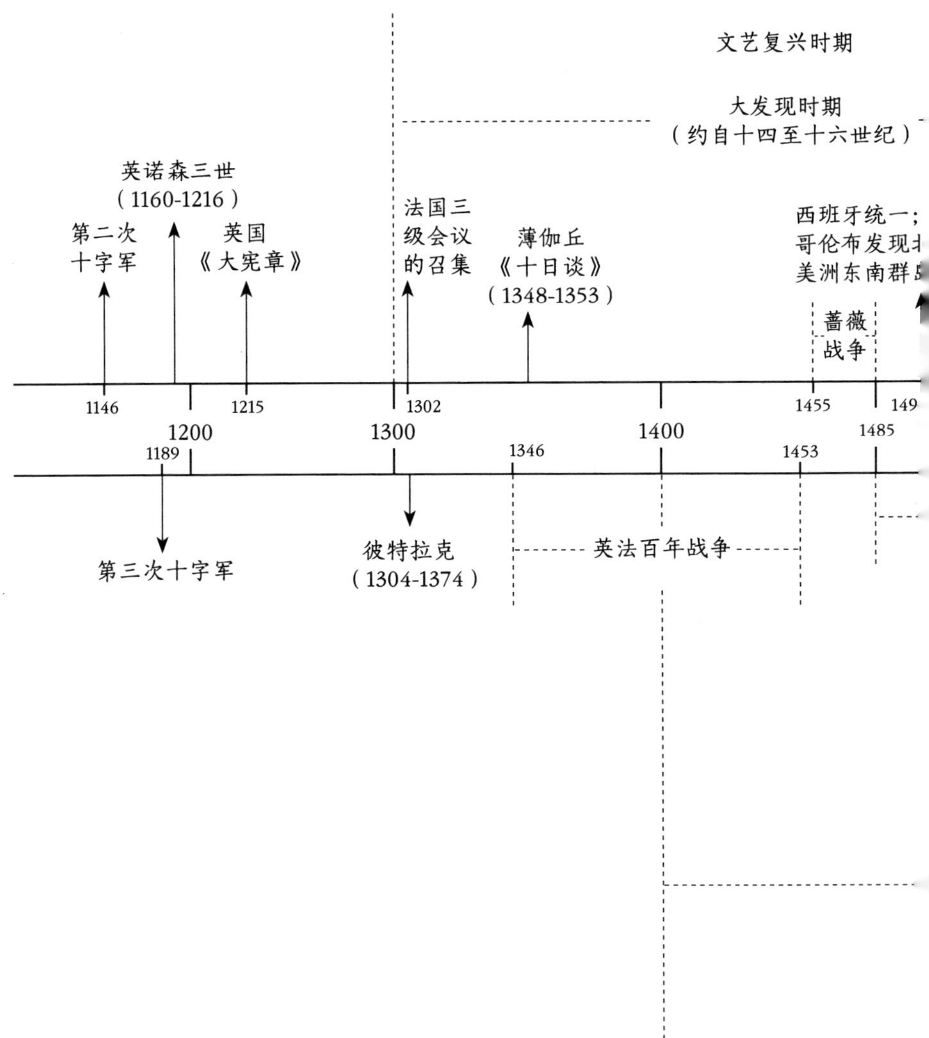

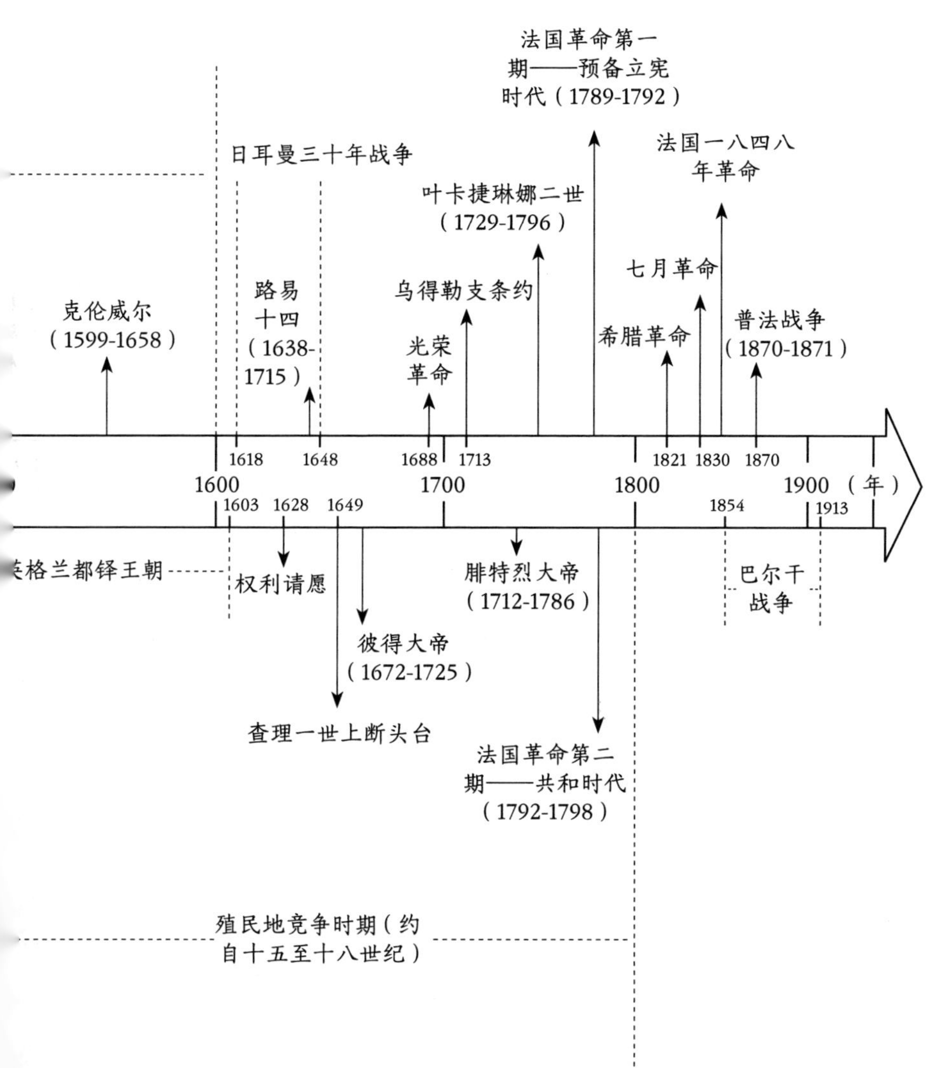
法国革命第一
期——预备立宪
时代（1789-1792）
日耳曼三十年战争
法国一八四八
年革命
叶卡捷琳娜二世
（1729-1796）
七月革命
路易
十四
（1638-
1715）
乌得勒支条约
克伦威尔
（1599-1658）
希腊革命
普法战争
（1870-1871）
光荣
革命
1618
1648
1688
1713
1821
1830
1870
1600
1700
1800
1900
（年）
1603
1628
1649
1854
1913
英格兰都铎王朝
权利请愿
腓特烈大帝
（1712-1786）
巴尔干
战争
彼得大帝
（1672-1725）
查理一世上断头台
法国革命第二
期——共和时代
（1792-1798）
殖民地竞争时期（约
自十五至十八世纪）